汽车底盘构造与维修

主　编　李　敏

副主编　张国新　孙振杰　柳春丽

北京理工大学出版社

BEIJING INSTITUTE OF TECHNOLOGY PRESS

图书在版编目（CIP）数据

汽车底盘构造与维修/李敏主编．—北京：北京理工大学出版社，2017.8（2022.7重印）

ISBN 978－7－5682－4772－6

Ⅰ．①汽…　Ⅱ．①李…　Ⅲ．①汽车－底盘－结构 ②汽车－底盘－车辆修理　Ⅳ．①U472.41

中国版本图书馆CIP数据核字（2017）第211508号

出版发行／北京理工大学出版社有限责任公司
社　　址／北京市海淀区中关村南大街5号
邮　　编／100081
电　　话／（010）68914775（总编室）
　　　　　（010）82562903（教材售后服务热线）
　　　　　（010）68944723（其他图书服务热线）
网　　址／http：//www.bitpress.com.cn
经　　销／全国各地新华书店
印　　刷／廊坊市印艺阁数字科技有限公司
开　　本／787毫米×1092毫米　1/16
印　　张／15.5
字　　数／366千字
版　　次／2017年8月第1版　2022年7月第4次印刷
定　　价／46.00元

责任编辑／封　雪
文案编辑／封　雪
责任校对／周瑞红
责任印制／李志强

前言

PREFACE

随着我国汽车工业的不断发展，汽车保有量越来越高，汽车技术更新越来越快，对汽车专业高技能人才的需求与日俱增。为适应行业发展，满足教学要求，特编写此书。

“汽车底盘构造与维修”为汽车检修与维修技术专业的核心课程，是学生学习其他专业课程的基础平台。本书根据职业教育特点，为突出学生动手能力的培养，对汽车底盘系统的教学内容进行了有机整合，主要内容包括离合器、变速器与分动器、万向传动装置、驱动桥、汽车转向系统、汽车行驶系统、汽车制动系统等结构的构造、拆装与检修，通过项目化教学方法，较全面、系统地对汽车底盘结构进行了论述。本书可作为高等职业院校、高等专科学校、成人院校及本科举办的二级职业技术学院专业教材，也可以作为汽车相关行业的专业技术人员的培训教材和参考书。

本书由邢台职业技术学院李敏担任主编，河北机电职业技术学院张国新、孙振杰、柳春丽担任副主编。项目一、项目四和工作页由李敏编写，项目二、项目三、项目六和项目九由张国新编写，项目五和项目七由孙振杰编写，项目八由柳春丽编写。

由于编者水平有限，疏漏之处在所难免，恳请读者批评指正。

编　者

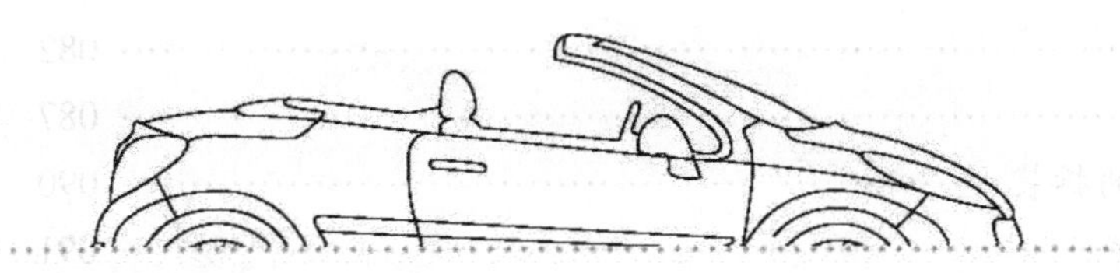

目录

CONTENTS

项目一
概　述

1.1　汽车总体构造

汽车是由上万个零部件组成的结构复杂的机动交通工具，根据其动力装置、运送对象和使用条件的不同，汽车的总体构造有较大差异，但基本结构都由发动机、底盘、车身和电气设备四大部分组成，如图1－1所示。

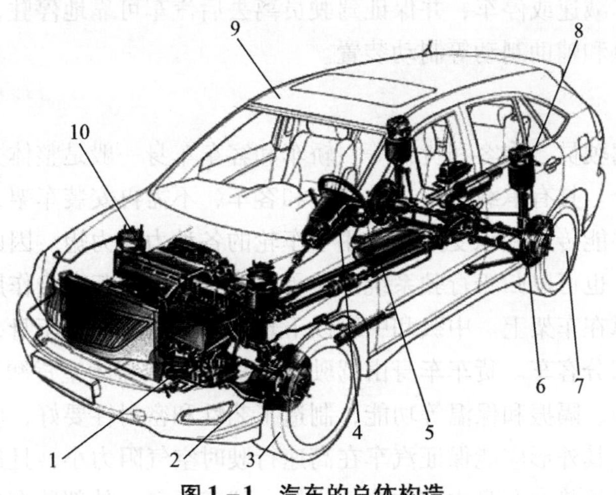

图1－1　汽车的总体构造

1—悬架；2—前桥；3—前轮；4—转向盘；5—传动轴；
6—后制动器；7—后轮；8—后悬架；9—车身；10—发动机

1. 发动机

发动机是汽车的动力装置。现代汽车发动机广泛采用的是往复活塞式内燃机，它一般是由曲柄连杆机构、配气机构、燃油供给系统、润滑系统、冷却系统、点火系统（汽油发动机采用）和起动系统等组成的。

2. 底盘

底盘由传动系统、行驶系统、转向系统和制动系统四大部分组成。作为汽车的基体，发动机、车身、电气设备及各种附属设备都直接或间接地安装在底盘上。

1）传动系统

传动系统用来将发动机的动力传输给各驱动轮。传动系统包括离合器、变速器、驱动桥、传动轴等部件。

2）行驶系统

汽车的行驶系统由汽车的行驶机构和承载机构组成，它包括车轮、车轴和桥壳、悬架、车架等部件。汽车行驶系统的功用是支承整车质量，传递和承受路面作用于车轮的各种力和力矩，并缓和冲击、吸收振动，以保证汽车在各种条件下正常行驶。

3）转向系统

转向系统是通过对左、右转向车轮不同转向角之间的合理匹配来保证汽车沿着设想的轨迹运动的机构，它由转向操纵机构、转向器和转向传动机构组成。当采用动力转向时，还应有转向助力系统。

为了避免汽车撞车时驾驶员受到转向盘的伤害，在转向盘中间安装安全气囊，还可在转向系统中设置防伤装置。为了缓和来自地面的冲击，衰减转向车轮的摆动和转向机构的振动，有的车型在转向系统中还装有转向减震器。

多数两轴及三轴汽车仅采用前轮转向。为了提高操作稳定性和机动性，越野汽车和某些现代轿车都采用全四轮转向。

4）制动系统

制动系统使汽车减速或停车，并保证驾驶员离去后汽车可靠地停驻，汽车的制动系统包括行车、驻车、应急和辅助制动等制动装置。

3. 车身

车身用来安置驾驶员、乘客和货物等。轿车和客车车身一般是整体壳体，有承载式车身和非承载式车身之分。具有承载式车身的轿车和客车，不需再安装车架，它本身就起着承受汽车载荷的作用，并能传递和承受路面作用于车轮的各种力和力矩。因此，承载式车身也起着承载机构的作用，也可以归于行驶系统。非承载式车身则只起车身作用，不能承受汽车载荷，因此它必须支撑在车架上。中级和中级以下轿车多采用承载式车身，非承载式车身常用于中高级轿车和一部分客车。货车车身由驾驶室和货厢（或封闭室货厢）两部分组成。

车身应具有隔音、隔振和保温等功能，制造工艺性和密封性要好，应能为乘客提供安全而舒适的乘坐环境。其外形应能保证汽车在高速行驶时空气阻力小，且造型美观，并能反映当代车身造型的发展趋势。车身内有内饰、座椅、仪表板等，外部装有各种灯具、后视镜及其他附件，车门上装有门把和门锁等。

4. 电气设备

汽车电气设备由电器设备和电子设备两部分组成。汽车电器设备由电源（蓄电池、发电机）、点火装置、起动机、照明与信号设备、仪表、空调、刮水器、收录机、门窗玻璃电动升降设备等组成。汽车电子设备包括电控燃油喷射/电控点火、进气、排气、怠速和增压等装置，变速器的电控自动换挡装置，制动器的制动防抱死装置（ABS），车门锁的遥控及自动防盗报警装置，等等。

1.2 汽车底盘的功用与组成

汽车底盘由传动系统、行驶系统、转向系统和制动系统四大系统组成，其功用为接受发动机的动力，使汽车运动并保证汽车能够按照驾驶员的操纵而正常行驶。图 1－2 和图 1－3

所示为常见货车和轿车的底盘结构图。

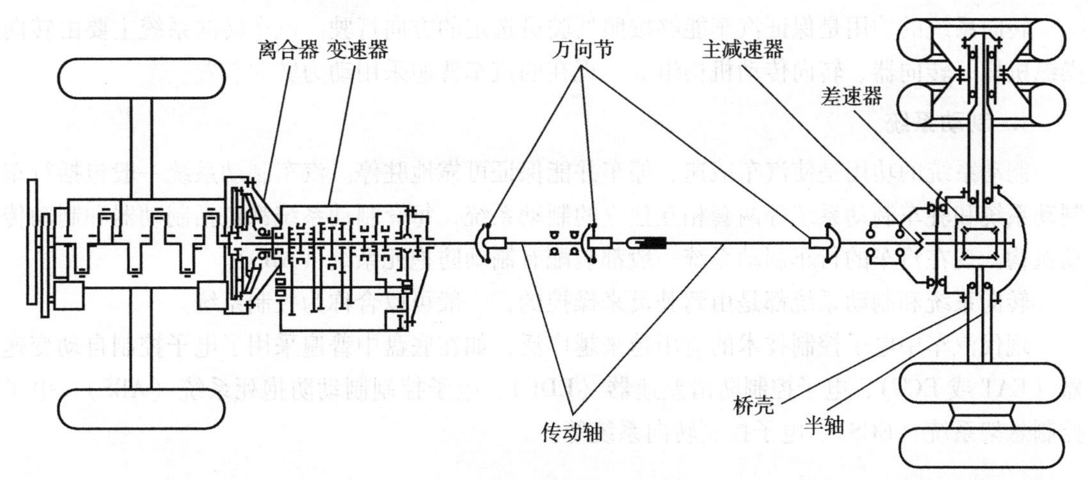

图 1-2　货车底盘结构

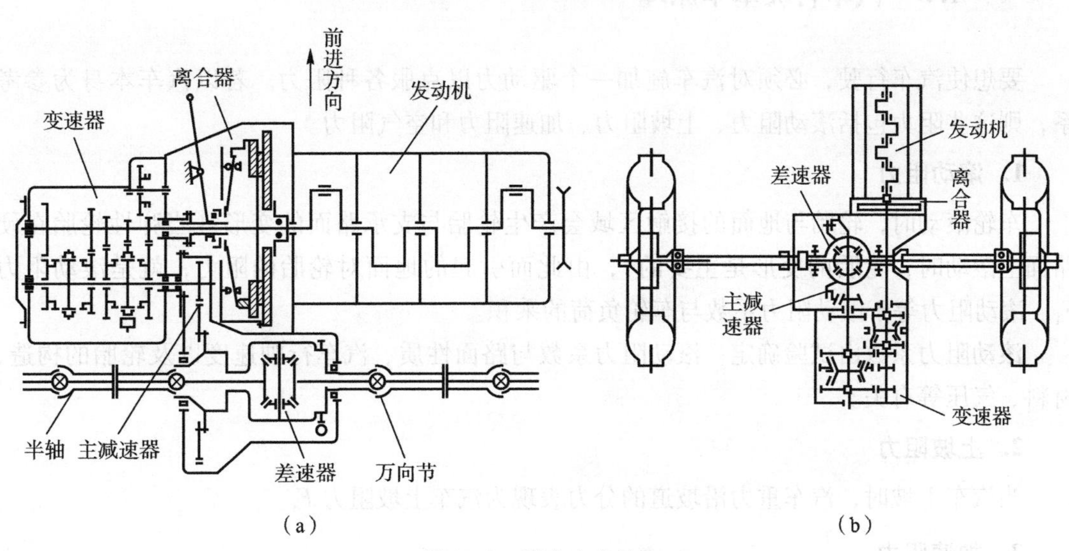

图 1-3　轿车底盘结构

(a) 发动机横向布置；(b) 发动机纵向布置

1. 传动系统

传动系统的功用是将发动机的动力传给驱动车轮。不同的汽车，其底盘的组成稍有不同：对于载货汽车及部分轿车，其底盘一般是由离合器、手动变速器、万向传动装置、驱动桥等组成；而现在轿车中采用自动变速器的越来越多，其底盘包括自动变速器、万向传动装置、驱动桥等，即用自动变速器取代了离合器和手动变速器；如果是越野汽车（包括 SUV，即运动型多功能车），还应包括分动器。

2. 行驶系统

行驶系统的功用是支承、安装汽车的各零部件总成，传递和承受车上、车下各种载荷的作用，以保证汽车的正常行驶。行驶系统主要由车架（车身）、车桥、悬架、车轮等组成。

3. 转向系统

转向系统的功用是保证汽车能够按照驾驶员选定的方向行驶。汽车转向系统主要由转向操纵机构、转向器、转向传动机构组成。现在的汽车普遍采用动力转向装置。

4. 制动系统

制动系统的功用是使汽车减速、停车并能保证可靠地驻停。汽车制动系统一般包括行车制动系统和驻车制动系统等两套相互独立的制动系统，每套制动系统都包括制动器和制动传动机构。现在汽车的行车制动系统一般都装配有制动防抱死系统（ABS）。

转向系统和制动系统都是由驾驶员来操控的，一般可以合称为控制系统。

现代汽车中电子控制技术的应用越来越广泛，如在底盘中普遍采用了电子控制自动变速器（EAT或ECT）、电子控制防滑差速器（EDL）、电子控制制动防抱死系统（ABS）、电子控制悬架系统（ECS）、电子控制转向系统等。

1.3 汽车行驶基本原理

要想使汽车行驶，必须对汽车施加一个驱动力以克服各种阻力。若以汽车本身为参考系，则这些阻力包括滚动阻力、上坡阻力、加速阻力和空气阻力。

1. 滚动阻力

车轮滚动时，轮胎与地面的接触区域会产生轮胎与支承路面的变形（当弹性轮胎在硬路面上滚动时，轮胎的变形是主要的），由此而引起的地面对轮胎的阻力，就是滚动阻力 F_f。滚动阻力等于滚动阻力系数与车轮负荷的乘积。

滚动阻力系数由试验确定。滚动阻力系数与路面性质、汽车行驶速度以及轮胎的构造、材料、气压等有关。

2. 上坡阻力

当汽车上坡时，汽车重力沿坡道的分力表现为汽车上坡阻力 F_i。

3. 加速阻力

当汽车加速行驶时，需要克服其质量加速运动的惯性力，也就是加速阻力 F_j。

4. 空气阻力

汽车直线行驶时受到的空气作用在行驶方向上的分力称为空气阻力 F_w。空气阻力与汽车的形状、汽车正面投影面积有关，特别是和汽车与空气的相对速度的平方成正比。当汽车高速行驶时，空气阻力的数值将显著增加。

为克服上述阻力，汽车必须有足够的驱动力。驱动力的产生原理如图 1-4 所示。发动机经由传动系统在驱动轮上施加一个驱动力矩 T_t，力图使驱动轮旋转。在 T_t 作用下，在驱动轮和路面接触处对路面施加一个圆周力 F_0，其方向与汽车行驶方向相反，由于车轮与路面的附着作用，在车轮向路面施加力 F_0 的同时，路面会对车轮施加一个大小相等、方向相反的反作用力 F_t，F_t 就是汽车行驶的驱动力。因此：

$$F_t = F_0 = T_t/R$$

式中 F_t——驱动力，N；

T_t——驱动力矩，N·m；

R—— 驱动轮的滚动半径，m。

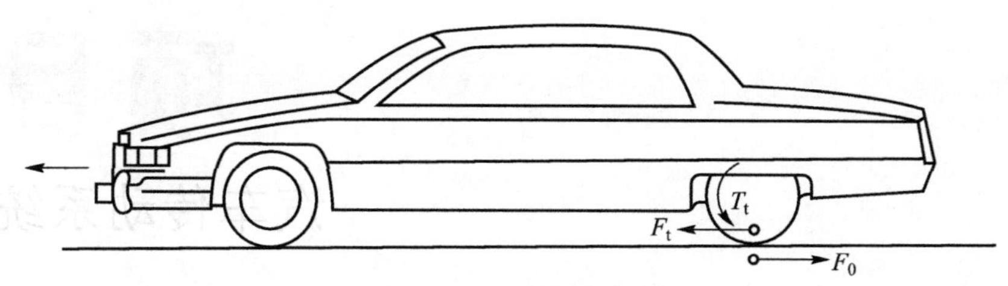

图1-4 驱动力的产生原理

当驱动力逐渐增大到足以克服汽车所受到的真实阻力时，汽车便由静止开始起步行驶。汽车起步后，其行驶情况取决于驱动力和真实阻力之间的关系。当驱动力等于真实阻力时，汽车将匀速行驶；当驱动力大于真实阻力时，汽车将加速行驶；当驱动力小于真实阻力时，汽车将减速行驶或静止不动。

但是汽车并不是在任何情况下都能产生足够的驱动力。驱动力的最大值固然取决于发动机的最大转矩和传动系统的传动比，但实际发出的驱动力还受到轮胎与地面之间的附着情况的限制。比如，汽车在很滑的冰面上行驶时，加大油门可能只会使驱动轮加速滑转，而驱动力却不能增大。

当汽车在较平整的干硬路面上行驶时，附着性能的好坏取决于轮胎与路面间的摩擦力的大小。由物理学可知，在一定的正压力下，两物体之间的静摩擦力有一最大值，当推动力超过此最大值时，两物体便会相对滑动。对汽车而言，当驱动力已等于轮胎与地面间的最大静摩擦力时，若想通过加大油门而增大驱动力，则将会出现驱动轮的滑转。因此，在较平整的干硬路面上，汽车所能获得的最大驱动力不可能超过轮胎与地面间的最大静摩擦力。

当汽车在松软路面上行驶时，还有嵌入轮胎花纹凹处的路面凸起部所起的抗滑作用。在汽车技术中，把车轮与路面间的相互摩擦以及轮胎花纹与路面凸起部的相互作用综合在一起，称为附着作用。它产生的路面反力能阻碍车轮打滑，这一反力的最大值就称为附着力，一般用 F_φ 表示：

$$F_\varphi = G \cdot \varphi$$

式中 G ——附着重力，即汽车总重力分配到驱动轮上的部分，N；

φ——附着系数。

显然，汽车所能获得的驱动力受附着力的限制，一般可表达成：

$$F_t \leqslant F_\varphi = G \cdot \varphi$$

1. 汽车行驶过程中的阻力主要有哪些？
2. 汽车行驶的驱动力与什么有关？什么是附着系数？

项目二

汽车传动系统概述

2.1 传动系统的组成与功用

2.1.1 汽车传动系统的组成

汽车传动系统的基本功用是将发动机发出的动力传给驱动车轮，使路面对驱动车轮作用一个驱动力，推动汽车行驶。

汽车传动系统主要由离合器、变速器、万向传动装置、驱动桥（减速器、差速器、半轴）等部件组成，如图 2－1 所示。

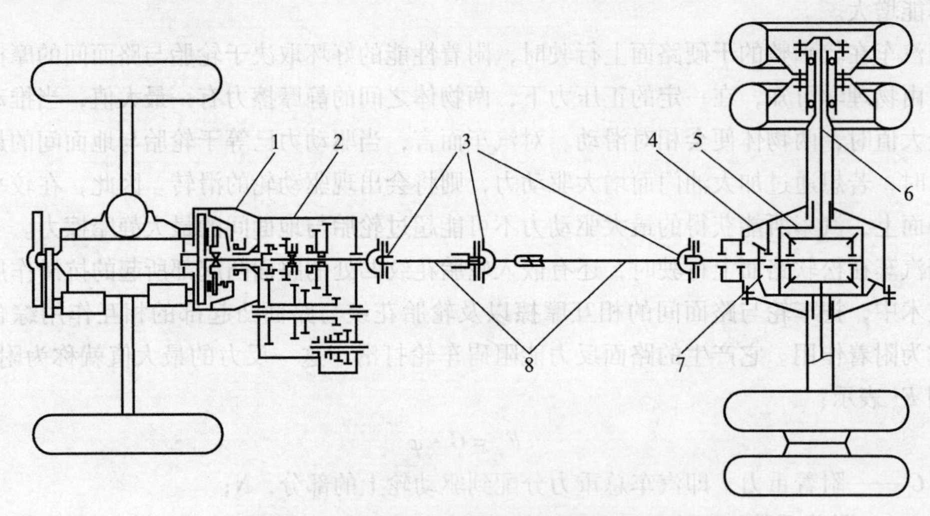

图 2－1 普通汽车传动系组成和布置示意图

1—离合器；2—变速器；3—万向节；4—驱动桥；5—差速器；

6—半轴；7—主减速器；8—传动轴

2.1.2 汽车传动系统的作用

传动系统的首要任务是与发动机协同工作，以保证汽车在各种使用条件下的正常行驶，并具有良好的动力性和经济性，因此，任何形式的传动系统都必须具有以下几个功能。

1. 减速增矩

汽车行驶时需要克服轮胎变形或路面变形所形成的滚动阻力；汽车行驶时相对空气流动

对汽车形成的阻力；汽车上坡时遇到的平行于路面向下的上坡阻力；汽车加速时，要克服本身阻止汽车速度变化的惯性阻力。若汽车要克服上述阻力正常行驶，发动机必须输出大的扭矩才行。现在汽车上的发动机输出的扭矩远远小于克服阻力所需要的扭矩，如果将发动机的扭矩如数直接传给驱动车轮，显然是无法正常行驶的。

如果将发动机与驱动车轮直接连接，发动机的转速若为 3 000 r/min 时，汽车的行驶速度可达 540 km/h，这样高的行驶速度，对驱动车轮来说驱动力矩太小而无法起步，即使汽车能起步，在道路上也无法行驶。

为解决上述问题，汽车必须设置减速机构，以降低转速增大扭矩来克服汽车行驶阻力。汽车上的减速装置实质上是一个扭矩放大的装置，即将驱动机构转速降低多少倍，驱动扭矩就放大多少倍。驱动车轮的扭矩与发动机输出的扭矩之比等于发动机的转速与驱动车轮转速之比，我们常称之为传动比。当汽车在良好的路面上行驶时传动比较小，当克服较大的行驶阻力时往往需要较大的传动比。

汽车在道路上行驶时，情况是千变万化的，即从道路垂直方向（如上下坡或凹凸不平的道路等）和水平方向（道路弯曲）上变化很大，还有交通情况以及装载质量的变化等，都要求汽车的驱动力和速度有很大的变化与之适应。但是，发动机转速的变化范围却很窄。为了使发动机转速和扭矩在变化范围很窄的条件下适应汽车行驶的速度和扭矩的需要，传动系统应具有变速功能。

2. 实现汽车倒驶

汽车发动机只能朝一个方向旋转不能反转，如果汽车停在难以掉头的狭窄地方，就需要汽车传动系统具有倒驶功能，即传动系统的变速器内设置倒挡机构，以实现在发动机不能反转的条件下使汽车倒驶。

3. 必要时中断传动

为了减小发动机起动时的阻力，应中断传动。汽车在起步前必须将发动机与驱动车轮之间的动力切断，以便对发动机逐渐加载。为此，在传动系统中需要设置一个能分离和接合的机构。另外，在发动机不熄火的情况下临时停车，也必须中断传动，所以还需要在变速机构中设置一个空挡。

4. 差速作用

汽车行驶时驱动桥两端的车轮会出现转速不等。例如，汽车在转弯时，汽车外侧车轮所走过的路程要大于内侧车轮，这就出现了在同一轴两端的驱动车轮转速不相等，由于在同一轴两端的轮胎新旧程度不等、气压不等及装载质量不等，均会造成两端的车轮直径不等，于是，同一轴上的两车轮滚动的速度也不相等；汽车在行驶时，其左右两车轮在通过高低不平的路面时，所驶过的路程也不相等。如果驱动桥两端的车轮都刚性地安装在一根轴上，汽车会因同一轴上的两车轮不能差速而出现转向困难，驱动轴两端的车轮会边滑转边滚动，即不能实现纯滚动，于是加速了轮胎和有关机件的磨损。为此，传动系统在驱动桥上应设差速器，同时还应将驱动轴制成半轴，以使驱动桥两端不等速车轮实现纯滚动而不滑动，这不仅能节省燃料消耗，同时还能减少轮胎和机件的磨损，使汽车实现顺利转向及正常运行。

5. 万向传动装置

发动机、离合器、变速器固定在车架上，驱动桥是通过弹性元件与车架连接，所以一般汽车发动机的动力输出轴与驱动桥的动力输入轴不在同一轴线上，加之汽车由于装载质量的变化和在不平的路面行驶时振动引起的驱动桥与发动机相对位置的变化等，均需设置一个能适应动力输出装置和动力输入装置不在同一轴线上的万向传动装置，以满足汽车传动的需要。

2.2 传动系统的布置形式

随着汽车用途的不同、使用要求的改变及发动机结构与特性的改变，传动系统的组成及布置情况也将相应改变。汽车传动系统按结构和传动介质的不同，可分为机械式、液力式、静液式和电力式几种。

2.2.1 机械式传动系统

机械式传动系统的组成与布置如下。

1. 前置后驱（FR）

图2-1（a）所示为发动机前置式后桥驱动的一种形式。在四个车轮中，后面的两个车轮为驱动车轮，常称为四轮两驱动（4×2）。这种布置形式多为载货汽车和客运汽车等。其优点是操纵方便，发动机有异响时驾驶员能及早发现。另外，冬季取暖也比较方便。驱动桥后置时，载货后驱动车轮与地面的附着效果较好。其缺点是远距离传动不仅增加了汽车的质量，同时制造成本也增大了。

2. 前置前驱（FF）

前置前驱是指将发动机和驱动桥布置在汽车前部的方案，如图2-2（b）所示，将发动机、离合器和变速器都布置在驱动桥的前方，而且三者与主减速器装配成一个整体，安装在车架或车身的底架上，前桥应为独立悬架。这种结构的优点是：无须设置变速器与驱动桥之间的万向传动装置。若发动机为横向布置，由于发动机的轴线与驱动桥的轴线平行，主减速器无须加工复杂的圆锥齿轮，只需加工简单的圆柱直齿轮副。取消纵向贯穿的传动轴，其车身可降低，发动机也可以纵向布置。

3. 中置后驱（MR）

中置后驱是将发动机放置在前后轴之间，同时采用后轮驱动，大多数F1赛车均采用这种布置形式，如图2-2（c）所示。MR的优点是轴荷分配均匀，具有很好的操控性。

4. 后置后驱（RR）

对于发动机后置后轮驱动的车辆，如图2-2（d）所示，除去动力总成外，还包括发动机、离合器、变速器和主减速器布置成一体，结构紧凑，同时因为发动机后置，汽车前部高度有条件降低，改善了驾驶员视野；整车整备质量小；没有传动轴，而且排气管不必从前部向后延伸，故客厢内地板比较平整，只需用较低的凸包高度来容纳操纵机构的杆件和加强地板刚度，这就改善了后排座椅中间座位乘客的出入条件；乘客座椅能够布置在舒适区内；在坡道上行驶时，由于驱动轮上附着力增加，爬坡能力提高；发动机布置在轴距外时，汽车轴距短，机动性能好。

后置后驱轿车的主要缺点是后桥负荷重，使汽车具有过多转向的倾向；前轮附着力小，高速行驶时转向不稳定，影响操纵稳定性；行李箱在前部，受转向轮转向占据一定空间和改善驾驶员视野影响，行李箱空间不够大；因动力总成在后部，距驾驶员较远，所以操纵机构复杂。

5. 四轮驱动（4WD）

所谓四轮驱动，是指汽车前后轮都有动力，可按行驶路面状态不同而将发动机输出扭矩按不同比例分布在前后所有的轮子上，以提高汽车的行驶能力，如图2－2（e）所示。一般用4×4或4WD来表示，如果你看见一辆车上标有上述字样，那就表示该车辆拥有四轮驱动的功能。在过去，四轮驱动可是越野车独有的，近年来，在一些高档轿车和豪华跑车上也开始采用。

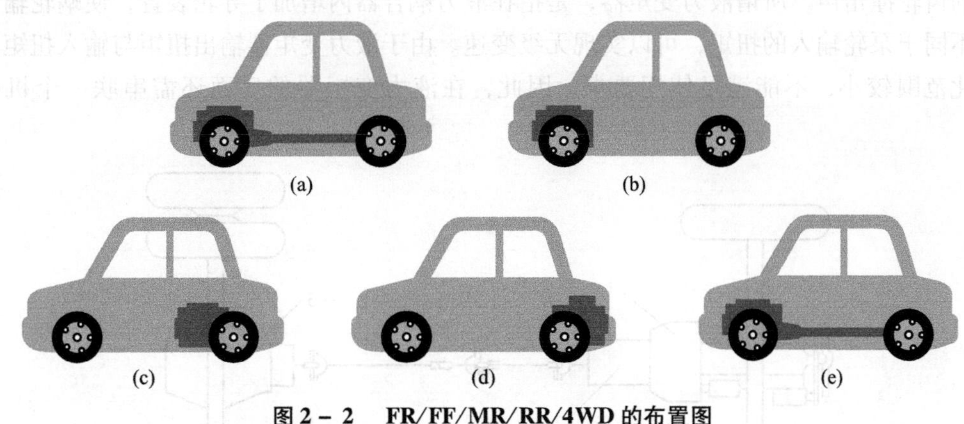

图2－2　FR/FF/MR/RR/4WD的布置图

（a）FR；（b）FF；（c）MR；（d）RR；（e）4WD

四轮驱动又有以下的分类：

1）分时四驱（Part－time 4WD）

分时四驱是一种驾驶员可以在两驱和四驱之间手动选择的四轮驱动系统，由驾驶员根据路面情况，通过接通或断开分动器来改变两轮驱动或四轮驱动模式，这也是一般越野车或四驱SUV最常见的驱动模式。最显著的优点是可根据实际情况来选取驱动模式，比较经济。陆风2.8排量的四轮驱动SUV就是一个比较典型的例子，它有3种驱动模式选择：在公路上行驶使用2H高速两轮驱动挡；当遇到雨雪路况时，选择4H高速驱动，增强了车辆的附着力和操控性；面对恶劣路况时，又可采用4L低速四轮驱动，使动力作用在全部四个车轮上，从而降低了对每个轮胎附着力的要求，减小了转弯时车轮空转的概率。同时发动机制动能力也得以增强。

2）全时四驱（Full－time 4WD）

全时四驱不需要驾驶员选择操作，前后车轮永远维持四轮驱动模式，行驶时将发动机输出扭矩按50∶50设定在前后轮上，使前后排车轮保持等量的扭矩。全时四驱系统具有良好的驾驶操控性和行驶循迹性。但其缺点也很明显，那就是比较废油，经济性不够好。

3）适时驱动（Real－time 4WD）

采用适时驱动系统的车辆可以通过计算机来控制选择适合当前情况下的驱动模式。在正常的路面，车辆一般会采用后轮驱动的方式。而一旦遇到路面不良或驱动轮打滑的情况，计算机会自动检测并立即将发动机输出扭矩分配给前排的两个车轮，自然切换到四轮驱动状态，免除了驾驶员的判断和手动操作，应用更加简单。

2.2.2 液力式传动系统

所谓液力机械传动，是指发动机将动力经液力变矩器（或液力耦合器）→机械变速器驱动车轮推动汽车行驶，它是液力传动和机械传动的组合。如图2－3所示，所谓液力传动，是指以液体为传递动力的介质，利用液体在元件间循环流动中动能的变化来传递动力。液力传动装置可以是液力耦合器或液力变矩器。液力耦合器只能传递扭矩，而不能改变扭矩的大小，液力耦合器可以代替离合器的部分功能，如汽车的平稳起步和加速，但换挡时会产生变速器的齿轮撞击声。所谓液力变矩器，是指在液力耦合器内增加了导轮装置，使蜗轮输出的扭矩不同于泵轮输入的扭矩，可以实现无级变速。由于液力变矩器输出扭矩与输入扭矩的比值变化范围较小，不能满足使用要求，因此，在液力变矩器的后面还需串联一个机械变速器。

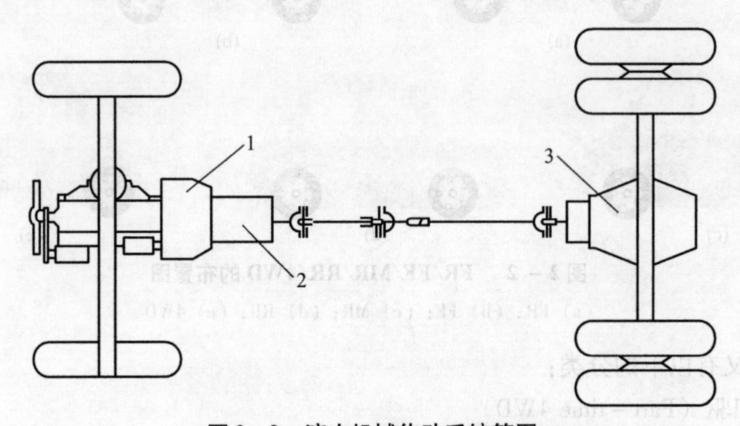

图2－3 液力机械传动系统简图
1—液力变矩器；2—自动变速器；3—驱动桥

液力机械传动系统结构复杂、造价高、传动效率低，因此多用于高档轿车或部分重型载重汽车和工程机械。

2.2.3 静液式传动系统

静液式传动系统是以液体为传递动力的介质，油泵把发动机输入的机械能转变为液体压力能传给液压马达，然后液压马达又把液体压力能转变为机械能传给驱动轮。如图2－4所示，它主要由发动机、油泵、液压马达、控制装置和辅助装置等组成。静液式传动系统存在着传动效率低、造价高、使用寿命和可靠性不够理想等缺点，目前在汽车上采用得很少。

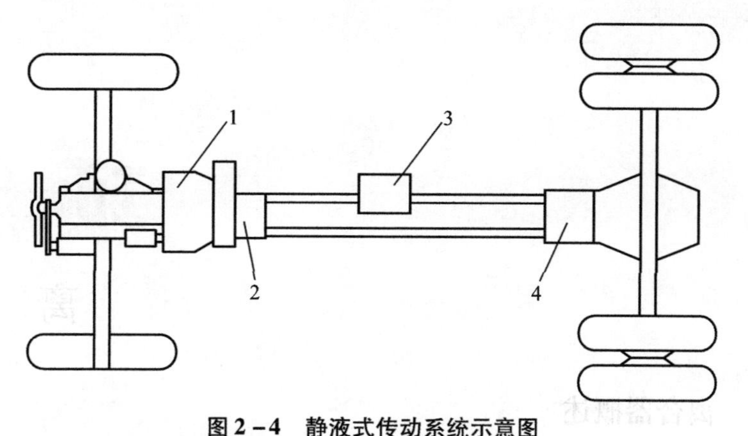

图 2－4　静液式传动系统示意图

1—离合器；2—油泵；3—控制阀；4—液压马达

2.2.4　电力式传动系统

电力式传动系统是发动机驱动发电机，发电机将发出的电能传给电动机，电动机将发电机传来的电能转变为机械能，通过减速器传给驱动轮驱动汽车行驶，如图 2－5 所示。由于电动机的扭矩小、转速高，不能直接驱动车轮，所以要经过减速器进行降低转速增大扭矩，以使汽车正常行驶。

电力式传动系统的性能与静液式传动系统相近，而且传动效率高，但电动机质量比油泵和液压马达大得多，故目前还只限于在超重型汽车上应用。

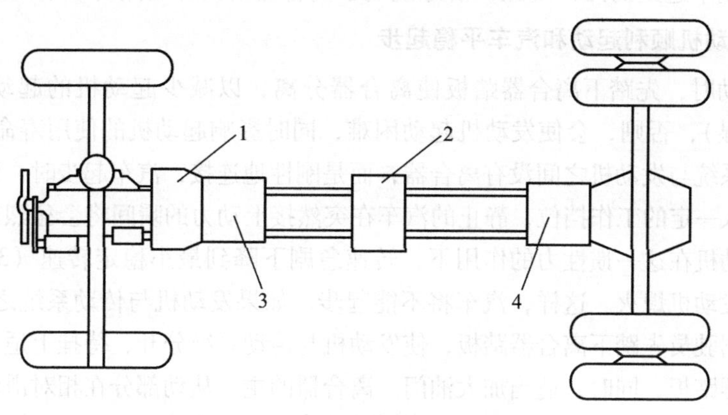

图 2－5　电力式传动系统示意图

1—离合器；2—发电机；3—控制阀；4—电动机

思考与练习

1. 汽车传动系统的基本功用是什么？
2. 汽车传动系统有几种类型？各有什么特点？
3. 汽车传动系统 4WD 的意思是什么？它与普通汽车传动系统 4×2 相比，有哪些不同？

项目三

离　合　器

3.1 离合器概述

离合器是汽车传动系统的组成部件，它通常装在发动机曲轴的后端，传动系统通过离合器与发动机相连。

在驾驶汽车的实践过程中，我们体会到：汽车挂挡起步时，左脚逐渐抬起离合器踏板，右脚逐渐踏下加速踏板使发动机供油量增大，才能使汽车缓缓起步；换挡时，只有将离合器踏板踏下后，才有可能避免齿轮轮齿的撞击；紧急制动时，若来不及踩离合器踏板，发动机和传动系统都会受到很大冲击，但发动机与传动系统的机件并没有因此而过载损坏。

3.1.1 离合器的功用

上述在实践中遇到的几种现象，恰好说明了离合器的具体功用有以下几点。

1. 保证发动机顺利起动和汽车平稳起步

发动机起动时，先踏下离合器踏板使离合器分离，以减少起动机的起动阻力（尤其在严寒季节更明显），否则，会使发动机起动困难，同时影响起动机的使用寿命。

假设传动系统与发动机之间没有离合器，而是刚性地连接，汽车起步时，驾驶员将传动系统的变速器挂入一定的工作挡位，静止的汽车在突然接上动力的瞬间将会猛烈前冲，产生很大的惯性力。发动机在这一惯性力的作用下，转速急剧下降到最小稳定转速（300 ~ 500 r/min）以下，而导致发动机熄火。这样，汽车将不能起步。如果发动机与传动系统之间装有离合器，汽车起步前，驾驶员先踏下离合器踏板，使发动机与传动系统分开，待挂上适当的挡位后，再慢慢抬起离合器踏板，同时，适当加大油门。离合器的主、从动部分在相对滑转的状态下逐渐接合，使发动机传给驱动车轮的扭矩平稳增加，从而使汽车平稳起步。

2. 保证传动系统在换挡时工作平顺

变速器需要换挡时，驾驶员踩下离合器踏板，暂时切断发动机与变速器之间的联系，解除了啮合齿轮齿面间的压力，使摘挡自如。同时，离合器切断了发动机与变速器的联系后，变速器第一轴联系的转动惯量因只有离合器的从动部分而大大减小。这样就使将要啮合的两齿轮的轮齿速度在同步器或采用两脚离合器的作用下，很快达到同步，齿轮进入啮合时轮齿间的冲击将大大减轻，使换挡时工作平顺。

3. 防止传动系统过载

当汽车紧急制动时，如果没有离合器，发动机将受紧急制动的影响而急剧降速，因此产生很大的惯性扭矩（数值将大大超过发动机发出的最大扭矩）作用在传动系统上，造成其内部机件的超载损坏。当有了离合器时，一方面在紧急制动时，可先踩下离合器踏板，使发动机与传动系统分离，解除了它们之间的相互作用；另一方面即使来不及先踩下离合器踏板，当惯性力矩超过了离合器允许的最大摩擦力矩时，离合器主、从动部分就相对滑转，从而限制了发动机飞轮惯性扭矩的增长，消除了发动机和传动系统有关机件过载损坏的危险。

3.1.2 对离合器的基本要求

对离合器的基本要求有以下几点。

1. 离合器必须能传递发动机的最大扭矩而不打滑

由前可知，摩擦力矩的大小决定着离合器的工作状态，而摩擦力矩的大小又取决于摩擦力和摩擦片平均半径的大小。随着离合器使用中的磨损，从动盘变薄，导致压紧弹簧伸长，压紧力减小；同时在离合器主、从动部分滑磨过程中，产生大量的热，使其温度升高，这样，一方面使压紧弹簧受热退火，弹力下降；另一方面使摩擦片烧蚀、硬化，这些因素均使摩擦力减小，使离合器传递扭矩的能力逐渐削弱。

故此，为保证离合器可靠地工作，并能传递发动机发出的全部扭矩，在设计离合器时，所能传递的扭矩大于发动机发出的最大扭矩，所大于的倍数，即为离合器的储备系数，用β表示，则

$$M_e = \beta \cdot M_{emax}$$

式中　M_{emax}——发动机发出的最大扭矩。

由上可知，储备系数β值越大，离合器所能传递的扭矩越大，这对离合器的工作可靠性是有好处的，但是β值过大，将使传动系统在汽车紧急制动时（未踏离合器踏板）承受的载荷增大，削弱了离合器防止传动系统过载的功能，有可能造成机件的损坏。

为满足这两方面的要求，一般载重汽车β值为1.60~2.25；小客车β值为1.3~1.75。

2. 离合器必须分离彻底，接合平顺

所谓分离彻底，是指踩下离合器踏板后，离合器主、从动部分完全脱离摩擦，否则将使换挡困难，齿轮冲击，离合器摩擦片也加速磨损。

接合平顺，是指离合器主、从动部分能逐渐接合。如果接合过猛，不仅使汽车起步时产生窜动，而且会使传动系统机件受到冲击而加速损坏，也使乘客和驾驶员受到剧烈的震动。

3. 从动部分的转动惯量尽可能小

离合器在分离时，发动机飞轮的惯性力矩不会作用在传动系统中，但是离合器的从动部分仍然有一定惯性力矩作用在变速器的齿轮上。因此，为保证换挡迅速，换挡齿轮轮齿所受到的冲击力矩减至最小值，要求从动部分的转动惯量尽可能小。

4. 散热性能好

由于离合器在接合过程中，主、从动部分之间的滑磨，将产生大量的热，使温度升高，因此，必须通风良好，加速散热。

5. 操纵轻便，以减轻驾驶员的劳动强度

欲使离合器满足以上几个作用和要求，离合器应该是这样一个传动机构：其主动部分和

从动部分可以暂时分离，也可逐渐接合，并且在传递惯性扭矩达到一定值时相对转动。因此，离合器的主动件与从动件之间不可采用刚性连接，而是借二者接触面之间的摩擦作用来传递扭矩（摩擦离合器），或是利用液体作为传动介质（液力耦合器），或是利用电磁力传动（电磁离合器）。在摩擦离合器中，为产生摩擦所需的压紧力，可以是弹簧弹力、液压作用力或电磁吸力。目前汽车上采用比较广泛的是用弹簧弹力作为压紧力的摩擦离合器。

3.2 摩擦离合器的组成及工作原理

3.2.1 摩擦离合器的组成

当前汽车所采用的摩擦离合器为干摩擦式离合器。它主要由主动部分、从动部分、压紧机构和操纵机构组成，其工作原理如图 3－1 所示。

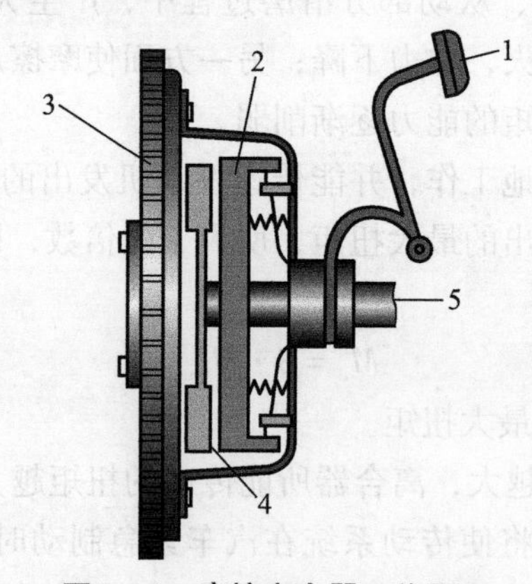

图 3－1 摩擦离合器工作原理

1—离合器踏板；2—压盘；3—飞轮；4—从动盘；5—从动轴

发动机飞轮是离合器的主动部分，作为从动部分的从动盘与花键毂铆合在一起，花键毂与从动轴（即变速器第一轴）借滑动花键相连。压紧机构的弹簧通过压盘将从动片压紧在飞轮的端面上，发动机的动力则由飞轮和压盘的端面通过摩擦作用传给离合器的从动部分，经从动轴传给汽车传动系统，以产生驱动扭矩使汽车前进。此时，离合器处于接合状态。

3.2.2 摩擦离合器的工作原理

当踏下离合器踏板时，花键毂、从动盘克服压紧弹簧的预紧力而后移，使从动盘与飞轮脱离接触，切断了动力。此时，离合器处于分离状态。

由离合器的工作过程可以看出，“离”与“合”构成了离合器的主要矛盾，它们共处于离合器的各种过程中，随着摩擦力矩的变化而变化，摩擦力矩消失，则由“合”变为“离”，摩擦力矩重新产生，则又由“离”变为“合”。而摩擦力矩的大小则取决于压紧弹簧的压紧力、从动盘的表面性质、摩擦面的数目以及从动盘的（摩擦片）平均半径，其公式为

$$M_c = F \cdot R_p$$

式中 M_c——离合器传递的摩擦力矩；

F——摩擦力；

R_p——摩擦片的平均半径。

$$R_p = \frac{D + d}{2}$$

式中 D——摩擦片的外径；

d——摩擦片的内径。

$$F = N \cdot f \cdot A$$

式中 N——弹簧总压紧力；

f——摩擦片的摩擦系数；

A——摩擦面的数目。

由于各种车辆所需传递的扭矩的大小及其他条件的不同，其从动盘的数目也不同。只有一个从动盘的离合器，称为单片离合器；具有两个从动盘的离合器，称为双片离合器；从动盘在三个及三个以上的离合器，则统称为多片离合器。

3.3 摩擦离合器的构造

摩擦离合器随着所用从动盘的数目、压紧弹簧的形式、安装位置，以及操纵机构型式的不同，其总体构造也有差异。摩擦离合器是靠摩擦来传递扭矩的，其传递扭矩的大小主要取决于摩擦面间的压紧力、摩擦系数、摩擦面的数目以及离合器的平均摩擦半径。对轿车和轻、中型货车而言，发动机最大扭矩数值不太大，离合器通常采用两个摩擦面的单片离合器。有些吨位较大的汽车，欲增大离合器的传递扭矩，可增大压紧力和摩擦系数，也可采用双片离合器或多片离合器。

采用若干圆柱形螺旋弹簧作压紧弹簧，并沿周向均布的离合器，称为周布弹簧离合器。若离合器采用一个或两个弹力较强的“塔”形螺旋弹簧或圆柱形螺旋弹簧作为压紧弹簧，并布置在中央位置的离合器，则称为中央弹簧离合器。另有一种采用膜片弹簧作为压紧弹簧的离合器，则称为膜片弹簧离合器。

3.3.1 周布弹簧离合器

单片离合器以东风 EQ1090E 型汽车离合器为例，其构造如图 3－2 所示。离合器的主动部分、从动部分和压紧机构都装在发动机后方的离合器壳内，而操纵机构的各个部分则分别设置在离合器壳内、壳外和驾驶室内。

1. 离合器的构造

1）主动部分

发动机飞轮 19 和压盘 33 是离合器的主动部分。离合器盖 3 和压盘 33 之间是通过沿圆周切向均布的四组传动片 16 来传递扭矩的。传动片 16 是用弹簧钢片制成的，每组两片，其一端用传动片铆钉 17 铆在离合器盖上，另一端用螺钉与压盘连接，离合器盖用螺钉固定在发动机的飞轮 19 上，因此压盘能随飞轮转动。在离合器分离时，弹性的传动片 16 产生弯曲变形（其两端沿离合器的轴向产生相对位移）。为使离合器分离时不至于破坏压盘的对中和离合器的平衡，四组传动片是沿压盘周向均匀分布的。

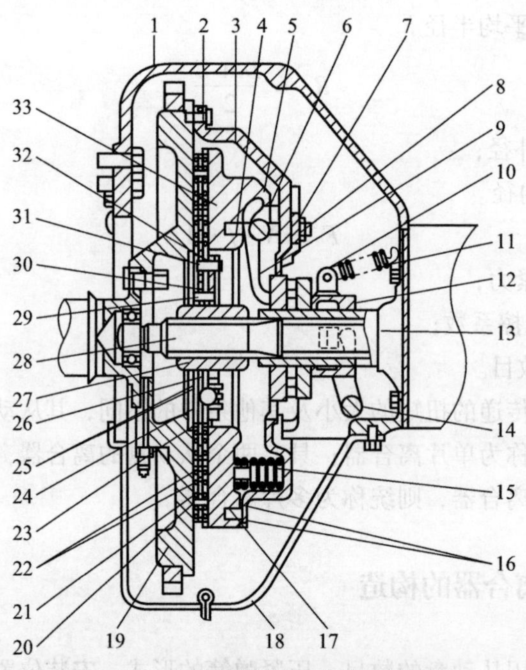

图 3-2　东风 EQ1090E 型汽车离合器

1—离合器壳；2—离合器盖定位销；3—离合器盖；4—分离杠杆支承柱；5—摆动支片；6—浮动销；7—分离杠杆调整螺母；8—分离杠杆弹簧；9—分离杠杆；10—分离轴承；11—分离套筒回位弹簧；12—分离套筒；13—变速器第一轴轴承盖；14—分离叉；15—压紧弹簧；16—传动片；17—传动片铆钉；18—离合器壳底盖；19—飞轮；20—摩擦片铆钉；21—从动盘本体；22—摩擦片；23—减震器盘；24—减震器弹簧；25—减震器阻尼片；26—阻尼片铆钉；27—从动盘毂；28—从动轴（即变速器第一轴）；29—阻尼弹簧铆钉；30—减震器阻尼弹簧；31—从动盘铆钉；32—从动盘铆钉隔套；33—压盘

2）从动部分

在飞轮 19 和压盘 33 之间装有一片带有扭转减振弹簧的从动盘组件（以下简称从动盘）。铆装在从动盘毂 27 上的从动盘本体 21 由薄钢片制成，故其转动惯量较小。从动盘本体的两面各铆有一片用石棉和其他材料合成的摩擦片 22。从动盘毂 27 的花键孔套在离合器从动轴 28（即变速器第一轴）前端的花键上，并可在花键上做轴向移动。

3）压紧机构

16 个沿周向分布的圆柱螺旋压紧弹簧 15 将压盘 33 压向飞轮 19，并将从动盘夹紧在中间，使离合器处于接合状态。这样，在发动机工作时，发动机的转矩一部分将由飞轮 19 经与之接触的摩擦片 22 直接传给从动盘本体 21；另一部分则由飞轮通过 8 个固定螺钉传到离合器盖 3，并经 4 组传动片 16 传到压盘 33，最后也通过摩擦片 22 传给从动盘本体 21。从动盘本体再将扭矩通过从动盘毂 27 的花键传给从动轴以至变速器。

离合器与曲轴飞轮组组装后，必须进行动平衡试验，并设有离合器盖定位销 2，目的是在拆下离合器重新组装时保持动平衡。

4）离合器的操纵机构

离合器一般处于接合状态，需要时可进行短暂的分离。离合器的分离操纵机构包括分离杠杆 9、分离轴承 10 及分离套筒 12 和分离叉 14。4 个分离杠杆 9 周向均布径向安装。分离杠杆用薄钢板冲压制成，其中部依靠调整螺钉内浮动销 6 和分离杠杆调整螺母 7 支承在离合器盖 3 上。分离杠杆 9 的外端，依靠摆动支片 5 浮动地抵靠在压盘 33 的钩状凸块上。分离杠杆 9 的内端，在支承在离合器盖 3 上的分离杠杆弹簧 8 的作用下，保持在正确的位置上。当需要分离时，踏下离合器踏板，离合器分离叉摆动，使分离轴承 10 向分离杠杆 9 的内端施加一个向前的推力，分离杠杆的内端绕着浮动销转动，其外端通过摆动支片 5，使压盘 33 克服压紧弹簧的压力向后移动，从而解除了压盘对从动盘的压紧力，于是摩擦作用消失，离合器不再传递任何转矩，即离合器进入了分离状态。这时仅是离合器盖及压盘总成同飞轮一起转动，而从动盘及从动轴则脱离了与飞轮（发动机）的传动关系。

装有分离轴承 10 的分离套筒 12 松套在变速器第一轴轴承盖 13 的管状延伸部分的外圆面上，并在分离套筒回位弹簧 11 的作用下，以两侧的凸台平面抵靠在分离叉 14 上，其分离叉两端轴颈支承在离合器壳 1 孔中的衬套内，其外侧延伸的轴颈固定着分离叉臂。踩动离合器踏板时，分离叉绕其轴转动，推动分离套筒 12 带着分离轴承 10 向飞轮 19 方向移动，对分离杠杆 9 的内端施加推力使离合器分离。由于离合器工作时分离套筒 12 并不转动，而分离杠杆 9 则是随着离合器壳和压盘 33 转动的，为了避免转动与静止的元件二者之间的直接摩擦，则离合器的分离轴承一般选用推力轴承。

当需要恢复接合状态时，驾驶员完全放松离合器踏板。踏板和分离叉分别在回位弹簧的作用下回到原来的位置，离合器又恢复原来的接合状态。

2. 离合器的自由行程

从动盘摩擦片随着使用中的磨损会渐渐变薄，压盘和从动盘在压紧弹簧的作用下向飞轮靠近，分离杠杆的内端则向分离轴承靠近。如果分离杠杆内端与分离轴承没有一定的间隙，将使分离杠杆内端不能后移，限制了压盘和从动盘向飞轮方向靠近，于是限制了压紧弹簧的弹力释放，致使压盘不能将从动盘压紧而发生打滑。这不仅减小了所传递的扭矩数值，同时还会加速摩擦片、飞轮、压盘工作面和分离轴承的磨损速度。因此，当离合器处于正常接合状态时，分离轴承应在回位弹簧的作用下回到极限位置，此时，分离杠杆内端与分离轴承之间应留有适当的间隙，东风 EQ1090E 型汽车离合器分离杠杆内端与分离轴承的间隙为 3 ~ 4 mm，以保证摩擦片在正常的磨损后，离合器仍能完全接合。

由于上述间隙的存在，驾驶员在踏下离合器踏板时，先要消除这一间隙，然后才能开始分离离合器。踏板为消除这一间隙所走过的行程，称为离合器踏板自由行程。东风 EQ1090E 型汽车离合器踏板自由行程为 30 ~ 40 mm。如果离合器踏板的自由行程不符合要求，可通过分离拉杆上的调整螺母来改变拉杆的有效长度，在分离杠杆内端与分离轴承的间隙符合要求时，踏板的自由行程也就随之恢复标准数值。

在调整踏板自由行程之前，必须先调整所有分离杠杆内端的高度，使之处于与飞轮平行的同一平面。否则，汽车起步时会造成离合器发抖或分离不彻底。调整方法是旋动分离杠杆支承柱 4 上的分离杠杆调整螺母 7，来改变分离杠杆内端的高度。

3. 离合器的通风及散热

摩擦式离合器在接合或分离过程中，都要经过滑动摩擦阶段，同时产生大量的热。此热若不能及时散发，有关零件会因温度过高而产生不良的后果。如摩擦片温度过高时摩擦性能变坏使离合器打滑，不能完成传递扭矩的功能，甚至造成摩擦片烧损；压紧弹簧将因温度过高而退火，致使弹力减小，造成离合器打滑，以至于产生恶性循环。为此，压盘的弹簧座与压紧弹簧之间装有石棉隔热垫，以阻止压盘上的热向压紧弹簧传递；若从动盘本体是一个圆盘整体，可能会因温度过高而变形，影响离合器的正常工作。因此，东风 EQ1090E 型汽车离合器从动盘本体上开有五条径向窄切口，以预留热变形的余地。离合器盖用钢板冲压成一定的形状，并在侧面与飞轮接触处有四个缺口，当离合器旋转时，空气将不断地循环流动，将离合器内的热量及时散发出去。

重型载重汽车需要离合器传递较大的转矩，但离合器的径向尺寸又受到限制，所以采取增加摩擦面措施予以实现，即采用双片离合器。双片摩擦式离合器的工作原理与单片摩擦式离合器相同，不同的部分是多了一个压盘（称为中间压盘）和一个从动盘。

3.3.2 膜片弹簧离合器

膜片弹簧离合器的压紧装置由压盘、膜片弹簧、支承圈和铆钉、压盘分离钩和压盘传动片组成。膜片弹簧离合器所用的压紧弹簧，是用薄弹簧钢板制成的带有锥度的膜片弹簧，如图 3－3 所示。

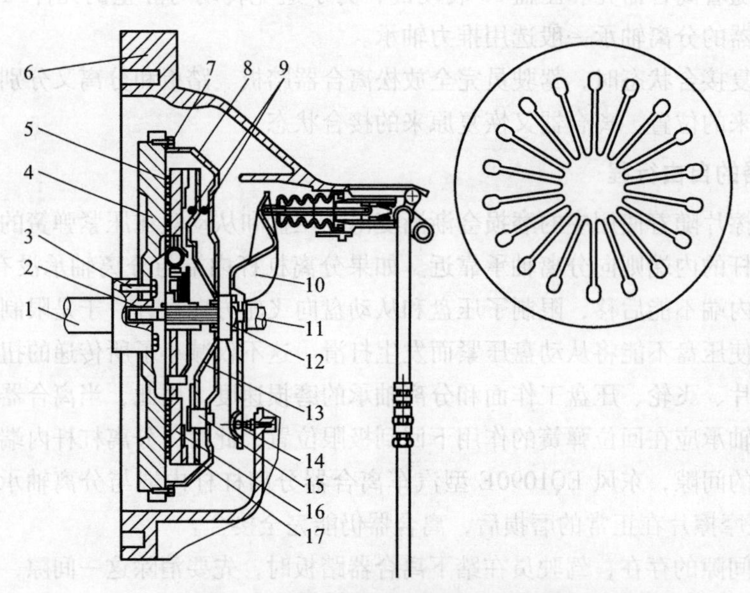

图 3－3　膜片弹簧离合器结构示意图

1—曲轴；2—滚针轴承；3—螺栓；4—飞轮；5—离合器从动盘总成；6—飞轮壳；7—内六角螺栓；8—离合器盖；9—前、后支承环；10—分离叉；11—变速器第一轴；12—分离轴承；13—膜片弹簧；14—球头螺栓；15—铆钉；16—压盘；17—压盘分离钩

膜片弹簧 13 中心部分开有若干个径向切口，形成弹性杠杆，它既是压紧弹簧又是分离杠杆，具有双重作用。膜片两侧有钢丝支承环 9，由数个铆钉将其安装在离合器盖 8 上。在离合器盖未固定到飞轮上时，膜片弹簧 13 不受力，处于自由状态，如图 3－4（a）所示。此时离合器盖 8 与飞轮 4 安装面有一定的距离 δ。当将离合器盖用螺钉固定到飞轮上时，由于离合器盖靠向飞轮，钢丝支承环 9 推压膜片弹簧使之发生弹性变形（锥角变小）。同时，在膜片弹簧 13 外端对压盘 16 产生压紧力而使离合器处于接合状态，如图 3－4（b）所示。当离合器分离时，分离轴承 12 左移，膜片弹簧被压在支承环上，使其径向截面以支承环为

支点转动（膜片弹簧呈反锥形），于是膜片弹簧外端右移，并通过分离钩拉动压盘使离合器分离，如图 3－4（c）所示。

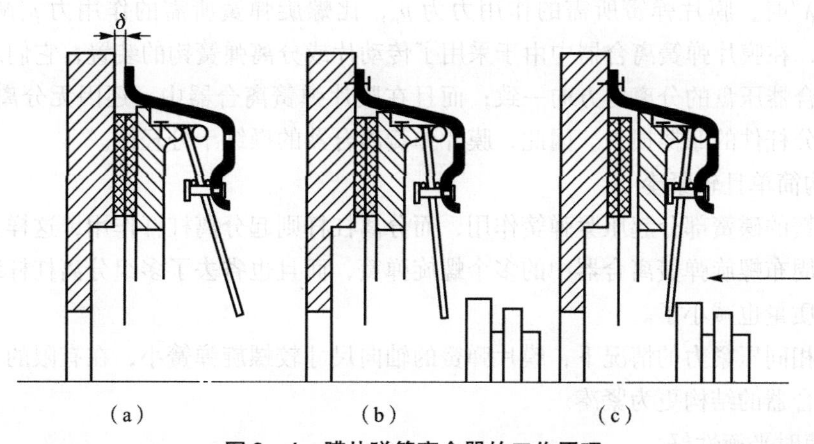

图 3－4　膜片弹簧离合器的工作原理

1. 膜片弹簧离合器的优缺点

目前世界各国生产的汽车，特别是轿车已全部采用了膜片弹簧离合器，因为它具有如下优点。

1）膜片弹簧离合器转矩容量大且较稳定

图 3－5 所示为摩擦离合器中两种压紧弹簧（膜片弹簧与螺旋弹簧）的弹性特性。装在离合器盖总成中的螺旋弹簧处于预压紧状态，其弹性特性曲线如图中曲线 1 所示。而装在离合器盖中的膜片弹簧基本处于自由状态，其弹性特性曲线如图中曲线 2 所示。假如所设计的两种离合器压紧弹簧的压紧力均相同，即压紧力均为 p_b，轴向压缩变形量为 λ_b。当摩擦片磨损量达到容许的极限值 $\Delta\lambda'$ 时，弹簧压缩变形量减小到 λ_a。此时螺旋弹簧压紧力便降低到 p'_a。$p'_a < p_b$，两值相差较大，将使离合器中压紧力不足而产生滑磨，而膜片弹簧压紧力则只降低到与 p_b 相差无几的 p_a，使离合器仍能可靠地工作，不至于产生滑磨。可见，膜片弹簧离合器比螺旋弹簧离合器转矩容量大，一般大 15% 左右。

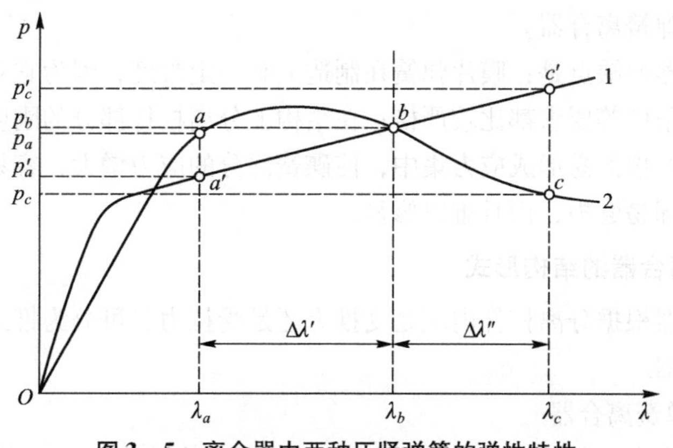

图 3－5　离合器中两种压紧弹簧的弹性特性

2）操纵轻便

当分离离合器时，分离轴承将压紧弹簧进一步压缩，由图3－5看出，如两种弹簧的压缩量均为Δλ″时，膜片弹簧所需的作用力为p_c，比螺旋弹簧所需的作用力p_c'减少25%～30%。此外，在膜片弹簧离合器中由于采用了传动片或分离弹簧钩的装置，它们产生的弹性恢复力与离合器压盘的分离力方向一致；而且在膜片弹簧离合器中，还因无分离杠杆装置，减少了这部分杆件的摩擦损失。因此，膜片弹簧离合器的操纵十分轻便。

3）结构简单且较紧凑

膜片弹簧的碟簧部分起压紧弹簧作用，而分离杠杆则起分离杠杆作用，这样，膜片弹簧不仅取代了周布螺旋弹簧离合器中的多个螺旋弹簧，而且也省去了多组分离杠杆装置，零件数目减少，质量也减小了。

在满足相同压紧力的情况下，膜片弹簧的轴向尺寸较螺旋弹簧小，在有限的空间内便于布置，使离合器的结构更为紧凑。

4）高速时平衡性好

膜片弹簧是圆形旋转对称零件，平衡性好。在高速时，其压紧力降低很少，而周置的螺旋弹簧在高速下因受离心力作用会产生挠曲，弹簧严重鼓出，从而降低了对压盘的压紧力。

5）散热通风性能好

在离合器轴向尺寸相同的情况下，膜片弹簧离合器可以采用较厚的压盘，以保证有足够的热容量，同时也便于在压盘上设散热筋。此外，在膜片离合器盖上可开有较大的通风口，而且零件数目少，更有利于实现良好的散热通风。

6）摩擦片的使用寿命长

由于膜片弹簧以整个圆周与压盘接触，使摩擦片上的压力分布均匀，接触良好，磨损均匀，再加上膜片弹簧离合器的散热性能好，从而提高了摩擦片的使用寿命。

由于膜片弹簧离合器具有上述独特的优点，因此它在汽车上得到了广泛的应用。近年来不仅在轿车和微型汽车上采用，而且在轻型、中型货车，甚至在重型货车上也得到了应用。例如，红旗CA7220型、奥迪、桑塔纳、富康、捷达、宝来等轿车，一汽生产的解放CA1040型、南京的依维柯等轻型货车、解放CA1091型中型货车以及太脱拉815型重型汽车也都采用了膜片弹簧离合器。

膜片弹簧离合器的缺点是：膜片弹簧在制造上有一定难度，因为它对弹簧钢片的尺寸精度、加工和热处理条件等要求都比较严格；在结构上分离杠杆部分的刚度较低，使分离效率降低；而且分离杠杆根部易形成应力集中，使碟簧部分的应力增大，容易产生疲劳裂纹而损坏；分离杠杆舌尖部易磨损，而且难以修复。

2．膜片弹簧离合器的结构形式

膜片弹簧离合器根据分离杠杆内端是受推力还是受拉力，可分为推式膜片弹簧离合器和拉式膜片弹簧离合器。

1）推式膜片弹簧离合器

推式膜片弹簧离合器根据支承环的数目不同，可分为双支承环、单支承环和无支承环三种。

2）拉式膜片弹簧离合器

拉式膜片弹簧离合器是一种新型的拉式膜片弹簧离合器，其特点是膜片弹簧反装（即接合状态下锥顶向前），离合器的支承环移到膜片弹簧的外端，分离离合器时，须通过分离套筒将膜片中央部分向后拉。这样，支承结构大大简化，膜片弹簧的结构强度也得到提高 。而且，由于离合器盖中央窗孔加大，通风散热条件更好。在一般的压式膜片弹簧离合器中，当支承环磨损时，在膜片弹簧与前支承环之间形成的间隙将导致离合器踏板自由行程增大。而在拉式膜片弹簧离合器中，在同样的磨损情况下，膜片弹簧仍能保持与支承环接触而不产生间隙，所以，拉式膜片弹簧离合器是一种很有发展前途的结构。

3.3.3 从动盘和扭转减震器

发动机传到汽车传动系统中的转矩是周期性地变化的，这就使得传动系统中产生扭转振动。如果这一振动的频率与传动系统的自振频率相重合，就将发生共振，对传动系统零件寿命有很大的影响。此外，在不分离离合器的情况下进行紧急制动或猛烈接合离合器的瞬间将造成对传动系统极大的冲击载荷，而缩短了零件的使用寿命。为了避免共振，缓和传动系统所受到的冲击载荷，在许多汽车传动系统中装设了扭转减震器。有些汽车上将扭转减震器制成单独的部件，但更多的是将扭转减震器附装在离合器从动盘中。

1. 从动盘的结构

从动盘有带扭转减震器的和不带扭转减震器的两种。不论从动盘是否带有扭转减震器，其主要部分都是由从动盘本体、摩擦片和从动盘毂三个基本部分组成，如图 3 - 6 所示。其不同之处在于，不带扭转减震器的从动盘中的从动片是直接铆在从动盘毂上，而带有扭转减震器的从动盘，其从动片和从动盘毂之间是通过减震器弹簧弹性地连接在一起。有时考虑到不使润滑油料落到摩擦片工作面上而导致摩擦系数降低，还在从动盘本体上铆有挡油盘。

为了使离合器接合柔和，起步平稳，从动盘应具有轴向弹性。从动盘的结构型式大致有：整体式弹性从动盘、分开式弹性从动盘和组合式弹性从动盘，如图 3 - 7 所示。

整体式弹性从动盘在从动盘本体上被径向切槽分割形成的扇形部分沿周向翘曲成波浪形，两摩擦片分别与其波峰和波谷部分铆接，如图 3 - 7（a）所示，因而使得从动盘在轴向有一定弹性。在接合过程中，从动盘轴向压缩量与压紧力是逐渐增加的。分开式弹性从动盘如图 3 - 7（b）所示，从动盘本体做的直径较小，而在其外缘上铆有若干单制的扇状波形弹簧钢片，两摩擦片分别与波形片铆接。组合式弹性从动盘如图 3 - 7（c）所示，从动盘本体是平面的，而在从动盘本体的每个扇形部分另外铆上一个波形的扇状弹簧片，而摩擦片则分别与从动盘本体和波形片铆接。

2. 扭转减震器的构造和工作原理

在图 3 - 6 所示中，带扭转减震器的从动盘本体 5 的外缘部分（即装摩擦片 1 的部分）结构原理与上述相同，只是在中心部分附装有扭转减震器，因而从动盘本体 5 与从动盘毂 11 之间是通过减震器来传递扭矩的。东风 EQ1090E 型汽车所用的这种从动盘的零件图，如图 3 - 6（a）所示，装配好的从动盘如图 3 - 6（b）所示。在这种结构中，从动盘本体 5、从动盘毂 11 和减震器盘 12 都开有 6 个矩形窗孔，在每个窗孔内都装有减震器弹簧 6，借以实现从动盘本体 5 与从动盘毂 11 之间在圆周方向上的弹性联系。然后用 3 个从动盘铆钉隔套 9 穿过毂上相对的 3 个缺口，把从动盘本体和减震器盘铆紧，并将从动盘毂及两侧的减振阻尼片10夹在中间，从动盘本体上的窗口翻边，使6个弹簧不至于脱出。值得指出的是，从动盘毂与铆钉并不直接相连，它们之间存在有较大的间隙，以使从动盘毂和从动盘本体之间有相对转动的可能。

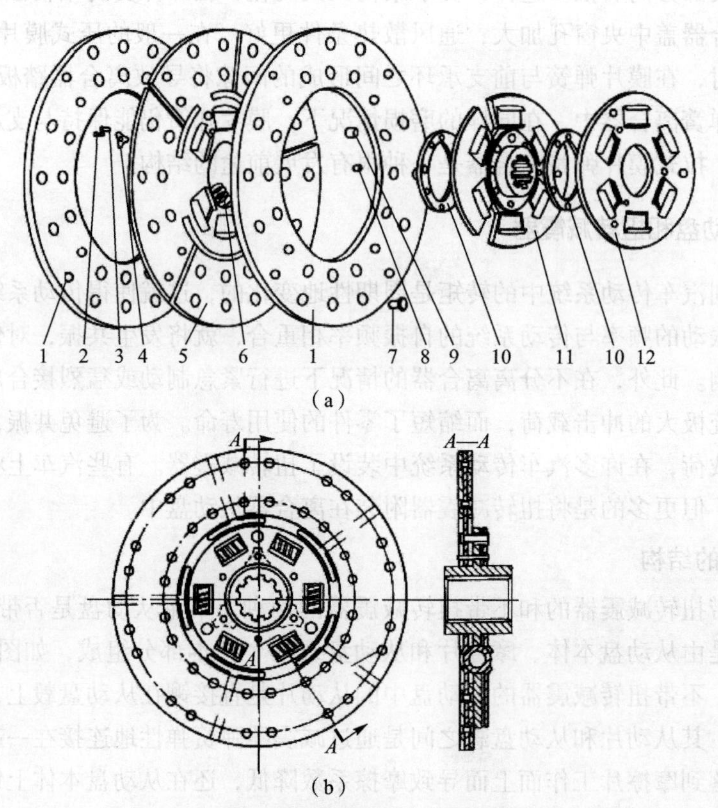

图3－6　东风EQ1090E汽车离合器从动盘

(a) 零件图；(b) 装配图

1—摩擦片；2—阻尼弹簧铆钉；3—从动盘铆钉；4—阻尼弹簧；5—从动盘本体；6—减震器弹簧；7—摩擦片铆钉；8—阻尼片铆钉；9—从动盘铆钉隔套（起减震器限位销的作用）；10—减振阻尼片；11—从动盘毂；12—减震器盘

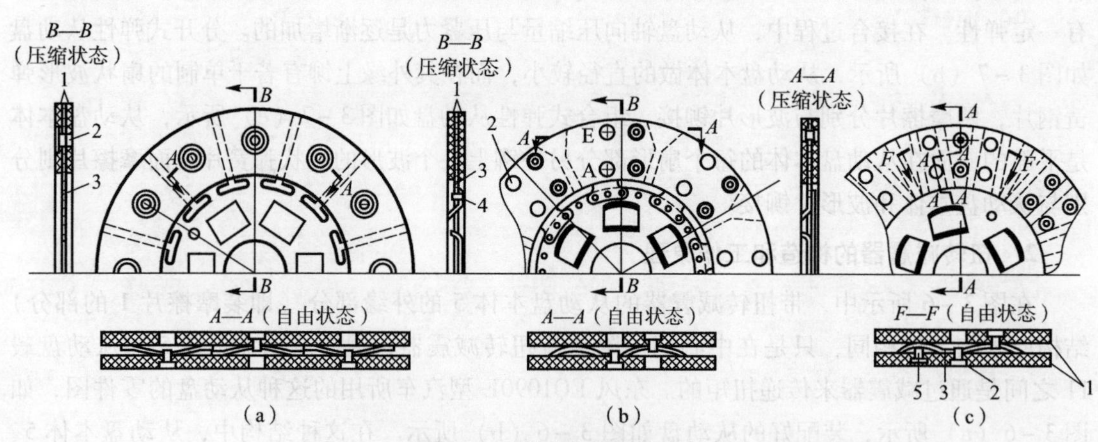

图3－7　从动盘结构形式

(a) 整体式弹性从动盘；(b) 分开式弹性从动盘；(c) 组合式弹性从动盘

1—摩擦片；2—铆钉；3—从动盘本体；4—从动片；5—从动片波形弹簧片铆钉

从动盘不工作时的情况如图3－8（a）所示，从动盘工作时，两侧摩擦片所受摩擦力矩首先传到从动盘本体2和减震器盘上，再经减振弹簧传给从动盘毂。这时，减震器弹簧1即被压缩，如图3－8（b）所示。这样，一方面减振弹簧缓和了由发动机曲轴传来的扭转振动；另一方面从动盘毂与从动盘本体、从动盘毂与减震器盘之间相对滑动，依靠两减振阻尼片3与上述三者之间的摩擦吸收振动的能量，转变为热能，散失于空气中，而使振动迅速衰减，传动系统免受较大的交变应力。

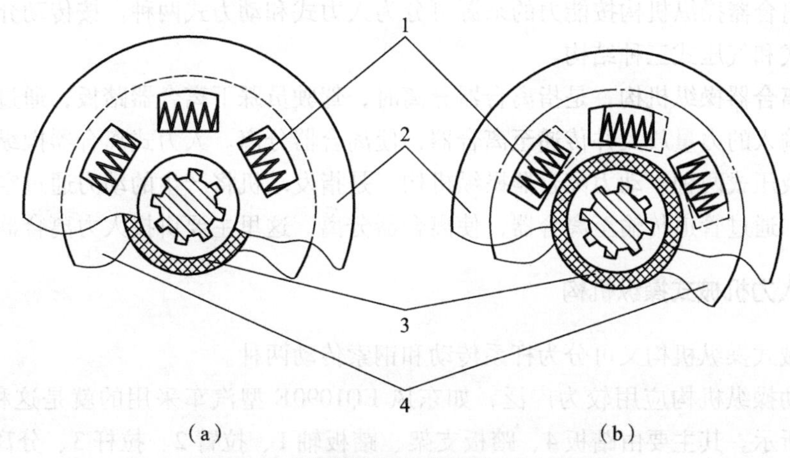

图3－8　弹簧摩擦式减震器工作示意图

（a）不工作时；（b）工作时

1—减震器弹簧；2—从动盘本体；3—减振阻尼片；4—从动盘毂

同样，由传动系统旋转角速度突然变化引起的惯性力矩，也经过减震器弹簧的缓和以及从动盘本体、从动盘毂、减震器盘与减震器阻尼片之间的滑磨，而大为减轻对发动机的牵连作用，发动机飞轮由此产生的惯性力矩大大下降，传动系统各部件的损坏程度也随之减轻。

目前有的汽车离合器从动盘中采用两组或更多组刚度不同的减震器弹簧，并将装弹簧的窗口长度做成不同尺寸，利用弹簧先后起作用的办法获得变刚度特性，如图3－9所示。这种变刚度特性可以避免不利的传动系统共振，降低传动系统噪声。在减震器中也有采用橡胶弹性元件的，其形状有空心圆柱形以及星形等多种。

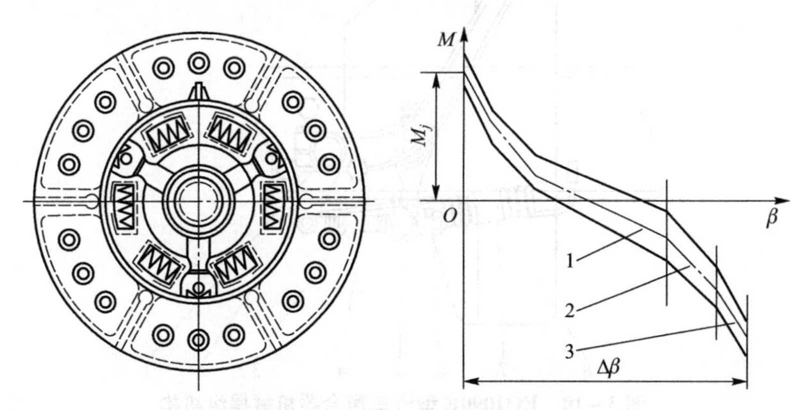

图3－9　变刚度扭转减震器及其特性

1—第一级特性；2—第二级特性；3—第三级特性

M—扭转减震器所受转矩；β—减震器相对转角；M_j—减震器极限力矩；$\Delta\beta$—相对转角变化范围

减震器中的阻尼片常用摩擦材料制成，并靠从动盘本体与减震器盘间的连接铆钉建立正压力。这种方案结构简单，但阻尼片磨损后阻尼力矩便降低，甚至消失。

3.4 离合器操纵机构

离合器操纵机构，是控制离合器接合与分离的装置。它起始于踏板，终止于离合器壳内分离轴承。离合器操纵机构按能力的来源可分为人力式和动力式两种。按传动介质可分为机械式、液压式和气压式三种结构。

人力式离合器操纵机构，是指离合器分离时，驾驶员踩下离合器踏板，通过机械或液体传动介质将输入的力量放大并传递至离合器，使离合器分离。人力式离合器操纵机构又可分为机械式和液压式两种。动力离合器操纵机构，是指发动机将产生的动力通过空压机转换成气体压力能，通过管道传输至离合器，使离合器分离。这里主要讲授人力离合器操纵机构。

3.4.1 人力机械式操纵机构

人力机械式操纵机构又可分为杆系传动和钢索传动两种。

杆系传动操纵机构应用较为广泛，如东风 EQ1090E 型汽车采用的就是这种操纵机构，如图 3－10 所示。其主要由踏板 4、踏板支架、踏板轴 1、拉臂 2、拉杆 3、分离叉臂 5、分离叉、分离滑套及分离轴承、踏板回位弹簧 7 等组成。为便于驾驶员操纵，踏板伸在驾驶室内，踏板支架固定在车架上，分离叉安装在离合器壳上，其余机件相互连接。

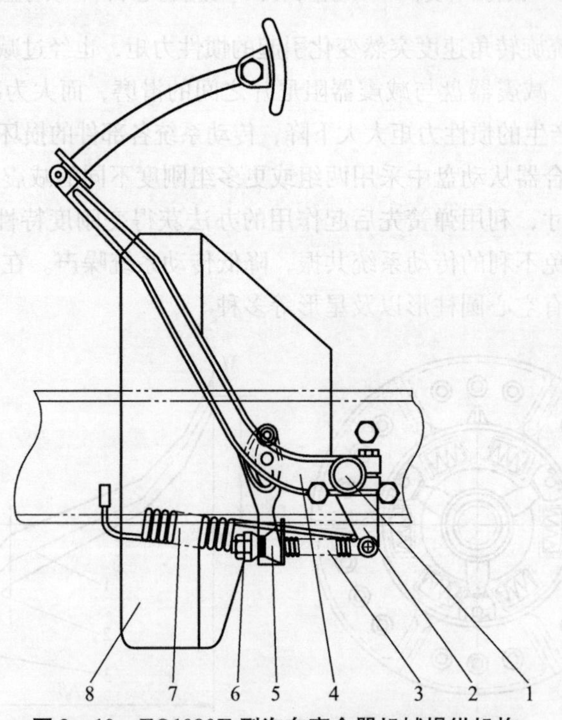

图 3－10　EQ1090E 型汽车离合器机械操纵机构

1—踏板轴；2—拉臂；3—拉杆；4—踏板；5—分离叉臂；
6—调整螺母；7—踏板回位弹簧；8—飞轮壳

当离合器分离时，驾驶员踩下踏板4，通过踏板轴1使拉臂2摆动，将驾驶员输入踏板的力放大，通过拉杆3以及联系的分离叉将力传到分离轴承，分离轴承推动分离杠杆摆动使离合器进行分离。当离合器接合时，驾驶员逐渐放松踏板，使各机件在踏板回位弹簧7的作用下又返回到分离时的初始位置。杆系传动装置中关节点多，因摩擦损失大，其工作会受到车身或机架变形的影响。此外在汽车上的布置和操纵都较为困难。而采用钢索传动可以消除上述缺点，但钢索使用寿命短，拉伸刚度小，只适用于轻型或微型车上。

3.4.2 人力液压式操纵机构

1. 组成

液压操纵机构主要由主缸、工作缸及管路系统组成。液压操纵机构具有摩擦阻力小，质量小，布置方便，接合柔和等优点，并且不受车身车架变形的影响，因此应用日益广泛。北京 BJ2020、一汽奥迪 100 型汽车的离合器均采用液压式操纵机构。

如图 3-11 所示，北京 BJ2020 型汽车离合器的液压操纵机构主要由踏板支架、离合器踏板3、主缸推杆2、离合器主缸1、油管9、工作油缸8、分离叉4、分离套筒及分离轴承等组成。踏板吊挂在支架上，主缸推杆2与离合器踏板3以偏心螺栓相连。通过转动偏心螺栓，可改变主缸推杆与主缸活塞之间的间隙，一般推杆与主缸的间隙为 0.5~1.0 mm。踏板上固定有缓冲橡胶块，并以回位弹簧6的拉力使踏板保持在最高位置。踏板的自由行程为 30~40 mm。

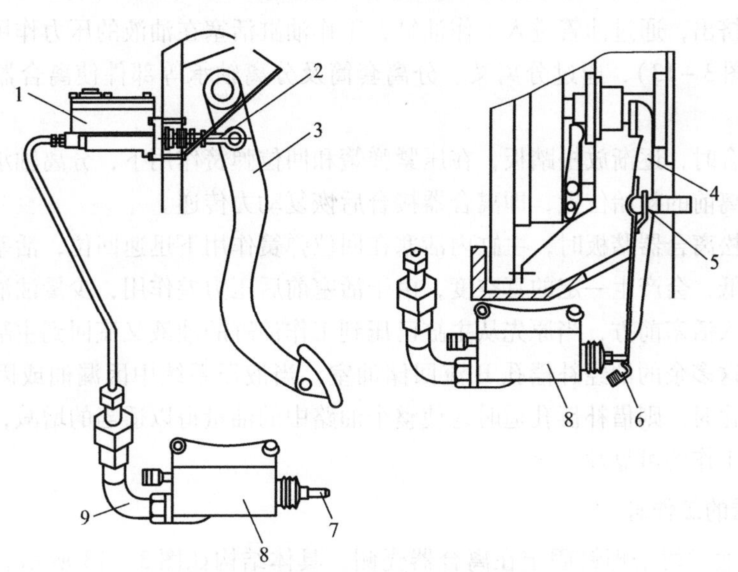

图 3-11 BJ2020 型汽车离合器液压操纵机构

1—离合器主缸；2—主缸推杆；3—离合器踏板；4—分离叉；5—支承销；
6—回位弹簧；7—分离叉推杆；8—工作油缸；9—油管

2. 离合器主缸

如图 3-11 所示，离合器主缸1和储液室二者铸成一体，固定在驾驶室前壁上，通过油管9与工作油缸8相通。工作油缸8固定在离合器壳上。在回位弹簧6的拉力作用下，分离叉4外端凹座紧压在分离叉推杆7的端部。分离叉中部支承在支承销5上，以此为支点来回摆动。

离合器主缸构造如图 3－12 所示。主缸体 1 上部是储液室。主缸体 1 借助补偿孔 B、进油孔 C 与储液室相通。主缸内装有活塞 5，活塞中部较细，使活塞后方与主缸形成环状油腔。活塞前端装有皮碗 3，后方装有皮圈 6。活塞顶沿圆周分布有 6 个小孔，活塞回位弹簧 2 将皮碗、弹簧片压向活塞，挡住小孔，形成单向阀，并把活塞 5 推向最后的极限位置，使皮碗 3 位于补偿孔 B 与进油孔 C 之间，两孔都放开。

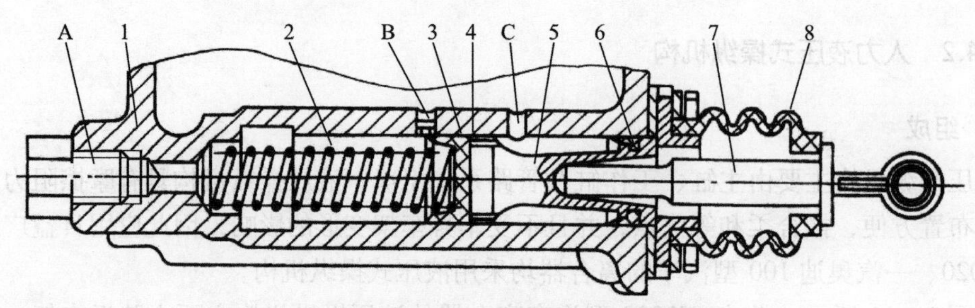

图 3－12　汽车离合器主缸构造示意图

1—主缸体；2—活塞回位弹簧；3—皮碗；4—活塞垫片（弹簧片）；
5—活塞；6—皮圈；7—推杆；8—防尘罩
A—出油孔；B—补偿孔；C—进油孔

当需要分离时（参看图 3－12），踏下离合器踏板推动主缸推杆 7 向前，克服了与活塞 5 之间 0.5～1.0 mm 的间隙后，使活塞 5 前移，当活塞皮碗 3 越过补偿孔 B 后，活塞开始把主缸内的油液挤出，通过油管进入工作油缸，工作油缸活塞在油液的压力作用下推动分离叉推杆 9（参看图 3－13），通过分离叉、分离套筒及分离轴承等部件使离合器分离，切断动力传递。

当需要接合时，逐渐放松踏板，在压紧弹簧和回位弹簧作用下，分离轴承以及踏板等操纵部件回到分离前的初始位置，即离合器接合后恢复动力传递。

当迅速放松离合器踏板时，主缸内活塞在回位弹簧作用下迅速回位，活塞前方容积迅速增大，压力降低，会产生一定的真空度，由于活塞前后压力差作用，少量油液推开活塞垫片从皮碗周围流入活塞前方，当原先从主缸已压到工作油缸的油液又流回到主缸时，使主缸内的油量过多。这多余的油经补偿孔 B 流回储油室。当液压系统中因漏油或因温度变化引起油液的容积变化时，则借补偿孔适时地使整个油路中的油量得以适当的增减，以保证制动油压和液压系统工作的可靠性。

3．离合器的工作缸

工作油缸通过两个螺钉固定在离合器壳侧，具体结构如图 3－13 所示。工作油缸内装有活塞 6、皮碗 5、活塞限位块 4，前端用锁止环限位。分离叉推杆 9 的一端支在活塞的凹座内，另一端顶在分离叉的凹座内，它的长度可以调整，以此来调整分离杠杆内端与分离轴承之间的间隙。工作油缸后端设有放气螺钉 2 和进油管接头 1，进油管接头 1 通过软管与主缸相连。当管路内有空气存在时，影响到离合器的彻底分离，可通过放气螺钉 2 进行放气。

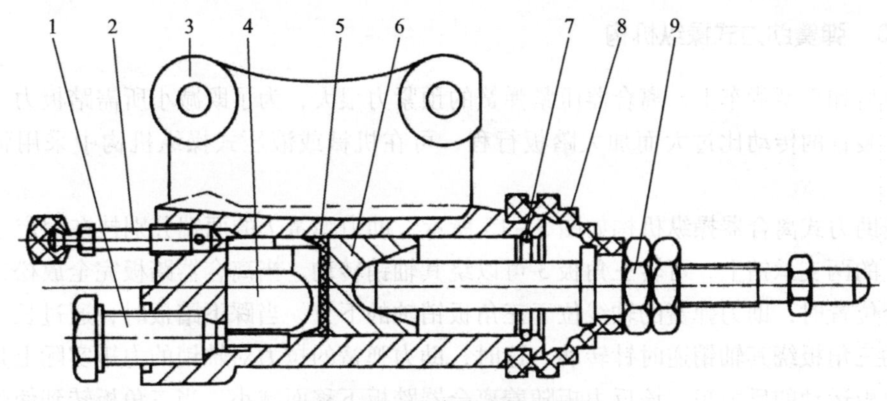

图 3 – 13　汽车离合器工作缸

1—进油管接头；2—放气螺钉；3—工作缸体；4—活塞限位块；5—皮碗；
6—活塞；7—挡环；8—护罩；9—分离叉推杆

由于北京 BJ2020 型汽车离合器采用了液压操纵机构，可以通过提高杠杆比和主缸、工作油缸活塞的直径比，使驾驶员操纵更省力；另外，由于油液在管道内流动时有一定的阻力，放松踏板后，管道内油压下降有一过程，这就避免了压紧力突然增加，使接合过程更为平稳。但是，由于液压传动存在管道阻力，管路接头多，容易渗入空气，因此，如不及时检查、维护，就有可能影响离合器分离的迅速与彻底。

一汽红旗 CA7220 型轿车离合器的液压式操纵机构如图 3 – 14 所示，其结构与北京 BJ2020 型汽车离合器液压操纵机构基本相同，其不同之处是该车液压操纵机构使用的是单独的储液罐。此外，在离合器踏板另一端，还装有助力回位总成，使离合器操纵更加轻便。

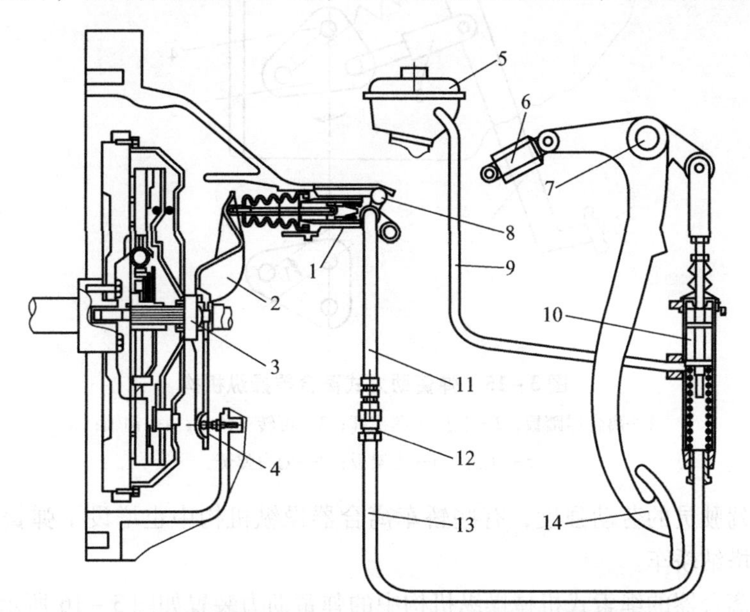

图 3 – 14　红旗 CA7220 型轿车离合器的液压式操纵机构

1—工作缸；2—分离叉；3—分离轴承；4—分离叉座；5—储液罐；6—踏板回位弹簧；7—踏板轴；
8—排气阀；9—进油管；10—离合器主缸；11—橡胶软管；12—油管接头；13—油管；14—踏板

3.4.3 弹簧助力式操纵机构

在中型和重型货车上，离合器压紧弹簧的预紧力很大，为了既减小所需踏板力，又不至于因传动装置的传动比过大而加大踏板行程，可在机械或液压式操纵机构中采用弹簧助力装置。

弹簧助力式离合器操纵机构如图 3－15 所示，助力弹簧 7 的两端分别挂在固定于支架和三角板上的两支承销上，可转三角板 3 可以绕其轴销转动，当离合器踏板完全放松，离合器处于接合位置时，助力弹簧的轴线位于三角板销轴的下方，当踩下踏板时，通过长度可调推杆 2 推动三角板绕其轴销逆时针转动。这时，助力弹簧的拉力对轴销的力矩实际上是阻碍踏板和三角板运动的反力矩，该反力矩随着离合器踏板下移而减小，当三角板转到使弹簧轴线通过轴销中心时，弹簧反力矩为零，踏板继续下移到使助力弹簧的拉力对三角板轴销的力矩方向转为与踏板力对踏板轴的力矩方向一致时，就能起到助力作用。在踏板处于最低位置时，这一助力作用最大。

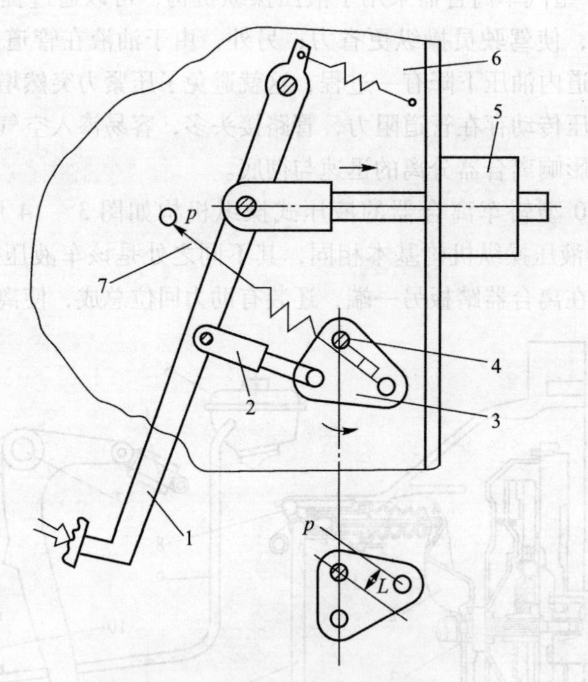

图 3－15 弹簧助力式离合器操纵机构

1—离合器踏板；2—长度可调推杆；3—可转三角板；4—销轴；5—主缸；6—支架板；7—助力弹簧

为了减轻驾驶员的劳动强度，有些轿车离合器操纵机构中也增设了弹簧助力装置，例如，捷达、桑塔纳轿车。

捷达轿车离合器的绳索式机械操纵机构中的弹簧助力装置如图 3－16 所示。当离合器处于接合位置时，销轴 3 位于销轴 5 与离合器踏板轴 4 连线的下方。当踏下离合器踏板时，销轴 3 绕离合器踏板轴顺时针转动，当转到 3、4、5 三点处于同一直线上时，助力弹簧对踏板不起助力作用，继续踏下踏板时，销轴 3 绕离合器踏板轴 4 继续转动，当 3 点转到 4、5 连线的上方时，则处于压缩状态的助力弹簧推动离合器踏板绕离合器踏板轴 4 顺时针转动，由于助力弹簧与踏板的转动方向一致，故对踏板施加一个助力，从而起到了助力作用。当驾驶员松开离合器踏板时，随着离合器踏板的回位，销轴3又回到4、5连线的下方时，处于压缩状态的助力弹簧又推动离合器踏板绕其轴4逆时针转动，促使离合器踏板迅速回位。

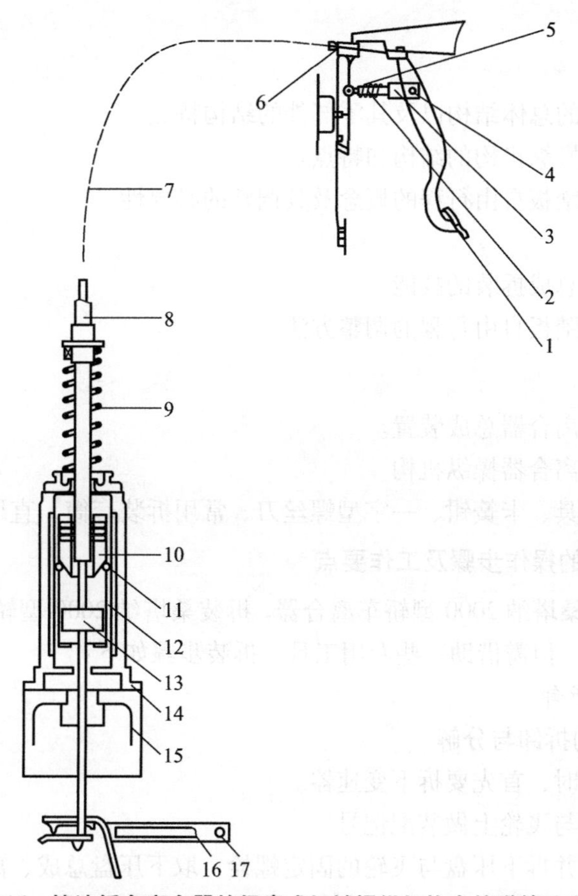

图3-16　捷达轿车离合器的绳索式机械操纵机构中的弹簧助力装置

1—离合器踏板；2—助力弹簧；3—助力弹簧导向杆与离合器踏板连接销轴；4—离合器踏板轴；5—助力弹簧导向杆与离合器踏板支架连接销轴；6—拉索上固定点；7—拉索；8—拉索护套；9—波顿拉索弹簧；10—锁止锥块；11—滚子；12—滚子保持架；13—夹持块；14—外壳体；15—拉索下端固定架；16—离合器分离臂；17—分离杠杆轴

助力弹簧的助力作用由负变正的过程是可以容许的，这是因为在离合器踏板的前段行程中，离合器压紧弹簧的压缩量和压缩力还不大，故所造成的踏板阻力与助力弹簧造成的踏板附加阻力的总和也在容许范围内。在踏板的后段行程中，压紧弹簧的压缩量和相应的作用力继续增加到最大值。在离合器彻底分离后，为了变速器换挡或制动，往往需要在一段时间内将踏板保持在这一最低位置，而这正是导致驾驶员疲劳的主要原因。所以，正是在后一段踏板行程中最需要助力。弹簧助力装置的助力效果不大，一般只能降低踏板力25%~30%，而且，助力弹簧在踏板后段行程中放出的能量，正是在踏板前段行程中驾驶员对它所做的功转化而成。由此可见，弹簧助力装置仍属于人力操纵范畴。

实训任务：离合器的拆装与调整

一、教学目标

知识目标：

（1）掌握离合器的总体结构以及其零部件的结构特点。

（2）掌握离合器操纵机构的结构和特点。

（3）掌握离合器踏板自由行程的概念及其调整的必要性。

技能目标：

（1）具备离合器总成拆装的技能。

（2）掌握离合器踏板自由行程的调整方法。

二、教学准备

（1）典型车型的离合器总成装置。

（2）结构完备的离合器操纵机构。

（3）拆装专用工具、卡簧钳、一字型螺丝刀、常用拆装套筒、直尺等。

三、离合器拆装的操作步骤及工作要点

图 3－17 所示为桑塔纳 2000 型轿车离合器。拆装桑塔纳 2000 型轿车离合器可在不拆卸发动机的情况下进行，但需借助一些专用工具。拆装步骤如下：

（一）离合器的拆卸

1. 离合器总成的拆卸与分解

（1）拆装离合器时，首先要拆下变速器。

（2）在离合器盖与飞轮上做装配记号。

（3）以对角拧松并拆下压盘与飞轮的固定螺栓，取下压盘总成、离合器从动盘。

（4）在离合器盖与压盘之间及膜片弹簧之间做对合标记，进行分解。

（5）拆下膜片弹簧装配螺栓，分离压盘及膜片与离合器盖。

2. 分离叉轴的拆卸

（1）松开螺栓 14，拆下驱动臂。

（2）拆下分离轴承。

（3）松开螺栓 9，取下分离轴承导向套和橡胶防尘套、回位弹簧。

（4）用尖嘴钳取出卡簧 18 和分离轴承 5 后，分离叉轴即可取出。

（二）离合器的装配

离合器的装配应大致按拆卸相反顺序进行，但同时还应注意以下几点：

（1）离合器盖与压盘及膜片弹簧的对合标记要对齐。

（2）各支点和轴承表面以及分离轴承（轴承和套都是钢制的）在组装时应涂以锂基润滑脂。

（3）离合器从动盘有减振弹簧保持架的一面应朝向压盘方向安装。

（4）安装离合器压盘总成时，需用导向定位器或变速器输入轴进行中心定位，使从动盘与压盘同心，便于安装输入轴。

（5）压盘须与飞轮接触，才可紧固螺栓。紧固时应按对角线方向逐次拧紧，紧固力矩为 25 N·m。

（6）分离叉轴 10 两端衬套必须同心。

（7）离合器驱动臂 13 的安装位置与固定拉索螺母架距离 $a = 200\ \text{mm} \pm 5\ \text{mm}$。

（8）应将离合器踏板的自由行程调到 15 mm。

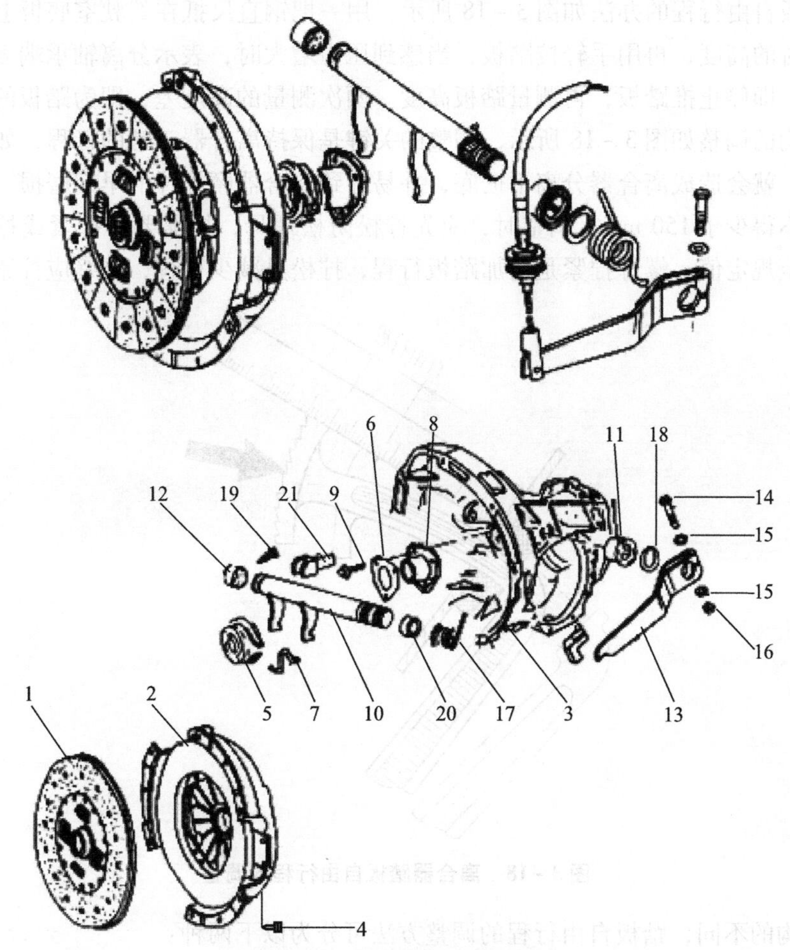

图 3－17　桑塔纳离合器分解图

1—离合器从动盘总成；2—离合器压盘总成；3—离合器罩壳；4，9，14—螺栓；5—分离轴承；6，15—垫圈；7—弹簧；8—分离轴承导向套；10—分离叉轴；11—衬套座；12—分离叉轴衬套；13—离合器驱动臂；16—螺母；17—回位弹簧；18—卡簧；19—固定螺钉；20—橡胶防尘套；21—拉索

（三）离合器的调整

1. 离合器分离杠杆高度的调整

离合器分离杠杆的内端与分离轴承必须同时接触，汽车才能平稳起步。若分离杠杆内端高低不一，离合器接合时将发生抖动现象。因此，装配维护时需查看各分离杠杆内端与分离轴承的接触情况，要求各分离杠杆内端位于同一平面，误差应符合原厂规定，一般不大于 0.25 mm。如果不符合要求，就应进行调整。方法是调整分离杠杆内端或在外端调整螺栓的位置。

对膜片弹簧离合器，若膜片弹簧分离杠杆因磨损、锈蚀、破裂等致使膜片弹簧所受载荷不均匀或降低，必须更新。膜片弹簧分离杠杆在圆周上必须均匀排列，同时各弹簧分离杠杆高度应处于同一平面上，其极限偏差不大于 0.5 mm。如弹簧分离杠杆高低不平，将使汽车起步不稳、发抖，离合器也不能彻底分离。

2. 离合器踏板自由行程的调整

检查踏板自由行程的办法如图 3－18 所示，用一把钢直尺抵在驾驶室底板上，先测量踏板完全放松时的高度，再用手轻按踏板，当感到压力增大时，表示分离轴承端面已与分离杠杆内端接触，即停止推踏板，再测量踏板高度。两次测量的高度差，即为踏板的自由行程。

操纵机构的调整如图 3－18 所示，调整的关键是保持离合器正常的行程，如果离合器踏板行程过小，就会造成离合器分离不彻底，并易导致离合器摩擦片的早期磨损，确保离合器踏板的行程不得少于 150 mm。调整时，应先拧松防松螺母，按需要再拧紧或拧松螺母，以便将行程调至规定值。螺母拧紧是增加踏板行程，拧松是减少行程，调好应拧紧防松螺母。

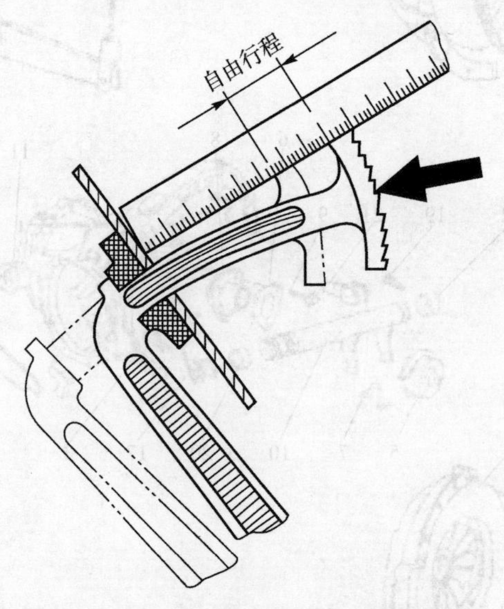

图 3－18 离合器踏板自由行程的调整

根据结构的不同，踏板自由行程的调整方法可分为以下两种：

（1）机械操纵式离合器踏板自由行程的调整，一般是通过分离叉拉杆调整螺母调整拉杆或钢索长度。如上海桑塔纳轿车离合器踏板的自由行程为 15 ~ 25 mm，总行程为 150 mm。

（2）液压操纵式离合器踏板自由行程一般是主缸活塞与其推杆之间和分离杠杆内端与分离轴承之间两部分间隙之和在踏板上的反映。因此，踏板自由行程的调整实际上就是这两处间隙的调整。调整时先调整主缸活塞与推杆间隙，有的通过调整螺母调整推杆长度，有的通过踏板臂与推杆相连的偏心装置调整推杆伸出长度。其间隙量有的可直接测量，有的则测量此间隙在踏板上反映的自由行程量。

北京 BJ2020 型汽车就是通过偏心螺栓调整推杆伸出长度，使其与活塞间的间隙为 0.5 ~ 1.0 mm，反映到踏板上的自由行程应为 3 ~ 6 mm。再调整分离杠杆端部与分离轴承平面的间隙，该间隙的规定值为 2.5 mm。这一间隙由改变工作缸的分离叉推杆的长度来实现。调整时，旋松锁紧螺母，调整分离叉推杆的长度，旋入间隙变大；反之变小。调整完毕后，用锁紧螺母锁紧。离合器踏板自由行程应为32～40 mm。

思考与练习

1. 汽车传动系统中为什么要装离合器？
2. 为何离合器从动部分的转动惯量要尽可能小？
3. 为了使离合器接合柔和，常采用什么措施？
4. 膜片弹簧离合器有何优缺点？
5. 离合器的操纵机构有哪几种？各有何优缺点？

项目四

变速器与分动器

4.1 概述

4.1.1 变速器的功用与分类

由于汽车上广泛采用活塞式发动机，其扭矩和转速变化的范围较小，而汽车行驶条件非常复杂，要求驱动力和行驶速度能在相当大的范围内变化。另外，活塞式发动机的旋转方向是一定的，而实际运行过程中除向前行驶外，还需要倒向行驶。为此在传动系统中设置了变速器。

1. 变速器的功用

变速器的主要功用有：变速变扭；在发动机旋转方向不变的条件下，使汽车能倒向行驶；利用空挡，使发动机与传动系统中断动力传递，以利于发动机起动、怠速和变速换挡或进行动力输出。在多轴驱动的汽车上，还装有分动器，把扭矩分配到各个驱动桥。

2. 变速器的分类

1）按操纵方式分类

（1）手动变速器。手动变速器靠驾驶员直接操纵变速杆进行换挡，结构简单，工作可靠。

（2）自动变速器。自动变速器根据汽车的运行状况自动换挡，无离合器，通过加速踏板控制车速，操作简单，结构复杂。

（3）手自一体变速器。手自一体变速器即可以选择自动挡模式，又可以选择手动挡模式。

2）按传动比变化方式分类

（1）有级变速器。有级变速器具有若干个数值一定的传动比，有定轴齿轮式和行星齿轮式两种。

（2）无级变速器。无级变速器传动比在一定范围内连续变化，其传动方式有机械传动、液力传动及电力传动。

（3）综合式变速器（液力机械自动变速器）。综合式变速器一般是由液力变矩器和齿轮式有级变速器组成的液力机械变速器，其传动比在几个区段内无级变化。

本章主要介绍手动变速器的基本结构和工作原理。

4.1.2 普通齿轮变速器的工作原理

普通齿轮变速器由若干可变换传动比的齿轮副和外壳组成，从而实现变速、变扭和变向。

1. 变速原理

由齿轮传动的原理可知，一对齿数不同的齿轮啮合传动时可以变速，而且两齿轮的转速与其齿数成反比。设主动齿轮转速为 n_1，齿数为 Z_1；从动齿轮转速为 n_2，齿数为 Z_2。传动比即是主动轮（即输入轴）转速与从动轮（即输出轴）转速的比值，用字母 i_{12}表示，即

$$i_{12} = n_1/n_2 = Z_2/Z_1$$

若小齿轮为主动轮，如图 4－1（a）所示，其转速经大齿轮传出时就降低了，即 $n_1 > n_2$，称为减速传动，此时传动比 $i>1$；若大齿轮为主动轮，如图4－1（b）所示，其转速经小齿轮传出时就升高了，即 $n_1 < n_2$，称为增速传动，此时传动比 $i<1$。这就是齿轮传动的变速原理，汽车变速器就是根据这一原理利用若干大小不同的齿轮副传动来实现变速的。

一对齿轮传动只能得到一个固定的传动比，构成一个挡位。为了扩大变速器输出转速的变化范围，通常都采用多组大小不同的齿轮啮合传动，构成不同的挡位，从而可得到不同的输出转速。一般轿车和轻、中型客货车辆的变速器通常有 3～6 个前进挡和一个倒挡。

所谓变速器挡数就是指其前进挡数。传动比值 $i>1$ 的挡位称为降速挡，其输出轴转速低于发动机转速，而且传动比越大则输出转速越低；$i=1$ 的挡位称为直接挡，其输出轴转速与发动机转速相等；$i<1$ 的挡位称为超速挡，其输出轴转速超过发动机转速。

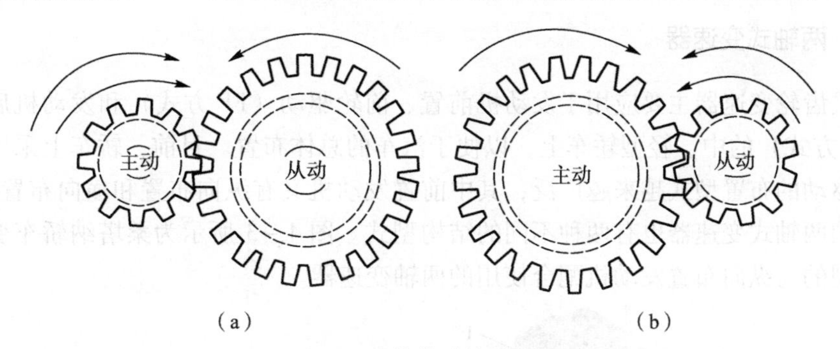

图 4－1 齿轮传动的基本原理

（a）减速传动；（b）增速传动

变速器就是通过挡位变换来改变传动比，实现多级变速的。由齿轮传动的原理可知，齿轮传动的扭矩与其转速成反比。设主动轮的转速为 n_1，扭矩为 M_1，从动轮的转速为 n_2，扭矩为 M_2，则 $i_{12} = n_1/n_2 = M_2/M_1$。因此，齿轮式变速器在改变转速的同时也改变了输出扭矩，传动比既是变速比也是变矩比，降速则增扭，增速则降扭。汽车变速器就是利用这一原理，通过改变传动比来改变输出转速，从而改变其输出扭矩，以适应汽车行驶阻力的变化。

2. 变向原理

外啮合的一对齿轮旋向相反，每经一传动副，其轴便改变一次转向，所以，二轴式变速器的倒挡是在输入轴与输出轴之间加装了一根倒挡轴和倒挡齿轮（此为惰轮），使其输出轴与前进挡时的旋向相反，从而可以使汽车倒向行驶。三轴式变速器前进挡的输入轴与输出轴

转向相同，其倒挡则是在中间轴与输出轴之间加装一根倒挡轴和倒挡齿轮，使输出轴与输入轴转向相反，从而可使汽车倒驶（图4－2）。

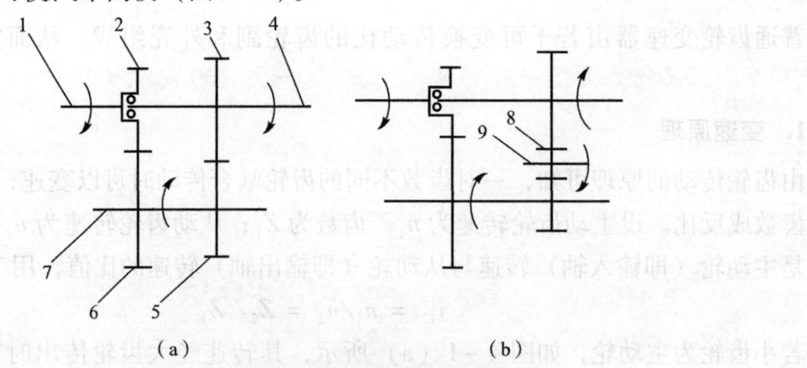

图4－2　普通齿轮变速器的变向原理

（a）前进挡；（b）倒挡

1—输入轴；2，3，5，6，8—齿轮；4—输出轴；7—中间轴；9—倒挡轴

4.2　普通齿轮变速器的变速传动机构

变速器包括变速传动机构和变速操纵机构两大部分。变速传动机构是变速器的主体，由一系列相互啮合的齿轮副、支承轴以及作为基础件的壳体组成，主要作用是变速、变扭和变向。变速操纵机构的主要作用是实现转速比和转向的改变。

4.2.1　两轴式变速器

两轴式齿轮变速器主要应用于发动机前置、前轮驱动（FF 方式）和发动机后置、后轮驱动（RR 方式）的中、轻型轿车上，以便于汽车的总体布置。目前，轿车上采用发动机前置、前轮驱动的布置型式越来越广泛，其中前置发动机又有纵向布置和横向布置两种型式，与其配用的两轴式变速器也有两种不同的结构型式。图4－3 所示为桑塔纳轿车变速器，它是一种典型的与纵向布置发动机配合使用的两轴变速器。

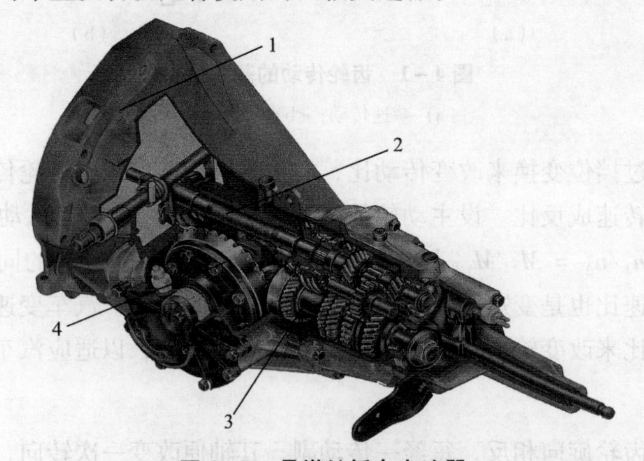

图4－3　桑塔纳轿车变速器

1—变速器壳体；2—输入轴总成；3—输出轴总成；4—主减速器总成

1. 基本构造

该变速器变速传动机构包括输入轴总成和输出轴总成，它共有四个前进挡和一个倒挡。输入轴与输出轴各挡齿轮均为常啮合齿轮，所有挡位均用锁环式惯性同步器进行换挡。

输入轴也叫主动轴或第一轴，第一轴前端与离合器从动盘通过花键连接，中间及后端通过轴承支承在变速器壳体上。第一轴上共有五个齿轮，其中一、二挡齿轮和倒挡齿轮与第一轴固定，三、四挡齿轮分别用滚针轴承空套在第一轴上。位于三、四挡齿轮中间的同步器通过花键毂与轴连接。

输出轴也叫从动轴或第二轴，与主减速器主动锥齿轮制成一体，通过前后两端的轴承支承在变速器壳体上。第二轴上一、二挡齿轮用滚针轴承空套在轴上，三、四挡齿轮与轴固定。同步器位于一、二挡齿轮之间，倒挡齿轮与该同步器接合套连成一体。

2. 各挡的动力传递过程

离合器从动盘将动力传给变速器输入轴，驾驶员可通过变速器操纵机构挂上所需挡位。

（1）空挡。图 4－4 所示为变速器的空挡位置。当输入轴 1 旋转时，一、二挡及倒挡的主动齿轮与之同步旋转。三、四挡主动齿轮（8、2）则处于自由状态。一、二挡的从动齿轮（15、21）随输入轴 1 的旋转而在输出轴 24 上空转，输出轴 24 不被驱动，汽车处于静止或空挡滑行状态。

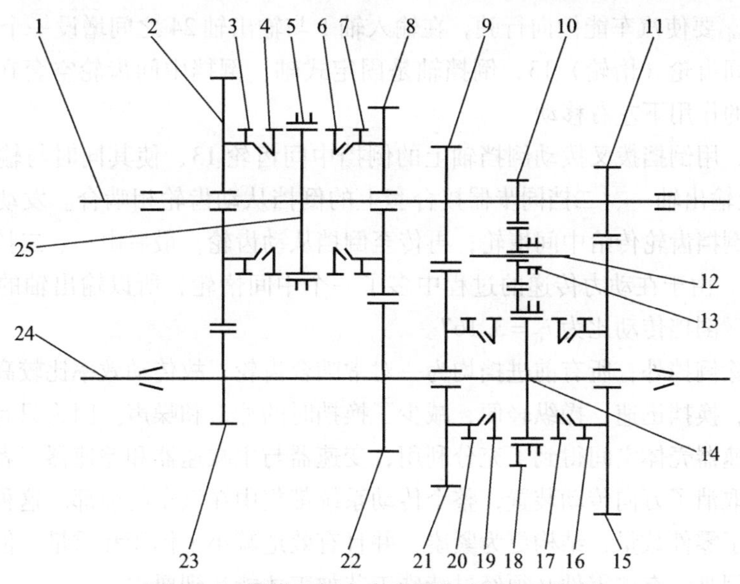

图 4－4　桑塔纳轿车变速器传动机构示意图

1—输入轴；2—四挡主动齿轮；3，7，16，20—接合齿圈；4，6，17，19—同步器锁环；5—三、四挡同步器接合套；8—三挡主动齿轮；9—二挡主动齿轮；10—倒挡主动齿轮；11—一挡主动齿轮；12—倒挡齿轮轴；13—倒挡中间齿轮；14—一、二挡同步器花键毂；15—一挡从动齿轮；18—一、二挡同步器接合套；21—二挡从动齿轮；22—三挡从动齿轮；23—四挡从动齿轮；24—输出轴；25—三、四挡同步器花键毂

（2）一挡。操纵变速杆，通过一、二挡换挡拨叉使一、二挡同步器接合套 18 右移，经一挡同步器锁环 17 作用，使一挡从动齿轮 15 与一、二挡同步器在接合套 18 的作用下同步旋转。这样，从离合器传来的发动机扭矩，经输入轴 1 上的一挡主动齿轮 11 及与其常啮合的一挡从动齿轮 15、同步器接合套 18 和花键毂 14，经花键传到输出轴 24，直至主减速器。

一挡传动比为 $i_1 = 3.455$。

（3）二挡。操纵变速杆，通过一、二挡换挡拨叉使一、二挡同步器接合套 18 左移，退出一挡进入空挡。继续向左推动该换挡拨叉，使一、二挡同步器接合套 18 借助同步器锁环 19 作用，使二挡从动齿轮 21 与该挡同步器花键毂 14 同步旋转。发动机传来的扭矩经输入轴 1 上的二挡主动齿轮 9 及与其常啮合的二挡从动齿轮 21、同步器接合套 18 和花键毂 14，经花键传到输出轴 24，直至主减速器。二挡传动比为 $i_2 = 1.944$。

（4）三挡。操纵变速杆，通过三、四挡换挡拨叉推动三、四挡同步器接合套 5 右移，经三挡同步器锁环 6 作用，使三挡主动齿轮 8 与三、四挡主动齿轮同步器花键毂 25 同步旋转。则来自发动机的扭矩从输入轴 1 上的花键传到三、四挡同步器，经该同步器接合套 5 到三挡主动齿轮 8，以及与其常啮合的三挡从动齿轮 22，由于三挡从动齿轮与输出轴固定，所以此时动力直接由三挡从动齿轮传给输出轴 24，直至主减速器。三挡传动比为 $i_3 = 1.286$。

（5）四挡。操纵变速杆，通过换挡拨叉使三、四挡同步器接合套 5 左移，退出三挡进入空挡。继续向左推动该换挡拨叉，使三、四挡同步器接合套 5 借同步器锁环 4 作用，使四挡主动齿轮 2 与该挡同步器花键毂 25 同步旋转。发动机传来的扭矩，从输入轴 1 上的花键经三、四挡同步器花键毂 25，经该同步器接合套 5 传到四挡主动齿轮 2，传给与之常啮合的四挡从动齿轮 23，传到输出轴 24，直至主减速器。四挡传动比为 $i_4 = 0.909$。

（6）倒挡。要使汽车能倒向行驶，在输入轴 1 与输出轴 24 之间增设一个倒挡齿轮轴 12 和一个倒挡中间齿轮（惰轮）13，倒挡轴是固定式轴，倒挡中间齿轮空套在倒挡轴上，可以在倒挡拨叉的作用下左右移动。

挂倒挡时，用倒挡拨叉拨动倒挡轴上的倒挡中间齿轮 13，使其同时与输入轴上的倒挡主动齿轮 10 及输出轴一、二挡同步器接合套上的倒挡从动齿轮相啮合。发动机传来的扭矩经输入轴上的倒挡齿轮传给中间惰轮，再传至倒挡从动齿轮，最后由一、二挡同步器花键毂 14 传给输出轴。由于在动力传递的过程中多了一个中间惰轮，所以输出轴的旋转方向与各前进挡位相反。倒挡传动比为 $i_R = 3.167$。

该变速器除倒挡外，所有前进挡均为一对常啮合齿轮，故传动效率比较高。由于采用了全同步器换挡，换挡迅速、操纵轻便，减少了换挡时的冲击和噪声。因为只有输入、输出两根轴传动，变速器壳体空间得到了充分利用，变速器与主减速器和差速器三者共同安装于一个外壳之中，取消了万向传动装置，整个传动系统都集中在汽车的前部。这种布置方式使得传动系统减少了零件数量，结构更为紧凑，并且有效地减小了体积和重量。但给加工制造方面带来了一定困难，有些零件必须经过特殊工艺加工才能达到要求。

图 4-5 所示为与发动机前置横向布置的传动系统相配用的两轴式变速器。变速器的输入轴 1 通过离合器与横向布置的发动机曲轴相连，输入轴上的各挡主动齿轮均与输入轴固连，与之常啮合的四个挡位的从动齿轮则都通过轴承空套在输出轴 7 上。四个前进挡也都采用同步器换挡，但两个锁环式同步器都安装在输出轴上。前桥驱动的主减速器主动齿轮 16 也装在输出轴 7 的输出端。由于主减速器的主动齿轮 16 与从动齿轮 14 轴线平行，故采用圆柱齿轮传动。

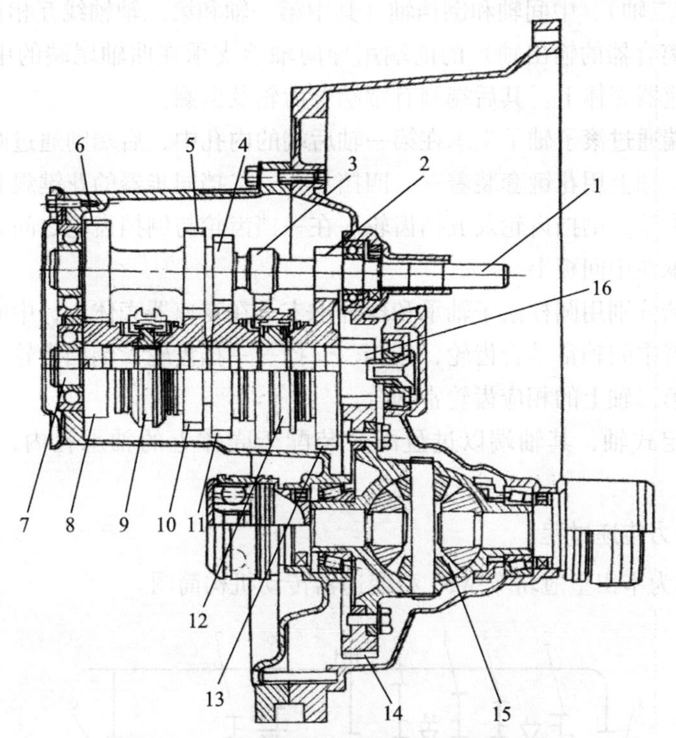

图 4-5　与横置发动机配用的两轴变速器

1—输入轴；2—一挡主动齿轮；3—倒挡主动齿轮；4—二挡主动齿轮；5—三挡主动齿轮；6—四挡主动齿轮；
7—输出轴；8—四挡从动齿轮；9—三、四挡同步器的接合套；10—三挡从动齿轮；11—二挡从动齿轮；
12—一、二挡同步器的接合套和倒挡从动齿轮；13—一挡从动齿轮；
14—主减速器从动齿轮；15—差速器；16—主减速器主动齿轮

4.2.2　三轴式变速器

在发动机前置后轮驱动的汽车上，常采用三轴式变速器，其特点是传动比范围较大，有直接挡，传动效率高。下面以丰田皇冠轿车 W55 型变速器为例向大家介绍三轴式变速器的基本结构和动力传递，丰田皇冠轿车 W55 型变速器如图 4-6 所示。

图 4-6　丰田皇冠轿车 W55 型变速器

1. 基本构造

丰田皇冠轿车 W55 型变速器，有五个前进挡和一个倒挡。变速器内有输入轴（第一

轴）、输出轴（第二轴）、中间轴和倒挡轴。其中第一轴和第二轴轴线互相重合。

第一轴（即离合器的输出轴）的前端用导向轴承支承在曲轴尾端的中心孔内，后端用球轴承支承在变速器壳体上。其后端制有常啮合齿轮及齿圈。

第二轴的前端通过滚子轴承支承在第一轴后端的内孔中，后端则通过圆柱滚子轴承支承在变速器壳体上。轴上用花键套装着三、四挡与一、二挡同步器的花键毂和接合套，以及三挡、二挡、一挡齿轮，倒挡齿轮及五挡齿轮。在一挡齿轮与倒挡齿轮之间装有中间板，第二轴中间球轴承支承在中间板上。

中间轴的两端分别用圆柱滚子轴承和球轴承支承在变速器壳体上，中间轴承支承在中间板上。其上固装着中间轴常啮合齿轮，三挡、二挡、一挡齿轮，倒挡齿轮、五挡齿轮，它们分别与第一轴和第二轴上的相应齿轮常啮合。

倒挡轴是固定式轴，其轴端以过盈配合装配于壳体上的轴承孔内，其上套装有倒挡齿轮。

2. 各挡的动力传递过程

图 4 –7 所示为丰田皇冠轿车 W55 型变速器传动机构简图。

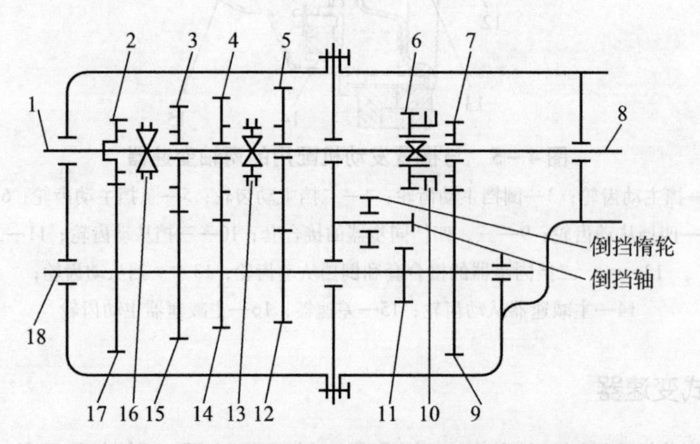

图 4 –7　丰田皇冠轿车 W55 型变速器传动机构简图

1—第一轴；2—第一轴常啮合齿轮；3—第二轴三挡齿轮；4—第二轴二挡齿轮；5—第二轴一挡齿轮；6—第二轴倒挡齿轮；7—第二轴五挡齿轮；8—第二轴；9—中间轴五挡齿轮；10—五、倒挡接合套；11—中间轴倒挡齿轮；12—中间轴一挡齿轮；13—一、二挡接合套；14—中间轴二挡齿轮；15—中间轴三挡齿轮；16—三、四挡接合套；17—中间轴常啮合齿轮；18—中间轴

（1）空挡。操纵变速杆，使各挡同步器接合套处于中间位置，此时动力由第一轴经常啮合齿轮 2、17 传至中间轴，第二轴上的齿轮都在中间轴相应齿轮的带动下空转，动力不能传给输出轴。

（2）一挡。操纵变速杆，使接合套 13 右移与齿轮 5 的接合齿圈接合，动力由第一轴依次经齿轮 2、齿轮 17、中间轴、中间轴一挡齿轮 12、第二轴一挡齿轮 5，再经过齿圈，一、二挡接合套 13、花键毂传给第二轴。

（3）二挡。操纵变速杆，使接合套 13 左移与齿轮 4 的接合齿圈接合，动力由第一轴依次经齿轮 2、齿轮 17、中间轴、齿轮 14、齿轮 4，再经过齿圈、接合套 13、花键毂传给第二轴。

（4）三挡。操纵变速杆，使接合套 16 右移与齿轮 3 的接合齿圈接合，动力由第一轴依次经齿轮 2、齿轮 17、中间轴、齿轮 15、齿轮 3，再经过齿圈、接合套 16、花键毂传给第二轴。

（5）四挡。操纵变速杆，使接合套16左移与齿轮2的接合齿圈接合，动力经由第一轴接合套16、花键毂直接传给第二轴。此为直接挡，输出轴与输入轴转速相同，传动比为1。

（6）五挡。操纵变速杆，使接合套10右移与齿轮7的接合齿圈接合，动力由第一轴1、依次经齿轮2、齿轮17、中间轴、齿轮9、齿轮7，再经过齿圈、接合套10、花键毂传给第二轴。

（7）倒挡。操纵变速杆，使倒挡惰轮右移与齿轮11和齿轮6同时啮合，动力由第一轴依次经齿轮2、齿轮17、中间轴、齿轮11、倒挡惰轮、齿轮6、花键毂传给第二轴。由于增加了倒挡惰轮，所以第二轴的转向与第一轴相反，此时动力反向输出。

3. 结构分析

1）轴的支承和轴向定位

由于第一、二轴都是转动轴，所以其与壳体间都采用轴承支承，其中大都是滚珠轴承或滚柱轴承。为了适应现代汽车对其可靠性和使用寿命的要求，锥形轴承的使用也日益增多。第二轴前端多用滚针轴承支承于第一轴后端孔内，这种支承使第二轴前端的径向松旷量要受本身支承和第一轴两支承轴承共三处支承的影响，所以其支承刚度差。某些重型汽车为了提高支承刚度，第二轴前端支承于壳体中间隔壁上（同时使中间轴又增加一个支承）。第一轴一般为离合器从动轴，前端支承于曲轴后端孔内。

第一、二轴的轴向定位大都是靠后轴承，常见的一种型式如图4－8（a）所示。在轴承外环上装有弹性挡圈5，挡在壳体端面上，使轴承不能向壳体内移动，又靠轴承盖压住轴承外环端面使轴承不能向外移动，实现轴承的轴向定位。为确保轴向定位，这种型式的轴承盖密封垫4厚度应恰当，使之既保证密封，又使轴承盖压在主轴承外环端面。有时难以两方面兼顾时，可在轴承盖与轴承外环端面间加金属调整垫片6。

中间轴大多数为转动式，轴向定位同第一、二轴一样靠一端的轴承定位。另外，也有的中间轴和几乎所有的倒挡轴为固定式轴，用过盈配合压装在壳上以防漏油，再用锁片定位，如图4－8（b）所示。为了装配方便，固定式轴两端轴颈直径稍有差异，有定位槽的一端稍粗，装配时应使轴的另一端穿过壳体和齿轮。为了拆装方便，有的倒挡轴还在轴的外端制有螺纹孔，以便使用拉具将轴拉出。

轴只能有一个支承定位，否则，由于轴和壳体的材料不同，膨胀系数不同，当温度变化时，因二者的伸缩量不同，相互之间就可能产生拉压应力而导致损坏。

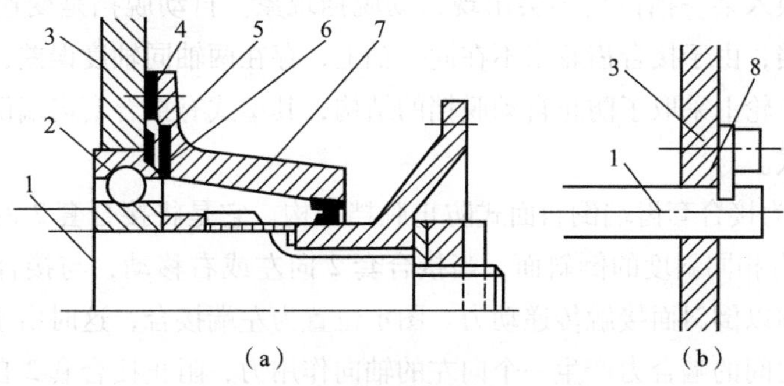

图4－8　变速器轴的常见定位方式

（a）转动轴；（b）固定轴

1—轴；2—轴承；3—变速器壳；4—密封垫；5—弹性挡圈；

6—调整垫片；7—轴承盖；8—锁片

2）变速器换挡结构型式

普通齿轮式变速器的换挡装置常见的有直接滑动齿轮式、接合套式和同步器式三种结构型式。

（1）直接滑动齿轮式换挡装置。采用直齿轮传动的挡位常采用这种换挡型式，它是通过直接移动啮合齿轮副中的一个齿轮，使之与其另一个齿轮进入啮合或退出啮合，从而实现挂挡或退挡。由于直齿齿轮传动冲击大，噪声大，承载能力低，应用得越来越少，只是在某些轿车的倒挡中应用。

（2）接合套式换挡装置。接合套式换挡装置的齿轮副做成常啮合齿轮，其中的从动齿轮浮套在轴上，在一侧制有短的接合齿圈，然后靠与轴有传动关系的接合套与其接合齿圈接合换挡。接合套有外接合式和内接合式两种，采用接合套换挡，其齿轮副一般都是常啮合斜齿轮。斜齿轮传动与直齿轮相比，同时啮合的齿数多，强度高，承载能力强，且对一个齿来说，是从一端逐渐进入啮合或退出啮合，因而冲击小、噪声小、寿命长，因此大多数变速器除不常用的低速挡和倒挡外，大都采用斜齿轮传动。但斜齿轮传动有轴向分力，要采用能承受轴向力的轴承及其他措施。接合套换挡由于接合齿短，换挡时拨叉移动量小，操作较轻便，且换挡元件承受冲击的工作面增加，使换挡元件的寿命增长，因而它虽仍不能完全消除换挡冲击，也较直齿滑动齿轮优越得多。另外，它与同步器换挡结构相比寿命较长，维修也较方便，特别对重型汽车来说，因各挡的速比差较小，换挡容易，所以目前仍较多采用接合套换挡。

（3）同步器式换挡装置。同步器式换挡装置是在接合套换挡机构的基础上又加装了同步元件而构成的一种换挡装置。由于一对齿轮在进入啮合开始时的圆周速度必须相等，即达到同步状态，否则就会在齿端发生冲击和噪声，使齿轮寿命降低。同步器换挡机构就是在接合套的基础上增加了同步元件和防止在同步前啮合的元件，它可以保证在换挡时使接合套与待接合齿圈的圆周速度迅速相等，并防止二者在同步之前进入啮合，从而消除换挡冲击，使操作简捷和轻便。轿车的变速器，前进挡多采用同步器换挡。

3）防止自动脱挡的结构

变速器换挡装置除应能保证顺利地挂挡和退挡外，在结构上还必须保证，在汽车行驶过程中，当变速器换入某一挡位后不会出现自动脱挡现象。自动脱挡是变速器的主要故障之一，特别是直接挡，由于接合齿轮组不在同一轴上，存在两轴同轴度误差，更易脱挡。所以大多数变速器在齿轮上采取了防止自动脱挡的结构，其型式有接合套齿端倒斜面式和花键毂减薄齿式两种型式。

图 4 -9 所示为接合套齿端倒斜面式防止脱挡结构。它是将接合套 2 的两端及接合齿圈 1、4 的齿端都制有相同斜度的倒斜面。当接合套 2 向左或右移动，与接合齿圈 1 或 4 相啮合时，两齿之间即以倒斜面接触传递动力。图示位置为左端接合，这时由于斜面的作用使接合齿圈与接合套之间的啮合力产生一个向左的轴向作用力，阻止接合套 2 自动向右移动，即防止其自动脱挡。桑塔纳、奥迪轿车变速器的同步器接合套与接合齿圈均采用这种防止自动脱挡结构。齿端的倒斜面是在接合齿圈及接合套的花键加工完毕后，利用专用机床挤压成形，最后进行热处理的。

图4－10所示为花键毂减薄齿式防止脱挡结构。它是将花键毂3外齿的两端减薄0.3～0.4 mm，使各花键齿中部形成一个凸台。当接合套2向左或向右移动与接合齿圈1、4接合传递动力时，其后端将被花键毂齿上的凸台挡住，从而防止自动脱挡，图示位置为左端接合，当需要摘挡时，驾驶员放松加速踏板，发动机转速迅速降低，花键毂3则在惯性作用下相对于接合齿圈和接合套超前转过一个角度，使接合套与花键毂分离，便可以顺利地摘挡。丰田巡洋舰变速器便采用这种形式。

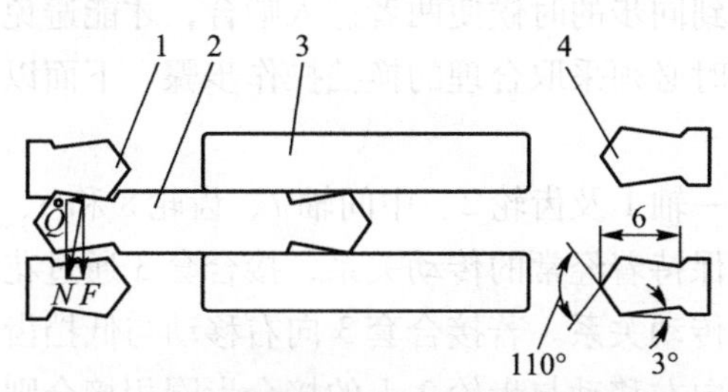

图4－9　齿端倒斜面防止自动脱挡结构

1，4—接合齿圈；2—接合套；3—花键毂；

F—圆周力；*N*—锥齿面正压力；*Q*—防止跳挡的轴向力

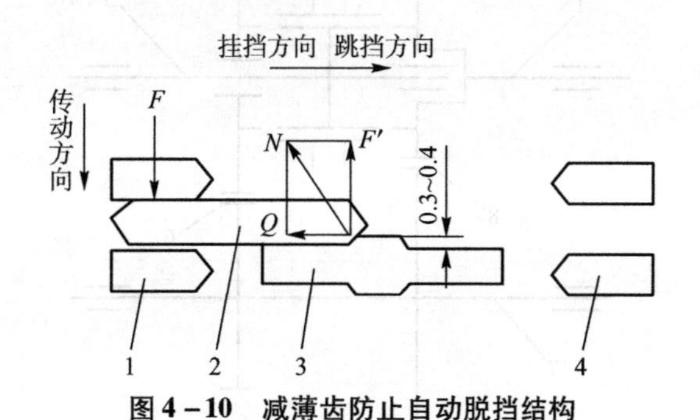

图4－10　减薄齿防止自动脱挡结构

1，4—接合齿圈；2—接合套；3—花键毂；

F—圆周力 $F=F'$；*N*—凸台对接合套的总阻力；*Q*—防止跳挡的轴向力

4）变速器的润滑与密封

变速器中各齿轮副、轴与轴承等运动部件均有较高的运动速度，因此，必须具有可靠的润滑，大多数采用飞溅润滑，只有少数重型汽车采用压力润滑。采用飞溅润滑的变速器，其壳体内注有一定量的润滑油，依靠齿轮旋转将润滑油甩到各运动零件的工作表面。壳体一侧有加油口，壳体底部有放油螺塞。为了润滑第二轴的前轴承和各个空转齿轮的衬套或轴承，有的齿轮均匀地在其齿间底部钻有径向油孔，有的齿轮则在其轮毂端面开有径向油槽，以便使润滑油进入各衬套和轴承表面。

为了防止润滑油泄漏，变速器盖与壳体以及各轴承盖与壳体的接合面之间都装有密封垫或用密封胶密封；第一轴和第二轴与轴承盖的孔之间则用橡胶自紧油封或回油螺纹予以密封，并且一般在轴承盖下部制有回油凹槽，在壳体的相应部位开有回油孔，使沉积的润滑油流回壳体内，装配时应使凹槽与油孔对准。为了防止变速器工作时由于油温升高使气压过大而造成润滑油渗漏，在变速器盖上都装有通气塞。

4.3 同步器

4.3.1 无同步器时的换挡过程

采用直齿滑动齿轮或接合套换挡时，应在待啮合的一对齿轮的轮齿或接合套与接合齿圈的圆周速度相等时，即达到同步的时候使两者进入啮合，才能避免冲击和噪声，实现平顺换挡。为此，驾驶员在换挡时必须采取合理的换挡操作步骤。下面以无同步器的两个挡位之间的换挡过程予以说明。

如图 4－11 所示，第一轴 1 及齿轮 2、中间轴 7、齿轮 8 和 6、空套在第二轴 5 上的低挡齿轮 4 均与离合器从动盘保持着经常的传动关系，接合套 3 通过花键毂与第二轴 5 相连，亦均与整个汽车保持经常的传动关系。若接合套 3 向右移动与低挡齿轮 4 上的接合齿圈相接合构成低速挡，而接合套 3 向左移动与齿轮 2 上的接合齿圈相接合则构成高速挡。

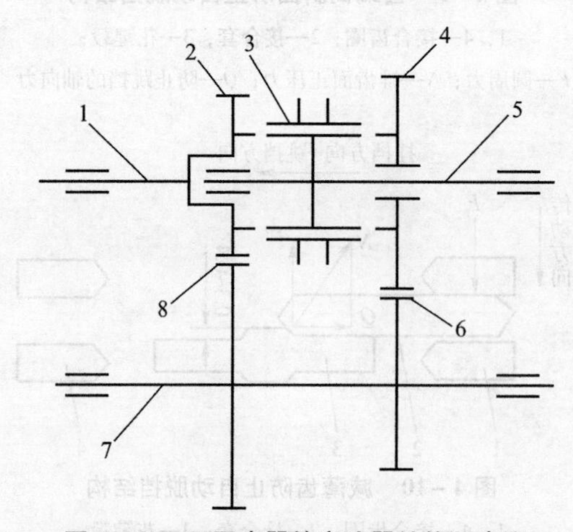

图 4－11　无同步器的变速器结构示意图

1—第一轴；2—第一轴常啮传动齿轮；3—接合套；4—第二轴低挡齿轮；
5—第二轴；6—中间轴低挡齿轮；7—中间轴；8—中间轴常啮传动齿轮

1. 由低速挡换入高速挡

变速器在低速挡工作时，接合套 3 与齿轮 4 上的接合齿圈接合，此时两者接合齿的圆周速度相等，即 $v_3 = v_4$。要由低速挡换入高速挡时，驾驶员应先踩下离合器踏板，使离合器分离，随即拨动变速杆将接合套 3 向左移，将变速器拨入空挡位置，使接合套 3 与低挡齿轮 4 脱离啮合。

刚拨入空挡时，仍然是 $v_3 = v_4$，由于低挡齿轮 4 的转速低于齿轮 2 的转速，因而两齿轮上的接合齿圈的圆周速度 $v_4 < v_2$，所以，在刚拨入空挡的瞬间，$v_3 < v_2$，即接合套 3 与高挡齿轮 2 的接合齿圈的圆周速度不相等，为了避免产生冲击，这时不能立即挂高速挡，而应在空挡位置稍停片刻，待 $v_3 = v_2$，即两者达到同步时再将变速器挂入高速挡。变速器拨入空挡后，v_2 和 v_3 都将会逐渐地下降，但两者下降的速度不同。由于踩下离合器踏板后，与齿轮 2 相联系的变速器第一轴及其随动零件已与发动机中断了动力传递，而且其转动惯量较小，再加上中间轴齿轮

有搅油阻力，所以 v_2 下降得较快；而由于接合套3 与变速器第二轴及整个汽车相联系，其转动惯量较大，所以 v_3 下降得较慢。用图 4-12 中的直线表示，可以看出直线 v_2 和 v_3 表现为不同的斜率，而且 v_2 斜率较大。因此，必然会出现两直线相交于一点的时刻。此时 $v_3=v_2$，即两者达到同步状态，称为同步点。如果驾驶员恰好在此时将变速器挂入高速挡，即将接合套3 左移与齿轮 2 上的齿圈接合，就会使二者平顺地进入啮合。

但是，在踩下离合器踏板后，如果让齿轮 2 及与其相联系的变速器第一轴等旋转零件自然减速，则 v_2 下降得太慢，会推迟出现同步的时间。为此，实际操作过程中，应在踩下离合器踏板将变速器拨入空挡后，立即抬起离合器踏板使离合器重新接合，利用发动机的怠速迫使变速器第一轴及齿轮 2 等迅速减速，使 v_2 迅速下降，如图 4-12 中虚线所示，这样可尽早出现同步点，缩短换挡时间，在达到同步后再次踩下离合器踏板，将变速器由空挡挂入高速挡，即完成由低速挡向高速挡的变换过程。

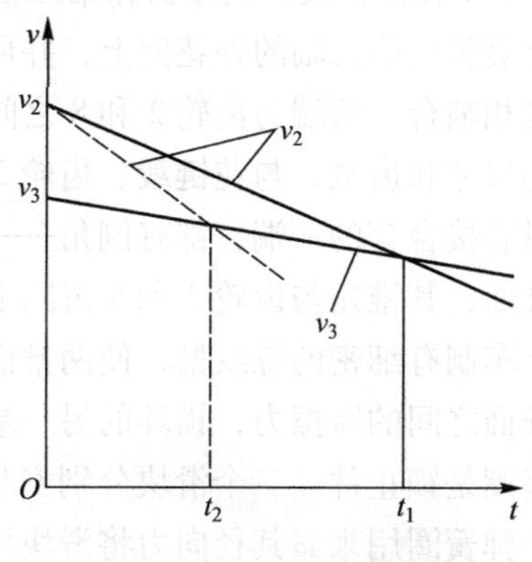

图 4-12　低挡换高挡

2. 由高速挡换入低速挡

在高速挡工作时，以及刚刚由高速挡拨入空挡时，接合套 3 与齿轮 2 接合齿圈的圆周速度相等，即 $v_3=v_2$，并且 $v_2>v_4$，因而 $v_3>v_4$。即接合套 3 与低挡齿轮 4 的接合齿圈圆周速度不相等，所以此时不能挂入低速挡。变速器在退入空挡后，v_3和 v_4也同时下降，但因 v_4比 v_3下降得快一些，如图 4-13 实线所示，随着空挡时间的延长，v_3与 v_4相差得越来越远，因而不会自然地出现两者相交的同步点。为此，驾驶员应在变速器由高速挡退入空挡时随即抬起离合器踏板，使离合器重新接合，同时踩加速踏板使发动机加速，带动变速器第一轴及齿轮 4 等加速到 $v_4>v_3$，如图 4-13 中虚线所示。然后再踩下离合器踏板，使离合器分离并稍等片刻，待到 v_4虚线与 v_3出现相交的同步点时即可挂入低速挡。

由此可见，欲使换挡时不出现换挡冲击，变速器操纵起来相当复杂，且要迅速准确地完成，既增加了驾驶员操作的劳动强度，又容易加速齿轮的损坏。因此，越来越多地采用同步器换挡装置。

4.3.2　同步器的构造及其工作原理

同步器是在接合套换挡装置的基础上发展起来的，其功用是使接合套与待接合的齿圈二者之间迅速达到同步，并阻止二者在同步前进入啮合，从而可消除换挡时的冲击，缩短换挡时间，简化换挡过程。

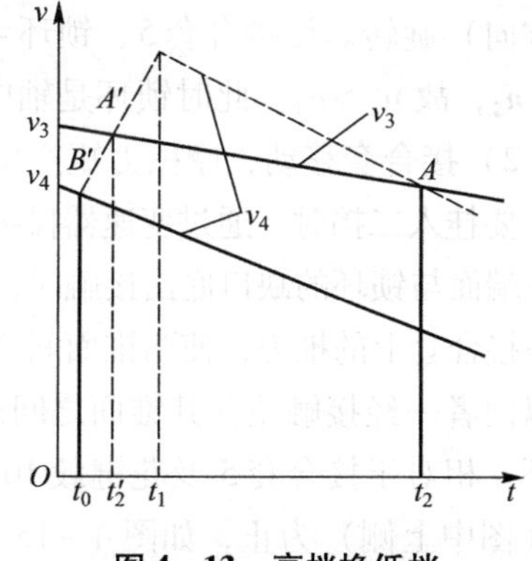

图 4-13　高挡换低挡

同步器由同步装置（包括推动件和摩擦件）、锁止装置和接合装置三部分组成，目前所有的同步器几乎都采用摩擦式同步装置，但其锁止装置不同，因此工作原理亦有所不同。按工作原理同步器可分为常压式和惯性式两大类。目前应用最广泛的是各种类型的惯性同步器，这里只介绍锁环式惯性同步器。

现以丰田 W55 型汽车五挡变速器中的一、二挡同步器为例说明其构造和工作原理。

1. 构造

如图4－14（a）所示，锁环式惯性同步器主要由花键毂10、接合套5、锁环（也称同步环）4和6组成。同步器在第二轴上的装配关系如图4－14（b）所示。花键毂10以其内花键套装在第二轴的外花健上，并用垫圈和卡环轴向固定，花键毂的外花键与接合套5的内花键相啮合。两端与齿轮2和8之间各有一个青铜制的锁环。锁环上有短花键齿圈，其花键齿的尺寸和齿数，与花键毂、齿轮2和8的外花键齿均相同。两个齿轮和锁环上的花键齿，在对着接合套的一端，都有倒角——称为锁止角，且都与接合套齿端的倒角相同。锁环具有内锥面，其锥角与齿轮2和8齿圈上的外锥面相同，两者之间通过锥面相接触。在锁环内锥面上车制有细密的螺纹槽，使两锥面接触后能够破坏锥面间的油膜，提高摩擦系数，以便增加锥面之间的摩擦力，锁环的另一端有三个缺口。锁环内锥面摩擦副是摩擦件，外沿带倒角的齿圈是锁止件。三个滑块分别安装在花键毂的三个均布的轴向槽中，并可沿槽轴向移动。两个弹簧圈用来靠其径向力将滑块压向接合套，使滑块中部的凸起部位压嵌在接合套中部的环槽中。滑块与弹簧形成了推动件。滑块两端伸入锁环的缺口中，但滑块的宽度较缺口宽度小，二者之差等于锁环上的花键齿宽，而且缺口与花键齿有恰当的周向位置，使锁环相对于花键毂左右只能转动半个齿，而且只有当滑块位于锁环缺口的中央位置时，接合套与锁环才能进入啮合。

2. 工作原理

现在以该变速器由三挡换入四挡过程为例说明锁环式惯性同步器的工作原理，如图4－15所示。

1）空挡位置

图4－15（a）所示为接合套5刚从三挡退到空挡时的情况。此时接合套处于中间位置，接合套5和花键毂10连同锁环4（与第二轴相联系）以及待啮合的四挡齿圈3（与第一轴相联系），都在其自身及其所联系的一系列运动件的惯性作用下，继续沿原方向（图中箭头所示方向）旋转。设接合套5、锁环4和齿圈3的转速分别为 n_5、n_4 和 n_3，显然此时 $n_4=n_5$，$n_3>n_5$，故 $n_3>n_4$。此时锁环是轴向自由的，其内锥面与齿圈的外锥面并不接触。

2）接合套移动，摩擦力矩产生

要挂入二挡时，通过变速器操纵机构向左推动接合套5，并带动滑块一起向左移动。当滑块左端面与锁环的缺口底面接触时，便推动锁环移向齿圈3，使两锥面相接触。由于驾驶员作用在接合套上的推力，使两锥面间产生正压力，同时齿圈3与锁环4转速不相等，即 $n_3>n_4$，所以两者一经接触便在其锥面之间产生摩擦力矩 M_1。通过摩擦力矩 M_1 的作用，齿圈3带动锁环4相对于接合套5及花键毂10快转（顺转）一个角度，直到锁环缺口靠在滑块的另一侧（图中上侧）为止，如图4－15（b）所示。随后锁环即与接合套同步转动。此时接合套锁环上的齿错开了约半个齿厚，接合套齿端的倒角与锁环齿端的倒角恰好互相抵住，因而接合套不能再向左移动进入啮合。

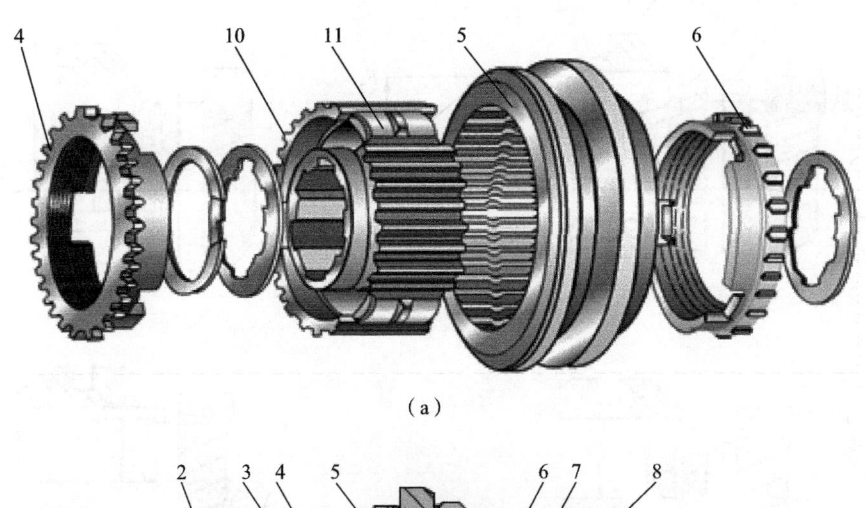

（a）

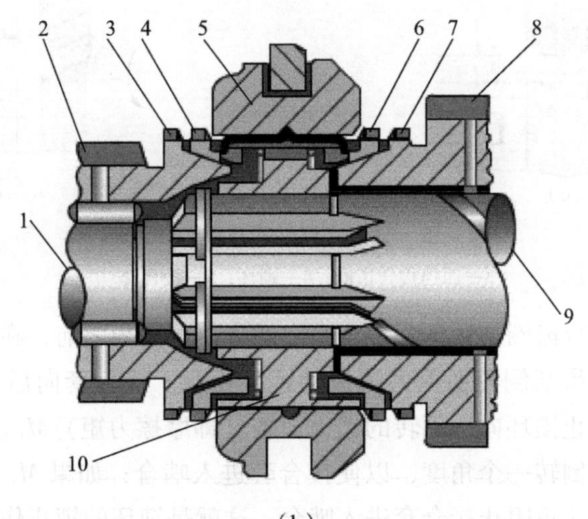

（b）

图 4－14　锁环式惯性同步器的结构

1—第一轴；2—四挡齿轮；3—四挡接合齿圈；4，6—锁环（同步环）；5—接合套；

7—三挡接合齿圈；8—第二轴三挡齿轮；9—第二轴；10—花键毂；11—滑块

3）锁止作用的产生

在上述两倒角相互抵触的情况下，如果要使接合套与锁环齿圈进入啮合，则必须使锁环相对于接合套向后倒转一个角度。此时，驾驶员作用在接合套并通过接合套作用在锁环齿端倒角面上的轴向力 F_1 可以分解成法向正压力 N 及切向分力 F_2，如图 4－15（b）所示。切向力 F_2 便形成一个力图拨动锁环相对于接合套向后倒转的力矩 M_2，称为拨环力矩。轴向力 F_1 则使锁环 4 与齿圈 3 的锥面进一步压紧，产生更大的摩擦力矩 M_1，迫使待啮合的齿圈 3 相对于锁环 4 迅速减速而趋向与锁环同步。由于齿圈 3 的减速旋转，根据惯性原理，便产生一个与其旋转方向相同的惯性力矩，此惯性力矩通过摩擦锥面以摩擦力矩的形式传递到锁环上，阻止锁环相对于接合套向后倒转。在待接合齿圈 3 与锁环 4 未达到同步之前，摩擦锥面的摩擦力矩在数值上等于此惯性力矩。

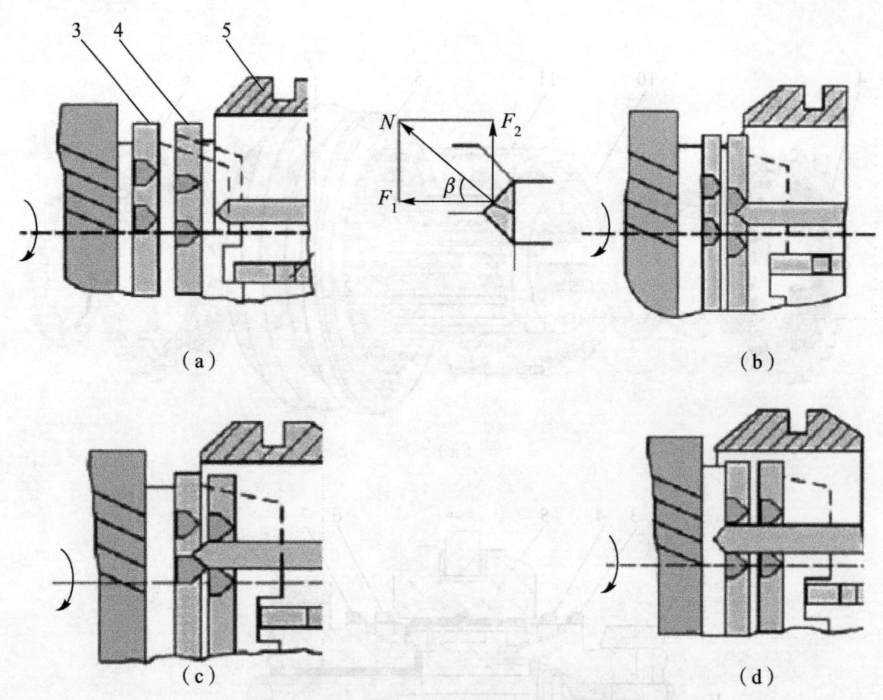

图 4-15 锁环式惯性同步器工作原理

3—四挡接合齿圈；4—锁环；5—接合套

这就是说，在待啮合齿圈与锁环及接合套之间未达到同步之前，在锁环上作用着方向相反的两个力矩：一个是齿端倒角面上力图拨动锁环相对于接合套向后倒转的拨环力矩 M_2，另一个是摩擦锥面上阻止锁环向后倒转的惯性力矩（即摩擦力矩）M_1。如果 $M_2>M_1$，锁环即可相对于接合套向后倒转一个角度，以便接合套进入啮合；如果 $M_1>M_2$，锁环则不能够倒转，而通过其齿端锁止角阻止接合套进入啮合，这就是锁环的锁止作用。由于锁环的锁止作用是依靠待啮合的齿圈 3 及与其相联系的零件的惯性力矩而形成的，因此称为惯性式同步器。

对于一定的轴向推力 F_1，拨环力矩 M_2 的大小取决于锁环及接合套齿端倒角（即锁止角）的大小，而惯性力矩 M_1 的大小则取决于摩擦锥面的锥角大小。实际上同步器在设计时，都经过适当地选择齿端倒角和摩擦锥面锥角，保证在达到同步之前始终保持 $M_1>M_2$，而且，不论驾驶员施加的轴向力 F_1 有多大，锁环都能够有效地阻止接合套进入啮合，从而使同步器起到锁止作用，防止在同步前挂上挡。

4）同步啮合

随着驾驶员对接合套施加推力不断加大，摩擦锥面之间的摩擦力矩不断增加，使齿圈 3 的转速迅速降低，直至齿圈 3 与锁环 4 及接合套达到同步，相对角速度为零。此时惯性力矩消失，于是在拨环力矩 M_2 的作用下，锁环 4 连同齿圈 3 一起相对于接合套向后倒转一个角度，使滑块处于锁环缺口的中央，接合套 5 与锁环的花键齿不再相抵触，锁环的锁止作用消除，接合套压下弹簧圈继续向左移动，而与锁环的花键齿圈进入啮合。

接合套与锁环进入啮合后，轴向力不再作用于锁环上，因此锁环与齿圈锥面间的摩擦力矩也就消失了。此时驾驶员还要继续向前拨动接合套，使接合套最终与待啮合的四挡接合齿圈3进入啮合。如果此时接合套的花键齿恰好与齿圈3的花键齿发生抵触，如图4-15（c）所示，则作用于接合套上的轴向力在齿圈3的倒角面上也将会产生一个切向分力，靠此切向分力便可拨动齿圈3及与其相联系的零件相对于接合套转过一个角度，从而使接合套5与齿圈3进入啮合，如图4-15（d）所示，最终完成换入四挡的过程。

反之，如果由高速挡换入低速挡，上述过程也适用，但此时齿圈7和齿轮8是被加速到与锁环6（亦即接合套5）同步，从而使接合套先后与锁环及齿圈7进入啮合而完成换挡过程。

4.4 变速器操纵机构

4.4.1 变速器操纵机构的功用及要求

变速器操纵机构的功用是进行挡位变换，为了保证变速器能够准确地挂入选定的挡位，并可靠工作，变速器操纵机构必须满足下列几点要求：

（1）能够防止自动挂挡及自动脱挡，并保证各挡传动齿轮以全齿长啮合。挂挡时驾驶员对于是否挂入了挡位应具有“手感”，为此，在操纵机构中应设有自锁定位装置。

（2）能够保证不会同时挂入两个挡位，避免同时啮合的两挡齿轮因其传动比不同而互相卡住，造成运动干涉甚至造成零件损坏。为此，在操纵机构中必须设有互锁装置。

（3）能够防止误挂倒挡，防止汽车在前进中因误挂倒挡而造成极大的冲击，使零件损坏，并防止在汽车起步时误挂倒挡而造成安全事故。为此，在操纵机构中应当设有倒挡锁。

4.4.2 变速器操纵机构的构造

变速器操纵机构通常由变速操纵机构和定位锁止装置两部分组成。

1. 变速操纵机构

变速操纵机构根据其变速操纵杆（简称变速杆）与变速器的相互位置的不同，可分为直接操纵式和远距离操纵式两种类型。

1）直接操纵式

变速杆及所有换挡操纵装置都设置在变速器盖上，变速器布置在驾驶员座位的近旁，变速杆由驾驶室底板伸出，驾驶员可直接操纵变速杆来拨动变速器盖内的换挡操纵装置进行换挡。这种操纵机构一般由变速杆、拨块、拨叉、拨叉轴及安全装置等组成。多集装于上盖或侧盖内，结构简单、操纵方便。大多数轿车和长头货车的变速器都采用这种操纵型式。

一种六挡变速器直接操纵式操纵机构如图4-16所示。变速杆的上部为驾驶员直接操纵的部分，伸到驾驶室内，其中间通过球节支承在变速器盖顶部的球座内，并用弹簧罩压紧以消除间隙。球节上开有竖槽，固定于变速器盖的销钉伸入该槽内与其滑动配合，从而使变速杆只能够以球节为支点前后左右摆动，而不能转动。变速杆的下端为一削扁了的球头。4根拨叉轴的两端均支承于变速器盖相应的座孔中，可在孔中轴向滑动，以便为拨叉的移动导向。所有拨叉和拨块都以弹性销固定于相应的拨叉轴上。三、四挡拨叉和一、二挡拨块、五、六挡拨块及倒挡拨块顶部制有凹槽。变速器处于空挡位置时，各凹槽在横向平面内对齐，叉形拨杆下端的球头即伸入这些凹槽中。选挡时可使变速杆绕其中部球形支点横向摆动，则其下端推动叉形拨杆绕换挡轴的轴线摆动，从而使叉形拨杆下端的球头对准与所选挡位对应的拨块凹槽，然后使变速杆纵向摆动，带动拨叉轴及拨叉向前或向后移动，即可实现挂挡。例如，横向摆动变速杆使叉形拨杆下端球头伸入一、二挡拨块顶部凹槽中，然后纵向向前摆动变速杆，一、二挡拨块连同一、二挡拨叉轴沿纵向向后移动一定距离，便可挂入一挡；若向前移动一定距离，则挂入二挡。

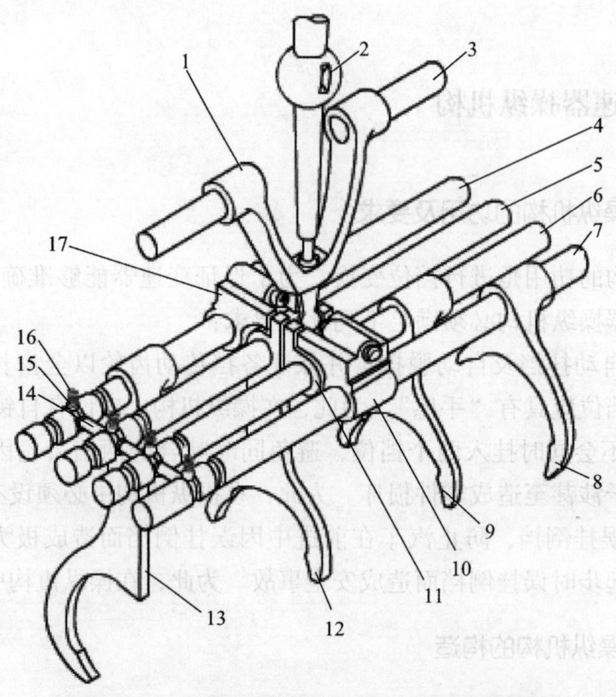

图 4－16　变速器直接操纵式操纵机构示意图

1—叉形拨杆；2—变速杆；3—换挡轴；4—五、六挡拨叉轴；5—三、四挡拨叉轴；6—一、二挡拨叉轴；7—倒挡拨叉轴；8—倒挡拨叉；9—一、二挡拨叉；10—倒挡拨块；11—一、二挡拨块；12—三、四挡拨叉；13—五、六挡拨叉；14—互锁销；15—互锁钢球；16—互锁弹簧；17—五、六挡拨块

不同变速器的挡数和操纵机构的结构与布置都有所不同，相应于各变速杆上端手柄位置排列即挡位排列也不相同，因此，各汽车驾驶室内的操纵手柄上都标有变速器挡位排列图。

2）远距离操纵式

有些汽车，由于其总体布置的需要，变速器的安装位置离驾驶员座位较远，因而变速杆不能直接布置在变速器盖上，为此在变速杆与变速器之间加装了一套传动杆件，构成了远距离操纵的型式。图 4－17 所示为变速杆安置在驾驶室底板上的远距离操纵机构，其变速杆在驾驶员座位近旁穿过驾驶室底板安装在车架上，中间通过一系列的传动杆件与变速器相连。换挡时，驾驶员对控制杆的操纵通过拉索 3 作用在变速器上。有些轿车和轻型货车的变速器，将变速杆安装在转向柱管上，如图 4－18 所示。采用这种型式的变速操纵机构，可以减少变速杆占据的驾驶室空间，使驾驶室乘坐方便，但换挡操作的准确性和可靠性较差，故应用较少。

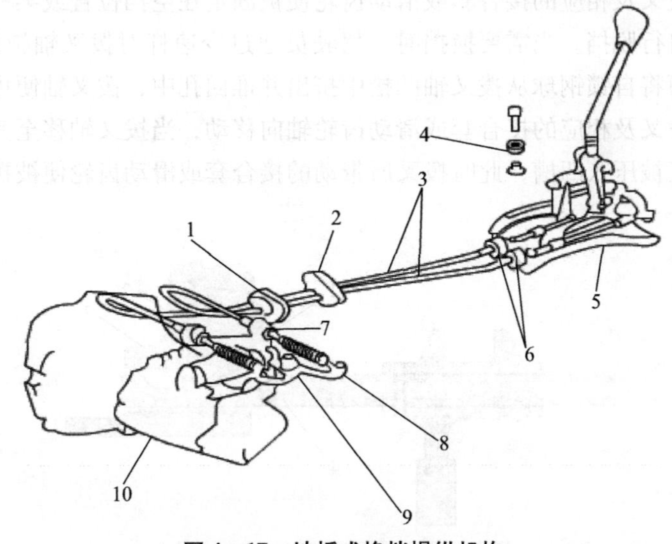

图 4-17　地板式换挡操纵机构

1—固定架；2—护孔环；3—拉索；4—橡胶垫；5—控制杆固定架；6，7，8，9—橡胶隔振器；10—变速器

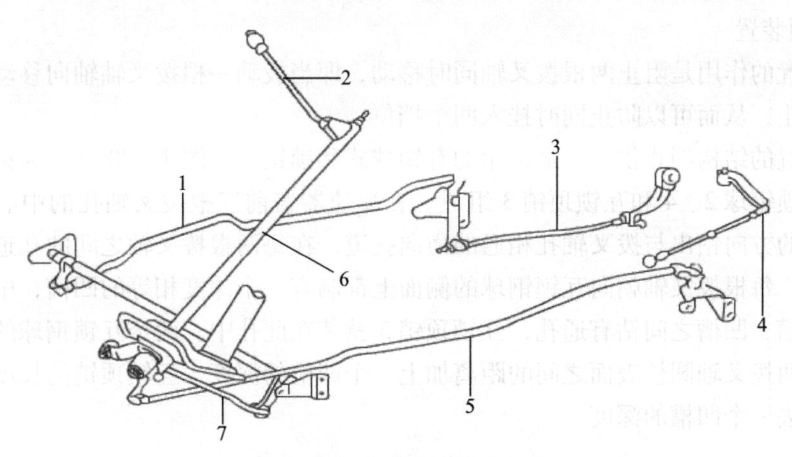

图 4-18　柱式换挡操纵机构

1—第 2 号变速杆；2—换挡操纵机构；3—第 3 号变速杆；
4—第 2 号选速杆；5—第 1 号选速杆；6—转向杆；7—第 1 号变速杆

2. 定位锁止装置

变速器定位锁止装置包括自锁装置、互锁装置和倒挡锁装置，其结构和工作原理如下。

1）自锁装置

所谓自锁就是对各挡拨叉轴进行轴向定位锁止，以防止其自动产生轴向移动而造成自动挂挡或自动脱挡。大多数变速器的自锁装置都是采用定位钢球对拨叉轴进行轴向定位锁止。图 4-19 所示的自锁装置是在变速器盖 3 的前端凸起部钻有深孔，在孔中装入自锁钢球 1 及自锁弹簧 2，其位置正处于拨叉轴 4 的正上方，每根拨叉轴对着钢球的表面沿轴向设有三个凹槽，槽的深度小于钢球的半径。中间的凹槽对正钢球时为空挡位置，前边或后边的凹槽对正钢球时则处于某一工作挡位置，相邻凹槽之间的距离保证齿轮处于全齿长啮合或是完全退出啮合。凹槽对正钢球时，钢球便在自锁弹簧的压力作用下嵌入该凹槽内，拨叉轴的轴向位置便被固定，其拨叉及相应的接合套或滑动齿轮便被固定在空挡位置或某一工作挡位置，而不能自行挂挡或自行脱挡。当需要换挡时，驾驶员通过变速杆对拨叉轴施加一定的轴向力，克服弹簧的压力而将自锁钢球从拨叉轴凹槽中挤出并推回孔中，拨叉轴便可滑过钢球进行轴向移动，并带动拨叉及相应的接合套或滑动齿轮轴向移动，当拨叉轴移至其另一凹槽与钢球相对正时，钢球又被压入凹槽，此时拨叉所带动的接合套或滑动齿轮便被拨入空挡或被拨入另一工作挡位。

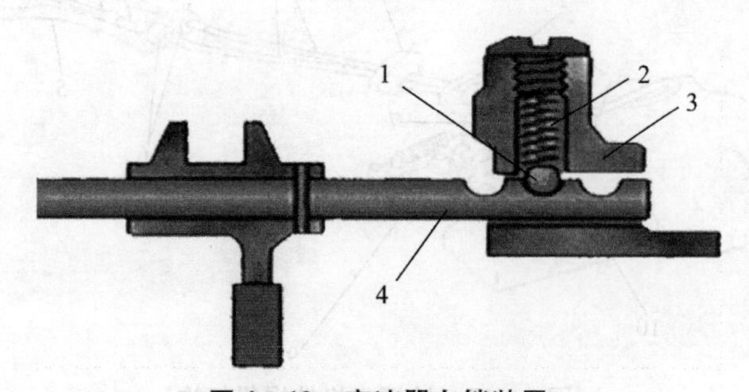

图 4－19　变速器自锁装置

1—自锁钢球；2—自锁弹簧；3—变速器盖；4—拨叉轴

2）互锁装置

互锁装置的作用是阻止两根拨叉轴同时移动，即当拨动一根拨叉轴轴向移动时，其他拨叉轴都被锁止，从而可以防止同时挂入两个挡位。

互锁装置的结构型式很多，最常用的有锁球式和锁销式。图 4－20 所示为锁球式互锁装置，它由互锁钢球 2、4 和互锁顶销 3 组成。在变速器盖前三根拨叉轴孔的中心平面内，沿垂直于轴线的方向钻出与拨叉轴孔相通的横向孔道，在每两根拨叉轴之间的孔道中各装有两个互锁钢球，每根拨叉轴朝向互锁钢球的侧面上都制有一个深度相等的凹槽，中间拨叉轴的两侧都有凹槽，凹槽之间钻有通孔，互锁顶销 3 就装在此孔中。两个互锁钢球的直径之和正好等于相邻两拨叉轴圆柱表面之间的距离加上一个凹槽的深度，互锁顶销的长度则等于拨叉轴的直径减去一个凹槽的深度。

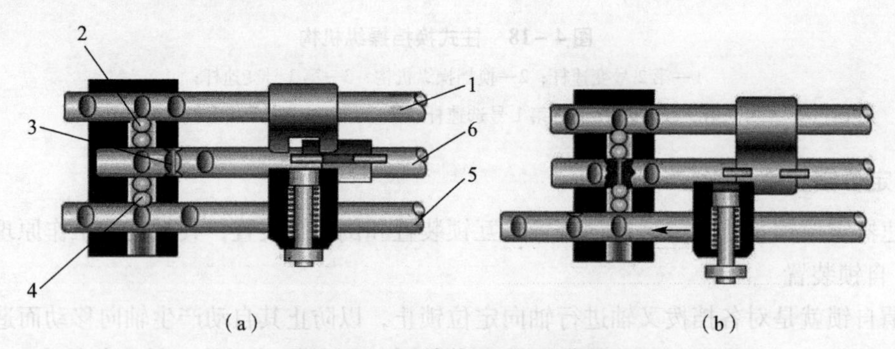

图 4－20　互锁装置工作示意图

1，5，6—拨叉轴；2，4—互锁钢球；3—互锁顶销

当变速器处于空挡位置时，所有拨叉轴侧面的凹槽同钢球都在一条直线上，此时拨叉轴和互锁钢球及顶销都处于自由状态，相互之间不卡紧，每一根拨叉轴都可以沿轴向拨动。但要挂挡移动某一根拨叉轴时，如图 4－20（a）所示，为移动中间拨叉轴 6，拨叉轴 6 两侧的钢球便从其侧面凹槽中被挤出，而两外侧互锁钢球 2 和 4 则分别嵌入拨叉轴 1 和 5 侧面的凹

槽中，因而将拨叉轴 1 和 5 刚性地锁止在空挡位置，不能轴向移动。如果要移动拨叉轴 5 时，则必须先将拨叉轴 6 退回到空挡位置，如图 4－20（b）所示，使拨叉轴及互锁钢球都回到自由状态，然后再拨动拨叉轴 5，这时互锁钢球 4 便从拨叉轴 5 的凹槽中被挤出，于是四个互锁钢球及互锁顶销将拨叉轴 6 和 1 都锁止在空挡位置；同理，如果要移动拨叉轴 1 时，拨叉轴 6 和 5 都锁止在空挡位置，因而可防止同时挂入两个挡位。

有的变速器，由于其操纵机构中只有两根拨叉轴，因而将自锁和互锁装置合二为一，如北京 BJ2020 型汽车变速器的自锁和互锁装置，如图 4－21 所示。两根空心锁销 1 内装有自锁弹簧 2，在图示的空挡位置时，两锁销内端面间的距离 a 等于一个槽深 b，因而同时拨动两根拨叉轴是不可能的。自锁弹簧 2 的预压力使锁销 1 对拨叉轴具有自锁定位作用。

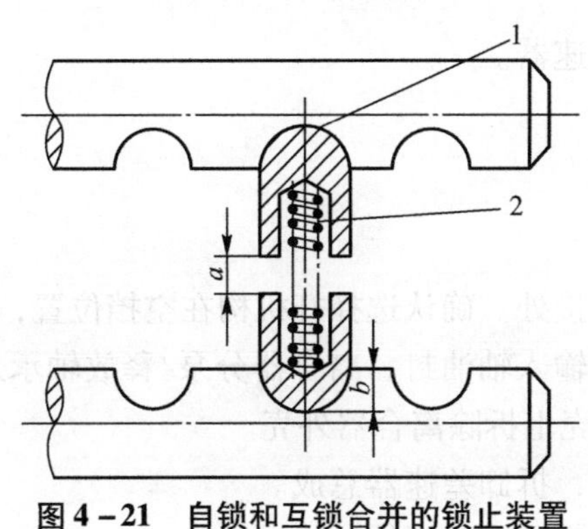

图 4－21　自锁和互锁合并的锁止装置

1—锁销；2—自锁弹簧

3）倒挡锁装置

倒挡锁装置要求驾驶员必须进行与挂前进挡不同的操纵方式或对变速杆施加更大的力，才能挂入倒挡，从而防止无意中误挂倒挡。

倒挡锁也有多种类型，最常用的是弹簧锁销式倒挡锁，如图 4－22 所示。倒挡锁销 3 及倒挡锁弹簧 2 安装在倒挡拨块 4 相应的孔中，倒挡锁销 3 内端与倒挡拨块 4 的侧面平齐，倒挡锁销 3 可以在变速杆下端球头推压下，压缩倒挡锁弹簧 2 而轴向移动。当驾驶员要挂倒挡时，必须有意识地用较大的力向侧面摆动变速杆，使其下端球头右移，克服倒挡锁弹簧的张力将锁销推入孔中，这样才能使变速杆下端球头进入倒挡拨块 4 的凹槽内，以拨动倒挡拨叉轴进行挂挡。

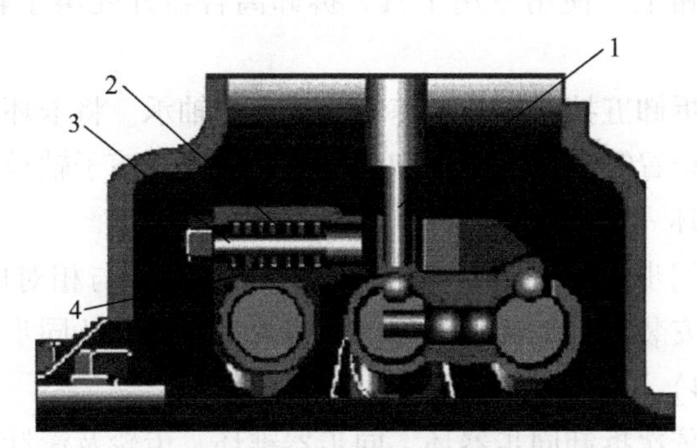

图 4－22　变速器倒挡锁装置

1—变速杆；2—倒挡锁弹簧；3—倒挡锁销；4—倒挡拨块

实训任务：变速器拆装

一、教学目的

（1）掌握变速器总成拆装技能。

（2）掌握同步器的结构和工作原理。

（3）掌握换挡操纵机构的结构和工作原理。

（4）熟悉变速器各挡动力传递。

二、教学准备

（1）福特福克斯轿车变速器。

（2）常用拆装工具一套。

（3）专用拆装工具一套。

三、操作步骤

（1）拆卸换挡杆拉索连接处。确认选择杆机构在空挡位置，拆卸排挡机构。

（2）使用专用工具拆卸输入轴油封、离合器分泵/释放轴承总成、变速箱外壳螺栓，使用两支轮胎撬棒从变速箱外壳上拆除离合器外壳。

（3）将差速器稍微倾斜，拆卸差速器总成。

（4）拆卸倒挡惰轮轴固定座上的螺栓。

（5）拆卸选择杆。

（6）依次拆卸一挡/二挡、三挡/四挡、五挡/倒挡选择杆拨叉。

（7）转动输入轴与输出轴至一侧往上移出倒挡惰轮轴固定座，倒挡惰轮保留在变速箱外壳上。取出输入轴与输出轴。

（8）拆卸倒挡惰轮。

（9）使用专用工具拆卸差速器轴承外圈、输入轴与输出轴轴承外圈，并且使用专用工具调整填隙片。

（10）拆下倒挡惰轮轴固定螺栓，拆卸倒挡惰轮轴。

（11）分解输入轴。

①将输入轴夹于虎钳上，使用专用工具，拆卸离合器外壳滚子轴承、变速箱外壳滚子轴承。

②使用专用工具，拆卸五挡齿轮与变速箱外壳滚子轴承。将卡环往上移出环槽直到其位于滚子轴承底下的安装位置露出为止，拆卸齿轮、卡环以及滚子轴承。紧接着拆下四挡齿轮及其滚针轴承和同步器环（图4－23）。

③拆卸三挡与四挡同步器并进行分解（注意：在排挡环与相对应的同步器轮毂上做上标记以帮助组件配对的安装，制动钢珠是使用弹簧力支撑。当从同步器轮毂上拆卸排挡环时应特别小心）（图4－24）。

④拆卸三挡齿轮。依次拆卸同步器环、同步器锥环、齿轮及滚针轴承（图4－25）。

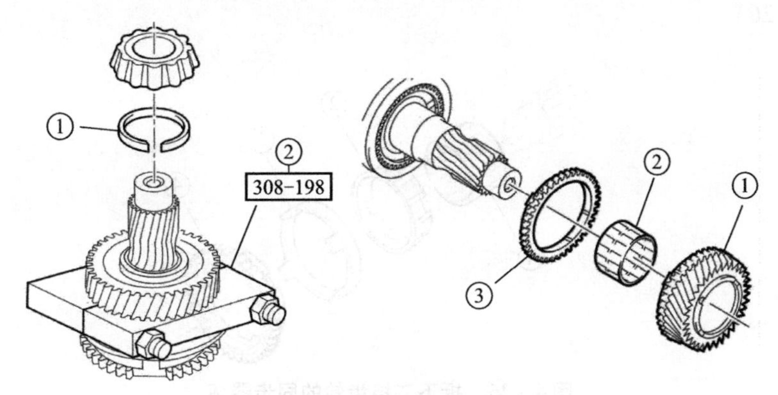

图 4-23　分解输入轴

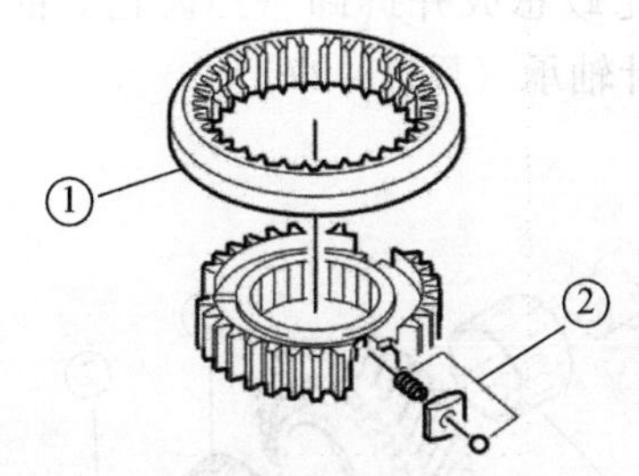

图 4-24　拆卸三挡与四挡同步器并进行分解

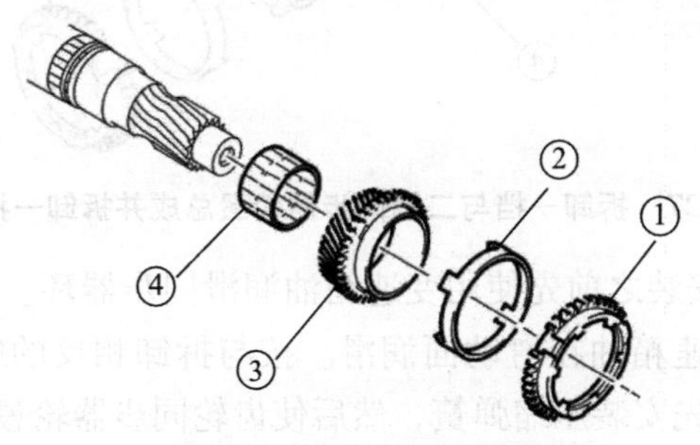

图 4-25　拆卸三挡齿轮

（12）组合输入轴。组合前先使用手动变速箱油润滑同步环。仔细地清洗并检查所有零件并在组合之前先使用手动变速箱油润滑。

①使用一条适当长度的管子，安装离合器外壳滚子轴承。

②安装三挡齿轮。组合三挡与四挡同步器。安装三挡与四挡同步器（注意：大型锥面朝向四挡齿轮）。

③安装四挡齿轮和五挡齿轮。

④用一条适当长度的管子，安装变速箱外壳滚子轴承。

（13）分解输出轴。

①使用专用工具将变速箱外壳滚子轴承与倒挡齿轮一起压开，拆卸倒挡同步器环，拆卸五挡与倒挡同步器轮毂总成。

②拆卸五挡齿轮。依次拆卸同步器环、五挡齿轮、滚针轴承。

③使用专用工具拆卸四挡齿轮。分离二挡与三挡齿轮。

④拆下二挡齿轮的同步器环。依次拆卸滚针轴承、内部同步器环、同步器锥环、外同步

器环（图 4－26）。

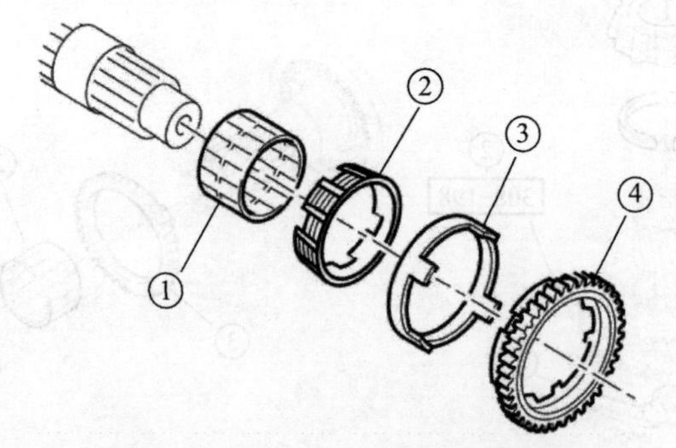

图 4－26　拆下二挡齿轮的同步器环

⑤拆卸一挡与二挡同步器轮毂总成并拆卸一挡齿轮。依次拆卸外同步器环、同步器锥环、同步器环、一挡齿轮及滚针轴承（图 4－27）。

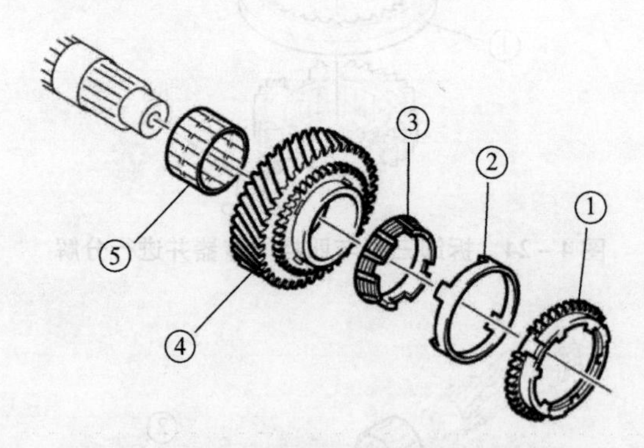

图 4－27　拆卸一挡与二挡同步器轮毂总成并拆卸一挡齿轮

（14）组合输出轴。安装之前先使用变速箱油润滑同步器环。仔细地清洗并检查所有零件并且组合之前先使用变速箱油在滑动面润滑。按与拆卸相反的顺序组合输出轴（注意同步器轮毂总成的组合，首先安装压缩弹簧，然后使齿轮同步器轮毂中的挡杆以及制动钢珠抵住弹簧的受力面再以正确方向安装弹簧环圈并压入）（图 4－28）。

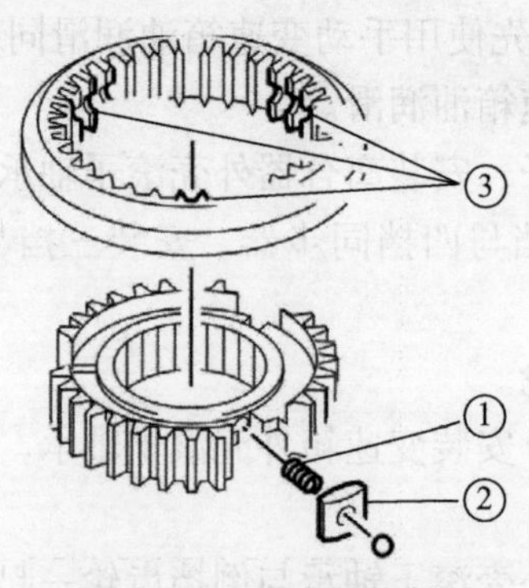

图 4－28　组合输出轴

思考与练习

1．变速器的功用是什么？有哪些类型？

2. 两轴式变速器有何特点?

3. 三轴式变速器由哪些部件组成?其工作过程是怎样的?

4. 变速器换挡装置有哪些结构型式?防止自动脱挡的结构有哪些?

5. 同步器的作用是什么?锁环式惯性同步器的结构和工作过程是怎样的?

6. 变速器操纵机构的定位锁止装置有哪些?各有何作用?

项目五

万向传动装置

 5.1 概述

万向传动装置是用来在工作过程中相对位置不断改变的两根轴间传递动力的装置。其作用是连接不在同一直线上的变速器输出轴和主减速器输入轴，并保证在两轴之间的夹角和距离经常变化的情况下，仍能可靠地传递动力，一般由万向节和传动轴组成，有的还设置有中间支承。

万向传动装置在汽车上应用广泛，主要有以下几个方面：

（1）变速器（或分动器）与驱动桥之间。

（2）越野汽车变速器与分动器之间。

（3）汽车转向驱动桥的半轴是分段的，要用万向节连接。

（4）断开式驱动桥的半轴是分段的，需用万向节。

（5）某些汽车的转向轴装有万向传动装置，有利于转向机构的总体布置。

万向传动装置在汽车上的应用如图 5－1 所示。

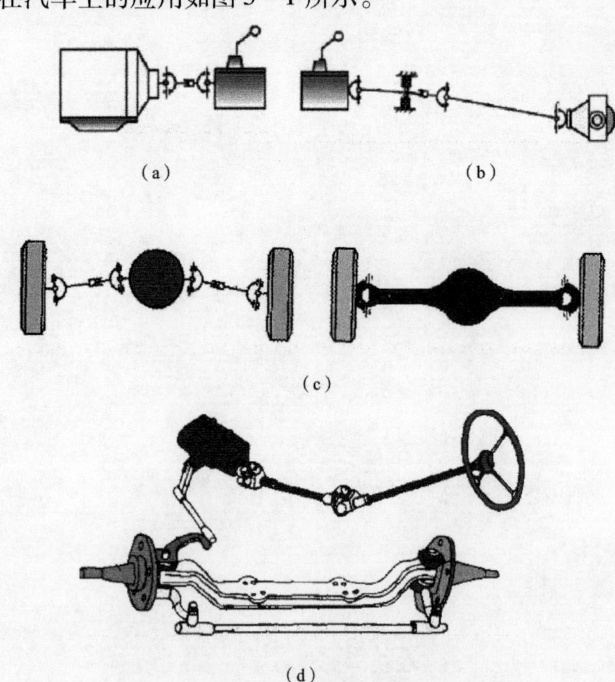

图 5－1　万向传动装置在汽车上的应用

（a）变速器与分动器之间；（b）变速器与驱动桥之间；（c）驱动桥半轴；（d）转向轴

5.2 万向节

万向节即万向接头，是实现变角度动力传递的机件，用于需要改变传动轴线方向的位置，它是汽车驱动系统的万向传动装置的“关节”部件。万向节与传动轴组合，称为万向传动装置。万向传动装置一般由万向节和传动轴组成，有时还要有中间支承。在万向节配合中，一个零部件（输出轴）绕自身轴的旋转是由另一个零部件万向节（输入轴）绕其轴的旋转驱动的。万向节按其刚度的大小分为刚性万向节和挠性万向节。前者是靠刚性铰链式零件传递动力，其弹性较小；而后者则是靠弹性元件传递动力，其弹性较大，且具有缓冲减振作用，汽车上普遍采用刚性万向节。根据其输出轴和输入轴轴线夹角大于零时传动的瞬时角速度是否相等，刚性万向节又可分为不等速万向节（常用的为十字轴式）、准等速万向节（如双联式万向节）和等速万向节（如球笼式万向节）三种。

5.2.1 十字轴式刚性万向节

十字轴式刚性万向节是目前汽车上应用最广泛的一种万向节，它允许两轴在夹角不大于20°的情况下工作。

1. 十字轴式刚性万向节的结构

如图 5-2 所示，普通十字轴式刚性万向节一般由两个万向节叉及与它们相连的十字轴、滚针轴承及其轴向定位件和油封等组成。十字轴轴颈通过与滚针轴承配合安装在万向节叉的孔中。为了防止滚针轴承轴向窜动，在进行结构方案设计时，要采取轴承轴向定位措施。目前，常见的滚针轴承轴向定位方式有盖板式、卡环式、塑料环定位式和瓦盖固定式等。

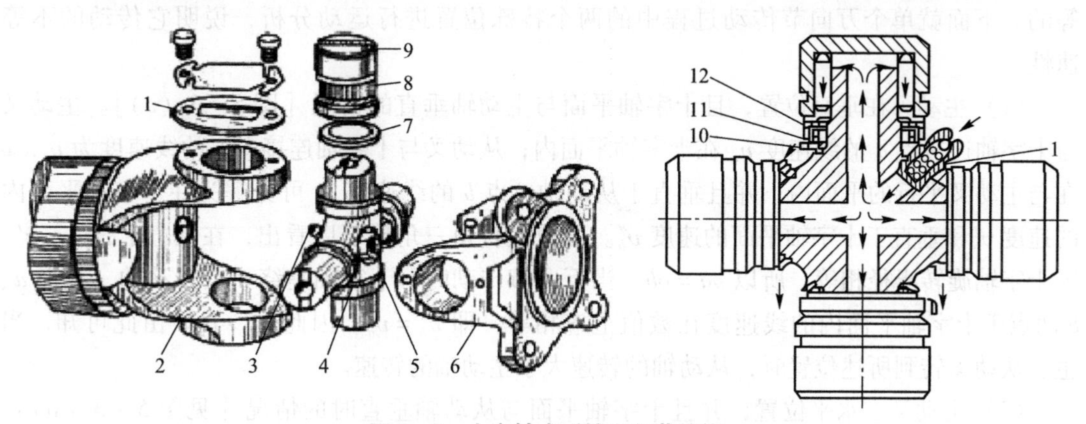

图 5-2 十字轴式刚性万向节结构

1—轴承盖；2，6—万向节叉；3—油嘴；4—十字轴；5—安全阀；7，11—油封；8—滚针；9—套筒；10—油封挡盘；12—油封座

普通盖板式轴承轴向定位方式一般采用螺栓和盖板将套筒固定在万向节叉上，并用锁片将螺栓锁紧。这种方式的优点是工作可靠、拆装方便，但零件数目较多。采用弹性盖板的结构方案是将弹性盖板点焊于轴承座底部，装配后，弹性盖板对轴承座底部有一定的预压力，以免高速转动时由于离心力作用，在十字轴端面与轴承座底之间出现间隙而引起十字轴轴向窜动，从而可以避免由于这种窜动造成传动轴动平衡的破坏。

卡环式具有结构简单、工作可靠、零件少和质量小的优点，可分为外卡式和内卡式两种。塑料环定位结构是在轴承碗外圆和万向节叉的轴承孔中部开一环形槽。当滚针轴承动配合装入万向节叉到正确位置时，将塑料经万向节叉上的小孔压注到环槽中，待万向节叉上另一与环槽垂直的小孔有塑料溢出时，表明塑料已充满环槽。这种结构轴向定位可靠，十字轴轴向窜动小，但拆装不方便。

为了防止十字轴轴向窜动和发热，保证在任何工况下十字轴的端隙始终为零，有的结构在十字轴轴端与轴承碗之间加装端面止推滚针或滚柱轴承。

万向节在工作中承受着较大的转矩和交变载荷，其主要损坏形式是十字轴轴颈和滚针轴承的磨损、十字轴轴颈和滚针轴承碗工作面的压痕与剥落。通常认为当磨损或压痕超过 0.25 mm 时，十字轴万向节就必须报废并更换。为了提高其使用寿命，常用包括组合式润滑密封要求。装置在内的多种设计方案，以用来润滑和保护十字轴轴颈与滚针轴承。

传统的毛毡油封由于漏油多，防尘、防水效果差，加注润滑油时，在个别滚针轴承中可能出现空气阻塞而造成缺油，已不能满足越来越高的要求。轿车常在装配时就封入润滑脂以减少车辆的润滑点，且采用密封效果较好的双刃口或多刃口橡胶油封。

滚针轴承中滚针直径的公差、轴承的径向间隙和周向总间隙应控制在合理范围内，避免由于间隙过大使受载的滚针数减少及滚针倾斜，或由于间隙过小引起受热卡死现象，以保证载荷分配的均匀性和正常工作。

单十字轴万向节两轴的夹角不宜过大，否则会严重缩短滚针轴承的使用寿命。当夹角由 4°增至 16°时，万向节中滚针轴承的寿命将下降为原来的 1/4。

2. 十字轴式刚性万向节的速度特性

单个十字轴式刚性万向节在输入轴和输出轴有夹角的情况下，其两轴的角速度是不相等的。下面就单个万向节传动过程中的两个特殊位置进行运动分析，说明它传动的不等速性。

(1) 主动叉在垂直位置，且十字轴平面与主动轴垂直的情况 [图 5 – 3 (a)]。主动叉与十字轴连接点 a 的线速度 $\boldsymbol{v}_a$ 在十字轴平面内；从动叉与十字轴连接点 b 的线速度为 $\boldsymbol{v}_b$，b 在与主动叉平行的平面内，并且垂直于从动轴。点 b 的线速度 $\boldsymbol{v}_b$ 可分解为在十字轴平面内的速度 $\boldsymbol{v}_b'$和垂直于十字轴平面的速度 $\boldsymbol{v}_b''$。由速度直角三角形可以看出，在数值上，$v_b > v_b'$。因十字轴旋转半径相等，所以 $oa = ob$。当万向节传动时，十字轴是绕 o 点转动的，其上 a、b 两点于十字轴平面内的线速度在数值上应相等，即 $v_b' = v_a$。因此 $v_b > v_a$。由此可知，当主、从动叉转到所述位置时，从动轴的转速大于主动轴的转速。

(2) 主动叉在水平位置，并且十字轴平面与从动轴垂直时的情况 [见图 5 – 3 (b)]。此时主动叉与十字轴连接点 a 的线速度 $\boldsymbol{v}_a$，在平行于从动叉的平面内，并且垂直于主动轴。线速度 $\boldsymbol{v}_a$ 可分解为在十字轴平面内的速度 $\boldsymbol{v}_a'$和垂直于十字轴平面的速度 $\boldsymbol{v}_a''$，根据上述同样道理，在数值上，$v_a > v_a'$，而 $v_a' = v_b$，因此，$v_a > v_b$，即当主、从动叉转到所述位置时，从动轴转速小于主动轴转速。

由上述两个特殊情况的分析，可以看出，十字轴式万向节在传动过程中，主、从动轴的转速是不相等的。

图 5 – 3 (c) 表示两轴转角差 ($\varphi_1 - \varphi_2$) 随主动轴转角 φ_1 的变化关系。由图可见，主

动轴转角 φ_1 在 0°～90°的范围内，从动轴转角相对主动轴是超前的，即 $\varphi_2>\varphi_1$，并且两角差在 φ_1 为 45°时达最大值，随后差值减小，即在此区间从动轴旋转速度相对主动轴旋转速度是先加速后减速。当主动轴转到90°时，从动轴也同时转到90°。φ_1 从90°～180°，从动轴转角相对主动轴是滞后的，即 $\varphi_2<\varphi_1$，并且两角差值在 φ_1 为 135°时达最大值，随后差值减小，即在此区间从动轴旋转速度相对主动轴旋转速度是先减速后加速。当主动轴转到 180°时，从动轴也同时转到 180°。后半转情况与前半转相同。因此，如果主动轴以等角速转动，而从动轴则是时快时慢，此即单个十字轴万向节在有夹角时传动的不等速性。必须注意的是，所谓“传动的不等速性”，是指从动轴在一周中角速度不均匀，而主、从动轴的平均转速是相等的，即主动轴转过一周从动轴也转过一周。

由图5－3（c）还可看出，两轴交角 α 越大，转角差（$\varphi_2-\varphi_1$）愈大，即万向节传动的不等速性越严重。此现象由上述两个特殊情况下的速度分析也可得到说明。从图 5－3（a）和图 5－3（b）中可看出，$\boldsymbol{v}_a$ 与 $\boldsymbol{v}_b$ 之差值，实际上就是 $\boldsymbol{v}_a$ 与 $\boldsymbol{v}'_a$或 $\boldsymbol{v}_b$ 与 $\boldsymbol{v}'_b$之差值。在速度直角三角形内，若夹角 α（即主、从动轴的交角）增大，则 $\boldsymbol{v}_a$ 与 $\boldsymbol{v}'_a$或 $\boldsymbol{v}_b$ 与 $\boldsymbol{v}'_b$的差值就越大。

单万向节传动的不等速性，将使从动轴及与其相连的传动部件产生扭转振动，从而产生附加的交变载荷，影响部件寿命。

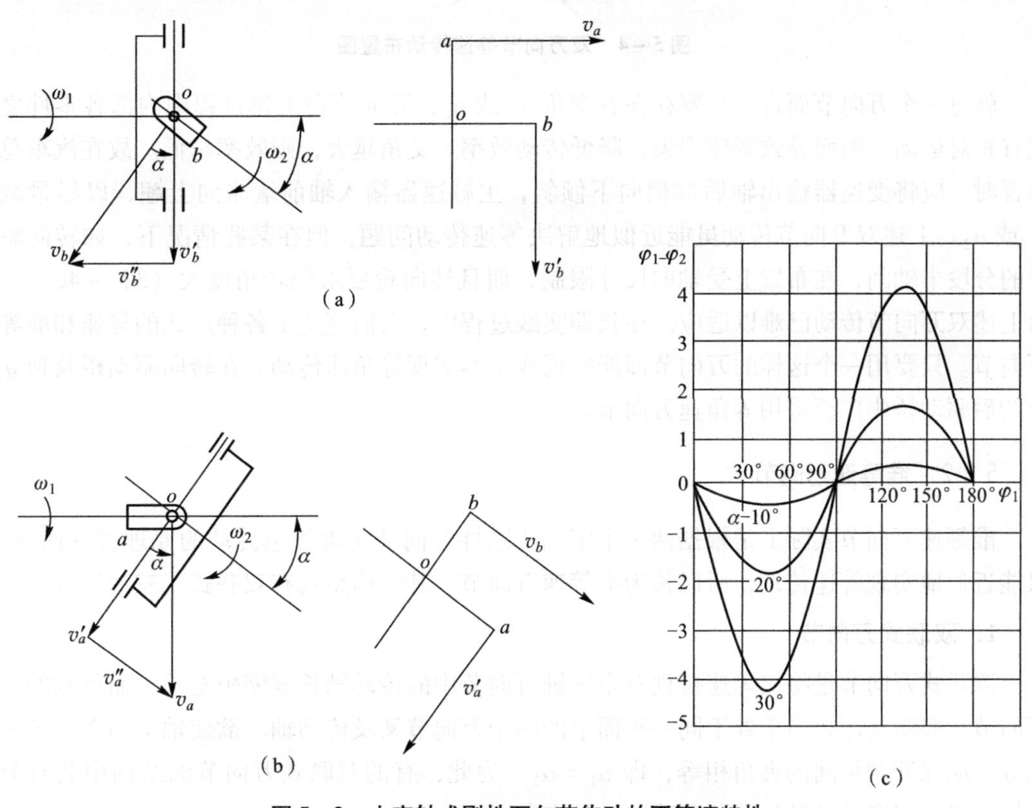

图 5－3　十字轴式刚性万向节传动的不等速特性

3. 十字轴式双万向节传动的等速条件

从以上分析可以想到，在两轴之间，若采用图 5－4 所示的双（十字轴式）万向节传

项目五　万向传动装置

动，则第一万向节的不等速效应就有可能被第二万向节的不等速效应所抵消，从而实现两轴间的等角速传动。根据运动学分析得知，要达到这一目的，必须满足以下两个条件：①第一万向节两轴间夹角 α_1 与第二万向节两轴间夹角 α_2 相等；②第一万向节的从动叉与第二万向节的主动叉处于同一平面内。后一条件完全可以由传动轴和万向节叉的正确装配来保证。但是，前一条件（$\alpha_1=\alpha_2$）只有在驱动轮采用独立悬架时，才有可能通过整车的总布置设计和总装配工艺的保证而实现，因为，在此情况下主减速器和变速器的相对位置是固定的。而在驱动轮采用非独立悬架时，由于弹性悬架的振动，驱动桥输入轴与变速器输出轴的相对位置不断变化，不可能在任何时候都保证 $\alpha_1=\alpha_2$，因而此时这两部件之间的万向传动只能做到使传动的不等速性尽可能小。

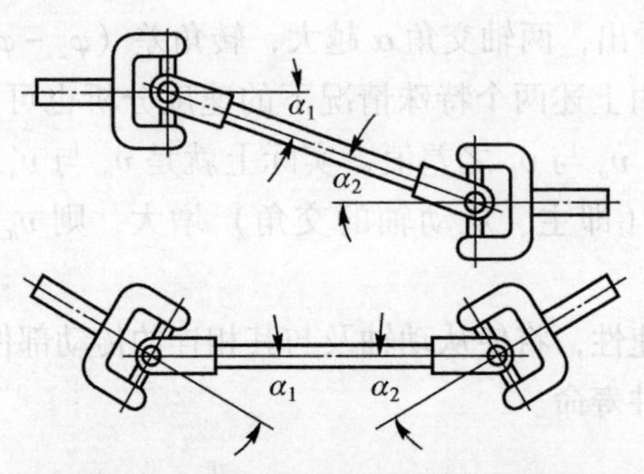

图 5-4　双万向节等速传动布置图

就每一个万向节而言，只要存在着交角 α_1 或 α_2，万向节在工作过程中内部各零件之间就有相对运动，因而导致摩擦损失，降低传动效率。交角越大，则效率越低。故在汽车总体布置时，应将变速器输出轴后端稍向下倾斜，主减速器输入轴前端略向上翘，以尽量减小 α_1 或 α_2。上述双万向节传动虽能近似地解决等速传动问题，但在某些情况下，如转向驱动桥的分段半轴间，在布置上受轴向尺寸限制，而且转向轮要求偏转角度大（30°~40°），因而上述双万向节传动已难以适应。在长期实践过程中，人们创造了各种形式的等速和准等速万向节。只要用一个这样的万向节即能实现或基本实现等角速传动。在转向驱动桥及独立悬架的后驱动桥中广泛采用等角速万向节。

5.2.2　准等速万向节

准等速万向节实际上是根据两个十字轴式刚性万向节实现等速传动的原理设计而成的，只能近似地实现等速传动，所以称为准等速万向节。其结构型式有双联式、三销轴式。

1. 双联式万向节

双联式万向节是将按等速排列双十字轴万向节中的传动轴长度缩短至最小而得到的一种万向节。双联叉即相当于处于同一平面上的两个万向节叉及传动轴。欲使轴 1 和 2 的角速度相等，应保证两轴间的夹角相等，即 $\alpha_1=\alpha_2$。为此，有的双联式万向节的结构中装有分度机构，以使双联叉的轴线平分所连二轴的夹角。

双联式万向节（图 5-5）由两个十字轴万向节组合而成。为了保证两万向节连接的轴工作转速趋于相等，可设有分度机构。偏心十字轴双联式万向节取消了分度机构，也可确保输出轴与输入轴接近等速。五分度杆的双联式万向节，在军用越野车的转向驱动桥中用得相当广泛。此时采用主销中心偏离万向节中心 1.0～3.5 mm 的方法，使两万向节的工作转速接近相等。双联式万向节的主要优点是允许两轴间的夹角较大（一般可达 50°，偏心十字轴双联式万向节可达 60°），轴承密封性好，效率高，工作可靠，制造方便。缺点是结构较复杂，外形尺寸较大，零件数目较多。当应用于转向驱动桥时，由于双联式万向节轴向尺寸较大，为使主销轴线的延长线与地面交点到轮胎的接地印迹中心偏离不大，就必须用较大的主销内倾角。

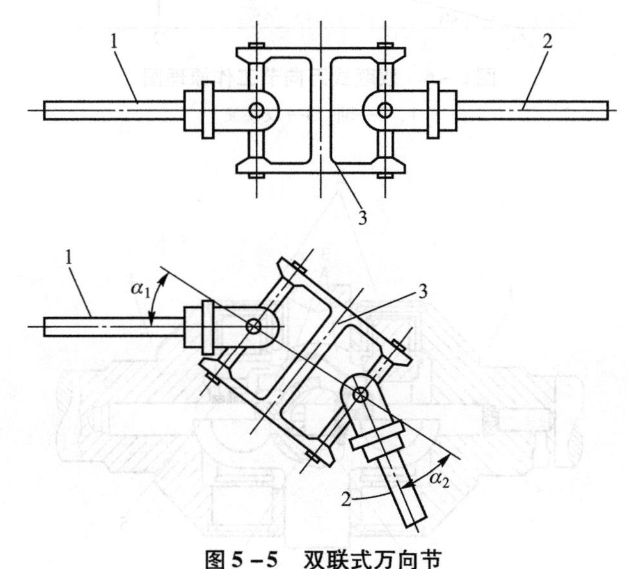

图 5－5　双联式万向节

1—万向节叉；2—导向套；3—双联叉

图 5－6 所示为双联式万向节工作原理图，它实际上是一套将传动轴长度减缩至最小的双十字轴式万向节等速传动装置，双联叉 3 相当于传动轴及两端处在同一平面上的万向节叉。图 5－7 所示的双联式万向节的结构实例中，设有保证输入轴与双联叉轴线间夹角 α_1 和双联叉轴线与输出轴间夹角 α_2 近似相等的分度机构。在万向节叉 1 的内端有球头，在万向节叉 4 内端有导向套。球碗放于导向套内，被弹簧压向球头。在两轴交角为 0°时，球头与球碗的中心与两十字轴中心的连线中点重合。当万向节叉 1 相对万向节叉 4 摆动时，如果球头与球碗的中心（实际上也输出轴与输入轴的交点）能沿两十字轴中心连线的中垂线移动，就能够满足 $\alpha_1=\alpha_2$ 的条件，但是球头与球碗的中心（实际上就是球头的中心）只能绕万向节叉 1 上的十字轴中心做圆弧运动。在当输出轴与输入轴的交角较小时，处在圆弧上的两轴轴线交点离上述中垂线很近，使得 α_1 与 α_2 的差很小，能使两轴角速度接近相等，所以称双联式万向节为准等速万向节。

2. 三销轴式万向节

两个偏心轴叉（主、从动叉），叉孔中心线与叉轴中心线互相垂直但不相交。两个三销轴，三销轴分大端、小端，大端有轴承孔，小端有轴颈，大端两侧各有一个轴颈（三销），装配时，大端两轴颈分别和偏心叉叉孔配合，而小端轴颈互相插入对方的大端轴承孔内，这样装合后形成三根轴线 $Q_1—Q_1'$，和 $Q_2—Q_2'$ 和 $R—R'$，如图 5－8 所示。

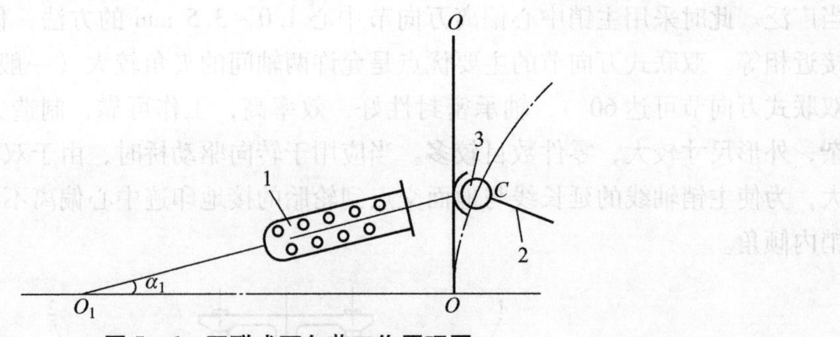

图 5-6　双联式万向节工作原理图

1，2—轴；3—双联叉

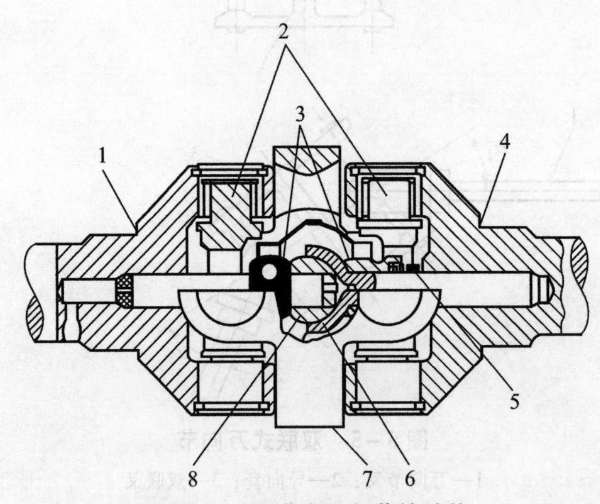

图 5-7　双联式万向节的结构

1，4—万向节叉；2—十字轴；3—油封；5—弹簧；6—球碗；7—双联叉；8—球头

传动路线：转矩由主动轴输入，经过主动叉轴 $Q_1—Q_1'$，轴 $R—R'$，传到 $Q_2—Q_2'$，再由从动叉传到从动轴。

三销轴式万向节的特点：允许相邻两轴有较大的交角，最大交角可达45°，在转向驱动桥中采用时，可使汽车获得较小的转弯半径，提高机动性。

5.2.3　等速万向节

对于FF（发动机前置、前驱）及4WD（四轮驱动）型汽车来讲。其前轮必须具有转向和驱动两种功能，既要求车轮能在一定的转角范围内任意偏转某一角度，又要求半轴在车轮偏转过程中以相同的角速度不断地把动力从主减速器传到车轮。在这样两个轴线不重合，且位置还经常变化的两轴间传递动力的机构就是等速万向节。转向驱动桥半轴不能制成整体而要分段，在车轮和半轴间用等速万向节将两者连接起来。即使采用后轮驱动，使用独立悬挂，车轮和半轴轴线不重合，也需等速万向节传动。

1．球式等速万向节

球式等速万向节的创造性发展可以追溯到1908年美国人 William Whitney 的著作。其提出利用钢球和球形窝来代替轮齿传动，后来弧形滚道原理引导了整体式万向节的飞跃发展。

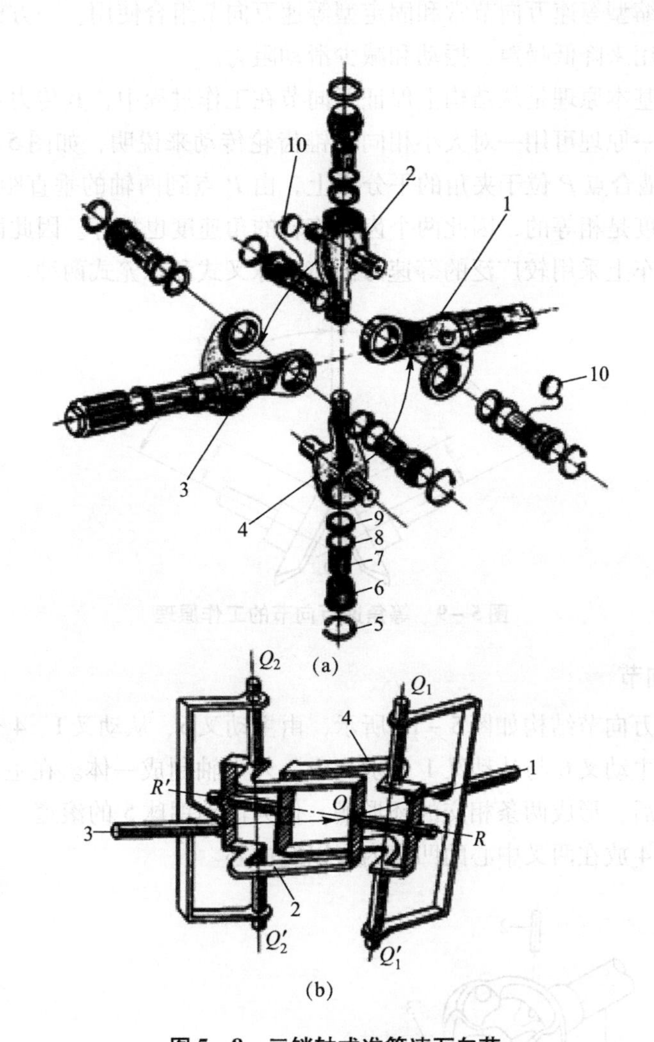

图 5－8　三销轴式准等速万向节

1—主动偏心轴叉；2，4—三销轴；3—从动偏心轴叉；5—卡环；6—轴承座；

7—衬套；8—毛毡圈；9—密封罩；10—推力垫片

1923 年，Carl Weiss 在继承 William Whitney 思想的基础上，克服了“钢球的位置在同轴轨道上不确定”的缺点，开发了球叉式等速万向节，但是其带有自身的缺点：万向节的铰接角大约只有 30°。

1927 年，福特工程师 Alfred Rzeppa 为钢球导向采用了辅助控制装置，通过带有分度杆控制的球笼为钢球导向，这即是球笼式等速万向节。1933 年，Bernard Stuber 对球笼式等速万向节进行改进，使得内外滚道球心轨迹发生交叉，随后问世的 Rzeppa 万向节的铰接角达到 45°。

等速万向节按工作时运动情况可分为固定型等速万向节和可伸缩型等速万向节，中心固定型分为 BJ、RF 和 GE 三种结构类型，其允许的两轴间相对转角较大，可达 30°～50°，但主、从动轴间没有轴向移动；伸缩型分为 DOJ、TJ、VL 和 GI 四种结构类型，其工作特点是两轴之间有相对轴向移动，但允许的两轴间的相对转角不能太大，一般不超过 20°。现代轿车上一般采用可伸缩型等速万向节常和固定型等速万向节组合使用。一方面用来解决运动上的问题，另一方面用来降低噪声、振动和减少滑动阻力。

等速万向节的基本原理是从结构上保证万向节在工作过程中，其传力点始终处于两轴交角的平分面上。这一原理可用一对大小相同的锥齿轮传动来说明，如图 5－9 所示。两齿轮夹角为 α，两齿轮啮合点 P 位于夹角的平分面上，由 P 点到两轴的垂直距离都等于 r，P 点处两齿轮的圆周速度是相等的，因此两个齿轮旋转的角速度也相等。因此两个齿轮旋转的角速度也相等。在汽车上采用较广泛的等速万向节有球叉式和球笼式两种。

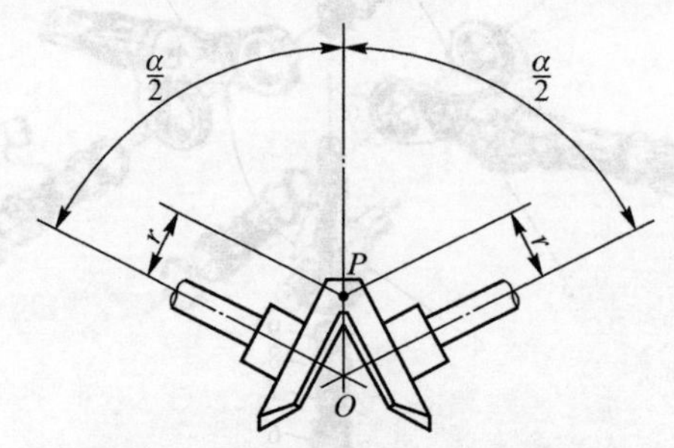

图 5－9　等角速万向节的工作原理

2. 球叉式万向节

球叉式等角速万向节结构如图 5－10 所示，由主动叉 6、从动叉 1、4 个传动钢球 5 和定心钢球 4 组成。其主动叉 6 与从动叉 1 分别与内、外半轴制成一体。在主、从动叉上各有 4 个曲面凹槽，装合后，形成两条相交的环形槽，作为传动钢球 5 的滚道，4 个传动钢球 5 装于槽中，定心钢球 4 放在两叉中心的凹槽内，以定中心。

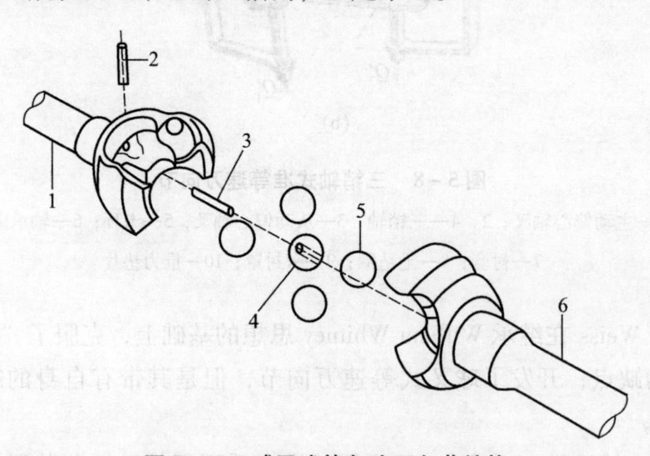

图 5－10　球叉式等角速万向节结构

1—从动叉；2—锁止销；3—定位销；4—定心钢球；5—传动钢球；6—主动叉

球叉式万向节等角速传动原理如图 5－11 所示。从动叉曲面凹槽的中心线分别是以 O_1、O_2 为圆心的两个半径相等的圆，且圆心 O_1、O_2 到万向节中心 O 的距离相等，即 $OO_1 = OO_2$。这样，无论主、从动轴以任何角度相交，4 个钢球中心都位于两圆的交点上，亦即所有传动钢球始终位于两轴交角 $\angle O_1OO_2$ 的角平分面上，因而保证了等角速传动。

球叉式万向节结构简单，允许最大交角为 32°～38°。但由于前行时只有两个钢球传力，倒车时则由球叉式万向节等角速另外两个钢球传力，故钢球与曲面滚道之间接触压力较大，磨损较快，如图 5 - 12 所示。随着凹槽的磨损，万向节工作的准确性就会下降，并且这种万向节的制造工艺较复杂，因此它用于中小型越野汽车的转向驱动桥上，如北京 BJ2020。

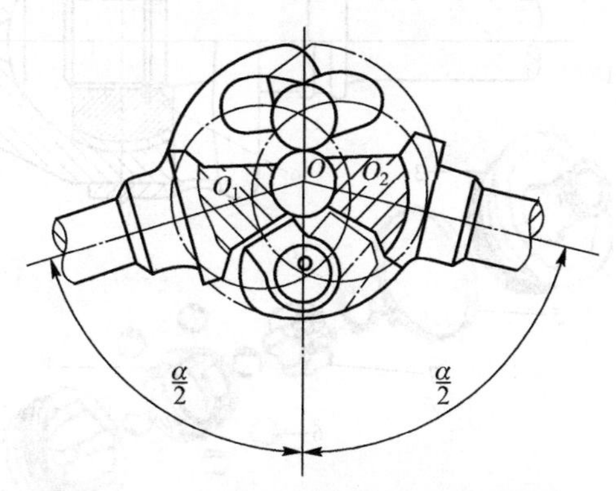

图 5 - 11　球叉式万向节等角速传动原理

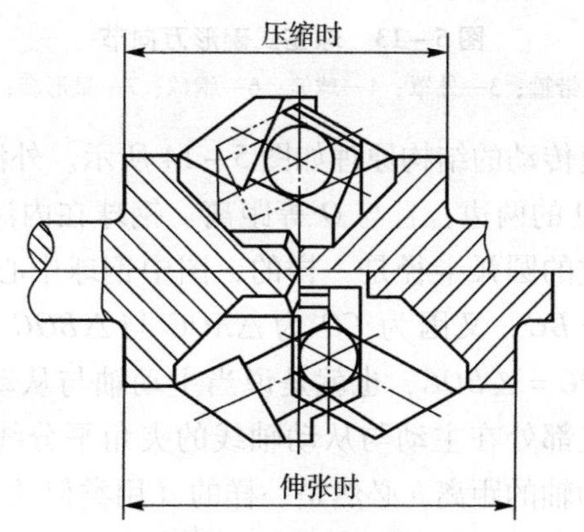

图 5 - 12　滚道为直槽形的球叉式万向节

3. 球笼式万向节

球笼式万向节按其内、外滚道结构的不同又可分为球笼式碗形万向节、球笼式双补偿万向节和球笼伸缩式万向节等。

1）球笼式碗形万向节

球笼式碗形万向节又称固定型球笼式等速万向节，简称 RF 节，如图 5 - 13 所示。它主要由星形套 7、球笼 4、球形壳 8 及钢球 6 等组成。星形套 7 通过内花键与主动轴 1 相连接，用卡环 9 轴向限位。星形套 7 的外表面有 6 条曲面凹槽，形成内滚道。球形壳 8 与带花键的外半轴制成一体，内表面制有相应的 6 条曲面凹槽，形成外滚道。球笼 4 上有 6 个窗孔。装合后 6 个钢球分别装于 6 条凹槽中，并用球笼使之保持在一个平面内。

工作时，转矩由主动轴 1 传至星形套 7，经 6 个均布的钢球 6 传给球形壳 8，并通过球形壳上的花键轴传至转向驱动轮，使汽车行驶。

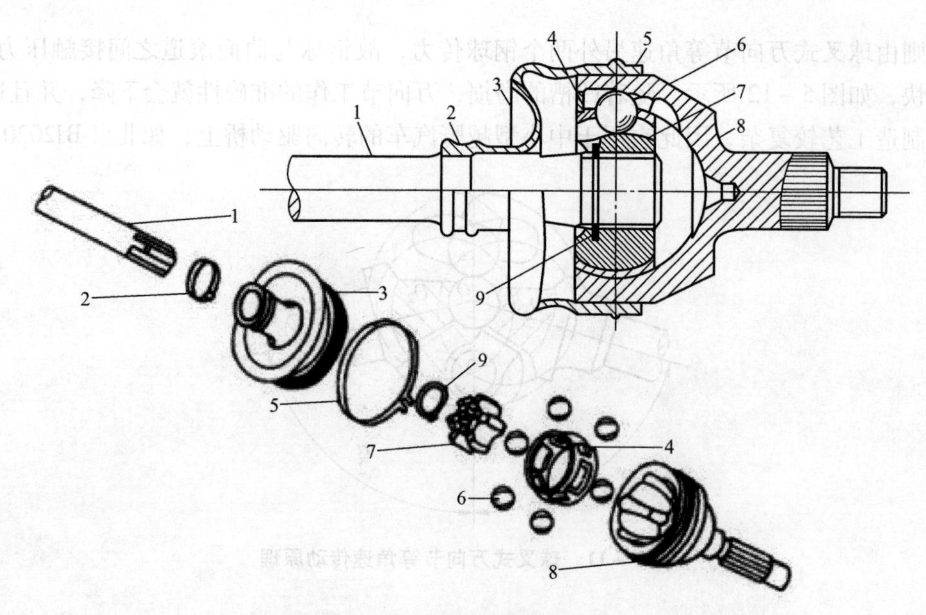

图 5-13　球笼式碗形万向节

1—主动轴；2，5—钢带箍；3—外罩；4—球笼；6—钢球；7—星形套；8—球形壳；9—卡环

球笼式碗形万向节等速传动的结构原理如图 5-14 所示。外滚道的中心 A 与内滚道的中心 B 分别位于万向节中心 O 的两边，且与 O 等距离。钢球在内滚道中滚动和钢球在外滚道中滚动时，钢球中心所经过的圆弧半径是一样的，图中钢球中心所处的 C 点正是这样两个圆弧的交点，所以有 $AC=BC$。又因为 CO 为 $\triangle AOC$ 与 $\triangle BOC$ 的公共边，所以可以导出 $\triangle AOC \cong \triangle BOC$，因而 $\angle AOC=\angle BOC$，也就是说当主动轴与从动轴处于任一夹角 α（当然要在一定范围内）时，C 点都处在主动与从动轴线的夹角平分线上。处在 C 点的钢球中心到主动轴的距离 a 和到从动轴的距离 b 必然是一样的（用类似的方法可以证明其他钢球到两轴的距离也是一样的），从而保证了万向节的等速传动特性。在图 5-14 中上下两钢球处，内外滚道所夹的空间都是左宽右窄，钢球很容易向左跑出，为了将钢球定位，设置了保持架。保持架的内外球面、星形套的外球面和球形壳的内球面均以万向节中心 O 为球心，并保证 6 个钢球球心所在的平面（主动轴和从动轴是以此平面为对称面的）经过 O 点。当两轴交角变化时，保持架可沿内外球面滑动，这就限定了上下两钢球不能向左跑出。

球笼式等速万向节可在两轴最大交角为 42°情况下传递转矩，无论传动方向如何，6 个钢球全部传力。与球叉式万向节相比，在相同的外廓尺寸下，其承载能力强、使用寿命长、结构紧凑、拆装方便，因此应用越来越广泛。

目前国内外多数轿车的前转向驱动桥均采用这种万向节，如红旗 CA7220、一汽奥迪 100、捷达、高尔夫和上海桑塔纳等轿车。

2）球笼式双补偿万向节

球笼式双补偿万向节又称为球笼滑动式万向节，如图 5-15 所示。其外球座 4 为圆筒形，内、外滚道是与轴线平行的直线凹槽，即圆筒形，在传递转矩时，内球座 2 与外球座 4 可以相对轴向移动。球笼 3 的内外球面在轴线方向是偏心的，内球面中心 B 与外球面中心 A 分别位于万向节中心 O 的两边，且 $OA=OB$。同样，钢球中心 C 到 A、B 的距离相等，以保证万向节做等速传动。

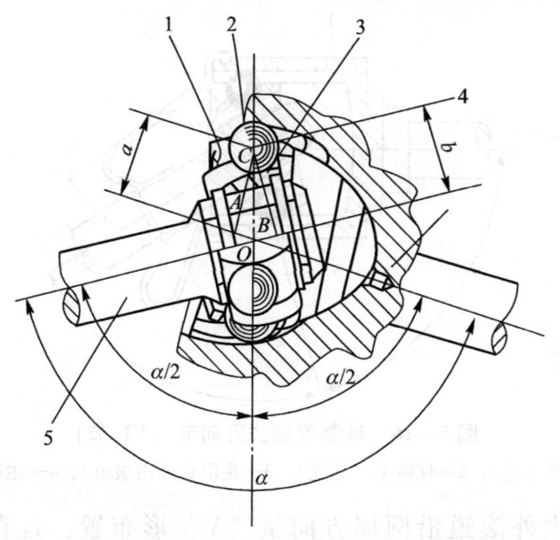

图 5－14　球笼式碗形万向节等速传动的结构原理

1—保持架（球笼）；2—钢球；3—星形套（内滚道）；4—球形壳（外滚道）；5—主动轴；
A—外滚道中心；*B*—内滚道中心；*C*—钢球中心；*α*—两轴交角；*O*—万向节中心

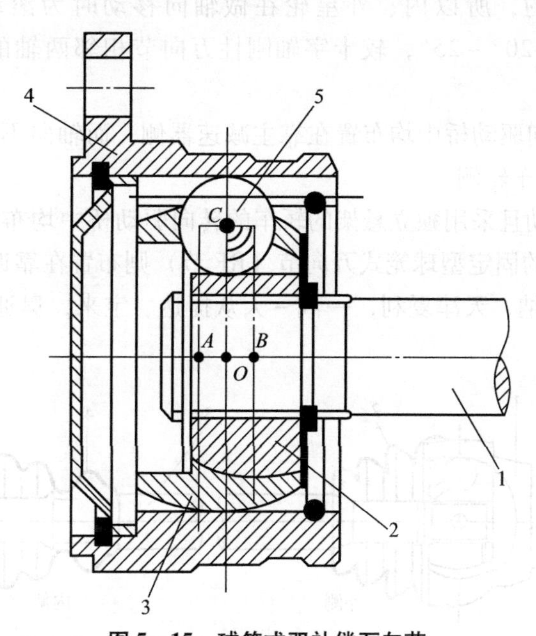

图 5－15　球笼式双补偿万向节

1—主动轴；2—内球座；3—球笼；4—外球座；5—钢球

3）球笼伸缩式万向节

球笼伸缩式万向节，简称 VL 型万向节，上海桑塔纳轿车转向驱动桥内侧减速器处所用万向节就是 VL 型万向节，如图 5－16 所示。其内、外滚道为圆筒形，只是圆筒中心线不与轴线平行，而是以相同的角度相对于轴线倾斜着，而且同一零件上相邻两条滚道的倾斜方向相反，即呈“V”形。装合后，同一圆周方向位置处，内、外滚道的倾斜方向刚好相反，即对称交叉，而钢球则处于内、外滚道的交叉部位。当内半轴与中半轴以任意夹角相交时，由于内、外滚道及球笼的控制作用，所有传动钢球都位于轴间交角的平分面上，从而实现等角速传动。

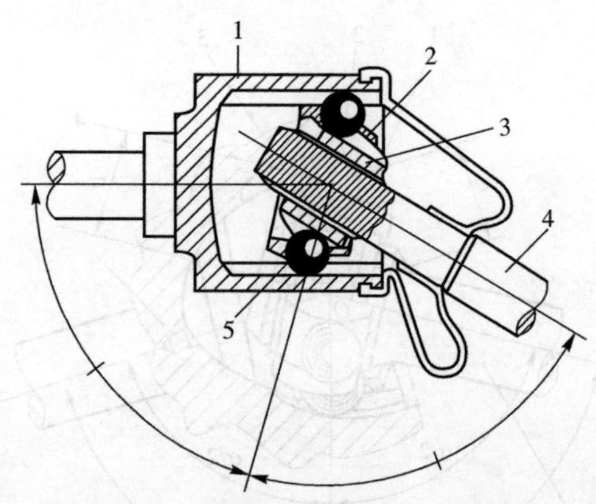

图 5－16　球笼伸缩式万向节（VL 节）

1—筒形壳（外滚道）；2—保持架（球笼）；3—星形套（内滚道）；4—主动轴；5—钢球

因为该万向节的内外滚道沿圆周方向呈“V”形布置，且在动力的传递过程中，内、外星轮可做轴向运动，从而使前轮跳动时轴向长度得到补偿，所以称为 VL 型万向节（VL 节）。其允许最大的轴间夹角为 22°，轴向伸缩量可达 45 mm。由于内、外星轮是通过钢球传递转矩的，所以内、外星轮在做轴向移动时为滚动摩擦，摩擦阻力小、VL 节两轴交角范围为 20°～25°，较十字轴刚性万向节相邻两轴的交角范围大，但小于球叉式和 RF 节。

VL 节在轿车的转向驱动桥中均布置在靠主减速器侧，而轴向不能伸缩的固定型球笼式万向节，则布置在靠近车轮侧。

VL 节在前置前驱动且采用独立悬架的轿车的转向驱动桥中均布置在靠主减速器侧（内侧），而轴向不能伸缩的固定型球笼式万向节（RF 节）则布置在靠近车轮处（外侧），如图 5－17 所示。上海桑塔纳，天津夏利，一汽－大众捷达、宝来，奥迪及红旗 CA7220 型等轿车皆为这种布置形式。

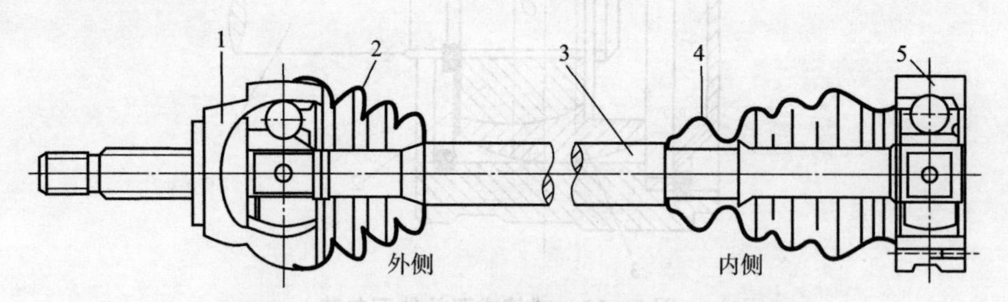

图 5－17　RF 节与 VL 节在转向驱动桥中的布置

1—固定型球笼式万向节（RF 节）；2—防尘罩；3—传动轴；4—防尘罩；5—伸缩型球笼式万向节（VL 节）

4. 三枢轴式万向节

1）三枢轴式万向节的结构

三枢轴式万向节的里面没有钢球，而是使用 3 个带有滚针的轴承，可以在钟形壳内的 3 个轨道里进行向内和向外滑移，以此来适应驱动轴在车辆运动时产生的长度变化。

三枢轴式等角速万向节的结构如图 5－18 所示。

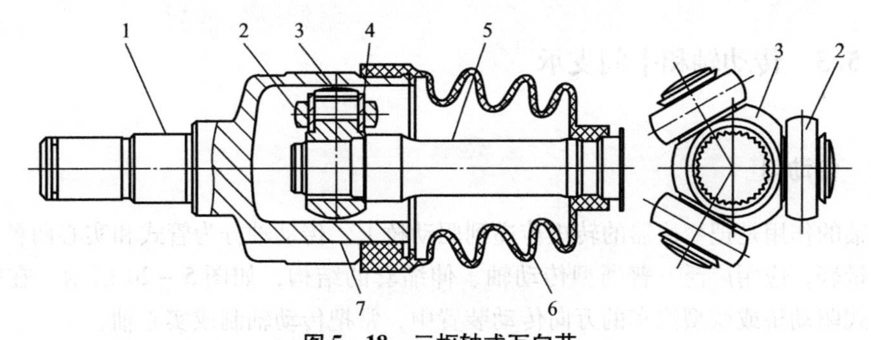

图 5 - 18　三枢轴式万向节

1—主动轴；2—球环；3—三销架；4—滚针；
5—传动轴；6—防尘罩；7—三柱槽壳

三枢轴式等速万向节与其他各类等角速万向节相比，零件数目少，因此结构简单紧凑；三个销轴全部参加工作，因此传动扭矩能力强；万向节的相对运动件为滚动摩擦，工作可靠磨损小，传动效率高，并且可轴向伸缩；在轿车上应用逐渐广泛，国产奥迪、红旗、富康、捷达、夏利等轿车的等速驱动轴上均采用三叉式万向节。

2）三枢轴式等角速万向节的等角速传动原理

三枢轴式等角速万向节的等角速传动原理特点是，传力点相对于三枢轴的中心保持不变，如图 5 - 19 所示。图中虚线为万向节主、从动件轴线重合时的情况，此工作状态下，整个万向节可视为一根整体式的刚性轴，等速传递动力是显而易见的，动力传递点为 P 点位置；图中实线是万向节主、从动件轴线间夹角为任意角 α 时的情况，由于三枢轴 2 与花键轴 1 用花键连接，在任何情况下，滚子 3 相对于花键轴 1 的位置保持不变，滚子 3 上的传力点 P 至花键轴轴心线的距离 r_2 始终不会改变，且与图中的 r_1 恒等（$r_1 = r_2$）。当万向节主、从动件轴线间的夹角为任意角 α 时，若从结构设计上能够保证在任何情况下，主、从动件轴线的交点始终交于图示中的 O 点（三枢轴的三个枢轴在圆周方向上均布便是保证万向节主、从动件轴线交于 O 点的一项重要结构措施），则传力点 P（P'）至滚道壳轴线的距离 r_1'恒等于 $r_2'(r_1' = r_2')$。由于 $r_1 = r_1' = r_2$，所以三枢轴式等角速万向节在允许的交角范围内，主、从动件的速度完全相等，即等角速传动。

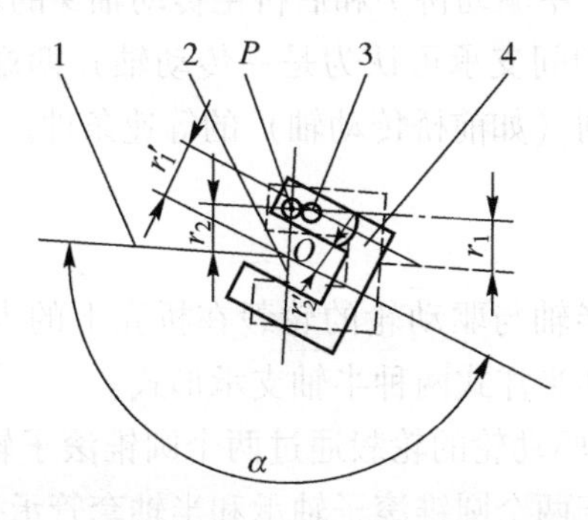

图 5 - 19　三枢轴式万向节等角速传动原理简图

1—与三枢轴相连的花键轴；2—三枢轴；3—滚子；4—滚道

5.3 传动轴和中间支承

5.3.1 传动轴

传动轴的作用是把变速器的转矩传递到驱动桥上。传动轴分为管式和实心两种。管式用料少，重量轻，应用广泛。普通型传动轴、伸缩套的结构，如图 5－20 所示。在转向驱动桥、断开式驱动桥或微型汽车的万向传动装置中，常把传动轴制成实心轴。

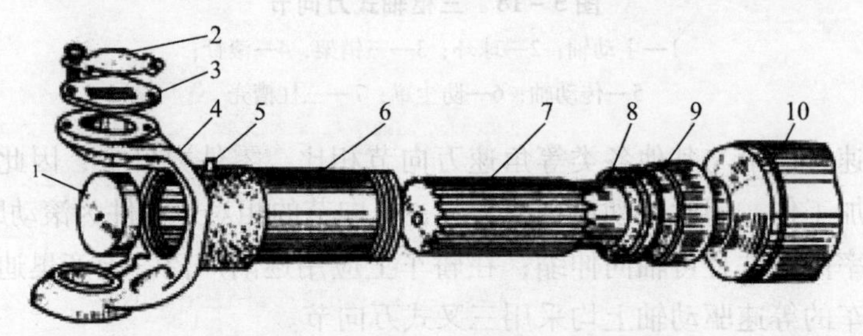

图 5－20 传动轴、伸缩套（普通型）

1—盖子；2—盖板；3—盖垫；4—万向节叉；5—加油嘴；6—伸缩套；7—滑动花键槽；8—油封；9—油封盖；10—传动轴管

传动轴过长时，自振频率降低，易产生共振，故将其分成两段并加中间支承。

传动轴多用厚度为 1.5～3.0 mm 的薄钢板卷焊而成。重型汽车的传动轴多采用无缝钢管。传动轴两端的连接件装好后，应进行动平衡试验。在质量小的一侧补焊平衡片，使其本平衡量不超过规定值。为防止装错位置和破坏平衡，滑动叉、轴管部刻有带箭头的记号。为保持平衡，油封上两个带箍的开口销应装在间隔 180°位置上，万向节的螺钉、垫片等零件，不应随意改换规格。为注润滑油方便，万向传动装置的注油嘴应在一条直线上，且万向节上的注油嘴应朝向传动轴。汽车传动轴结构图如图 5－21 所示。

越野汽车传动轴的布置包括从变速器到分动器，又从分动器到各驱动桥（图 5－22）。后桥传动轴分为中间传动轴 6 和主传动轴 9，中间支承 8 装在中驱动桥上。满载时变速器输出轴与分动器 4 的各输出轴、中驱动桥 7 和后桥主传动轴 9 的输入轴，以及中间支承 8 的轴线近似平行。每一传动轴（中间支承可认为是一传动轴）两端的万向节叉应装在同一平面内，满足平行排列或等腰排列（如前桥传动轴）的等速条件。

5.3.2 中间支承

在非断开式驱动桥内，半轴与驱动轮的轮毂在桥壳上的支承形式决定了半轴的受力状况。现代汽车多采用全浮式和半浮式两种半轴支承形式。

1）半轴的全浮式支承。驱动轮的轮毂通过两个圆锥滚子轴承支承在半轴套管上，半轴外端用螺栓与轮毂连接。由于两个圆锥滚子轴承和半轴套管承受了可能出现的弯矩，所以半轴外端不承受弯矩。这种使两端都不受弯矩的半轴支承形式称为全浮式支承。全浮式半轴在汽车静止时是不受力的，因而不用支起车桥就可以卸下半轴。在驱动桥驱动时，半轴只承受扭矩，如图 5－23 所示。

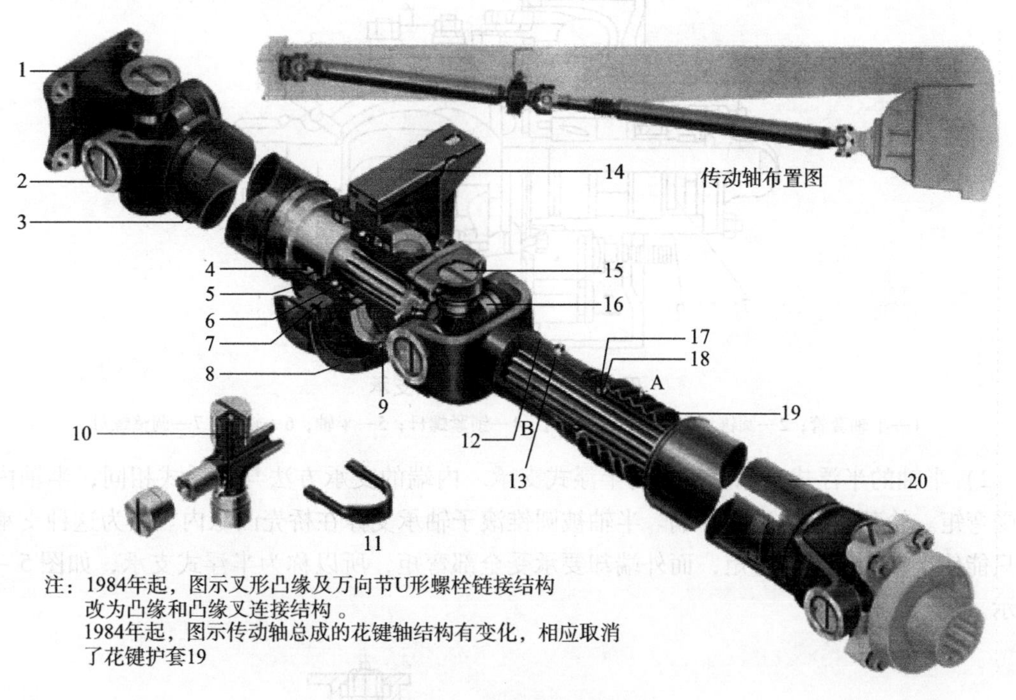

图 5－21　汽车传动轴结构

1—凸缘叉；2—挡圈；3—中间传动轴；4—油封；5—中间支承轴承座；6—轴承；7—橡胶垫环；8—下支架；9—滑脂嘴；10—带双刃口油封的滚针轴承；11—万向节 U 形螺栓；12—滑动叉；13—滑脂嘴（四处）；14—上盖板；15—叉形凸缘；16—十字轴总成；17—油封；18—油封盖；19—花键护套；20—传动轴总成；A—透气孔；B—平衡对准标记

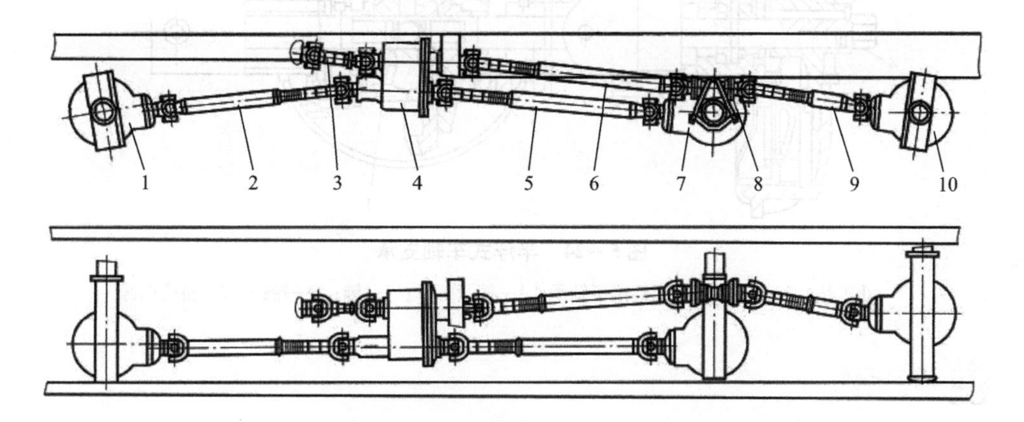

图 5－22　东风 EQ2080 型越野汽车万向传动装置的布置图

1—前驱动桥；2—前桥驱动轴；3—分动器动力输入传动轴；4—分动器；5—中桥传动轴；6—后桥中间传动轴；7—中驱动桥；8—中间支承；9—后桥主传动轴；10—后驱动桥

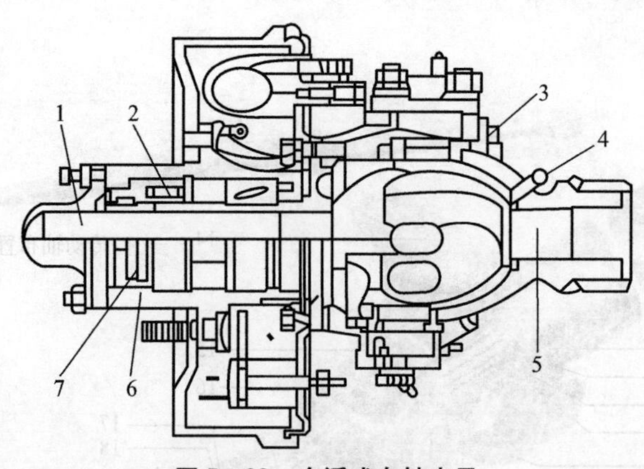

图5－23　全浮式车轴支承

1—半轴套管；2—圆锥滚子轴承；3—油封；4—锁紧螺母；5—半轴；6—轮毂；7—调整螺母

2）半轴的半浮式支承。半轴的半浮式支承．内端的支承方法与全浮式相同，半轴内端不受弯矩。轮毂固定在半轴外端。半轴被圆锥滚子轴承支撑在桥壳凸缘内。因为这种支承形式只能使半轴内端不受弯矩，而外端却要承受全部弯矩，所以称为半浮式支承，如图5－24所示。

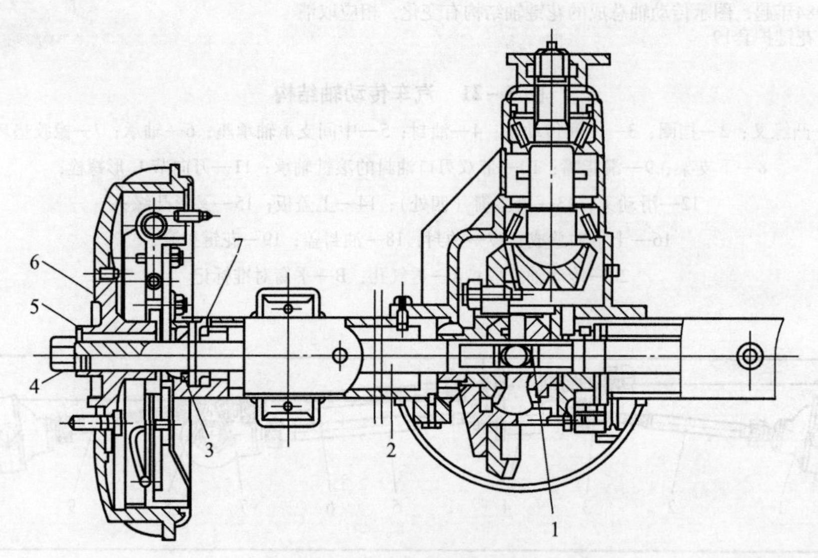

图5－24　半浮式车轴支承

1—止推垫；2—半轴；3—圆锥滚子轴承；4—锁紧螺母；5—键；6—轮毂；7—桥壳凸缘

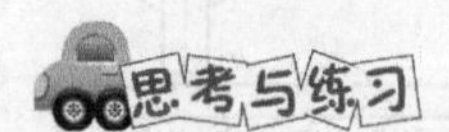

一、选择题

1．汽车万向传动装置的组成有：（　　）

A．半轴　　B．万向节　　C．传动轴　　D．半轴壳体

2．刚性万向节按照传递速度分类可以分为（　　）和等速万向节等。

A．不等速万向节　　B．准等速万向节

C．十字叉式万向节　　D．挠性万向节

3. 等速万向节的基本原理是从结构上保证万向节在工作过程中，其传力点永远位于两轴交角的（　　）

A. 平面上　　B. 垂直平面上　　C. 平分面上　　D. 平行面上

4. 球叉万向节属于等速万向节，结构简单；容许最大交角 32° ~ 33°，工作时只有（　　）钢球传力。

A. 4 个　　B. 3 个　　C. 2 个　　D. 1 个

二、简答题

1. 汽车传动系统为什么要采用万向传动装置？

2. 万向传动装置起什么作用？由哪几部分组成？

3. 等速万向节最常见的结构型式有哪些？简要说明各自特点。

4. 万向传动装置有哪些常见故障？

项目六

驱动桥

6.1 概述

6.1.1 功用与组成

驱动桥的功用是将万向传动装置传来的动力改变其传递方向，并由主减速器降速增扭后传给差速器，再分配到左右半轴，最后传至驱动轮，使汽车行驶。

一般汽车的驱动桥如图 6－1 所示，它由主减速器 6、差速器 7、半轴 5 和桥壳 3 等组成。万向传动装置传来的动力依次经主减速器、差速器和半轴最后传给驱动轮。主减速器可以降低转速、增加扭矩，并改变扭矩的传递方向，以适应汽车行驶的方向。差速器的功用是在必要时可使汽车两侧的车轮以不同的转速旋转，以适应汽车转弯及在不平道路上行驶。半轴的功用是将扭矩从差速器传到驱动轮。桥壳用以支承汽车的部分重量，并承受驱动轮上的各种作用力，同时它又是主减速器、差速器等传动装置的外壳。

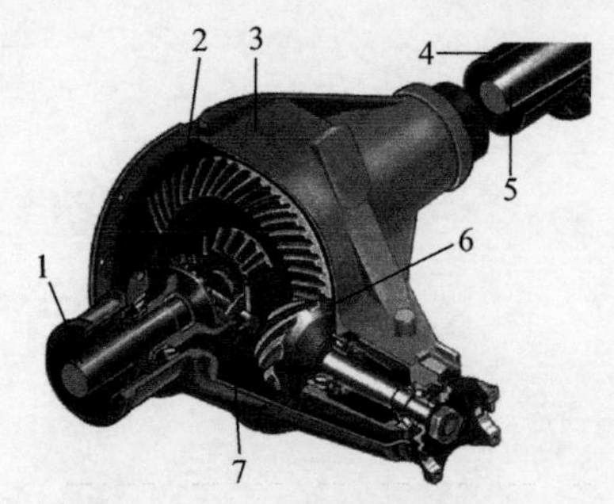

图 6－1　北京切诺基后驱动桥

1—半轴；2—主减速器从动齿轮；3—桥壳；4—半轴套管；5—半轴；6—主减速器；7—差速器

6.1.2 结构类型

按悬架结构不同，驱动桥分为整体式驱动桥和断开式驱动桥两种。整体式驱动桥采用非独立悬架，如图 6－2 所示。其驱动桥壳为一刚性的整体，驱动桥两端通过悬架与车架连接，左右两半轴始终在一条直线上，即左右驱动轮不能相互独立地跳动。当某一侧车轮通过地面的凸出物或凹坑升高或下降时，整个驱动桥及车身都要随之发生倾斜，车身波动大。

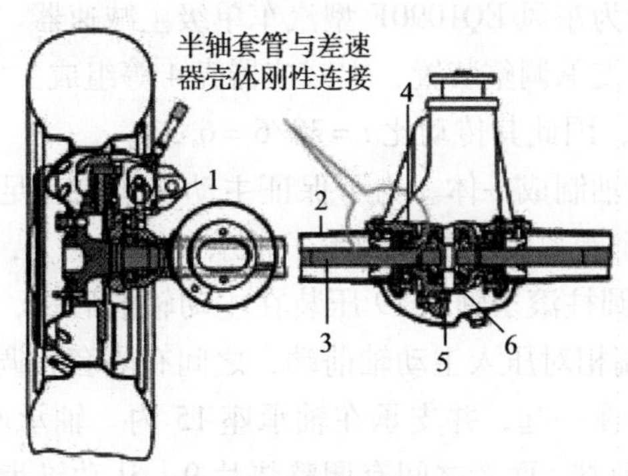

图 6－2　整体式驱动桥

1—轮毂；2—半轴套管；3—半轴；4—主减速器壳体；5—主减速器；6—差速器

断开式驱动桥采用独立悬架如图 6－3 所示。其主减速器 4 固定在车架上，驱动桥壳制成分段并用铰链连接，半轴也分段并用传动装置连接。驱动桥两端分别用悬架与车架连接。这样，两侧的驱动轮 5 及桥壳可以彼此独立地相对于车架上下跳动。

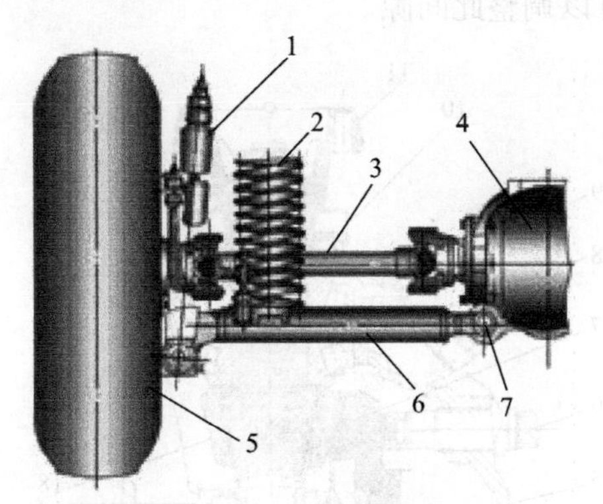

图 6－3　断开式驱动桥示意图

1—减震器；2—弹性元件；3—传动轴；4—主减速器；5—驱动轮；6—摆臂；7—摆臂轴

6.2　主减速器

主减速器的功用是降速增扭，若发动机纵置还将改变动力传递的方向并传给差速器。为满足不同的使用要求，主减速器有不同的结构类型。按齿轮数目分，有单级式和双级式。有些汽车将双级式主减速器的第二级圆柱齿轮传动设置在两侧驱动轮处，称为轮边减速器。按传动速比个数分，有单速式和双速式。

6.2.1　单级主减速器

1. 后驱的单级主减速器

单级主减速器结构简单、质量小、体积小、传动效率高。在轿车及中型以下货车上得以普遍采用。其中，东风 EQ1090E 型汽车的主减速器的结构十分具有代表性。

1）构造

在发动机纵向布置的汽车上，由于需要改变动力传递方向，单级主减速器都采用一对圆锥齿轮传动。图 6－4 所示为东风 EQ1090E 型汽车单级主减速器。它由一对双曲面主动锥齿轮 18 和从动锥齿轮 7 及其支承调整装置、主减速器壳 4 等组成。主动锥齿轮 18 的齿数为 6，从动锥齿轮 7 的齿数为 38，因此其传动比 $i=38/6=6.33$。

主动锥齿轮 18 与主动轴制成一体。为了保证主动锥齿轮有足够的支承刚度，并改善啮合条件，其前端支承在两个距离较近的圆锥滚子轴承 13 和 17 上，后端支承在圆柱滚子轴承 19 上，形成跨置式支承。圆柱滚子轴承 19 压装在主动轴的后端，靠座孔上的台阶限位。圆锥滚子轴承 13 和 17 以小端相对压入主动轴前端，之间有隔套和调整垫片 14，它们和叉形凸缘 11 用螺母与主动轴固装在一起，并支承在轴承座 15 内。轴承座 15 依靠凸缘定位，用螺钉固装在主减速器壳 4 的前端，两者之间有调整垫片 9。从动锥齿轮 7 靠凸缘定位，用螺栓紧固在差速器壳 5 上，而差速器壳则用两个圆锥滚子轴承 3 支承在主减速器壳的瓦盖式轴承座孔中。差速器轴承盖 1 与主减速器壳 4 是装配在一起加工的，不能互换，二者之间有装配记号，轴承座孔外侧装有环形轴承调整螺母 2。在从动锥齿轮啮合处背面的主减速器壳体上，装有支承螺柱 6。装配时，应在支承螺柱与从动锥齿轮背面之间预留一定间隙（0.3～0.5 mm），转动支承螺柱可以调整此间隙。

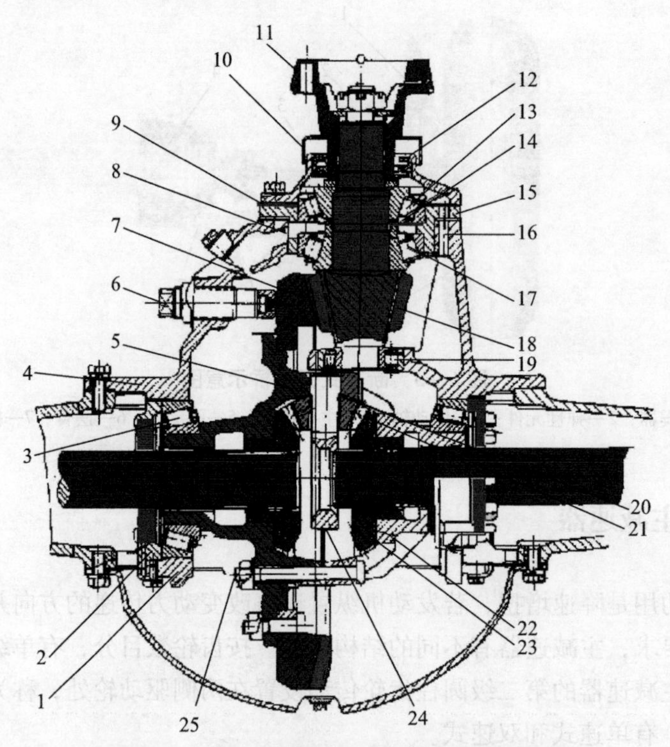

图 6－4　东风 EQ1090E 型汽车单级主减速器

1—差速器轴承盖；2—轴承调整螺母；3，13，17—圆锥滚子轴承；4—主减速器壳；5—差速器壳；6—支承螺柱；7—从动锥齿轮；8—进油道；9，14—调整垫片；10—防尘罩；11—叉形凸缘；12—油封；15—轴承座；16—回油道；18—主动锥齿轮；19—圆柱滚子轴承；20—行星齿轮球面垫片；21—行星齿轮推力垫片；22—半轴齿轮调整垫片；23—半轴齿轮；24—行星齿轮轴；25—螺栓

为了减小主减速器齿轮、轴承等的摩擦和磨损，在主减速器壳体内加注一定量的齿轮油。为了保证主动轴前端的两个圆锥滚子轴承 13 和 17 得到可靠润滑，在主减速器壳 4 和轴

承座 15 上制有孔，形成进油道 8 和回油道 16。从动锥齿轮转动时飞溅起来的齿轮油从进油道 8 经轴承座 15 的孔进入两轴承小端之间，在离心力作用下，自轴承小端流向大端，再经回油道 16 流回主减速器内。在主减速器壳上装有通气塞。此外，还装有加油螺塞和放油螺塞。

2）工作过程

传动轴传来的动力经叉形凸缘 11 由花键传给主动锥齿轮 18、从动锥齿轮 7，经减速变向以后，通过螺栓传给差速器壳 5，由差速器传给两侧半轴，再传给驱动车轮驱动汽车行驶。

2. 前驱的单级主减速器

图 6－5 所示为上海桑塔纳轿车单级主减速器。因采用发动机纵向前置前轮驱动，整个传动系统都集中布置在汽车前部，其主减速器装于变速器壳体内，没有专门的主减速器壳体。变速器输出轴即为主减速器主动轴，动力由变速器直接传递给主减速器，省去了变速器到主减速器之间的万向传动装置。

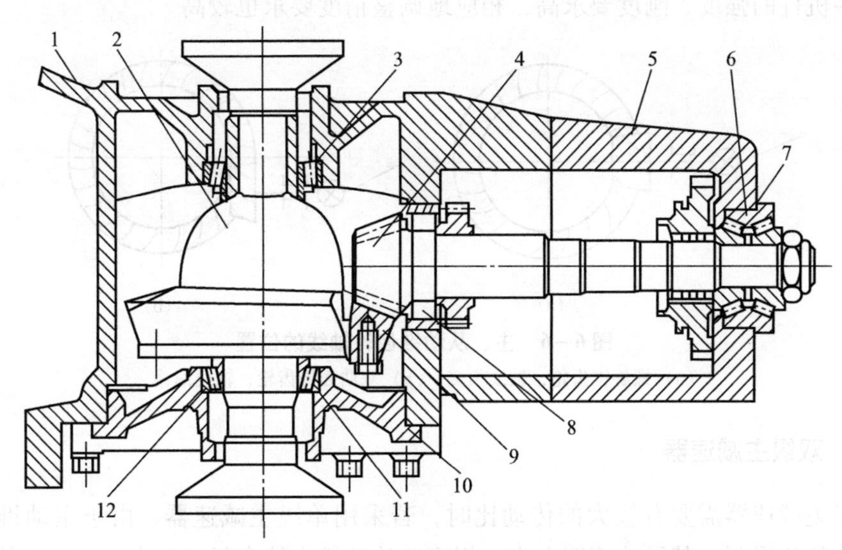

图 6－5　上海桑塔纳轿车单级主减速器

1—变速器前壳体；2—差速器；3，7，11—调整垫片；4—主动锥齿轮；5—变速器后壳体；
6—双列圆锥滚子轴承；8—圆柱滚子轴承；9—从动锥齿轮；10—传动器盖；12—圆锥滚子轴承

主减速器由一对准双曲面锥齿轮 4 和 9 组成。主动锥齿轮 4 的齿数为 9，从动锥齿轮 9 的齿数为 37，因此其传动比 $i=37/9=4.111$。

主动锥齿轮 4 与变速器输出轴制为一体，用双列圆锥滚子轴承 6 和圆柱滚子轴承 8 支承在变速器壳体内。环状的从动锥齿轮 9 靠凸缘定位，并用螺钉与差速器壳连接。差速器壳由一对圆锥滚子轴承 12 支承在变速器壳体上。

主减速器的调整包括轴承预紧度和齿轮的啮合调整。主动锥齿轮轴上的双列圆锥滚子轴承 6 的预紧度无须调整，从动锥齿轮上的圆锥滚子轴承 12 的预紧度可通过调整垫片 3（S_2）和 11（S_1）的总厚度来调整，在装好左、右半轴后，从动齿轮应转动灵活，又没有轴向间隙感。啮合调整包括啮合间隙和啮合印痕的调整，齿轮的标准啮合间隙为 $\Delta=0.08\sim0.15$ mm，齿轮啮合间隙通过调整垫片 S_2 和 S_1 调整，一侧减的垫片应加到另一侧，就可在保证已调整好的轴承预紧度不变的情况下，达到啮合间隙调整的目的。齿轮啮合印痕的调整通过调整垫片 7（S_3）进行，调整好后，转动主、从动齿轮扭矩为 1.47～2.45 N·m 的力矩。

桑塔纳轿车主减速器的主、从动锥齿轮采用双曲面锥齿轮，有些车型的主、从动锥齿轮采用螺旋锥齿轮，如图 6－6 所示。双曲面锥齿轮的主、从动齿轮轴线不相交，主动锥齿轮轴线可低于（也可高于）从动锥齿轮轴线，在保证一定离地间隙的情况下，与之相连的传动轴的位置也相应降低，从而使汽车质心降低，提高了行驶的稳定性。其次，双曲面齿轮发生根切的最少齿数较少（最少可为 5 个），因此主动齿轮在满足传动比和强度要求的条件下尺寸可尽量小一些，相应从动锥齿轮的尺寸也可减小，从而减小了主减速器壳外形轮廓尺寸，有利于车身布置和提高最小离地间隙。此外，双曲面齿轮的啮合系数大，同时参加啮合的齿数多，传动平稳，噪声小，承载能力大。缺点是啮合面间相对滑动速度大，接触压力大，摩擦面的油膜易被破坏，因而对润滑油要求高，必须使用专门的双曲面齿轮油。另外，双曲面齿轮螺旋角较大，传动时轴向力大，易造成轴的支承定位件的损坏而引起轴向窜动。因此对这些机件的强度、刚度要求高，相应地调整精度要求也较高。

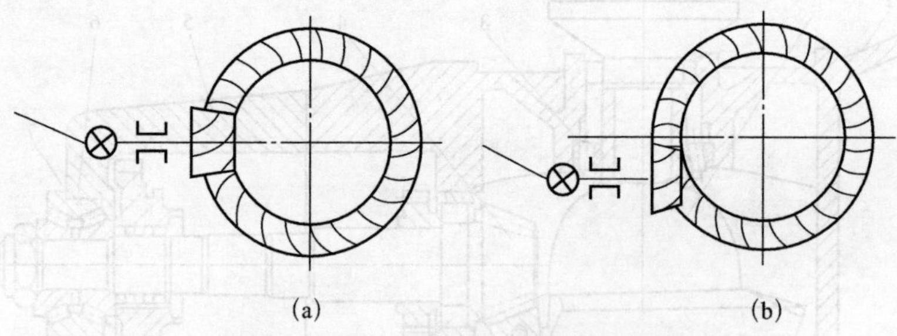

图 6－6　主、从动锥齿轮轴线的位置

（a）螺旋锥齿轮，轴线相交；（b）双曲面锥齿轮，轴线偏移

6.2.2　双级主减速器

当汽车主减速器需要有较大的传动比时，若采用单级主减速器，由于主动锥齿轮受强度、最小齿数的限制，其尺寸不能太小，相应地从动锥齿轮直径将较大。这不仅使从动齿轮刚度降低，而且会使主减速器壳及驱动桥壳外形轮廓尺寸增大，难以保证足够的离地间隙，这时需采用双级主减速器。

图 6－7 所示为解放 CA1092 型汽车双级主减速器。第一级传动为一对螺旋锥齿轮传动，第二级传动为一对斜齿圆柱齿轮传动。双极主减速器的传动比等于两级齿轮传动比的乘积。

6.2.3　双速主减速器

为了提高汽车的动力性和经济性，有些汽车的主减速器具有两个挡。可根据行驶条件的变化改变挡位，这种主减速器称为双速主减速器。

图 6－8 所示为布切奇 SR113N 型汽车行星齿轮式双速主减速器示意图。它由一对圆锥齿轮、一套行星齿轮机构及其操纵机构组成。行星齿轮机构的内齿圈 8 与从动锥齿轮 7 组成一体，并用两个圆锥滚子轴承支承在主减速器壳体上。有行星架齿圈 C 的行星架 9 与差速器壳连成一体，行星架轴上松套着行星齿轮 4。在左半轴 2 上松套着接合套 1，可由气压控制

的拨叉 3 操纵。接合套上制有短接合齿 A 和长接合齿 D（即中心齿轮）。主减速器壳体上制有固定齿圈 B。

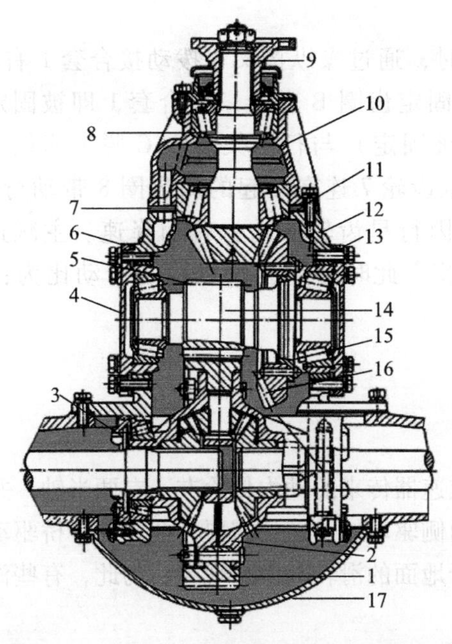

图 6-7　解放 CA1092 型汽车双级主减速器

1—第二级从动齿轮；2—差速器壳；3—调整螺母；4，15—轴承盖；5—第二级主动齿轮；6，7，8，13—调整垫片；9—第一级主动齿轮轴；10—轴承座；11—第一级主动齿轮；12—主减速器壳；14—中间轴；16—第一级从动齿轮；17—后盖

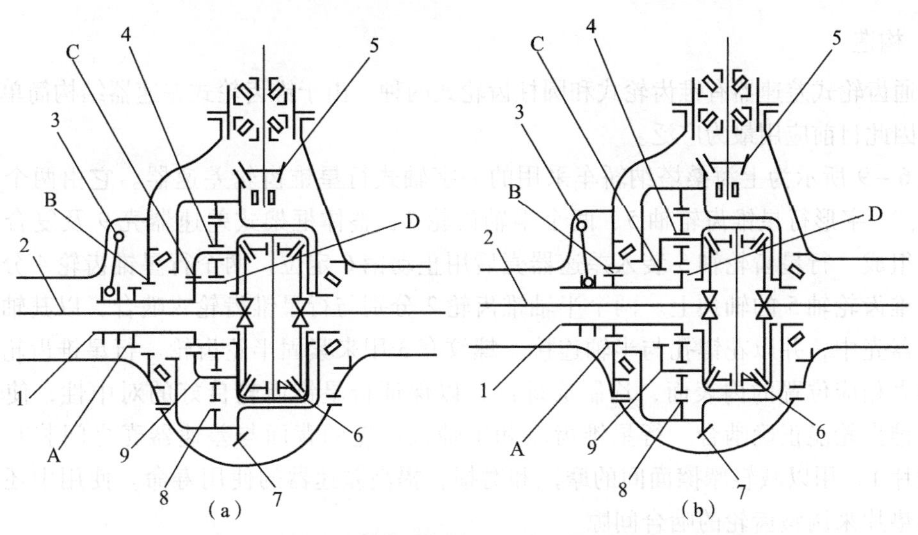

图 6-8　布切奇 SR113N 型汽车行星齿轮式双速主减速器

(a) 高速挡单级传动；(b) 低速挡双级传动

1—接合套；2—左半轴；3—拨叉；4—行星齿轮；5—主动锥齿轮；6—差速器；7—从动锥齿轮；8—内齿圈；9—行星架；A—短接合齿；B—固定齿圈；C—行星架齿圈；D—长接合齿

当需要在高速挡行驶时，通过拨叉 3 使接合套的长接合齿 D 左移，将行星架内齿圈 C 与行星齿轮 4 连成一体，如图 6-8（a）所示，行星齿轮不能自转，因此行星齿轮机构不

起减速作用，即差速器壳与从动锥齿轮 7 一起以相同转速旋转，传动比等于 1（即直接传动）。这时，主减速器相当于单级圆锥齿轮传动，主减速器的传动比等于圆锥齿轮传动的传动比。

当需要在低速挡行驶时，通过操纵拨叉 3 拨动接合套 1 右移，使接合套上的短接合齿 A 与主减速器壳体上的固定齿圈 B 套合，接合套 1 即被固定。此时接合套上的长接合齿 D（随接合套 1 一起被固定）与行星架齿圈 C 脱离而仅与行星齿轮 4 啮合，如图 6-8（b）所示。与从动锥齿轮 7 连在一起的内齿圈 8 带动行星齿轮 4 转动，行星架 9 及与之相连的差速器壳将因行星齿轮 4 的自转而降速。主减速器则为双级传动，传动比为两级传动传动比的乘积。此时行星齿轮机构的传动比为：$i=1+$（中心齿轮 D 的齿数/齿圈的齿数）。

6.3 差速器

差速器的功用是将主减速器传来的动力传给左、右两半轴，并在必要时允许左、右半轴以不同转速旋转，以满足两侧驱动轮差速的需要。此外，多桥驱动的汽车各驱动桥之间也同样存在上述驱动车轮相对于地面的滑转和滑移现象。为此，有些汽车在驱动桥之间也装有差速器，称为轴间差速器。

无论是轮间差速器还是轴间差速器。按其工作特性均可分为普通齿轮式差速器和防滑差速器两大类。

6.3.1 普通齿轮式差速器

1. 构造

普通齿轮式差速器有锥齿轮式和圆柱齿轮式两种。由于锥齿轮式差速器结构简单、工作平稳，因此目前应用最为广泛。

图 6-9 所示为上海桑塔纳轿车采用的一字轴式行星锥齿轮差速器。它由两个行星锥齿轮 4、一字形行星锥齿轮轴 5、两个半轴齿轮 2、整体框架式差速器壳 9 及复合式推力垫片 1 组成。行星齿轮轴 5 装入差速器壳后用止动销 6 定位。两个行星锥齿轮 4 分别松套在行星锥齿轮轴 5 的轴颈上。两个半轴锥齿轮 2 分别与行星锥齿轮 4 啮合，以其轴颈支承在差速器壳中，并以花键孔与半轴连接。螺纹套 3 用来紧固半轮齿轮。行星锥齿轮背面和差速器壳相应位置的内表面，均制成球面，以保证行星锥齿轮良好的对中性，使其与两个半轴锥齿轮能正确啮合。行星锥齿轮和半轴锥齿轮的背面与差速器壳之间装有复合式推力垫片 1，用以减轻摩擦面间的摩擦和磨损，提高差速器的使用寿命。使用中还可以通过更换垫片来调整齿轮的啮合间隙。

差速器靠主减速器壳内的齿轮油来润滑。为了保证行星锥齿轮与行星锥齿轮轴轴颈之间的润滑，在十字轴轴颈上铣有平面，并在行星锥齿轮的齿间钻有油孔与其中心孔相通。同样，半轴齿轮齿间也钻有油孔，与其背面相通，以加强背面与差速壳之间的润滑。

图 6-9 桑塔纳 2000 型轿车差速器

1—复合式推力垫片；2—半轴锥齿轮；3—螺纹套；4—行星锥齿轮；5—行星锥齿轮轴；6—止动销；
7—圆锥滚子轴承；8—主减速器从动锥齿轮；9—差速器壳；
10—螺栓；11—车速表齿轮；12—车速表齿轮锁紧套筒

工作时，传至差速器壳的动力依次经行星锥齿轮轴 5、行星锥齿轮 4 和半轴锥齿轮 2 传给半轴，再由半轴传给驱动车轮。

而在有些汽车上，因传递的扭矩较大，可用四个行星锥齿轮，相应的行星锥齿轮轴为十字形行星锥齿轮轴。

2. 工作原理

1）差速器的运动特性

图 6-10 所示为行星锥齿轮差速器运动原理图。差速器壳 3 与行星齿轮轴 5 连成一体，并由主减速器从动齿轮 6 带动一起转动，是差速器的主动件，设其转速为 n_0。半轴齿轮 1 和 2 从动件，设其转速分别为 n_1 和 n_2。A、B 两点分别为行星齿轮 4 与半轴齿轮 1 和 2 的啮合点。C 点为行星齿轮 4 的中心。A、B、C 点到差速器旋转轴线的距离相等。

当汽车直线行驶时，两侧驱动轮没有滑转和滑移趋势，即转速相等，此时两侧车轮所受的行驶阻力相等，通过半轴及半轴齿轮反作用于行星齿轮两啮合点 A、B 的力也相等。这时行星齿轮相当于一个等臂的杠杆保持平衡，行星齿轮不能自转，只能随行星齿轮轴 5 及差速器壳 3 一起公转。所以，两半轴无转速差，如图 6-10（b）所示，差速器不起差速作用，即当汽车转弯时，两侧车轮所受的行驶阻力不再相等，通过半轴及半轴齿轮反作用于行星齿轮两啮合点的力也不相等。这样，将破坏行星齿轮的平衡，即行星齿轮除了随差速器壳一起公转外，还要绕行星齿轮轴自转。设其自转速度为 n_4，方向如图 6-10（c）所示。则半轴齿轮 1 的转速加快，而半轴齿轮 2 的转速减慢。因 $AC=CB$，所以半轴齿轮 1 转速的增加值等于半轴齿轮 2 转速的减小值。设半轴齿轮转速的增减值为 Δn，则两半轴的转速分别为

$$n_1 = n_0 + \Delta n$$

$$n_2 = n_0 - \Delta n$$

$$n_1 = n_2 = n_0$$

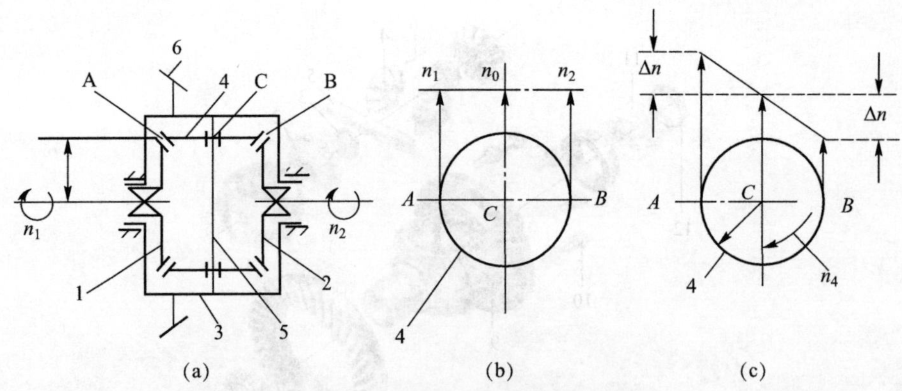

图 6－10　行星锥齿轮差速器运动原理

1，2—半轴齿轮；3—差速器壳；4—行星齿轮；5—行星齿轮轴；6—主减速器从动齿轮

这就是差速器的差速作用，即汽车在转弯或其他情况下行驶，两侧车轮有滑转和滑移趋势时，行星齿轮即发生自转，借行星齿轮的自转，使两侧车轮以不同的转速在地面上滚动。

显然此时仍有：$n_1+n_2=2n_0$

上式即为行星锥齿轮差速器的运动特性方程式，可见差速器的运动特性是：

（1）差速器不起作用时，两半轴转速均等于差速器壳的转速。即 $n_1=n_2=n_0$。

（2）差速器起作用时，一侧半轴增加的转速等于另一侧半轴减小的速度，$\Delta n_1=\Delta n_2$。

（3）两半轴转速之和永远等于差速器壳转速的两倍，即 $n_1+n_2=2n_0$。

由这一特性可知，当任何一侧半轴齿轮的转速为零时，另一侧半轴齿轮的转速为差速器壳转速的两倍；当差速器壳转速为零时，若一侧半轴齿轮受其他外来力矩而转动，则另一侧半轴齿轮即可以相同的转速反向转动。

2）扭矩特性

图 6－11 所示为行星锥齿轮差速器转矩分配示意图。设主减速器传至差速器壳的转矩为 M_0，经行星齿轮轴和行星齿轮传给两半轴齿轮，两半轴齿轮的转矩分别为 M_1 和 M_2。

当行星齿轮不自转时，即 $n_4=0$，$M_T=0$（M_T 为行星齿轮自转时，其内孔和背面所受的摩擦力矩），行星齿轮相当于一个等臂杠杆，均衡拨动两半轴齿轮转动。所以，差速器将转矩 M_0 平均分配给两半轴齿轮，即 $M_1=M_2=M_0/2$。

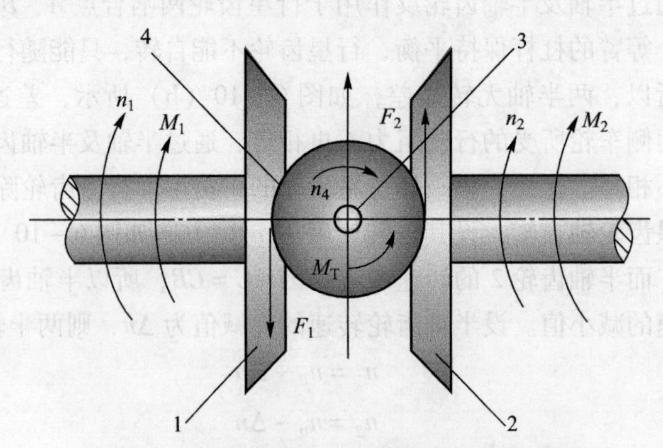

图 6－11　行星锥齿轮差速器转矩分配示意图

1，2—半轴齿轮；3—差速器壳；4—行星齿轮

当行星齿轮如图6-11中n_4方向自转时（即$n_1 > n_2$），行星齿轮所受摩擦力矩M_T与其自转方向相反，从而使行星齿轮分别对半轴齿轮1和2附加作用了大小相等而方向相反的两个圆周力F_1和F_2，F_1使传到转得快的半轴齿轮1上的转矩M_1减小，而F_2却使传到转得慢的半轴齿轮2的转矩M_2增加。且M_1的减小值等于M_2的增加值，等于$M_T/2$。所以，当两侧驱动轮存在转速差时（$n_1 > n_2$），有

$$M_1 = (M_0 - M_T)/2$$

$$M_2 = (M_0 + M_T)/2$$

即转得慢的车轮分配到的转矩大于转得快的车轮分配到的转矩，差值为差速器的内部摩擦力矩M_T。由于M_T很小，可忽略不计，则$M_1 = M_2 = M_0/2$，可见，无论差速器产生差速与否，行星锥齿轮差速器都具有转矩等量分配的特性。

上述普通锥齿轮式差速器转矩等量分配的特性对于汽车在好路面上行驶是有利的。但汽车在坏路面上行驶时却会严重影响其通过能力。例如，当汽车的一个驱动轮处于泥泞路面因附着力小而原地打滑时，由于差速器等量分配转矩的特性，附着力好的驱动轮也只能分配到同样小的转矩，以至于总的牵引力不足以克服行驶阻力，汽车便不能前进。

为了提高汽车通过坏路面的能力，可采用防滑差速器。当汽车某一侧驱动轮发生滑转时，差速器的差速作用即被锁止，并将大部分或全部转矩分配给未滑转的驱动轮，充分利用未滑转车轮与地面之间的附着力，以产生足够的牵引力使汽车继续行驶。

6.3.2 防滑差速器

汽车上常用的防滑差速器有人工强制锁止式和自锁式两大类。前者通过驾驶员操纵差速锁，人为地将差速器暂时锁住，使差速器不起差速作用。后者是在汽车行驶过程中，根据路面情况自动改变驱动轮间的转矩分配。

1. 强制锁止式差速器

强制锁止式差速器就是在行星锥齿轮差速器上装设了差速锁。图6-12所示为奔驰20026A型汽车强制锁止式差速器。它的差速锁由牙嵌式接合器及其操纵机构两大部分组成。牙嵌式接合器的固定接合套11用花键与差速器壳4左端连接，并用弹性挡圈3轴向限位。滑动接合套10用花键与左半轴9连接，并可在轴上轴向滑动。操纵机构的拨叉装在拨叉轴上并可沿导向轴轴向滑动，其叉形部分插入滑动接合套10的环槽中。

当汽车在好路面上行驶不需要锁止差速器时，牙嵌式接合器的固定接合套11与滑动接合套10不接合，即处于分离状态，此时为普通行星锥齿轮差速器。

当汽车通过坏路面需要锁止时，通过驾驶员的操纵，压缩空气由气管接头1进入气动活塞缸左腔，推动活塞向右移，从而拨动滑动接合套10右移与固定接合套11嵌合，将左半轴9与差速器壳4连成一个整体，则左、右两半轴被连锁成一体随壳差速器4一起转动，即差速器被锁止，不起差速作用。这样，转矩可全部分配给好路面上的车轮。与此同时，差速锁指示灯开关接通，驾驶室内指示灯亮，以提醒驾驶员差速器处于锁止状态，汽车驶出坏路面后应及时摘下差速锁。

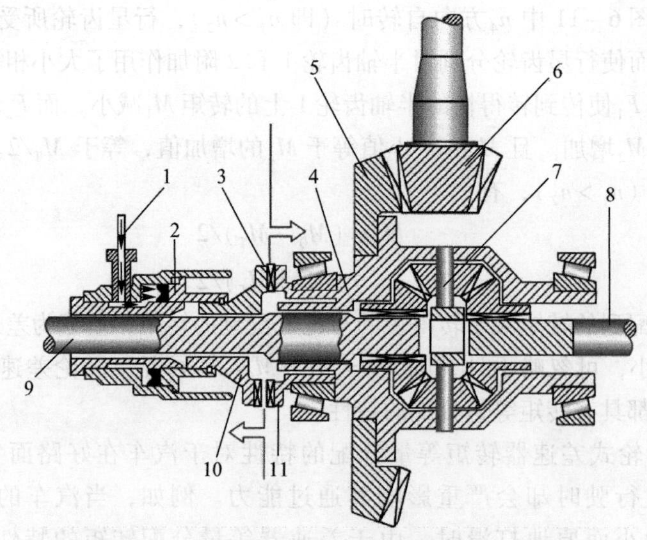

图 6－12　奔驰 20026A 型汽车强制锁止式差速器

1—气管接头；2—带密封圈的活塞；3—弹性挡圈；4—差速器壳；5—从动锥齿轮；6—主动锥齿轮；
7—差速器总成；8—右半轴；9—左半轴；10—滑动接合套；11—固定接合套

当需要解除差速器的锁止时，通过操纵机构放掉气缸内的压缩空气，作用在活塞左端面的气压力消失，拨叉及滑动接合套 10 在弹簧作用下左移回位，接合器分离，差速器恢复差速作用，同时差速器指示灯熄灭。强制锁止式差速器结构简单，易于制造，但操纵不便，一般要在停车时进行。

2. 托森差速器

图 6－13 所示为奥迪 80 和奥迪 90 全轮驱动的轿车前、后驱动桥之间采用的新型托森差速器。"托森"表示"转矩－灵敏"，是一种轴间自锁差速器，安装在变速器后端。

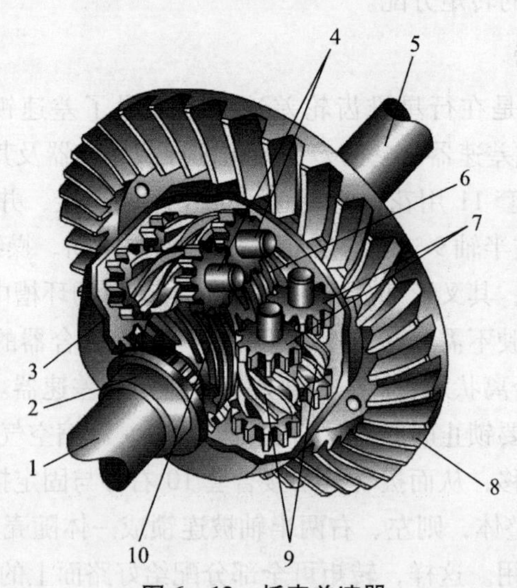

图 6－13　托森差速器

1—差速器前齿轮轴（前桥驱动轴）；2—空心轴（变速器输出轴）；3—差速器外壳；4—蜗轮轴；
5—差速器后齿轮轴（后桥驱动轴）；6—后轴蜗杆；7—直齿圆柱齿轮；8—主减速器齿轮；9—蜗轮；10—前轴蜗杆

托森差速器由差速器外壳3、6个蜗轮9、6根蜗轮轴4、12个直齿圆柱齿轮7及前、后轴蜗杆10和6组成。差速器外壳3用花键与空心轴2连接。3根蜗轮轴4沿差速器壳圆形断面等弦长安装，每根蜗轮轴上固连1个蜗轮9和2个直齿圆柱齿轮7。6根蜗轮轴沿齿轮轴1、5方向分为两组安装，同一弦长位置前后蜗轮轴上的直齿圆柱齿轮相互啮合。与前桥驱动轴1、后桥驱动轴5分别相连的两个蜗杆10和6置于差速器壳内，并分别与同轴向位置的3个蜗轮啮合，构成6对蜗杆蜗轮啮合副。由变速器空心轴2传来的转矩经差速器外壳3、蜗轮轴4、蜗轮9传给蜗杆10和6，然后分配给前、后桥驱动轴1和5，再分别传至前驱动桥和后驱动桥。

当前、后驱动桥无转速差时，蜗轮9绕自身轴4自转。各蜗轮、蜗杆与差速器壳一起等速转动，即 $n_0=n_1=n_2$，差速器不起差速作用。

当汽车转弯时，前、后驱动桥需要有转速差，因前轮转弯半径大，故要求 $n_2>n_1$，差速器起差速作用。此时，蜗轮除公转传递动力外，还存在自转。由于直齿圆柱齿轮的相互啮合，使前后蜗轮自转方向相反，从而使前轴蜗杆转速 n_2 增加，后轴蜗杆转速 n_1 减小，实现了差速。在托森差速器起作用的同时，因前、后蜗轮反向自转，使 $n_2>n_1$。那么，前轴蜗杆在啮合点将受一个与相对滑动速度方向相反，且与蜗杆转向相反的滑动摩擦力，从而减小了前轴蜗杆分配的转矩。而后轮蜗杆在啮合点也将受一个与相对滑动速度方向相反，且与蜗杆转向相同的滑动摩擦力，因而增加了后轴蜗杆分配的转矩。由此可见，托森差速器起差速作用时，由于蜗杆蜗轮啮合副之间的摩擦作用，转速较低的后驱动桥比转速较高的前驱动桥所分配到的转矩大。若后桥分配到的转矩大到一定程度而出现滑转时，则后桥转速升高一点，转矩又立刻重新分配给前桥一些，所以驱动力的分配可根据转弯的要求自动调节，使汽车转弯时具有良好的驾驶性。

6.4 半轴与桥壳

6.4.1 半轴

半轴的功用是将差速器传来的动力传给驱动轮。因其传递的转矩较大，常制成实心轴。半轴内端一般由外花键1与半轴齿轮连接，外端与轮毂相连，如图6-14所示。

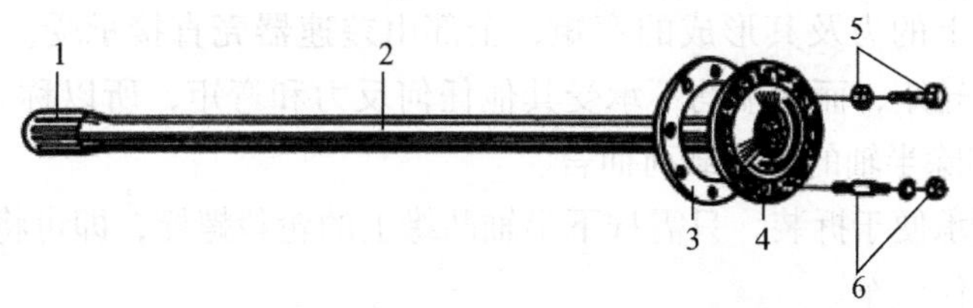

图6-14 半轴

1—外花键；2—杆部；3—垫圈；4—凸缘；5，6—半轴螺母、螺栓

半轴与驱动桥的轮毂在桥壳上的支承形式，决定了半轴的受力状况。现代汽车常采用全浮式半轴支承和半浮式半轴支承两种型式。

1. 全浮式半轴支承

全浮式半轴支承的结构如图6-15所示。半轴6外端锻造有半轴凸缘，通过轮毂螺栓7与轮毂9相连，轮毂9用两个距离较远的圆锥滚子轴承8和10支承在半轴套管1上，半轴套管与空心梁12压配成一体，组成驱动桥壳。这种支承型式，半轴与桥壳没有直接联系。半轴内端用花键与半轴齿轮套合，并通过差速器壳支承在主减速器壳的座孔中。

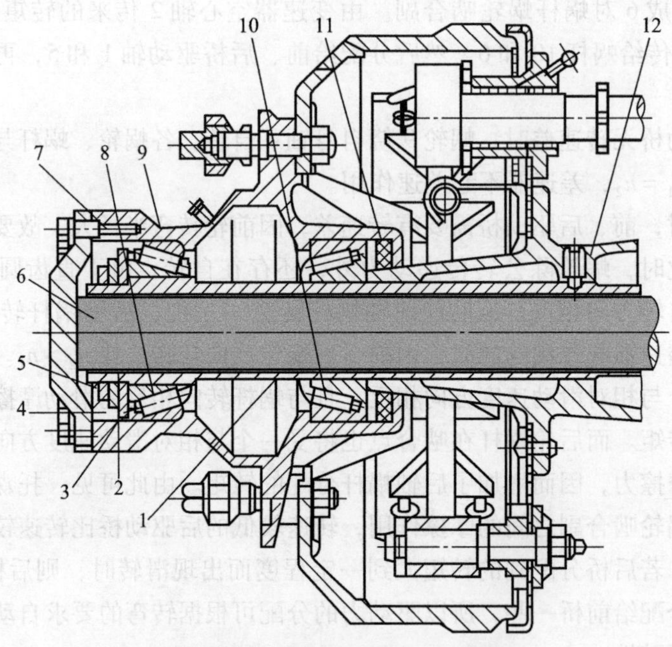

图6-15 全浮式半轴支承的结构

1—半轴套管；2—调整螺母；3—油封；4—锁紧垫圈；5—锁紧螺母；6—半轴；7—轮毂螺栓；8，10—圆锥滚子轴承；9—轮毂；11—油封；12—空心梁

图6-16所示为采用全浮式半轴支承的驱动桥的受力情况。地面对驱动轮的作用力有：垂直反力Z、切向反力X和侧向反力Y。垂直反力Z和侧向反力Y在横向垂直平面内对驱动桥形成弯矩；切向反力X除了对半轴形成反转矩外，还在水平面内对驱动桥形成弯矩。而X、Y、Z三个反力及其形成的弯矩经轮毂4、两个圆锥滚子轴承5传给了桥壳，即全部由桥壳来承受，因此，半轴只承受差速器输出的转矩，同样，半轴内端也只承受转矩，而作用在主减速器从动齿轮上的力及其形成的弯矩，全部由差速器壳直接承受。故这种半轴支承型式，使半轴只承受转矩，而两端均不承受其他任何反力和弯矩，所以称为全浮式半轴支承。所谓“浮”是对卸除半轴的弯曲载荷而言。

全浮式半轴支承便于拆装，只需拧下半轴凸缘上的轮毂螺栓，即可将半轴抽出，而车轮和桥壳照样能支持住汽车。

2. 半浮式半轴支承

图6-17所示为红旗CA7560型高级轿车半浮式半轴支承形式的驱动桥，外端带凸缘的半轴2支承在圆锥滚子轴承3上，并用定位环进行轴向定位。支承在桥壳内的圆锥滚子轴承3被用螺栓固定在桥壳凸缘上的轴承盖轴向定位。轮毂6和制动鼓用螺栓和螺钉安装在半轴凸缘盘7上。车轮与桥壳之间无直接联系，而支承于伸出的半轴外端，地面作用于车轮的各

种反力都须经半轴外端的悬伸部分传给桥壳，使半轴外端不仅要承受转矩，而且还要承受各种反力及其形成的弯矩。半轴内端通过花键与半轮齿轮连接，不承受弯矩，故称这种支承型式为半浮式半轴支承。

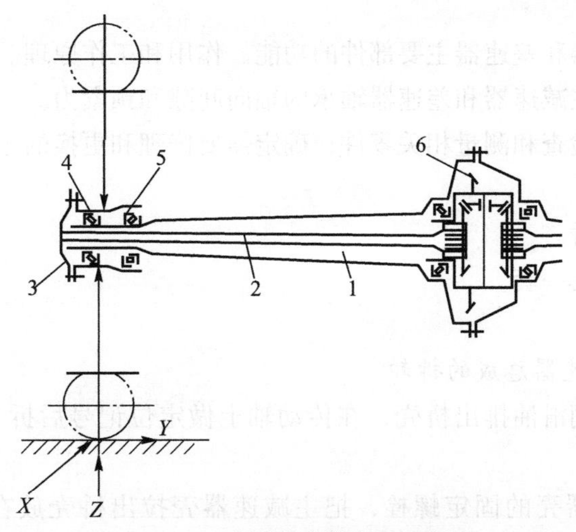

图 6-16　全浮式半轴支承示意图

1—桥壳；2—半轴；3—半轴凸缘；4—轮毂；5—轴承；6—主减速器从动齿轮

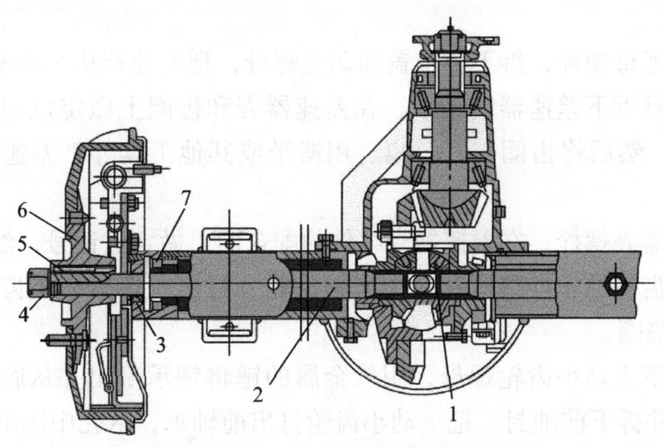

图 6-17　红旗 CA7560 型高级轿车半浮式半轴支承驱动桥

1—止推块；2—半轴；3—圆锥滚子轴承；4—锁紧螺母；5—键；6—轮毂；7—半轴凸缘盘

半浮式半轴支承结构简单，但半轴受力情况复杂且拆装不便，被广泛用于反力、弯矩较小的各类轿车上。

6.4.2　桥壳

驱动桥壳既是传动系统的组成部分，同时也是行驶系统的组成部分。作为传动系统的组成部分，其功用是安装并保护主减速器、差速器和半轴。作为行驶系统的组成部分，其功用是安装悬架或轮毂，和从动桥一起支承汽车悬架以上各部分质量，承受驱动轮传来的作用力和力矩，并在驱动轮与悬架之间传力。因此，要求桥壳应具有足够的强度和刚度，质量小，便于主减速器的拆装和调整。驱动桥壳可分为整体式桥壳和分段式桥壳两种类型。

实训任务：主减速器和差速器的拆装

一、教学目的

（1）掌握主减速器和差速器主要部件的功能、作用和工作原理。

（2）检查和测量主减速器和差速器轴承的轴向间隙和预紧力。

（3）按技术要求检查和测量相关零件，确定需要修理和更换的零件。

二、教学准备

（1）可拆式驱动桥。

（2）常用拆装工具一套。

三、操作步骤

1. 主减速器和差速器总成的拆卸

（1）提升汽车把润滑油排出桥壳，在传动轴上做定位记号后拆下来，用百分表检查记录轴的轴向间隙。

（2）拧松主减速器壳的固定螺栓，把主减速器壳拉出桥壳放在工作台上或适当的夹具上。

（3）在差速器轴承盖和配合轴承底座上作记号，用百分表测量齿圈的侧隙和径向圆跳动。

（4）拆下调整螺母锁片，拆下轴承盖和调整螺母，把差速器从主减速器壳中脱开。

（5）用适当工具拆下差速器端轴承，在差速器壳和齿圈上做定位记号，拆下连接齿圈和差速器壳的螺栓，然后将齿圈与壳分离。用凿子或其他工具弄平差速器壳螺栓的锁紧接头处。

（6）拆下差速器壳螺栓，在差速器壳组件的配合面上做定位记号，然后拆下差速器壳。

（7）拆下半轴齿轮的止推垫圈和一个半轴齿轮，打出差速器行星齿轮锁销，拆下定位块、行星轮、止推垫圈。

（8）拧松并拆下主动小齿轮螺母，用软金属的锤将轴承敲出并从腔内后部取出。把前轴承外圈打出壳，并拆下前油封。把主动小齿轮打出前轴承，从壳中压出齿轮轴，拆下并记录小齿轮轴承后的垫片厚度。

（9）对于某些型号的汽车，为了拆下半轴，在轴承保持架被拆卸之后有必要使用滑锤敲出（图6－18），然后用手拉出半轴。其他汽车则用一组螺钉把半轴固定在轮毂上，拆掉这些螺钉才能把半轴拉出壳外。

（10）齿圈和主动小齿轮在检查之后，要先检查侧隙（图6－18）。用一字螺丝刀使差速器壳组件侧向移动，其移动量就是侧隙，有侧隙通常表明差速器轴承磨损。这些轴承经常由于预紧力调整不当而产生磨损。如果经过检查发现，侧隙是由于差速器壳毂上的轴承内圈松动所致，则必须更换差速器壳。

2. 主减速器和差速器总成的装配

（1）把轴承压到差速器壳上，把一个差速器半轴齿轮和止推垫圈放入壳孔，将行星齿轮组件装入差速器壳。

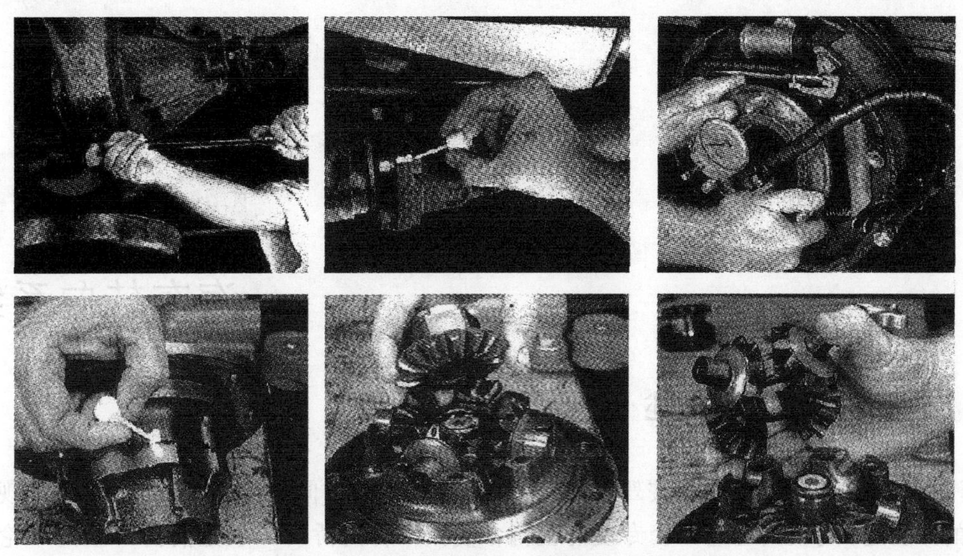

图 6－18　主减速器和差速器总成的拆卸

（2）将定位块装入差速器壳，将另一个半轴齿轮放入差速器壳内相应位置，将两半差速器壳对正定位，拧紧差速器壳螺栓。

（3）把齿圈固定在差速器壳上，安装新的齿圈螺栓，拧紧到规定扭矩。

（4）把主动小齿轮轴承压到轴上，轴承后面要加适当尺寸的垫片。用量规测量并调整主动小齿轮深度，将主动小齿轮轴连同垫片一起装入主减速器壳。

（5）安装主动小齿轮密封、凸缘和螺母，拧紧螺母到规定预紧力。

（6）用轴承外圈定位把齿圈及差速器组件小心地放入主减速器壳中，后装上轴承盖。

（7）用百分表检查侧隙和轴承预紧力，转动调整螺母以达到正确读数，拧紧调整螺母锁片。

（8）在桥壳密封面上涂密封胶，安装主减速器总成。在主减速器固定螺栓上涂一薄层密封胶，拧紧到规定力矩。

（9）对中并按装传动轴，安装带密封的半轴，用适当用量和型号的润滑油加满桥壳。

在安装主减速器之前，必须润滑驱动桥主减速器壳或桥壳里两端轴承孔，使轴承在调整侧隙和预紧力时可以较容易地移动。

思考与练习

1．驱动桥的功用是什么？它由哪几部分组成？

2．传动轴总成包括哪三大部分？其功用分别是什么？

3．简述差速器在转弯时的作用。

4．驱动桥有哪些类型？各自有什么特点？

5．简述行星齿轮差速器的工作原理。

项目七

汽车转向系统

 7.1 转向系统概述

汽车在行驶的过程中，需按驾驶员的意志改变其行驶方向。就轮式汽车而言，实现汽车转向的方法是，驾驶员通过一套专设的机构，使汽车转向桥（一般是前桥）上的车轮（转向轮）相对于汽车纵横轴线偏转一定角度。这一套用来改变或恢复汽车行驶的专设机构，即称为汽车转向系统。

对转向系统提出的要求有以下几点：

（1）汽车转弯行驶时，全部车轮应绕顺时针转向中心旋转，这项要求会加速轮胎磨损，并降低汽车的行驶稳定性。任何车轮不应有侧滑。不满足这项要求会加速轮胎磨损，并降低汽车的行驶稳定性。

（2）汽车转向行驶后，在驾驶员松开转向盘的条件下，转向轮能自动返回到直线行驶位置，并稳定行驶。

（3）汽车在任何行驶状态下，转向轮不得产生自振，转向盘没有摆动。

（4）转向传动机构和悬架导向装置共同工作时，由于运动不协调使车轮产生的摆动应最小。

（5）保证汽车有较高的机动性。

（6）操纵轻便，具有迅速和小转弯行驶能力。

（7）转向轮碰撞到障碍物以后，传给转向盘的反冲力要尽可能小。

（8）转向器和转向传动机构的球头处，有消除因磨损而产生间隙的调整机构。

（9）在车祸中，当转向轴和转向盘由于车架或车身变形而共同后移时，转向系统应有能使驾驶员免遭或减轻伤害的防伤装置。

（10）进行运动校核，保证转向盘与转向轮转动方向一致。

 7.2 转向系统的组成、基本要求及关键技术

7.2.1 转向系统的组成

转向系统的组成：转向操纵机构、转向器、转向传动机构，如图 7 – 1 所示。

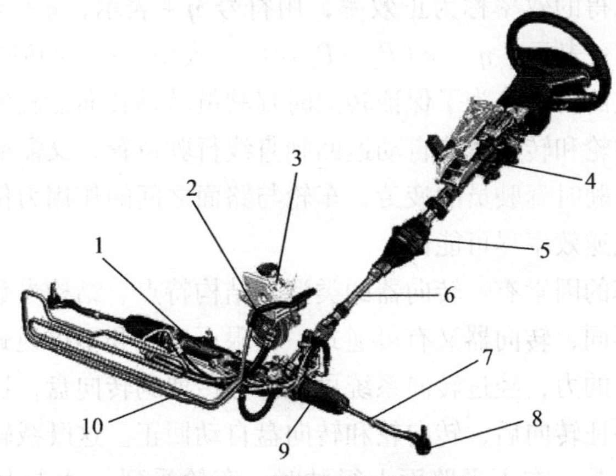

图 7-1　汽车转向系统结构

1—动力缸；2—转向助力泵；3—储油罐；4—转向柱；5—护罩；6—转向传动轴；
7—横拉杆；8—球头；9—护罩；10—回油管

7.2.2　汽车转向系统基本要求及关键技术

1. 阿克曼转向几何关系

为使汽车实现车轮无侧滑的转向，车轮的偏转必须满足阿克曼特性，即在汽车前轮定位角都等于零、行走系统为刚性、汽车行驶过程中无侧向力的前提下，整个转向过程中全部车轮必须围绕同一瞬时中心相对于地面做圆周滚动，如对于图 7-2 所示两轮转向情况，前内轮转角与前外轮转角之间应满足阿克曼转向特性公式：

$$\cot\alpha - \cot\beta = B/L \qquad (7-1)$$

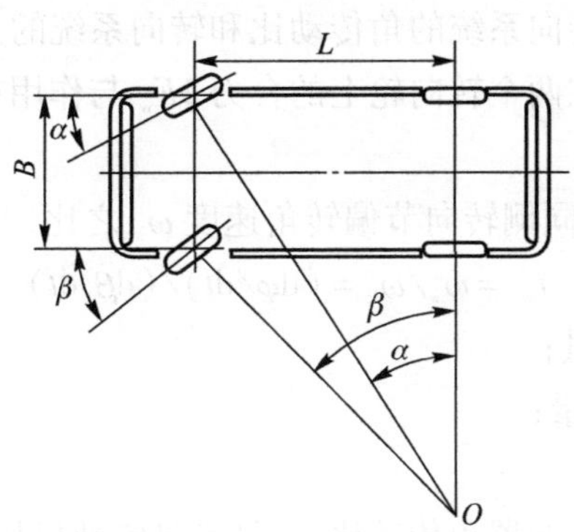

图 7-2　阿克曼两轮转向要求

车轮的偏转是通过转向机构带动的。对于两轮转向汽车，为减小车轮侧滑，转向机构应使两前轮偏转角在整个转向过程中始终尽可能精确地满足式（7-1）的关系。因此从运动学角度来看，两轮转向机构的设计涉及的关键技术主要是：①机构的形式设计，即确定能满足转向传动功能要求的机构结构组成；②机构的尺度设计，即确定能近似再现式（7-1）关系的机构运动尺寸。

2. 转向器的效率

转向器的输出功率与输入功率之比，称为转向器的传动效率。功率 P_1 从转向轴输入，

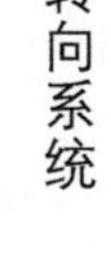

经转向摇臂轴输出所求得的效率称为正效率，用符号 $\eta+$ 表示，$\eta+=(P_1-P_2)/P_1$；反之称为逆效率，用符号 $\eta-$ 表示，$\eta-=(P_3-P_2)/P_3$。式中，P_2 为转向器中的摩擦功率；P_3 为作用在转向摇臂轴上的功率。为了保证转向时驾驶员转动转向盘轻便，要求正效率高。为了保证汽车转向后转向轮和转向盘能自动返回到直线行驶位置，又需要有一定的逆效率。为了减轻在不平路面上行驶时驾驶员的疲劳，车轮与路面之间的作用力传至转向盘上要尽可能小，防止打手又要求此逆效率尽可能低。

影响转向器正效率的因素有：转向器的类型、结构特点、结构参数和制造质量等。

根据逆效率大小不同，转向器又有可逆式、极限可逆式和不可逆式之分。

路面作用在车轮上的力，经过转向系统可大部分传递到转向盘，这种逆效率较高的转向器属于可逆式。它能保证转向后，转向轮和转向盘自动回正。这既减轻了驾驶员的疲劳，又提高了行驶安全性。但是，在不平路面上行驶时，车轮受到的冲击力，能大部分传至转向盘，造成驾驶员“打手”，使之精神状态紧张。如果长时间在不平路面上行驶，易使驾驶员疲劳，影响安全驾驶。属于可逆式的转向器有齿轮齿条式和循环球式转向器。

不可逆式转向器，是指车轮受到的冲击力不能传到转向盘的转向器。该冲击力由转向传动机构的零件承受，因而这些零件容易损坏。同时，它既不能保证车轮自动回正，驾驶员又缺乏路面感觉，不可逆式转向器主要应用于中型以上的越野汽车、工矿用自卸汽车等。

极限可逆式转向器介于上述两者之间。在车轮受到冲击力作用时，此力只有较小一部分传至转向盘上。它的逆效率较低，在不平路面上行驶时，驾驶员并不十分紧张，同时转向传动机构的零件所承受的冲击力也比不可逆式转向器小。

3. 传动比的变化特性

1）转向系统传动比

转向系统的传动比包括转向系统的角传动比和转向系统的力传动比。

从轮胎接地面中心作用在两个转向轮上的合力 $2F_w$ 与作用在转向盘上的手力之比，称为力传动比，即 $i_p=2F_w/F_h$。

转向盘转动角速度 ω_w 与同侧转向节偏转角速度 ω_k 之比，称为转向系统角传动比，即

$$i_{wo}=\omega_w/\omega_k=(\mathrm{d}\varphi/\mathrm{d}t)/(\mathrm{d}\beta_k\mathrm{d}t) \tag{7-2}$$

式中　$\mathrm{d}\varphi$——转向盘转角增量；

$\mathrm{d}\beta_k$——转向节转角增量；

$\mathrm{d}t$——时间增量。

转向系统角传动比又由转向器角传动比 i_w 和转向传动机构角传动比 i'_w 所组成，即 $i_{wo}=i_w i'_w$。

转向盘角速度 ω_w 与摇臂轴转动角速度 ω_p 之比，称为转向器角传动比 i_w，即

$$i_w=\omega_w/\omega_p=(\mathrm{d}\varphi/\mathrm{d}t)/(\mathrm{d}\beta_p/\mathrm{d}t) \tag{7-3}$$

式中　$\mathrm{d}\beta_p$——摇臂轴转角增量。

此定义适用于除齿轮齿条式之外的转向器。

摇臂轴转动角速度 ω_p 与同侧转向节偏转角速度 ω_k 之比，称为转向传动机构的角传动比 i'_w，即

$$i'_w=\omega_p/\omega_k=(\mathrm{d}\beta_p/\mathrm{d}t)/(\mathrm{d}\beta_k/\mathrm{d}t) \tag{7-4}$$

2）力传动比与转向系统角传动比的关系

轮胎与地面之间的转向阻力 F_w 和作用在转向节上的转向阻力矩 M_r 之间有如下关系：

$$F_w = M_r / a \tag{7-5}$$

式中 a——主销偏移距，指从转向节主销轴线的延长线与支承平面的交点至车轮中心平面与支承平面交线间的距离。

作用在转向盘上的手力 F_h 可用下式表示：

$$F_h = 2M_h / D_{sw} \tag{7-6}$$

式中 M_h——作用在转向盘上的力矩；

D_{sw}——转向盘直径。

将式（7-5）、式（7-6）代入 $i_p = 2F_w / F_h$ 后得到

$$i_p = M_r D_{sw} / M_h a \tag{7-7}$$

分析式（7-7）可知，当主销偏移距为 a 时，力传动比 i_p 应取大些才能保证转向轻便。通常轿车的 a 值在 0.4～0.6 倍轮胎的胎面宽度尺寸范围内选取，而货车的 a 值在 40～60 mm范围内选取。

如果忽略摩擦损失，根据能量守恒原理，$2M_r / M_h$ 可用下式表示：

$$2M_r / M_h = d\varphi / d\beta_k \tag{7-8}$$

将式（7-8）代入式（7-7）后得到

$$i_p = i_{wo} D_{sw} / 2a \tag{7-9}$$

当 a 和 D_{sw} 不变时，力传动比 i_p 越大，虽然转向越轻，但 i_{wo} 也越大，表明转向不灵敏。

3）转向系统的角传动比 i_{wo}

转向传动机构角传动比，除用 $i'_w = d\beta_p / d\beta_k$ 表示以外，还可以近似地用转向节臂臂长 L_2 与摇臂臂长 L_1 之比来表示，即 $i'_w = d\beta_p / d\beta_k \approx L_2 / L_1$。现代汽车结构中，$L_2$ 与 L_1 的比值在 0.85～1.1，可近似认为其比值为 $i_{wo} \approx i_w = d\varphi / d\beta$。由此可见，研究转向系统的传动比特性，只需研究转向器的角传动比 i_w 及其变化规律即可。

4）转向器角传动比及其变化规律

式（7-9）表明：增大角传动比可以增加力传动比。从 $i_p = 2F_w / F_h$ 可知，当 F_w 一定时，增大 i_p 能减小作用在转向盘上的手力 F_h，使操纵轻便。

考虑到 $i_{wo} \approx i_w$，由 i_{wo} 的定义可知：对于一定的转向盘角速度，转向轮偏转角速度与转向器角传动比成反比。角传动比增加后，转向轮偏转角速度对转向盘角速度的响应变得迟钝，使转向操纵时间延长，汽车转向灵敏性降低，所以“轻”和“灵”构成一对矛盾。为解决这对矛盾，可采用变速比转向器。

齿轮齿条式、循环球式、蜗杆指销式转向器都可以制成变速比转向器。

循环球齿条齿扇式转向器的角传动比 $i_w = 2\pi r / P$。因结构原因，螺距 P 不能变化，但可以用改变齿扇啮合半径 r 的方法，达到使循环球齿条齿扇式转向器实现变速比的目的。

随转向盘转角变化，转向器角传动比可以设计成减小、增大或保持不变。影响选取角传动比变化规律的因素，主要是转向轴负荷大小和对汽车机动能力的要求。若转向轴负荷小，在转向盘全转角范围内，驾驶员不存在转向沉重问题。装用动力转向的汽车，因转向阻力矩由动力装置克服，所以在上述两种情况下，均应取较小的转向器角传动比并能减少转向盘转动的总圈数，以提高汽车的机动能力。

转向轴负荷大又没有装动力转向的汽车，因转向阻力矩大致与车轮偏转角度大小成正比变化，汽车低速急转弯行驶时的操纵轻便性问题突出，故应选用大些的转向器角传动比。汽车以较高车速转向行驶时，转向轮转角较小，转向阻力矩也小，此时要求转向轮反应灵敏，转向器角传动比应当小些。因此，转向器角传动比变化曲线应选用大致呈中间小两端大些的下凹形曲线。

转向盘在中间位置的转向器角传动比不宜过小。过小则在汽车高速直线行驶时，对转向盘转角过分敏感和使反冲效应加大，使驾驶员精确控制转向轮的运动有困难。直行位置的转向器角传动比不宜低于 15 ~ 16。

4. 转向盘自由行程

转向盘在空转阶段中的角行程，称为转向盘自由行程。转向盘自由行程对于缓和路面冲击及避免使驾驶员过度紧张是有利的，但不宜过大，以免过分影响灵敏性。一般说来，转向盘从相应于汽车直线行驶的中间位置向任一方向的自由行程最好不超过 10°。当零件磨损严重到使转向盘自由行程超过 25°时，必须进行调整。

造成转向盘自由行程过大的原因，主要有如下几个方面：

（1）转向器蜗杆与滚轮（或齿扇、指销等）间隙过大。

（2）转向传动装置松动。

（3）转向传动装置的球铰链间隙过大（松动）。

（4）前轮轴承或转向节主销与衬套配合不紧等。

7.3 机械转向系统的基本组成和工作原理

汽车转向系统分为两大类：机械转向系统和动力转向系统。

机械转向系统是完全靠驾驶员手力操纵的转向系统，其中所有传力件都是机械的。

动力转向系统是借助动力来操纵的转向系统。动力转向系统又可分为液压动力转向系统和电动助力动力转向系统。

7.3.1 机械转向系统

机械式转向系统中，驾驶员对转向盘施加的转向力矩通过转向轴输入转向器。从转向盘到转向传动轴这一系列零件即属于转向操纵机构。经转向器放大后的力矩和减速后的运动传到转向横拉杆，再传给固定于转向节上的转向节臂，使转向节和它所支承的转向轮偏转，从而改变汽车的行驶方向。转向横拉杆和转向节臂属于转向传动机构。

机械式转向器的能量来源是人力，所有传力件都是机械的，由转向操纵机构（方向盘）、转向器、转向传动机构三大部分组成，其具体组成如图 7 - 3 所示。转向操纵机构包括转向盘、转向轴、转向万向节、转向传动轴；机械转向器有多种类型，轿车上常采用齿轮齿条转向器；转向传动机构包括转向摇（垂）臂、转向直（纵）拉杆、转向节臂、转向梯形臂、转向横拉杆等。

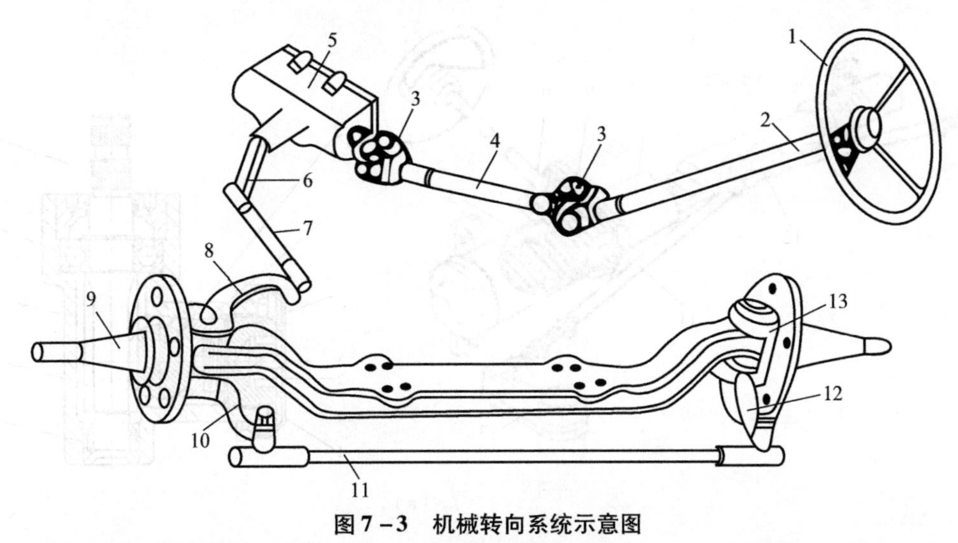

图 7-3　机械转向系统示意图

1—转向盘；2—转向轴；3—转向万向节；4—转向传动轴；5—转向器；6—转向摇臂；7—转向直拉杆；8—转向节臂；9—左转向节；10—左转向梯形臂；11—转向横拉杆；12—右转向梯形臂；13—右转向节

汽车转向时，驾驶员转动转向盘，通过转向轴、转向节和转向传动轴，将转向力矩输入转向器。转向器中有 1~2 级啮合传动副，具有降速增矩的作用。转向器输出的转矩经转向摇臂，再通过转向直拉杆传给固定在左转向节上的转向节臂，使左转向节及装于其上的左转向轮绕主销偏转。左、右转向梯形臂的一端分别固定在左、右转向节上，另一端则与转向横拉杆做球铰链连接。当左转向节偏转时，经左转向梯形臂、转向横拉杆和右转向梯形臂的传递，右转向节及装于其上的右转向轮随之绕主销同向偏转一定的角度。

其中转向器是将操纵机构的旋转运动转变为传动机构的直线运动（严格讲是近似直线运动）的机构，是转向系统的核心部件。目前较常用的机械式转向器有齿轮齿条式、蜗杆曲柄指销式、循环球-齿条齿扇式、蜗杆滚轮式等。其中第二、四种分别是第一、三种的变形形式，而蜗杆滚轮式则更少见。

1. 齿轮齿条式转向器

图 7-4（a）所示为齿轮齿条式转向器，它主要由转向器壳体 8、转向齿轮 9、转向齿条 5 等组成。转向器通过转向器壳体 8 的两端用螺栓固定在车身（车架）上。齿轮轴 6 通过球轴承 7、滚柱轴承 10 垂直安装在壳体中，其上端通过花键与转向轴上的万向节（图中未画出）相连，其下部分是与轴制成一体的转向齿轮 9。转向齿轮 9 是转向器的主动件，它与相啮合的从动件转向齿条 5 水平布置，齿条背面装有压簧垫块 4。在压簧 3 的作用下，压簧垫块 4 将转向齿条 5 压靠在转向齿轮 9 上，保证二者无间隙啮合。调整螺塞 1 可用来调整压簧的预紧力。压簧 3 不仅起消除啮合间隙的作用，而且还是一个弹性支承，可以吸收部分振动能量，缓和冲击。

转向齿条 5 的中部［有的是齿条两端，如图 7-4（b）所示］通过拉杆支架 12 与左、右转向横拉杆 11 连接。转动转向盘时，转向齿轮 9 转动，与之相啮合的转向齿条 5 沿轴向移动，从而使左、右转向横拉杆带动转向节 13 转动，使转向轮偏转，实现汽车转向。

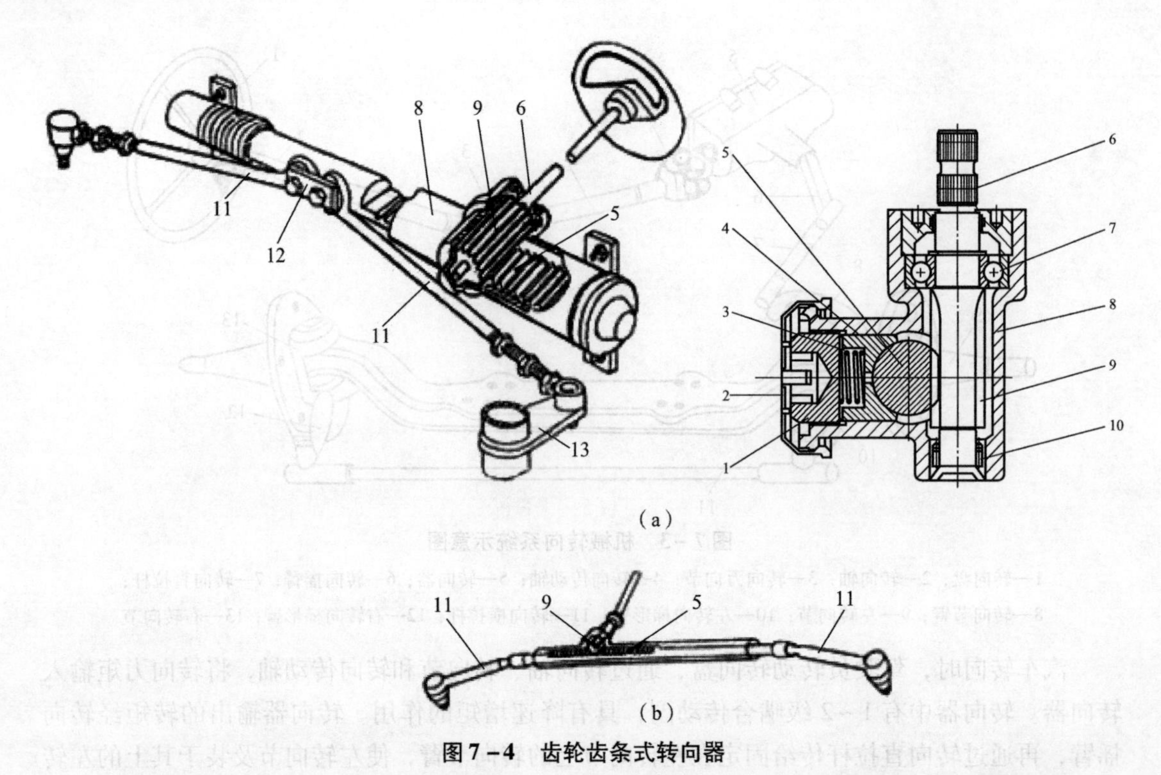

图 7－4　齿轮齿条式转向器

1—调整螺塞；2—罩盖；3—压簧；4—压簧垫块；5—转向齿条；6—齿轮轴；7—球轴承；8—转向器壳体；9—转向齿轮；10—滚柱轴承；11—转向横拉杆；12—拉杆支架；13—转向节

齿轮齿条式转向器结构简单，可靠性好，也便于独立悬架的布置；同时，由于齿轮齿条直接啮合，转向灵敏、轻便，所以在各类型汽车上的应用越来越多。

齿轮齿条式转向器的调整是调整转向齿条与转向齿轮的啮合间隙，也称为转向齿条的预紧力。因结构的差异，调整方法也有所不同。但常见的有两类：一是改变转向齿条导块与盖之间的垫片厚度来调整转向齿条与转向齿轮轮齿的啮合间隙，完成预紧力的调整，如图 7－5 所示；另一种方法是用盖上的调整螺塞改变转向齿条导块与弹簧座之间的间隙值，完成预紧力的调整，如图 7－6 所示。

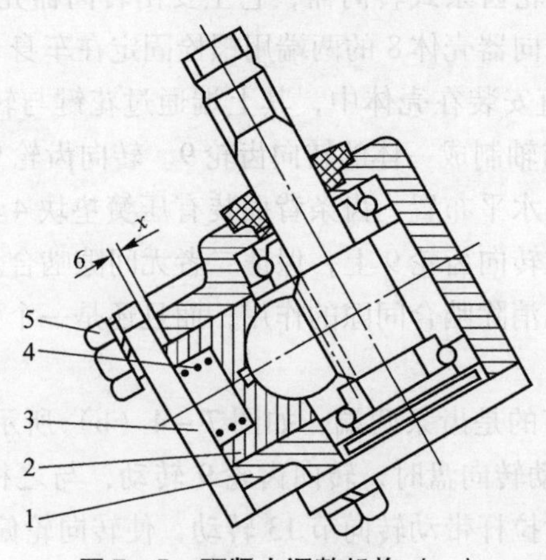

图 7－5　预紧力调整机构（一）

1—转向器壳体；2—导块；3—盖；4—导块压紧弹簧；5—固定螺母；6—盖与壳体间间隙

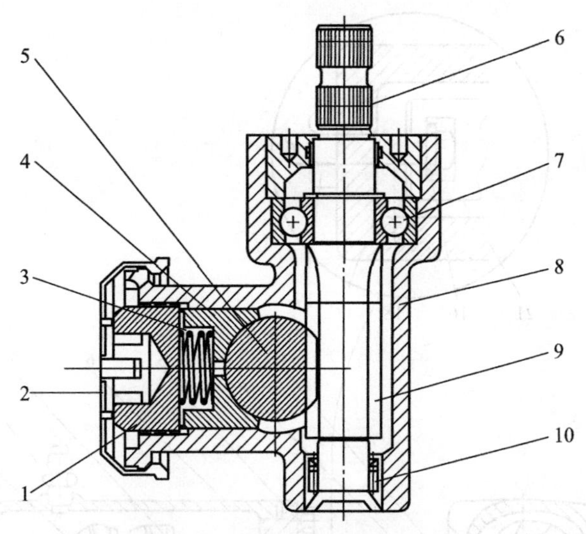

图7－6　预紧力调整机构（二）

1—调整螺塞；2—罩盖；3—压簧；4—压簧垫块；5—转向齿条；6—齿轮轴；
7—球轴承；8—转向器壳体；9—转向齿轮；10—滚柱轴承

2. 循环球－齿条齿扇式转向器

解放CA1092型汽车的循环球－齿条齿扇式转向器如图7－7所示。它有两级传动副，第一级传动副是转向螺杆12－转向螺母3；转向螺母3的下平面加工成齿条，与齿扇轴21内的齿扇相啮合，构成齿条－齿扇第二级传动副。显然，转向螺母3既是第一级传动副的从动件，也是第二级传动副的主动件。通过转向盘转动转向螺杆12时，转向螺母3不能随之转动，而只能沿转向螺杆12转向移动，并驱使齿扇轴（即摇臂轴）21转动。

转向螺杆12支承在两个推力球轴承10上，轴承的预紧度可用调整垫片14调整。在转向螺杆12上松套着转向螺母3。为了减少它们之间的摩擦，二者的螺纹并不直接接触，其间装有许多钢球13，以实现滚动摩擦。

当转动转向螺杆时，通过钢球将力传给转向螺母，使转向螺母沿转向螺杆12轴向移动。随着转向螺母3沿转向螺杆12做轴向移动，其齿条便带动齿扇绕着转向摇臂轴21做圆弧运动，从而使转向摇臂轴21连同摇臂产生摆动，通过转向传动机构使转向轮偏转，实现汽车转向。

转向螺母3下平面上加工出的齿条是倾斜的，与之相啮合的是变齿厚齿扇。只要使齿扇轴21相对于齿条做轴向移动，便可调整二者的啮合间隙。调整螺钉18旋装在侧盖17上。齿扇轴21靠近齿扇的端部切有T型槽，调整螺钉18的圆柱形端头嵌入此切槽中，端头与T型槽的间隙用调整垫圈16来调整。旋入调整螺钉18，则齿条与齿扇的啮合间隙减小；旋出螺钉则啮合间隙增大。调整好后用锁紧螺母19锁紧。

3. 蜗杆曲柄指销式转向器

东风EQ1090E型汽车的蜗杆曲柄双销式转向器如图7－8所示，它主要由转向器壳体、转向蜗杆、转向摇臂轴、曲柄和指销、上下盖、调整螺塞和螺钉、侧盖等组成。

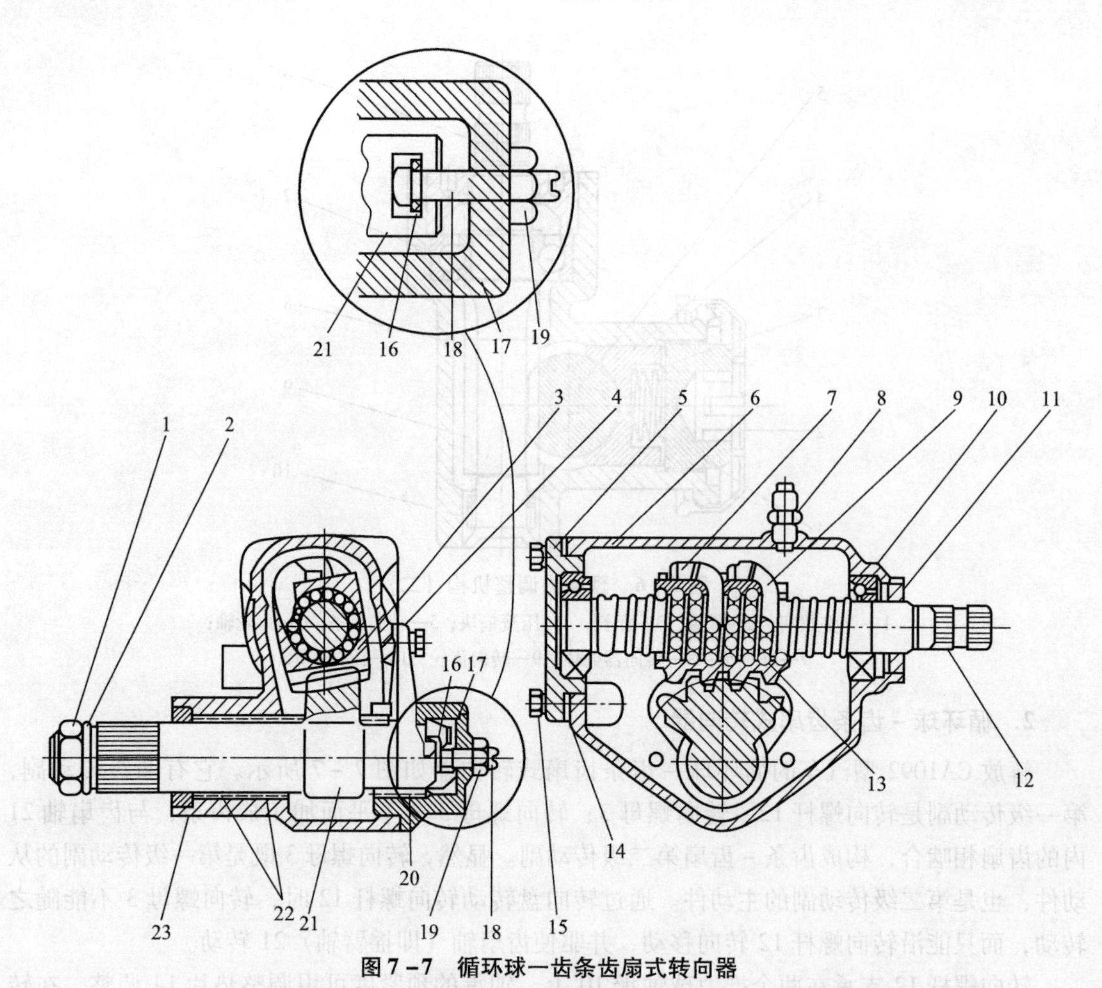

图 7-7 循环球—齿条齿扇式转向器

1—螺母；2—弹簧垫圈；3—转向螺母；4—转向器壳体密封垫圈；5—转向器壳体底盖；6—转向器壳体；7—导管夹；8—加油（通气）螺塞；9—钢球导管；10—球轴承；11，23—油封；12—转向螺杆；13—钢球；14—调整垫片；15—螺栓；16—调整垫圈；17—侧盖；18—调整螺钉；19—锁紧螺母；20，22—滚针轴承；21—齿扇轴（摇臂轴）

转向器壳体固定在车架的转向器支架上。壳体内装有传动副，其主动件是转向蜗杆，从动件是装在摇臂曲柄端部的指销。具有梯形截面螺纹的转向蜗杆支承在转向器壳体两端的两个向心推力球轴承上。转向器下盖上装有调整螺塞，用以调整向心推力轴承的预紧度，调整后用螺母紧固。

蜗杆与两个锥形的指销相啮合，构成传动副。两个指销均用双列圆锥滚子轴承支承在曲柄上，并可绕自身轴线转动，以减轻蜗杆与指销啮合传动时的磨损，以提高传动效率。销颈上的螺母用来调整轴承的预紧度，以使指销能自由转动而无明显轴向间隙为宜，调整后用锁片（图中未示出）将螺母锁住。

安装指销和双排圆锥滚子轴承的曲柄制成叉形，与摇臂轴制成一体。摇臂轴用粉末冶金衬套支承在壳体中。转向器侧盖上装有调整螺钉，旋入（或旋出）调整螺钉可以改变摇臂轴的轴向位置，以调整指销与蜗杆的啮合间隙，从而调整转向盘自由行程，调整后用螺母锁紧。摇臂轴伸出壳体的一端通过花键与转向摇臂连接。

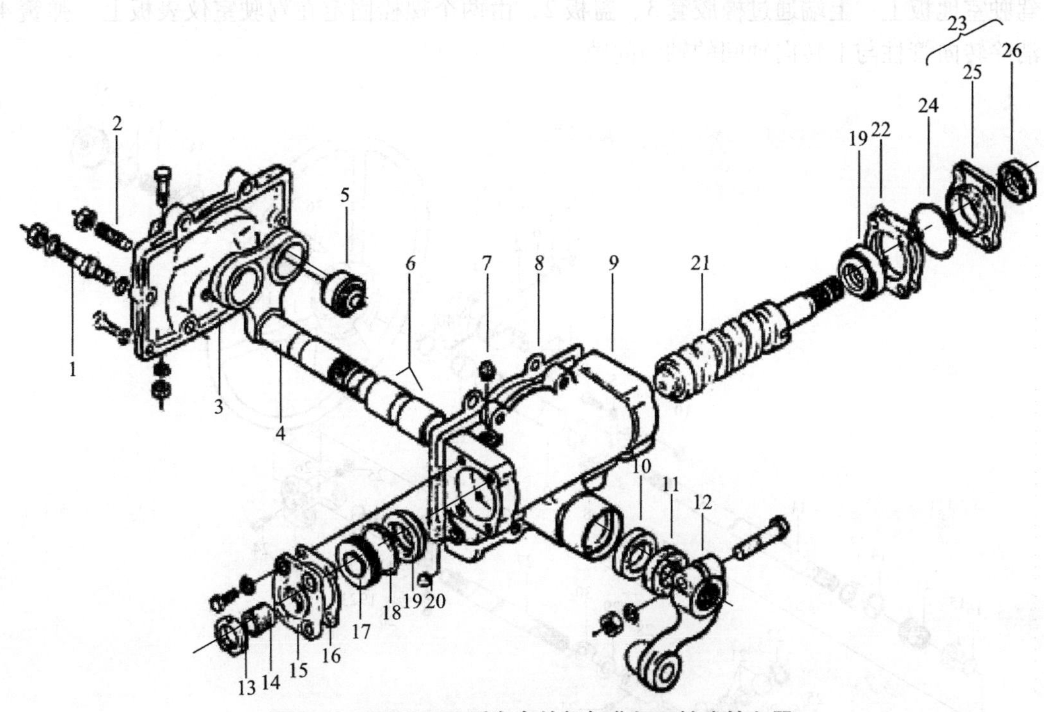

图 7-8　EQ1090E 型汽车的蜗杆曲柄双销式转向器

1—螺栓、螺母；2—摇臂轴调整螺钉及螺母；3—侧盖；4—摇臂轴；5—指销轴承总成；6—摇臂轴衬套；
7—加油螺塞；8—侧盖衬垫；9—转向器壳体；10，11—油封；12—转向垂臂；13—螺母；
14—蜗杆轴承调整螺塞；15—下盖；16—下盖衬垫；17—蜗杆轴承垫块；18，24—密封圈；
19—蜗杆轴承；20—放油螺塞；21—蜗杆；22—调整垫片；
23—上盖总成；25—上盖；26—蜗杆油封

汽车转向时，驾驶员通过转向盘转动转向蜗杆（主动件），与其相啮合的指销（从动件）一边自转，一边以曲柄为半径绕摇臂轴轴线在蜗杆的螺纹槽内做圆弧运动，从而带动曲柄、转向摇臂摆动，实现汽车转向。

7.3.2　转向操纵机构的功用和组成

1. 转向操纵机构的功用

转向操纵机构的功用是产生转动转向器所必需的操纵力，并具有一定的调节和安全性能。转向操纵机构要将驾驶员操纵转向盘的力传给转向器，同时为了驾驶员的舒适驾驶，还要求转向操纵机构可以进行调节，以满足不同驾驶员的需求；为了防止车辆撞击后对驾驶员的损伤，还要求转向操纵机构具有一定的安全保护装置。

2. 转向操纵机构的组成

如图 7-9 所示，转向操纵机构一般由转向盘总成 1、上转向轴总成 11、转向管柱 9、转向传动轴 27、转向万向节叉总成 20、转向万向节滑动叉 28 等组成。转向盘总成 1 由塑料制成，内有钢制骨架，通过花键将转向盘毂与上转向轴总成 11 相连，用螺母 18 固定，上转向轴上端支承在衬套 12 内，下端支承在球轴承 13 中，由孔用弹性挡圈 14 和轴用钢丝挡圈 16 进行轴向定位。转向管柱 9 下端压配在下固定支架 8 中，并通过两个螺栓将下固定支架紧固在驾驶室地板上；上端通过橡胶套3、盖板2，由两个螺栓固定在驾驶室仪表板上。弹簧41可消除转向管柱与上转向轴间的轴向间隙。

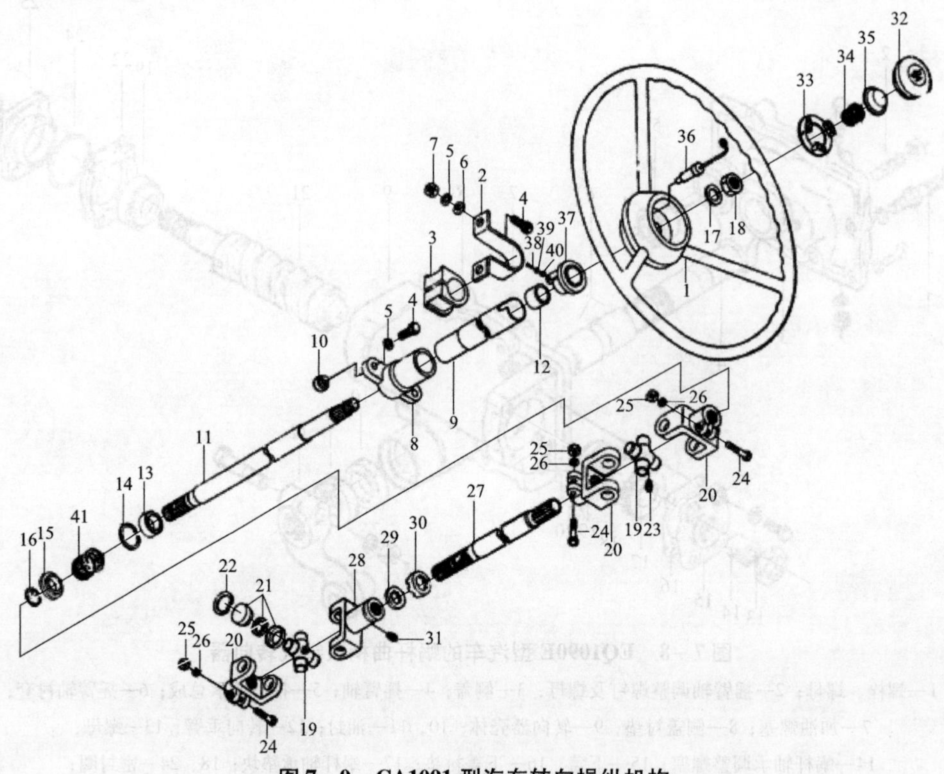

图7－9　CA1091型汽车转向操纵机构

1—转向盘总成；2—盖板；3—橡胶套；4，24—螺栓；5，26，40—弹簧垫圈；6，39—垫圈；7，18，25—螺母；8—下固定支架；9—转向管柱；10—楔形螺母；11—上转向轴总成；12—衬套；13—球轴承；14，22—孔用弹性挡圈；15—轴承挡圈；16—轴用钢丝挡圈；17—平垫圈；19—十字轴；20—转向万向节叉总成；21—滚针轴承总成；23，31—滑脂嘴总成；27—转向传动轴；28—转向万向节滑动叉；29—油封；30—防尘套；32—喇叭按钮盖；33—搭铁接触板总成；34—接触弹簧；35—接触罩；36—电刷总成；37—集电环总成；38—螺钉；41—弹簧

下端的转向万向节叉总成20通过花键与转向器的转向螺杆相连接，转向万向节滑动叉28通过内花键与转向传动轴27的外花键相连，转向传动轴可轴向移动，以适应驾驶室与车架的相对位移。滑动叉一端焊有塞片，另一端装油封29和防尘套30防止灰砂和泥水进入，并由滑脂嘴总成31对滑动叉与转向传动轴的花键进行润滑。

十字轴19有两个，上装滑脂嘴总成23，润滑4个滚针轴承总成21，由孔用弹性挡圈22固定在万向节叉上。万向节叉的结构与滑动叉基本相同，只是多一锁紧螺栓与上端的万向节叉和上转向轴相连。

3. 可分离式安全转向操纵机构

安全式转向柱有可分离式安全操纵机构和缓冲吸能式转向操纵机构。上海桑塔纳轿车采用了可分离式安全转向操纵机构，图7－10（a）所示为转向操纵机构的正常工作位置。此类转向操纵机构的转向轴分为上下两段，用安全联轴节连接，上转向轴2下部弯曲并在端面上焊接有半月形凸缘盘8，盘上装有两个驱动销7，与下转向轴1上端凸缘6压装尼龙衬套和橡胶圈的孔相配合，形成安全联轴节。一旦发生撞车事故，驾驶员因惯性而以胸部扑向转向盘5时，迫使转向管柱3压缩位于转向柱上方的可折叠安全元件4而向下移动，使两个驱动销7迅速从下转向轴凸缘6的孔中退出，从而形成缓冲而减少对驾驶员的伤害。7－10（b）所示为转向盘受撞击时，安全元件被折叠、压缩和安全联轴节脱开使转向柱产生轴向移动的情形。一汽红旗、奥迪轿车的转向操纵机构与此类似，如图7－11所示，只是无可折叠的安全元件。

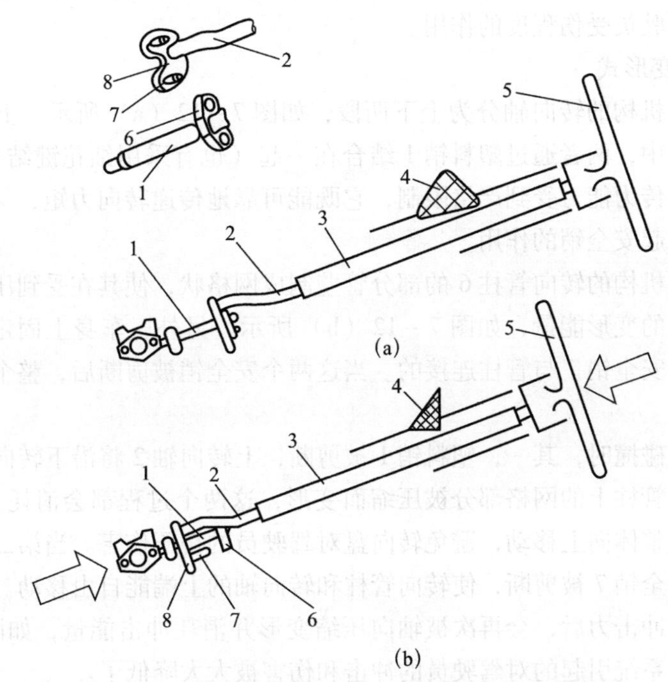

图7－10　上海桑塔纳轿车可分离式安全转向操纵机构

1—下转向轴；2—上转向轴；3—转向管柱；4—可折叠安全元件；5—转向盘；6—凸缘；7—驱动销；8—半月形凸缘盘

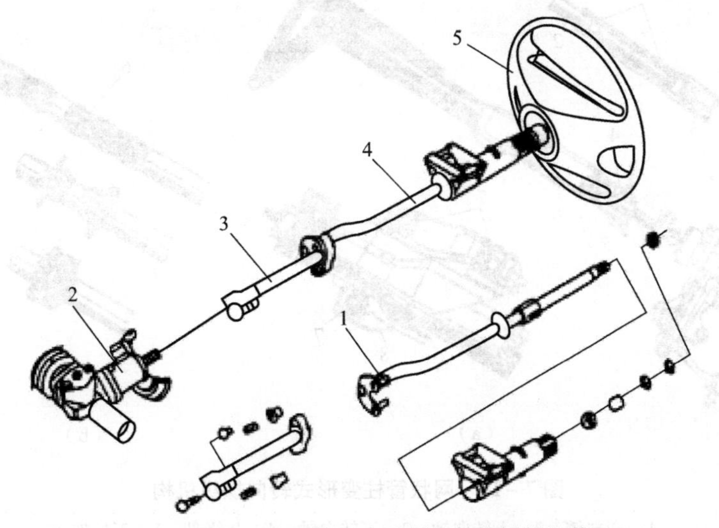

图7－11　一汽红旗、奥迪轿车转向操纵机构

1—驱动销；2—转向器；3—下转向轴；4—上转向轴；5—转向盘

4．缓冲吸能式转向操纵机构

缓冲吸能式转向操纵机构从结构上能使转向轴和转向管柱在受到冲击后，轴向收缩并吸收冲击能量，从而有效地缓和转向盘对驾驶员的冲击，减轻其所受伤害的程度。

汽车撞车时，首先车身被撞坏（第一次碰撞），转向操纵机构被后推，从而挤压驾驶员，使其受到伤害；其次随着汽车速度的降低，驾驶员在惯性力的作用下前冲，再次与转向操纵机构接触（第二次碰撞）而受到伤害。缓冲吸能式转向操纵机构对这两次冲击都具有吸收能量、减轻驾驶员受伤程度的作用。

1）网状管柱变形式

这种转向操纵机构的转向轴分为上下两段，如图 7－12（a）所示。上转向轴 2 套装在下转向轴 3 的内孔中，两者通过塑料销 1 结合在一起（也有采用细花键结合的），并传递转向力矩。塑料销的传力能力受到严格限制，它既能可靠地传递转向力矩，又能在受到冲击时被剪断，因此，它起安全销的作用。

这种转向操纵机构的转向管柱 6 的部分管壁制成网格状，使其在受到压缩时很容易轴向变形，并消耗一定的变形能量，如图 7－12（b）所示。另外，车身上固定管柱的上托架 8 也是通过两个塑料安全销 7 与管柱连接的。当这两个安全销被剪断后，整个管柱就能前后自由移动。

当发生第一次碰撞时，其一，塑料销 1 被剪断，上转向轴 2 将沿下转向轴 3 的内孔滑动伸缩。其二，转向管柱上的网格部分被压缩而变形，这两个过程都会消耗一部分冲击能量，从而阻止转向管柱整体向上移动，避免转向盘对驾驶员的挤压伤害。当第二次碰撞时，固定转向管柱的塑料安全销 7 被剪断，使转向管柱和转向轴的上端能自由移动。同时，当转向管柱受到来自上端的冲击力后，会再次被轴向压缩变形并消耗冲击能量，如图 7－12（b）所示。这样，由转向系统引起的对驾驶员的冲击和伤害被大大降低了。

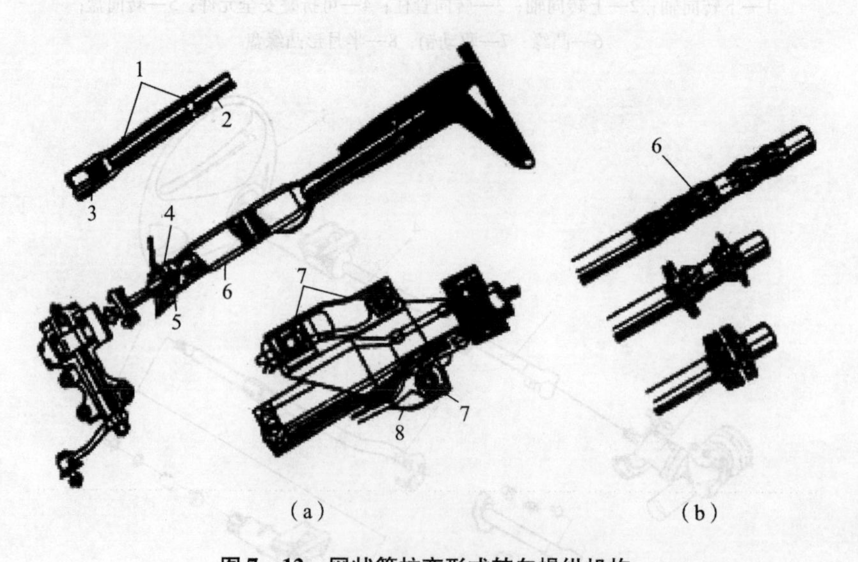

图 7－12　网状管柱变形式转向操纵机构

1—塑料销；2—上转向轴；3—下转向轴；4—凸缘盘；5—下托架；
6—转向管柱；7—塑料安全销；8—上托架

2）钢球滚压变形式

图7－13（a）所示为一种用钢球连接的分开式转向管柱。转向轴分为上转向轴和套在轴上的下转向轴两部分，二者用塑料销钉连成一体。转向管柱也分为上管柱和下管柱两部分，上、下管柱之间装有钢球，下管柱的外径与上管柱的内径之间的间隙比钢球直径稍小。上、下管柱连同管柱托架通过特制橡胶垫固定在车身上，橡胶垫则利用塑料销钉与托架连接。

当发生第一次碰撞时，将连接上、下转向轴的塑料销钉切断，下转向轴便套在上转向轴上向上滑动，如图7－13（b）所示。在这一过程中，上转向轴和上管柱的空间位置没有因冲击而上移，故可使驾驶员免受伤害。当第二次碰撞时，则连接橡胶垫与管柱托架的塑料销钉被切断，托架脱离橡胶垫，即上转向轴和上转向管柱连同转向盘、托架一起，相对于下转向轴和下转向管柱向下滑动，从而减缓对驾驶员胸部的冲击。在上述两次冲击过程中，上、下转向管柱之间均产生相对滑动。因为钢球的直径稍大于上、下柱管之间隙，所以滑动中带有对钢球的挤压，冲击能量就在这种边滑动边挤压的过程中被吸收。日本丰田汽车的一些车型就采用这种位置。

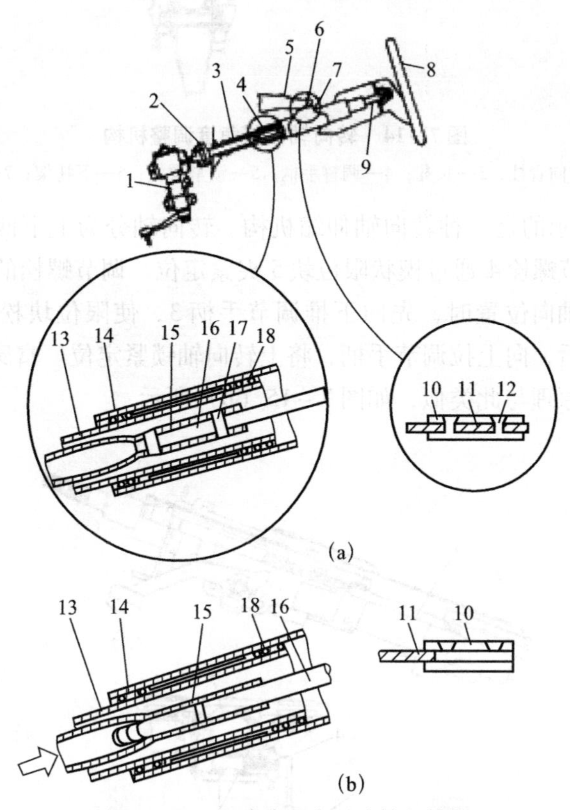

图7－13　钢球滚压变形式转向管柱

1—转向器总成；2—挠性联轴节；3，13—下转向管柱；4，14—上转向管柱；5—车身；6，10—橡胶垫；7，11—转向管柱托架；8—转向盘；9，16—上转向轴；12，17—塑料销钉；15—下转向轴；18—钢球

5．可调节式转向柱

转向柱调节的形式分为倾斜角度调节和轴向位置调节两种。图7－14所示为转向轴倾斜角度调整机构。转向管柱2的上段和下段分别通过倾斜调整支架7和下托架6与车身相连，而且转向管柱由倾斜调整支架夹持并固定。倾斜调整用锁紧螺栓5穿过倾斜调整支架7上的

长孔3和转向管柱，螺栓的左端为左旋螺纹，调整手柄4即拧在该螺纹上。当向下扳动手柄时，锁紧螺栓的螺纹放松，转向管柱即可以下托架上的枢轴1为中心在装有螺栓的支架长孔范围内上下移动。确定了转向管柱的合适位置后，向上扳动调整手柄，从而将转向管柱定位。

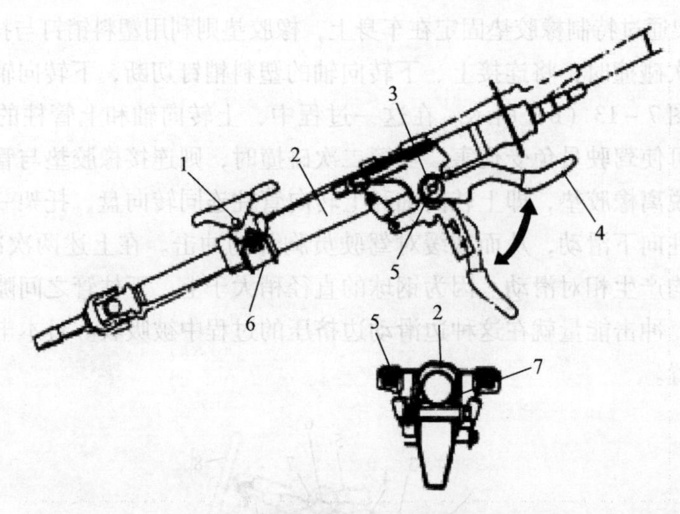

图7－14　转向轴倾斜角度调整机构

1—枢轴；2—转向管柱；3—长孔；4—调整手柄；5—锁紧螺栓；6—下托架；7—倾斜调整支架

图7－15（a）所示的是一种转向轴伸缩机构。转向轴分为上下两段，二者通过花键连接。上转向轴2由调节螺栓4通过楔状限位块5夹紧定位。调节螺栓的一端拧有调节手柄3。当需要调整转向轴的轴向位置时，先向下推调节手柄3，使限位块松开，再轴向移动转向盘，调到合适的位置后，向上拉调节手柄，将上转向轴锁紧定位。富康轿车采用的转向盘高度可调节机构的工作原理与此类似，如图7－15（b）所示。

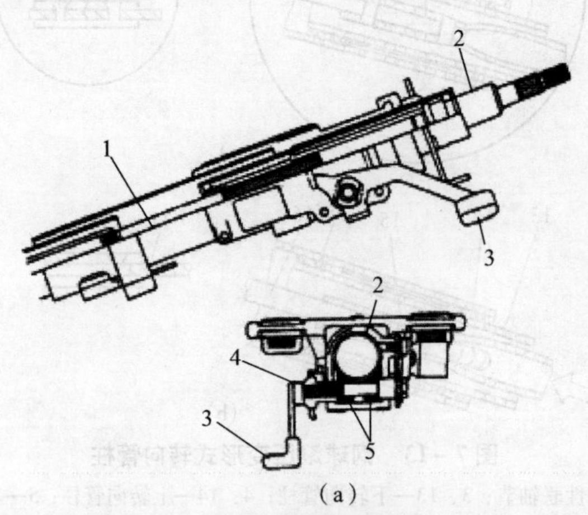

（a）

图7－15　转向轴轴向位置调节机构

（a）转向轴伸缩机构

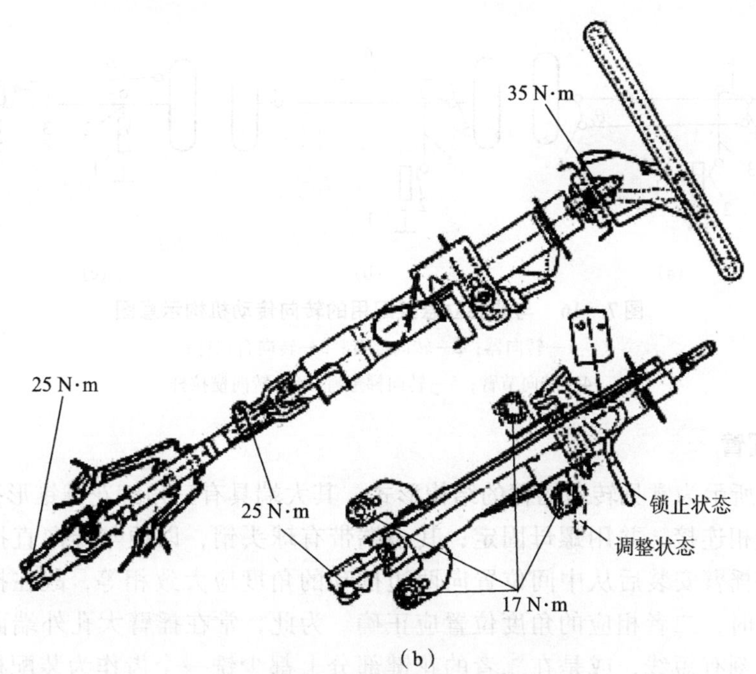

图 7－15 转向轴轴向位置调节机构（续）

（b）富康轿车的转向盘高度调节机构

1—下转向轴；2—上转向轴；3—调节手柄；4—调节螺栓；5—楔状限位块

7.4 转向传动机构

转向传动机构的功用是将转向器输出的力和运动传给转向轮，使两侧转向轮偏转以实现汽车转向，并保证左右转向轮的偏转角按一定关系变化。

7.4.1 与非独立悬架配用的转向传动机构

与非独立悬架配用的转向传动机构如图 7－16 所示，它一般由转向摇臂 2、转向直拉杆 3、转向节臂 4、两个转向梯形臂 5 和转向横拉杆 6 等组成。各杆件之间都采用球形铰链连接，并设有防止松动、缓冲吸振、自动消除磨损后的间隙等结构。

当前桥仅为转向桥时，由左、右转向梯形臂 5 和转向横拉杆 6 组成的转向梯形一般布置在前桥之后，如图 7－16（a）所示，称为后置式；这种布置简单方便，且后置的转向横拉杆 6 有前面的车桥做保护，可避免直接与路面障碍物相碰撞而损坏。当发动机位置较低或前桥为转向驱动桥时，往往将转向梯形布置在前桥之前，如图 7－16（b）所示，称为前置式。若转向摇臂 2 不是在汽车纵向平面内前后摆动而是在与路面平行的平面内左右摆动（如北京 BJ2020N 型汽车），则可将转向直拉杆 3 横向布置，并借球头销直接带动转向横拉杆 6，从而推动左右转向梯形臂 5 转动，如图 7－16（c）所示。

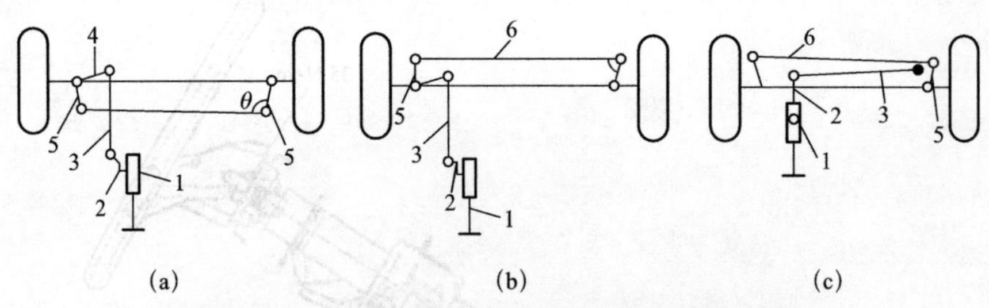

图 7-16　与非独立悬架配用的转向传动机构示意图

1—转向器；2—转向摇臂；3—转向直拉杆；

4—转向节臂；5—转向梯形臂；6—转向横拉杆

1. 转向摇臂

图 7-17 所示为常见转向摇臂的结构形式，其大端具有三角细花键锥形孔，用以与转向摇臂轴外端相连接，并用螺母固定；其小端带有球头销，以便与转向直拉杆做空间铰链连接。转向摇臂安装后从中间位置向两边摆动的角度应大致相等，故在把转向摇臂安装到摇臂轴上时，二者相应的角度位置应正确。为此，常在摇臂大孔外端面上和摇臂轴的外端面上各刻有短线，或是在二者的花键部分上都少铣一个齿作为装配标记。装配时应将标记对齐。

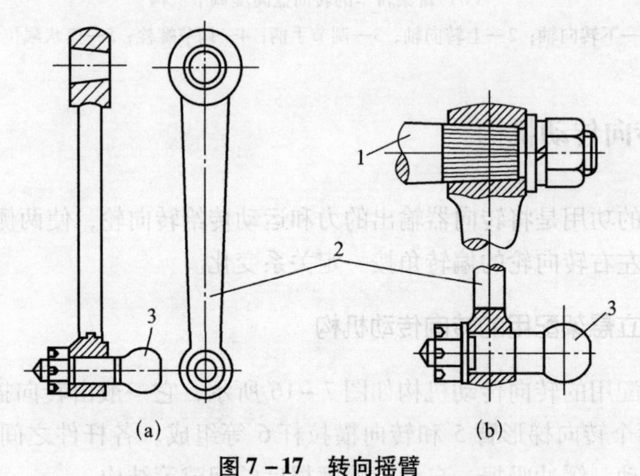

图 7-17　转向摇臂

1—转向摇臂轴；2—转向摇臂；3—球头销

2. 转向直拉杆

图 7-18 所示为解放 CA1092 型汽车的转向直拉杆。直拉杆体由两端扩大的钢管制成，在扩大的端部里，装有由球头销、球头座、弹簧座、压缩弹簧和螺塞等组成的球铰链。球头销的锥形部分与转向摇臂连接，并用螺母固定；其球头部分的两侧与两个球头座配合，前球头座靠在端部螺塞上，后球头座在弹簧的作用下压靠在球头上，这样，两个球头座就将球头紧紧夹持住。为保证球头与座的润滑，可从油嘴注入润滑脂。拆装时供球头出入的直拉杆体上的孔口用油封垫的护套盖住，以防止润滑脂流出和污物侵入。

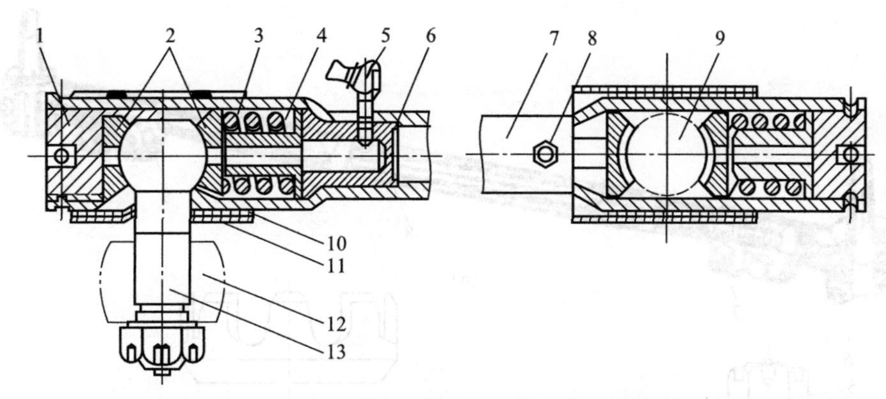

图 7-18 解放 CA1092 型汽车的转向直拉杆

1—端部螺塞；2—球头座；3—压缩弹簧；4—弹簧座；5，8—油嘴；6—座塞；7—直拉杆体；9—转向节臂球头销；10—油封垫；11—油封垫护套；12—转向摇臂；13—球头销

压缩弹簧能自动消除因球头与座磨损而产生的间隙，弹簧座的小端与球头座之间留有不大的间隙，作为弹簧缓冲的余地，并可限制缓冲时弹簧的压缩量（防止弹簧过载）。此外，当弹簧折断时此间隙可保证球头销不致从管孔中脱出。端部螺塞可以调整此间隙，调整间隙的同时也调整了前弹簧的预紧度，调好后用开口销固定螺塞的位置，以防松动。

3. 转向横拉杆

图 7-19（a）所示为解放 CA1092 型汽车转向横拉杆，横拉杆体用钢管制成，其两端切有螺纹，一端为右旋，一端为左旋，与横拉杆接头旋装连接，两端接头结构相同，如图 7-19（b）所示。接头的螺纹孔壁上开有轴向切口，故具有弹性，旋装到杆体上后可用螺栓夹紧。旋松夹紧螺栓以后，转动横拉杆体，可改变转向横拉杆的总长度，从而调整转向轮前束。

在横拉杆两端的接头上都装有球头销等零件组成的球形铰链。球头销的球头部分被夹在上、下球头座内，球头座用聚甲醛制成，有较好的耐磨性。球头座的形状如图 7-19（c）所示。装配时上、下球头座凹凸部分互相嵌合。弹簧通过弹簧座压向球头座，以保证两球头座与球头的紧密接触，在球头和球头座磨损时能自动消除间隙，同时还能起缓冲作用。弹簧的预紧力由螺塞调整。球铰上部有防尘罩，以防止尘土侵入。球头销的尾部锥形柱与转向梯形臂连接，并用螺母固定、开口销锁紧。

4. 转向节臂和梯形臂

解放 CA1092 型汽车转向节臂和梯形臂如图 7-20 所示，转向横拉杆通过转向节臂与转向节相连。转向横拉杆两端经左、右梯形臂与转向节相连。转向节臂和梯形臂带锥形柱的一端与转向节锥形孔相配合，用键防止螺母松动。臂的另一端带有锥形孔，与相应的拉杆球头销锥形柱相配合，同样用螺母紧固后插入开口销锁住。

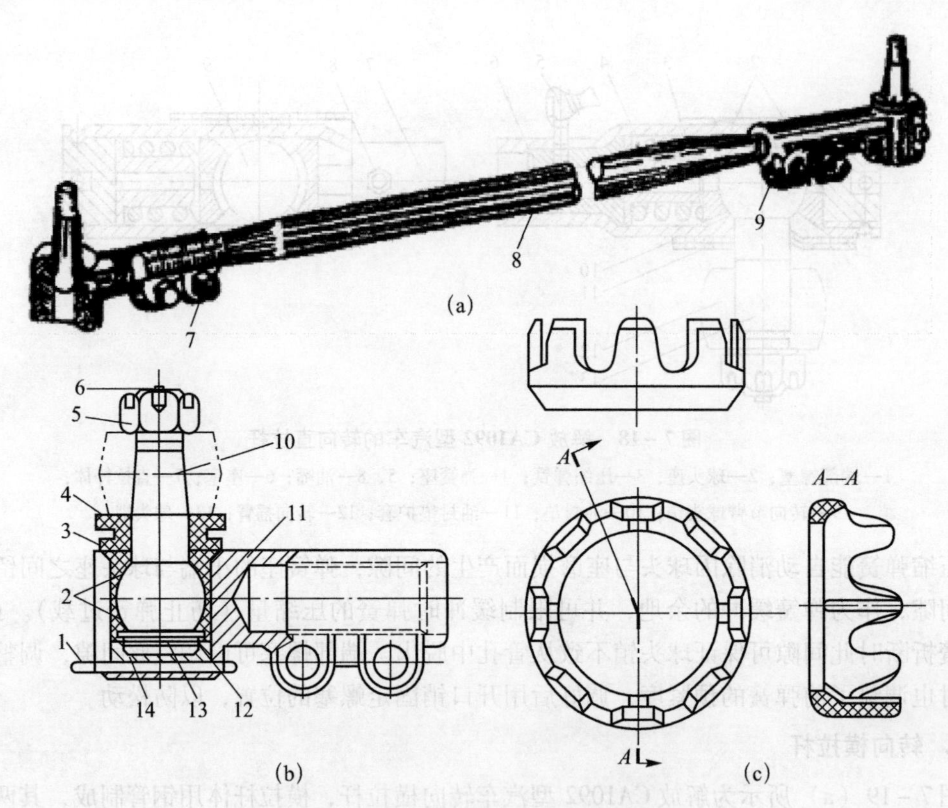

图 7－19　解放 CA1092 型汽车转向横拉杆

（a）转向横拉杆；（b）接头；（c）球头座

1—限位销；2—球头座；3—防尘罩；4—防尘垫；5—螺母；6—开口销；7—夹紧螺栓；8—横拉杆体；9，11—横拉杆接头；10—球头销；12—弹簧座；13—弹簧；14—螺塞

7.4.2　与独立悬架配用的转向传动机构

当转向轮采用独立悬架时，由于每个转向轮都需要相对于车架（或车身）做独立运动，所以，转向桥必须是断开式的。与此同时，转向传动机构中的转向梯形也必须分成两段或三段。图 7－21 所示为几种与独立悬架配用的转向传动机构示意图。其中图 7－21（a）、（b）所示的机构与循环球式转向器配用，图 7－21（c）、（d）所示的机构与齿轮齿条式转向器配用。

上海桑塔纳轿车的转向传动机构如图 7－22 所示。转向齿条一端输出动力，齿条输出端 8 铣有平面并钻孔，用两个螺栓与转向支架 17 连接。转向支架 17 下端的两个孔分别与左、右转向横拉杆总成 15、12 的内端相连。横拉杆外端的球头销 16、13 分别与左、右转向节臂连接。通过调节杆 A、B 可以改变两根横拉杆总成的长度，以调整前束。

为了避免转向轮的摆振、减缓传至转向盘上的冲击和振动，转向器上还装有转向减震器 2。转向减震器缸筒端 3 固定在转向器壳体 11 上；其活塞杆端 1 经转向减震器支架 18 与转向齿条连接。

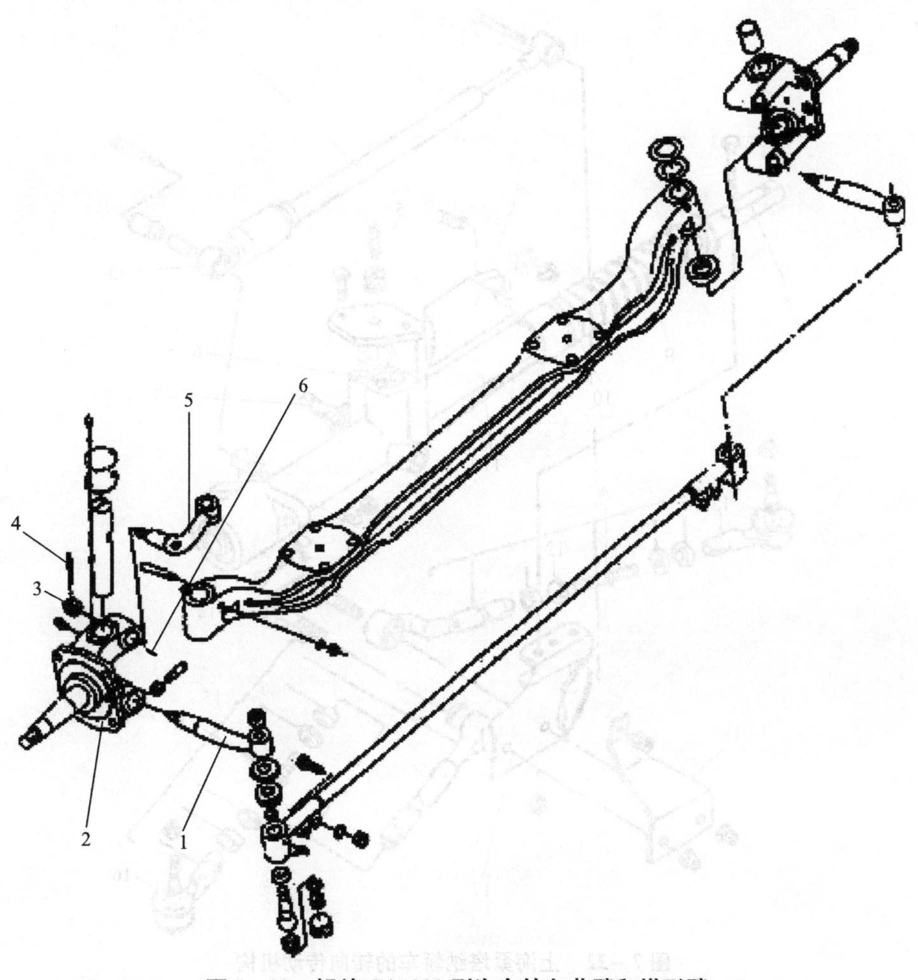

图 7－20　解放 CA1092 型汽车转向节臂和梯形臂

1—左转向梯形臂；2—转向节；3—锁紧螺母；4—开口销；5—转向节臂；6—键

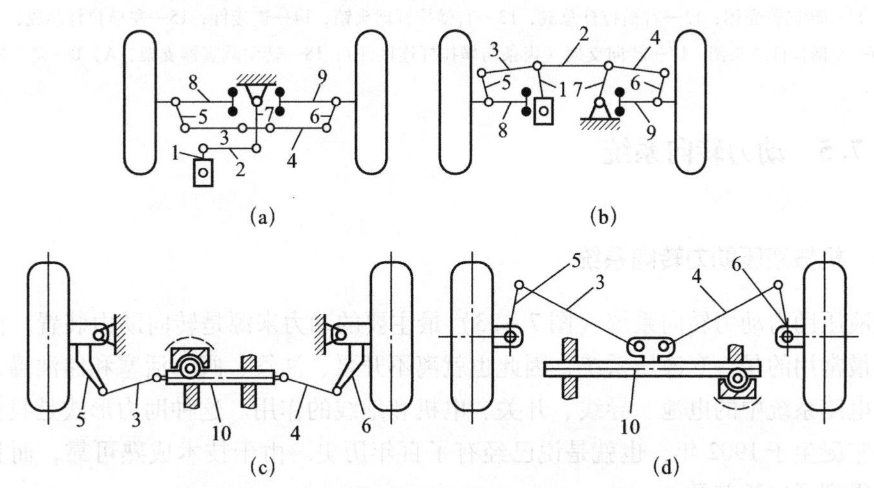

图 7－21　与独立悬架配用的转向传动机构示意图

1—转向摇臂；2—转向直拉杆；3—左转向横拉杆；4—右转向横拉杆；5—左梯形臂；6—右梯形臂；7—摇杆；8—悬架左摆臂；9—悬架右摆臂；10—齿轮齿条式转向器

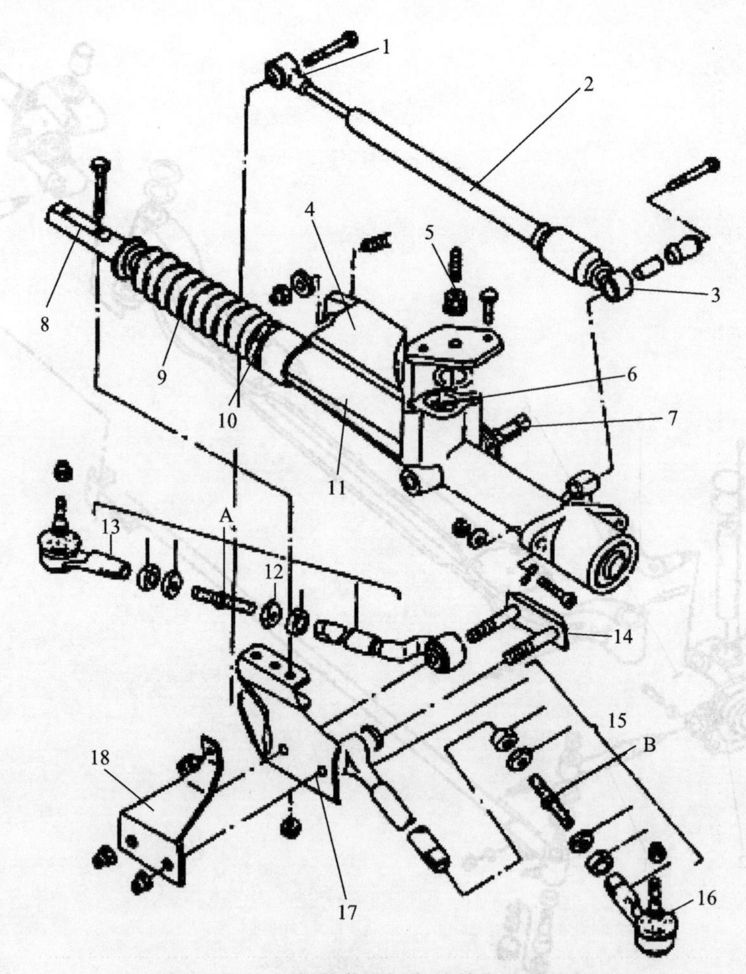

图 7－22　上海桑塔纳轿车的转向传动机构

1—转向减震器活塞杆端；2—转向减震器；3—转向减震器缸筒端；4—转向器壳体凸台；5—锁紧螺母与调整螺栓；6—补偿弹簧；7—转向齿轮轴；8—齿条输出端；9—防尘罩；10—卡箍；11—转向器壳体；12—右横拉杆总成；13—右横拉杆球头销；14—连接件；15—左横拉杆总成；16—左横拉杆球头销；17—转向支架（齿条与横拉杆连接件）；18—转向减震器支架；A，B—调节杆

7.5　动力转向系统

7.5.1　机械液压助力转向系统

机械液压助力动力转向系统（图 7－23）最主要的动力来源是转向助力装置。由于转向助力装置最常用的是一套液压系统，因此也就离不开泵、油管、阀、活塞和储油罐，它们分别相当于电路系统中的电池、导线、开关、电机和地线的作用。这种助力形式是我们最常见的一种，它诞生于 1902 年，也就是说已经有了百年历史。由于技术成熟可靠，而且成本低廉，因此得到了广泛普及。

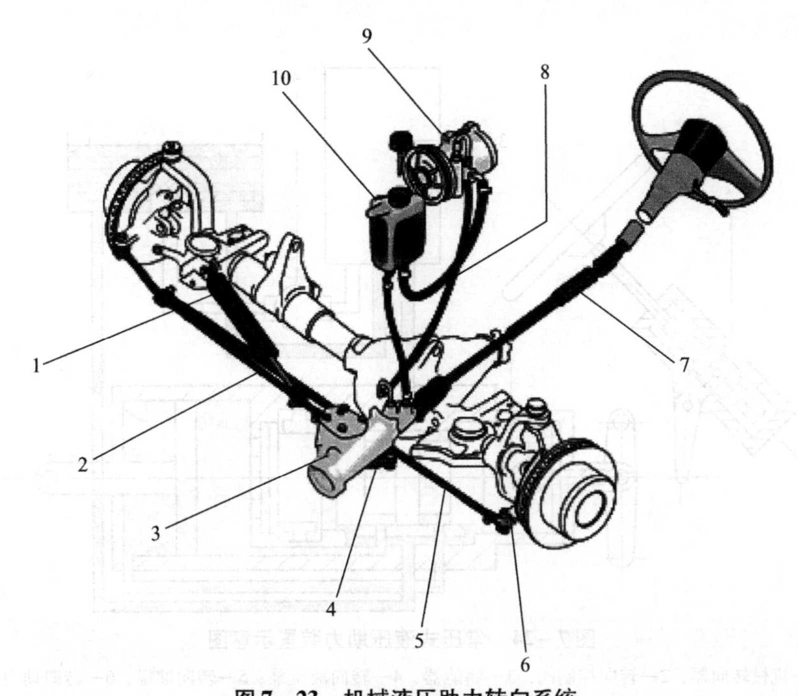

图 7－23　机械液压助力转向系统

1—减震器；2—直拉杆；3—整体式转向器；4—转向摇臂；5—横拉杆；6—转向节臂；
7—转向轴；8—油管；9—油泵；10—油罐

1．机械液压助力系统的工作原理

机械液压助力系统的主要组成部分有液压泵、油管、压力流体控制阀、V 型传动皮带、储油罐等。这种助力方式是将一部分发动机动力输出转化成液压泵压力，对转向系统施加辅助作用力，从而使轮胎转向。

根据系统内液流方式的不同可以分为常压式液压助力和常流式液压助力，如图 7－24 和图 7－25 所示。常压式液压助力系统的特点是无论转向盘处于正中位置还是转向位置、转向盘保持静止还是转动，系统管路中的油液总是保持高压状态；而常流式液压转向助力系统的转向油泵虽然始终工作，但液压助力系统不工作时，油泵处于空转状态，管路的负荷要比常压式小，现在大多数液压转向助力系统都采用常流式。不管哪种方式，转向油泵都是必备部件，它可以将输入的发动机机械能转化为油液的压力。

由于依靠发动机动力来驱动油泵，能耗比较高，所以车辆的行驶动力无形中就被消耗了一部分。

2．转向器的结构和工作原理

汽车液压助力转向器是机液伺服系统。系统的反馈、给定和比较环节均由机械构件实现，图 7－26 所示为液压助力转向器机液位置的控制伺服系统。主要部件包括齿条 1，随动阀芯 2、转向扭杆 7、阀套 9、差动小齿轮 12 等。转向扭杆为给定环节，齿条、差动小齿轮为反馈环节，阀套、差动小齿轮为比较环节。该系统与一般液压传动系统的主要差别在于：随动转阀与液压缸间通过差动小齿轮、齿条把两者联系起来，从而使它构成位置反馈控制伺服系统。

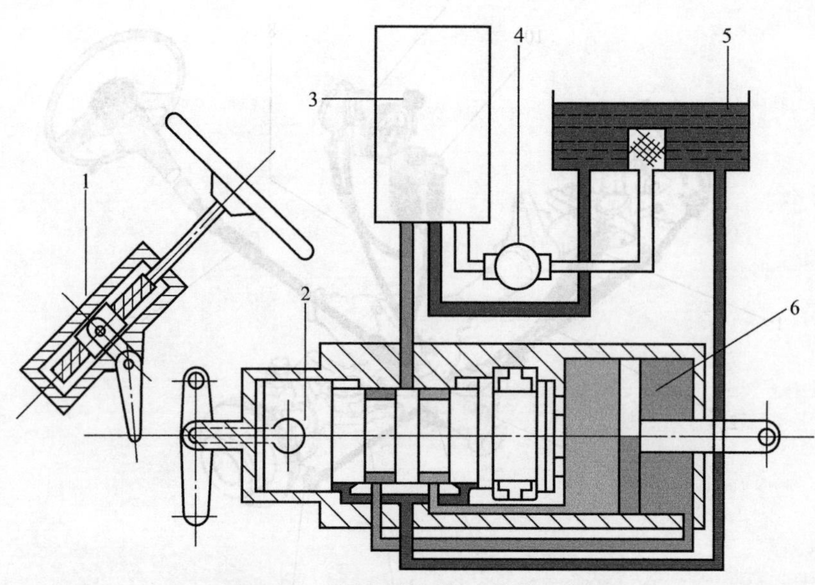

图 7-24 常压式液压助力装置示意图

1—机械转向器；2—转向控制阀；3—储能器；4—转向液压泵；5—转向油罐；6—转向动力缸

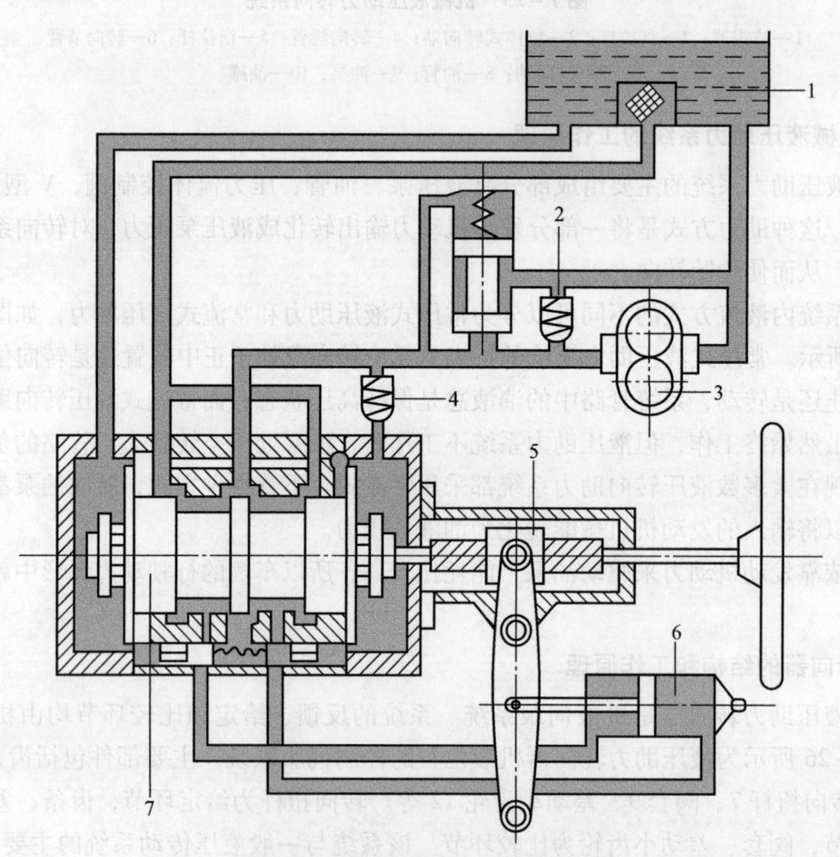

图 7-25 常流式液压助力装置示意图

1—转向油罐；2—安全阀；3—转向液压泵；4—单向阀；5—机械转向器；6—转向动力缸；7—转向控制阀

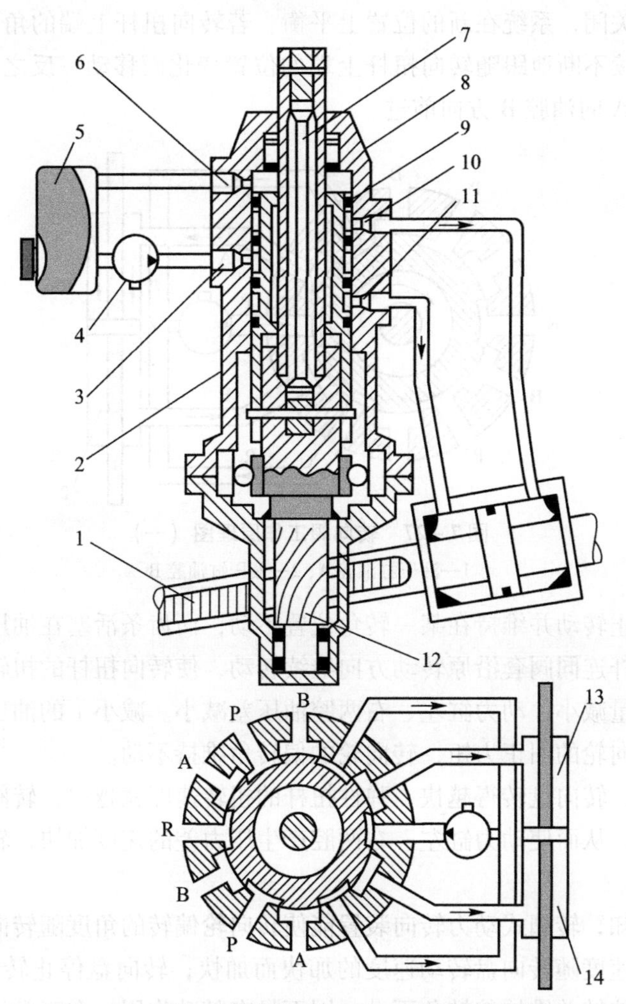

图 7－26　液压助力转向器机液位置的控制伺服系统

1—齿条；2—随动阀芯；3—进油口；4—液压泵；5—油箱；6—回油口；7—转向扭杆；8—阀壳；9—阀套；10—油口 A；11—油口 B；12—差动小齿轮；13—液压油缸 A；14—液压油缸 B

阀内部有可供液流通过的 12 个连续凹槽，阀芯和阀套上各有 6 个，中间的夹角均是 60°；阀套内凹槽上相间隔地开有 3 个与油腔 A 相连的油口 A 和 3 个与油腔 B 相连的油口 B，阀套内凸槽相间隔地开有 3 个阀进油口和 3 个阀出油口；阀外部在阀套上沿轴向分布有 3 个平行的环形凹槽，这 3 个槽相互不连通且分别与阀套内部的各 3 个油口 A，3 个油口 B，3 个进油口相通。

若给转向扭杆 7 上输入一个逆时针转动的运动，这时液压缸中的活塞因负载阻力较大而暂时不移动，阀套与阀芯相对位置的改变，通过阀芯凹槽与阀套凸槽间的开口变化甚至关闭来控制阀内液流的分配。

如图 7－27 所示，此时 A、P 口间控制槽和 B、R 口间控制槽的开口变大，而 B、P 口间控制槽和 A、R 口间控制槽的开口变小并关闭；液压油由 P 口进入 A 口，再经由内部油管进入壳体缸筒内油腔 A；从而导致液压缸的 A 腔压力增高而 B 腔压力减小，活塞向左移动；同时油腔 B 内的液压油经由内部油管回到 B 口，再从 R 口回到储油罐；这样驱动齿条沿油腔 A 向油腔 B 方向前进。活塞的运动通过齿条、差动小齿轮又反馈回来，使转阀阀芯顺时针转动，这时阀口关闭，系统在新的位置上平衡。若转向扭杆上端的角度连续不断地变化，则活塞的位置也连续不断地跟随转向扭杆上端的位置变化而移动。反之，转阀顺时针转动，可驱动齿条沿油腔 A 向油腔 B 方向前进。

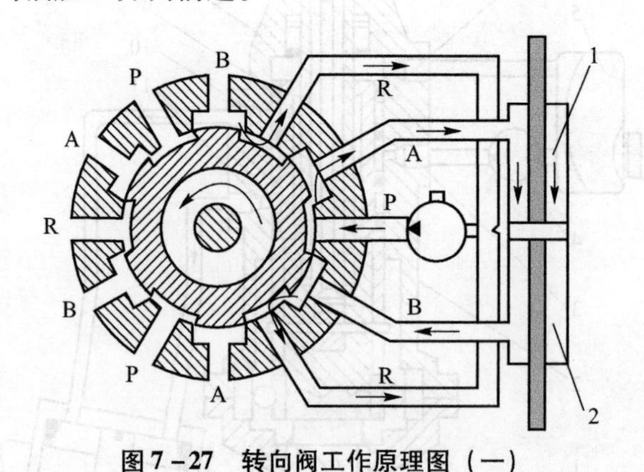

图 7-27　转向阀工作原理图（一）

1—液压缸油腔 A；2—液压缸油腔 B

一旦转向盘停止转动并维持在某一转角位置不动，而齿条活塞在油压差的作用下仍继续左移，导致转向螺杆连同阀套沿原转动方向继续转动，使转向扭杆的扭转变形减小，阀芯与阀套的相对角位移量减小，动力缸左、右两腔油压差减小。减小了的油压差仍作用在齿条-活塞上，以克服转向轮的回正力矩，转向轮的偏转角维持不动。

在转向过程中，转向盘转得越快，弹性扭杆的扭转速度就越快，转阀相对于阀体产生角位移的速度也越快，从而使动力缸左、右两腔产生压力差的速度加快，转向轮的偏转速度也相应加快。

由上述分析可知，转阀式动力转向装置能使转向轮偏转的角度随转向盘转角的增大而增大；转向轮偏转的速度随转向盘转动速度的加快而加快；转向盘停止转动并维持转角不动，转向轮也随之停止偏转并维持偏转角不动，因而具有随动作用。在正常情况下，驾驶员操纵转向盘所提供的转向力矩主要用来使弹性扭杆产生扭转变形，以控制转向过程，而克服路面转向阻力及转向传动机构摩擦阻力使转向轮偏转所需要的动力则主要由转向动力缸提供。

若在前述维持转向的位置上松开转向盘，被扭转变形的弹性扭杆（图 7-28）将顺时针方向自动转过一定的角度而恢复自由状态，阀芯则在随之同向转动的短轴带动下回复到中间位置，动力缸停止工作，转向轮在回正力矩作用下自动回正。如果需要液压加力，驾驶员可以回转转向盘，使动力转向装置帮助转向轮回正。

汽车右转向时，弹性导杆的扭转方向、转阀相对于阀体的转动方向以及动力缸中齿条-活塞轴向移动的方向均与前述相反，使转向轮向右偏转。

汽车直线行驶时，若遇路面作用力而使转向轮偏转（设转向轮向左偏转，驾驶员仍保持转向盘处于直线行驶位置），转向阻力通过转向传动机构、齿条-活塞、转向螺杆作用于阀体，使阀体相对于不转动的转阀逆时针方向转动（即在图 7-28 所示位置上，阀体相对于阀芯逆时针方向转动），动力缸左腔油压升高，右腔油压降低，压力差作用在齿条-活塞上使其右移，并通过转向传动机构使转向轮向右偏转而回正。从而保证了汽车直线行驶的稳定性，并有效地避免了转向盘“打手”现象。

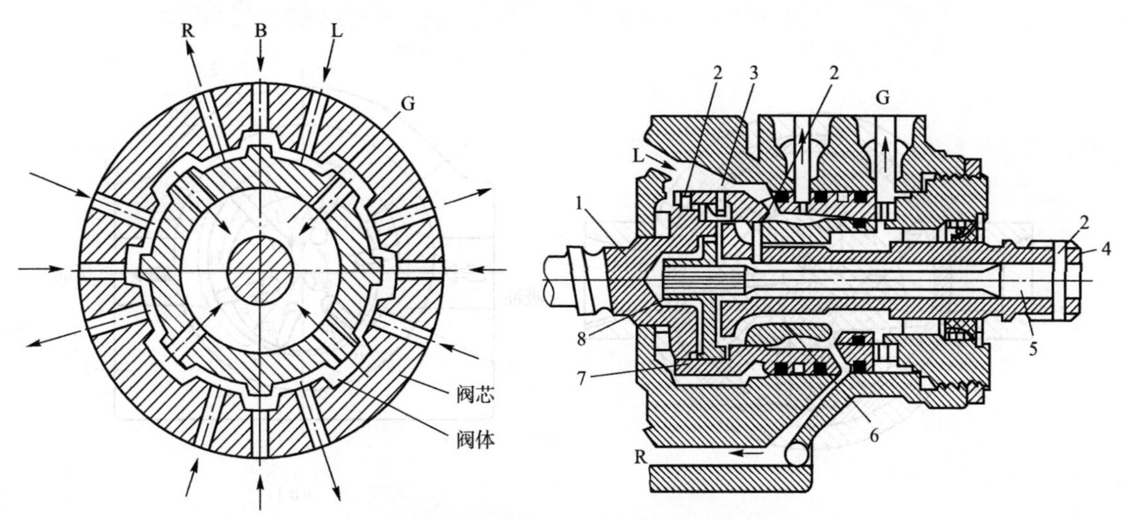

图 7-28　转向阀工作原理图（二）

（a）阀芯与阀体的相对位置；（b）转向阀的油路

R—接右转向缸；L—接左转向缸；B—接转向油泵；G—接储油罐

1—转向螺杆；2—锁销；3—定位销；4—短轴；5—扭杆；6—阀芯；7—阀体；8—下端轴盖

在转向过程中，动力缸中的油液压力是随转向阻力而变化的。而动力缸中油压的变化又受控于弹性扭杆的扭转变形量：转向阻力增大，弹性扭杆的扭转变形量也增大，转阀相对于阀体的角位移量增大，从而使动力缸中油压升高；反之则动力缸中油压降低。显然，弹性扭杆的扭转变形量取决于转向阻力的大小。在此过程中，弹性扭杆因扭转变形而产生的反作用力（与转向阻力成递增函数关系）传到转向盘上，使驾驶员能感觉到转向阻力的变化情况，所以这种转阀式动力转向装置具有“路感”作用。

在动力转向装置失效的情况下由人力转向时，短轴（图 7-28）随转向盘转过一定角度后，由短轴直接带动转向螺杆转动，以保证汽车转向。这时的动力转向器即变为机械转向器，转向变得沉重，转向盘自由行程增大。

与滑阀式动力转向器相比，转阀式动力转向器的主要优点是灵敏度高，因而适用于高速行驶的轿车。

3. 转向油泵的构造及工作原理

转向油泵是液压式动力转向装置的能源，一般由发动机驱动，其作用是将输入的机械能转换为液压能输出。转向油泵有齿轮式、叶片式、转子式和柱塞式等几种型式。曾被广泛采用的齿轮式转向油泵的构造及工作原理与发动机润滑系统中的齿轮式机油泵类似。叶片式转向油泵具有结构紧凑、输油压力脉动小，输油量均匀、运转平稳、性能稳定、使用寿命长等优点，现代汽车采用较多，故以下仅介绍叶片式转向油泵。

叶片式转向油泵按其转子叶片每转一周的供油次数和转子轴的受力情况可以分为单作用非卸荷式和双作用卸荷式两种。

1）单作用非卸荷式叶片泵

单作用非卸荷式叶片泵主要由端盖、驱动轴、转子、定子、叶片及壳体组成，如图 7-29 所示。

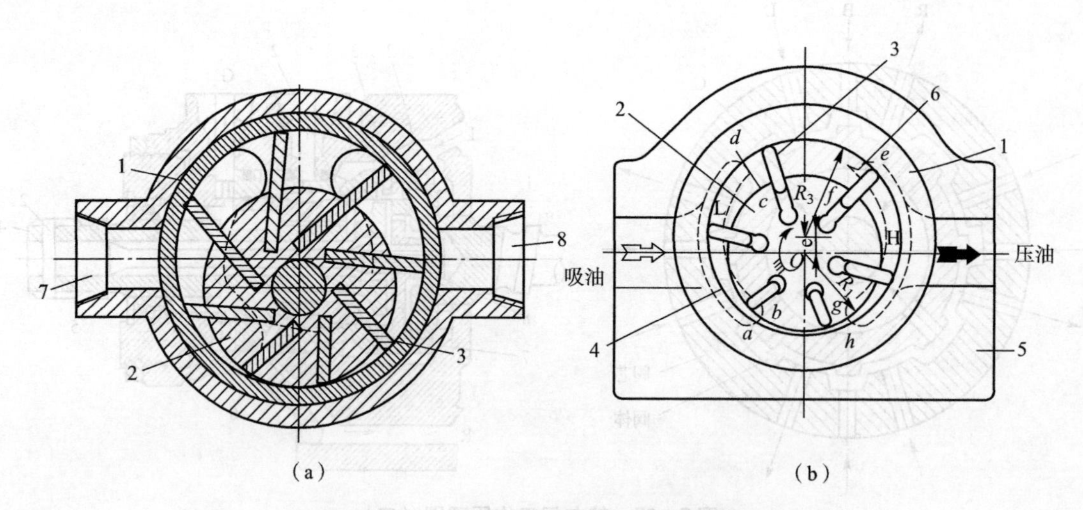

图 7-29　单作用非卸荷式叶片泵工作原理

1—定子；2—转子；3—叶片；4—配流盘；5—泵壳；6—眉毛槽；7—吸油口；8—压油口

定子具有圆柱形内表面。转子上沿圆周均匀制有径向切槽。矩形叶片装在转子的切槽内，可在槽内移动；叶片沿转子轴向的两端分别压靠在两侧端盖的端面上，并可在端面上滑动。这样就由定子内表面、转子外表面、叶片和端盖构成若干个油腔。转子和定子中心不重合，有一偏心距 e。当转子旋转时，叶片在自身离心力的作用下紧贴定子的内表面，将上述各油腔密封，并在转子切槽内做往复运动。

转子按图示顺时针方向转动时，左半转子上各叶片均沿切槽向外滑动而伸出，相邻两叶片之间油腔的工作容积均增大，因而具有吸油作用；而右半转子上各叶片则均沿切槽向内滑动而被压回，相邻两叶片之间油腔的工作容积均减小，因而具有压油作用。转子每转一周，叶片在切槽内做往复伸、缩运动各一次，完成吸油、压油各一次，故称为单作用叶片泵。由于左边吸油区的油压低，右边压油区的油压高，左、右两油区的压力差作用在转子上，使转子轴的轴承上承受较大的载荷，故称其为非卸荷式叶片泵。

2）双作用卸荷式叶片泵

双作用卸荷式叶片泵也由转子、定子、叶片、端盖等组成，如图 7-30 所示。与单作用叶片泵的不同之处在于：双作用叶片泵的转子与定子的中心相重合；定子的内表面不是圆形而是一个近似的椭圆形，它由两条长半径 R 和两条短半径 r 所决定的圆弧以及四段过渡曲线所组成。当转子旋转，叶片由短半径 r 向长半径 R 处运动时，两叶片间油腔的工作容积逐渐增大，形成局部真空而吸油；而叶片由长半径 R 向短半径 r 处运动时，两叶片间油腔的工作容积逐渐减小而压油。转子每转一周，叶片在转子切槽内往复运动两次，完成两次吸油和两次压油，故称为双作用叶片泵。由于两个吸油区和两个压油区各自的中心夹角对称，所以作用在转子上的油压作用力相互平衡，故又称为卸荷式叶片泵。为了使转子受到的径向油压力完全平衡，工作油腔数（即叶片数）应当为偶数。

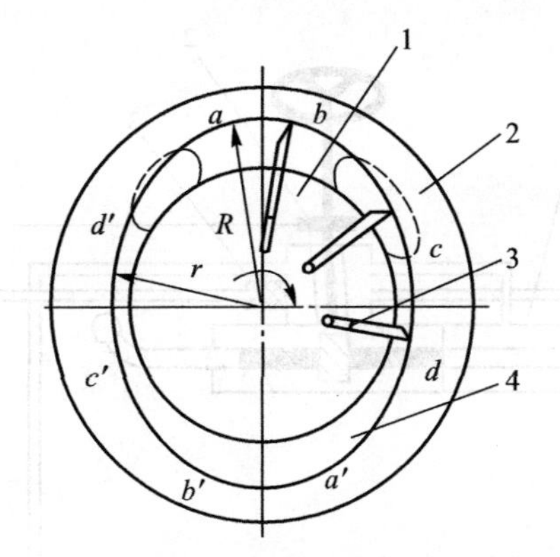

图 7-30　双作用卸荷式叶片泵工作原理

1—转子；2—定子；3—叶片；4—端盖

7.5.2　电子液压助力转向系统

机械液压助力大幅消耗发动机动力，所以人们在此基础上进行改进，开发出了更节省能耗的电子液压助力转向系统，如图 7-31 所示。

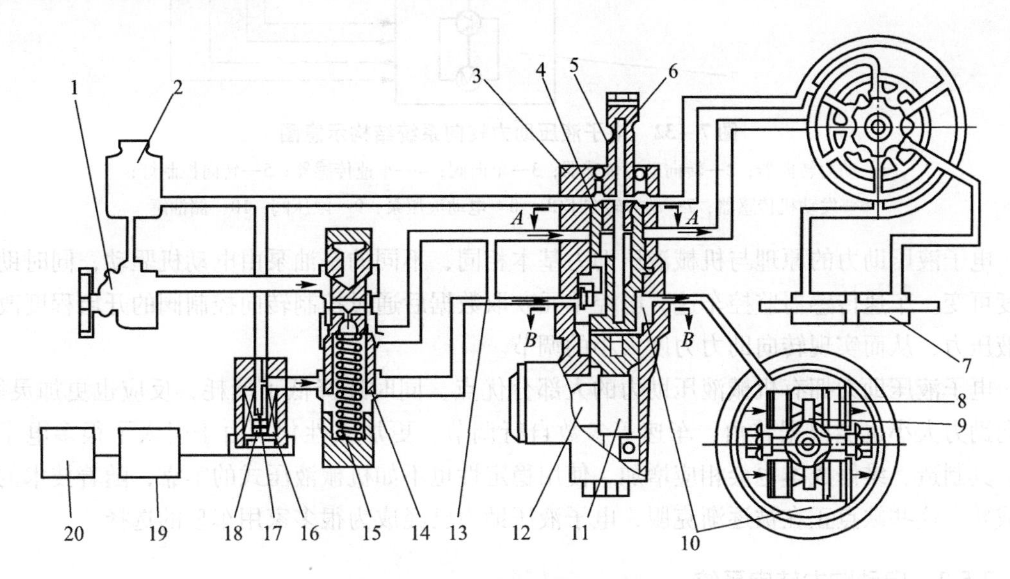

图 7-31　电子液压助力转向系统

1—转向油泵；2—储油罐；3—转向器壳体；4—转阀阀体；5—转阀阀芯；6—扭杆；7—转向动力缸；8—液压反力活塞；9—控制杆；10—液压反力腔；11—转向器齿轮；12—转向器齿条；13—节流孔；14—液流分配阀柱塞；15—液流分配阀弹簧；16—电磁阀线圈；17—电磁阀滑阀；18—电磁阀弹簧；19—动力转向 ECU；20—车速传感器

这套系统的转向油泵不再由发动机直接驱动，而是由电动机来驱动，并且在之前的基础上加装了电控系统，使得转向辅助力的大小不但与转向角度有关，还与车速相关。机械结构上增加了液压反应装置和液流分配阀，新增的电控系统包括车速传感器、电磁阀、转向 ECU 等，如图 7-32 所示。

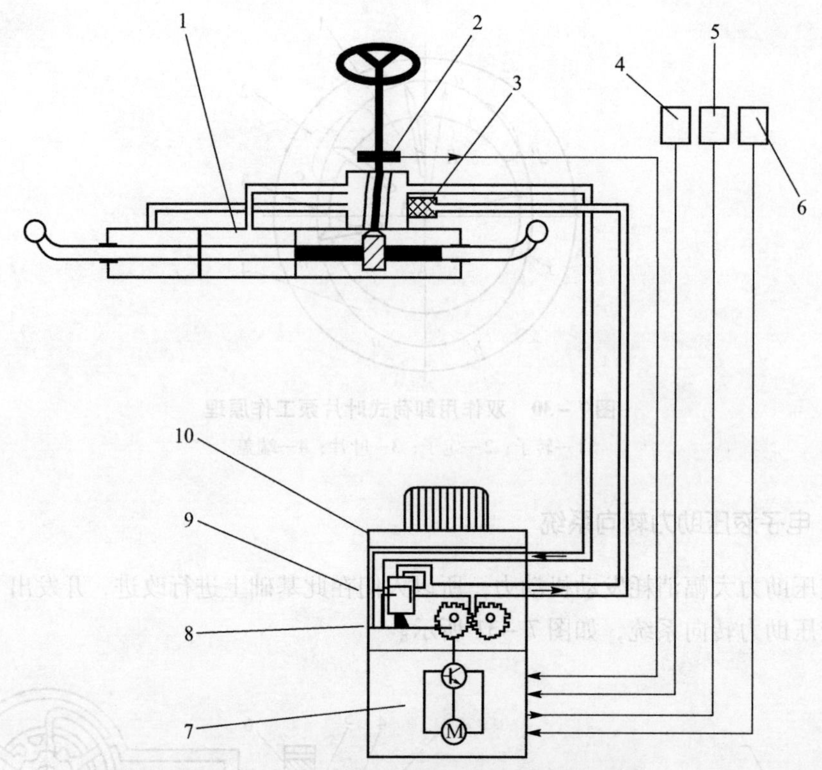

图 7-32　电子液压助力转向系统结构示意图

1—动力转向器；2—转向助力传感器；3—单向阀；4—车速传感器；5—转向控制灯；6—发动机传感器；7—动力转向 ECU；8—电动液压泵；9—限压阀；10—储油罐

电子液压助力的原理与机械液压助力基本相同，不同的是油泵由电动机驱动，同时助力力度可变。车速传感器监控车速，电控单元获取数据后通过控制转向控制阀的开启程度改变油液压力，从而实现转向助力力度大小的调节。

电子液压助力拥有机械液压助力的大部分优点，同时还降低了能耗，反应也更加灵敏，转向助力大小也能根据转角、车速等参数自行调节，更加人性化。由于引入了很多电子单元，其制造、维修成本也会相应增加，使用稳定性也不如机械液压式的牢靠，随着技术的不断成熟，这些缺点正在被逐渐克服，电子液压助力已经成为很多家用车型的选择。

7.5.3　电动助力转向系统

不管是机械液压还是电子液压，终究是采用油液加压的方式来实现助力，不够直接而且消耗行驶动力，油泵憋坏了也比较烦人，由此应运而生了电动助力转向系统，如图 7-33 所示。

在这套系统里不再有油液、管路，取而代之的是电子线路和设备，主要组件有电控单元、车速传感器、转矩传感器、电动机等，原理也不复杂：传感器把采集到的车速、转角信息输送给 ECU，ECU 决定电动机的旋转方向和助力电流大小，把指令传递给电动机，电动机将辅助动力施加到转向系统中，这样实时调整的转向助力便得以实现。电动助力转向系统的类型有转向轴助力式、齿轮助力式、齿条助力式等，如图 7-34 所示。

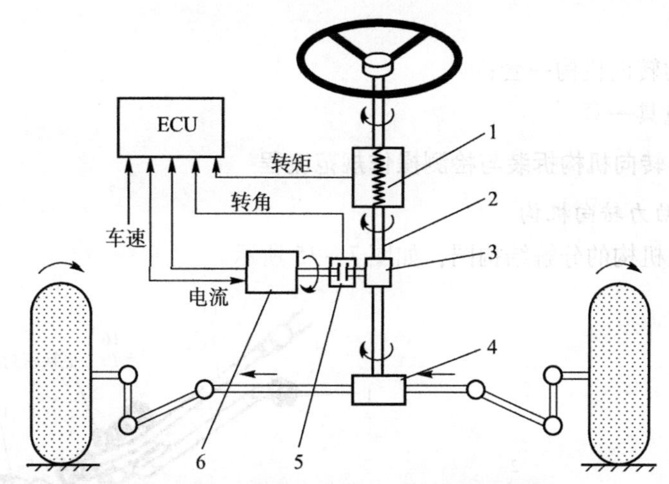

图 7－33　电动助力转向系统结构示意图

1—转矩传感器；2—转向轴；3—减速机构；4—齿轮齿条转向器；5—离合器；6—电动机

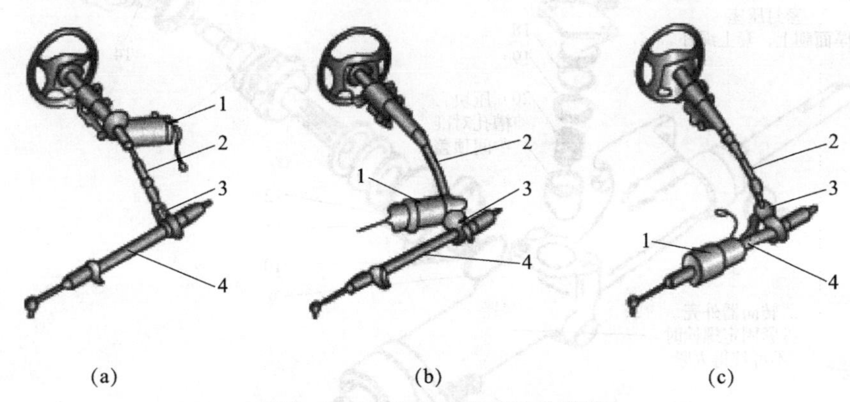

图 7－34　电动助力转向系统类型

(a) 转向轴助力式；(b) 齿轮助力式；(c) 齿条助力式

1—电动机；2—转向轴；3—转向齿轮；4—转向齿条

从结构、原理上看，电动助力转向系统的优点是显而易见的：系统结构精简，质量小，占用空间少；只消耗电力，能耗低；电子系统反应灵敏，动作直接、迅速。

不过电动机直接驱动转向机构，只能提供有限的辅助力度，难以在大型车辆上使用，同时电子部件较多，系统稳定性、可靠性都不如机械式部件，路感信息匮乏，实际驾驶中的操控乐趣大大减少，以及成本较高等，这些都是电动助力转向系统的劣势所在。

实训任务：转向系统拆装

一、教学目标

（1）熟悉转向系统的构造及工作原理；

（2）掌握转向器的拆装程序及要领；

（3）熟知液压助力转向机构的维护方法。

二、教学准备

（1）液压助力转向机构一套；

（2）常用工量具一套。

三、液压助力转向机构拆装与检测操作规范流程

1．拆卸液压助力转向机构

液压动力转向机构的分解结构图，如图 7－35 所示。

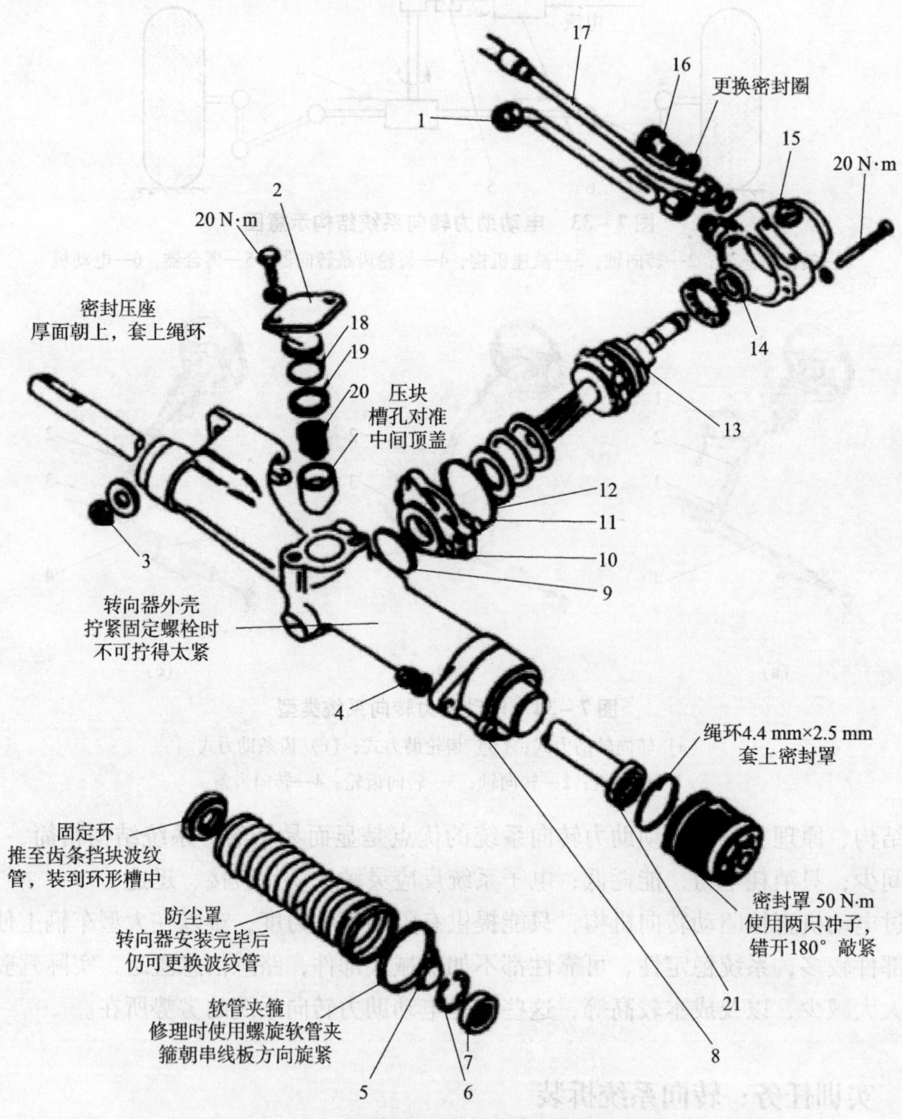

图 7－35　液压动力转向机构的分解结构图

1—油管；2—压盖；3，4—自锁螺母；5—更换齿形环；6—挡圈；7—齿条密封罩；
8—圆柱内六角螺栓；9，11，12，18—圆绳环；10—中间盖；13—转向机构主动齿轮；14—密封圈；
15—阀门罩壳；16—管接头螺栓；17—回油管；19—补偿垫片；20—压簧；21—齿条

（1）吊起车辆，排放转向液压油（ATF 润滑油）。

（2）拆下固定横拉杆的螺母，如图 7－36 所示。

（3）拆卸左前轮罩处的转向器固定螺栓，如图 7－37 所示。

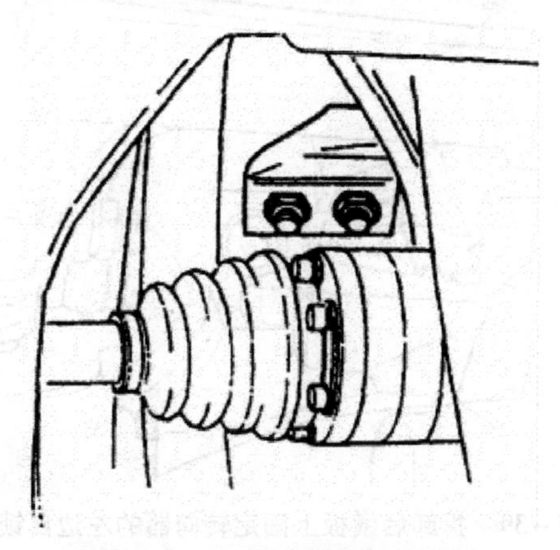

图 7－36　拆卸横拉杆固定螺母

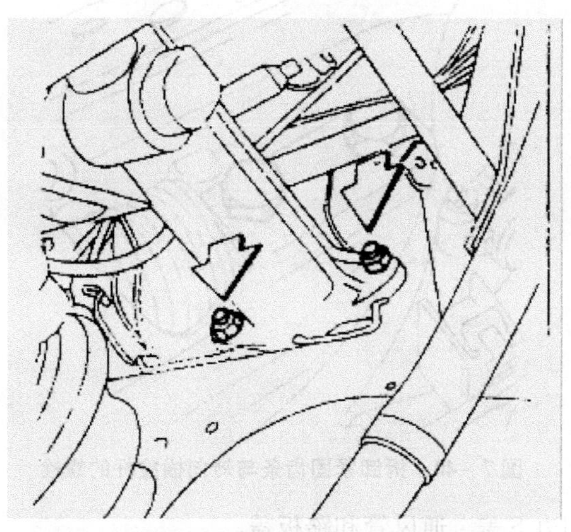

图 7－37　拆卸左前轮罩处的转向器固定螺栓

（4）松开在转向控制阀外壳上的高压油管，如图 7－38 所示。

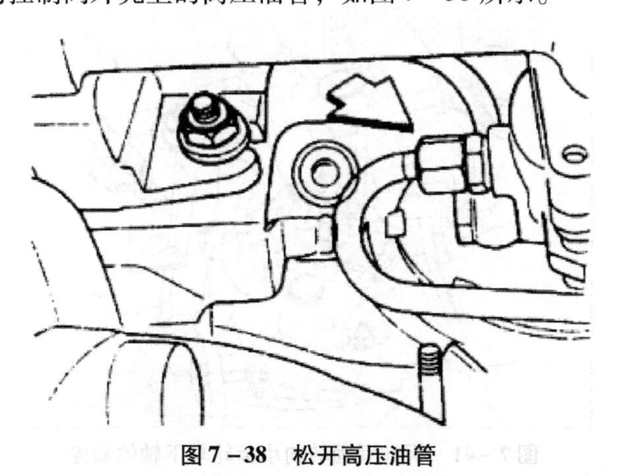

图 7－38　松开高压油管

（5）拆卸后横板上固定转向器的左边自锁螺母，如图 7－39 所示。

（6）把车辆放下。拆卸紧固齿条与转向横拉杆的螺栓，如图 7－40 所示。

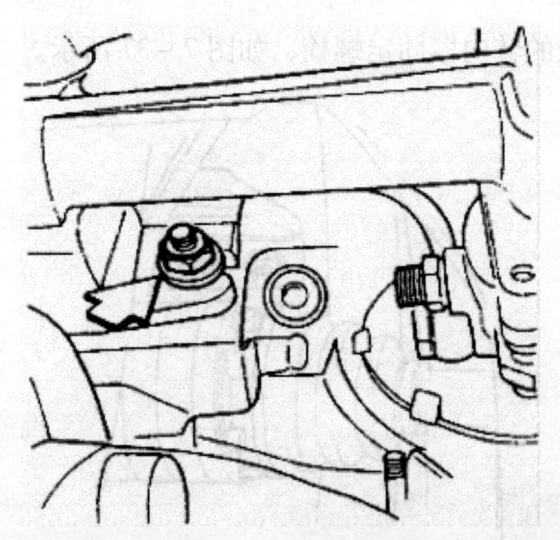

图 7－39　拆卸后横板上固定转向器的左边自锁螺母

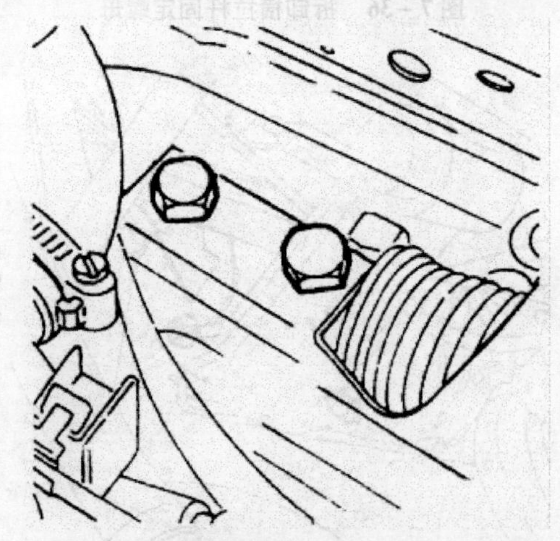

图 7－40　拆卸紧固齿条与转向横拉杆的螺栓

（7）拆卸仪表板侧边下盖、通风管和踏板盖。

（8）拆卸紧固转向小齿轮与下轴的螺栓，使各轴分开，如图 7－41 所示。

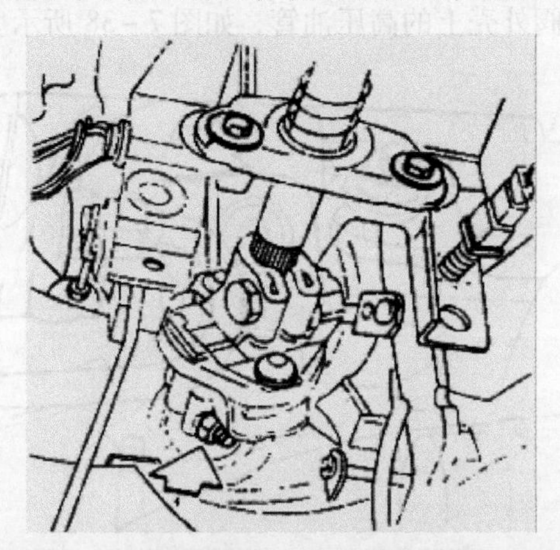

图 7－41　拆卸紧固转向小齿轮与下轴的螺栓

（9）拆卸防尘套。从汽车内部，拆卸固定转向控制阀外壳上回油软管的泄放螺栓，如

图 7-42 所示。

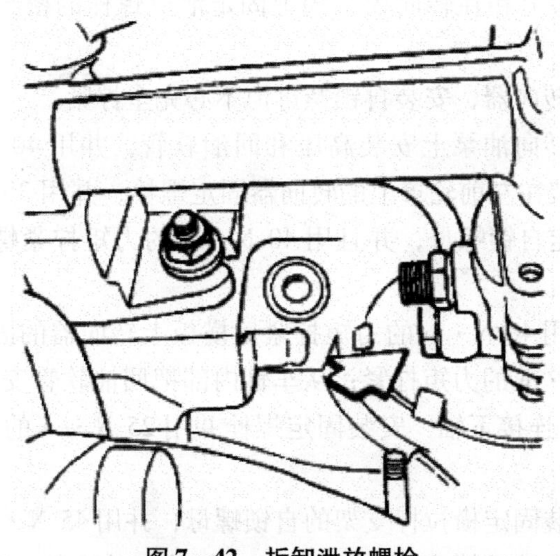

图 7-42　拆卸泄放螺栓

（10）拆卸后横板上转向器的固定自锁螺母，如图 7-43 所示。

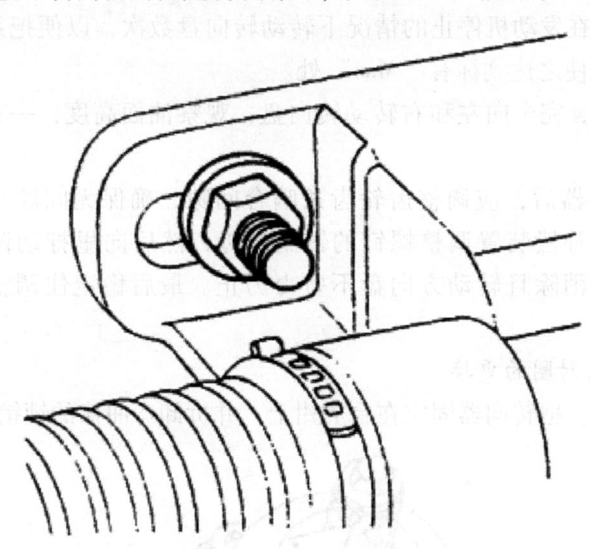

图 7-43　拆卸后横板上转向器的固定自锁螺母

（11）拆下转向器。

2. 动力转向机构零件的检查

（1）检查转向柱有无弯曲（转向柱直线度误差应不大于 1.00 mm）、安全联轴节有无磨损或损坏、弹簧弹性是否失效，如有则应修理或更换新件。

（2）横拉杆直线度误差应不大于 1.50 mm，否则更换。

（3）接触环弹簧及横拉杆球头销弹簧失效，各橡胶、塑料衬套及防尘套老化、破裂或磨损严重，横拉杆螺纹损伤超过两牙、球头销磨损严重或出现裂纹等，均应更换。

（4）检查齿条。将齿条架于平板 V 型铁上，用百分表检查径向圆跳动。最大径向圆跳动为 0.3 mm，否则应予更换。检查齿条背面有无磨损或损坏，如有，应更换齿条。

3. 动力转向器的安装与调整

安装时应注意：油泵上和在转向控制阀上固定泄放螺栓的密封环只要被拆卸，就应该更换。

（1）安装后横板的转向器，安装自锁螺母但不必完全拧紧。

（2）吊起车辆。在转向油泵上安装高压和回油软管，并用40 N·m的力矩拧紧螺栓，并使用新的密封圈；安装在左前轮罩上的转向器固定螺栓，并用20 N·m的力矩拧紧螺母，安装后横板上转向器固定自锁螺母，并且用40 N·m的力矩拧紧螺母；把高压管固定在转向控制阀外壳上。

（3）把车辆放下。用40 N·m的力矩拧紧后横板上转向器的固定螺母；安装横拉杆支架固定螺栓，并用45 N·m的力矩拧紧；从车辆内部把回油软管安装在转向控制阀外壳上；安装保护网（防尘套）；连接下轴，安装固定螺栓并用25 N·m的力矩拧紧；安装踏板盖、通风管和仪表板盖。

（4）吊起车辆。安装固定横拉杆支架的自锁螺母，并用45 N·m的力矩拧紧。

（5）把车辆放下。向储油罐内注入ATF油，直到达到标有“Max”处，决不要再使用已排出的ATF油。

（6）吊起车辆。在发动机停止的情况下转动转向盘数次，以便把系统中存在的空气排出，并补充ATF油，使之达到标有“Max”处。

（7）起动发动机，完全向左和右转动转向盘，观察油面高度，一直操作到油面稳定在标有“Max”处为止。

（8）安装好转向器后，应调整齿轮齿条啮合间隙，确保无间隙啮合。调整时，车轮直行且着地，先松开补偿装置调整螺钉的锁紧螺母，然后向里拧动调整螺钉，直到齿轮与齿条啮合间隙完全消除且转动方向盘不费力为止。最后稳定住调整螺钉，将锁紧螺母锁紧。

4. 转向器齿轮密封圈的更换

（1）拆卸转向器。把转向器固定在台虎钳上，并拆卸弯曲棒的锁销，如图7－44所示。

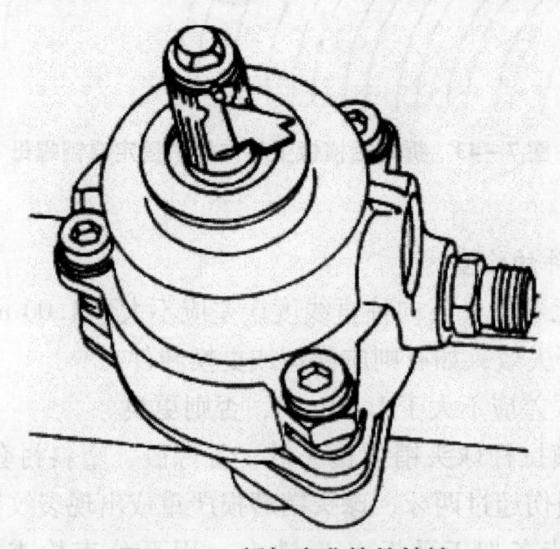

图7－44 拆卸弯曲棒的锁销

(2) 拆卸转向控制阀总成，如图 7－45 所示。

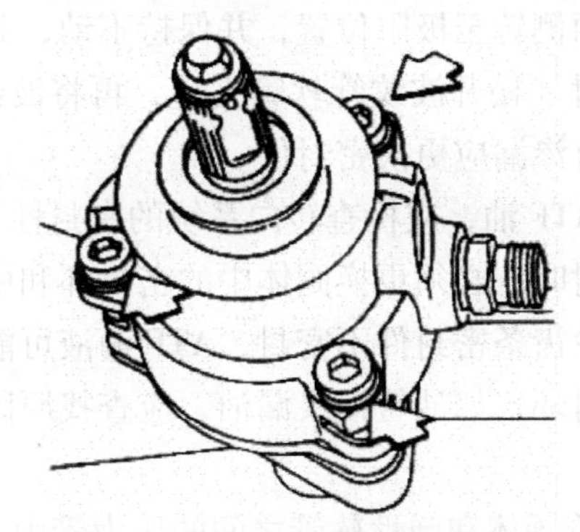

图 7－45　拆卸转向控制阀总成

(3) 拆卸转向控制阀外壳的密封圈，如图 7－46 所示。

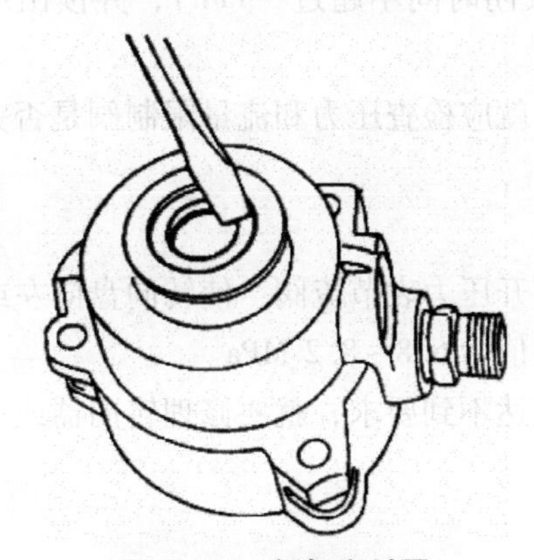

图 7－46　拆卸密封圈

(4) 使用专用工具 VW065 和塑料锄头，把新的密封圈安装在转向控制阀外壳上，如图 7－47 所示。

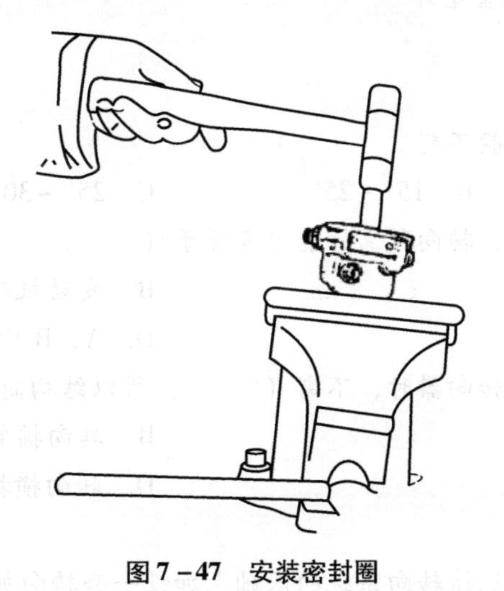

图 7－47　安装密封圈

5. 转向系统的检查

1) 检查系统密封性

转向系统密封性的检查，应在热车时进行。

将转向盘快速朝左、右两侧转至极限位置，并保持不动，此时可产生最佳管内压力。目测检查转向控制阀、齿条密封（松开波纹管软管夹箍，再将波纹管推至一旁）、叶轮泵、油管接头是否有漏油现象，如有渗漏应更换密封件。

如果发现储油罐中缺少 ATF 油，应检查转向系统的密封性是否完好。

当转向器主动齿轮不密封时，必须更换阀体中的密封环和中间盖板上的圆形绳环。

如果转向器罩壳中的齿轮齿条密封件不密封，ATF 油液可能流入波纹管套里，此时，应拆开转向机构，更换所有密封环。如油管接头漏油，应查找原因并重新接好。

2）检查转向油泵压力

（1）将压力表装到连接管阀体和弹性软管之间的压力管中。

（2）起动发动机，如果需要，向储油罐补充 ATF 油。

（3）快速关闭截止阀（关闭时间不超过 5 min），并读出压力数，表压额定值为 6.8 ~ 8.2 MPa。

如果没有达到额定数值，就应检查压力和流量限制阀是否完好。如不正常应更换压力和流量限制阀，或更换叶轮泵。

3）检查系统压力

当发动机怠速工作时，打开压力表节流阀，使转向盘向左或向右旋转极限位置，同时读出压力表上的压力。表压额定值为 6.8 ~ 8.2 MPa。

如果向左或向右的额定值达不到要求，就要修理转向器或更换总成。

一、选择题

1. 循环球式转向器上的齿条和齿扇的啮合间隙，需调整的部位是（　　）。

A. 侧盖与端面间的调整垫片

B. 侧盖上的调整螺钉

C. 螺杆上端面的螺母

2. 转向盘自由行程一般不超过（　　）。

A. 10° ~ 15°　　B. 15° ~ 25°　　C. 25° ~ 30°

3. 在动力转向系统中，转向所需的能源来源于（　　）。

A. 驾驶员的体能　　B. 发动机动力

C. A，B 均有　　D. A，B 均没有

4. 采用齿轮、齿条式转向器时，不需（　　），所以结构简单。

A. 转向节臂　　B. 转向摇臂

C. 转向直拉杆　　D. 转向横拉杆

二、判断题

1. 动力转向系统是在机械转向系统的基础上加设一套转向加力装置而形成的。（　　）

2. 采用动力转向系统的汽车，当转向加力装置失效时，汽车也就无法转向了。（　　）

3. 汽车的轴距越小，则转向机动性能越好。（　　）

4. 转向系统的角传动比越大，则转向越轻便，越灵敏。 (　　)

三、简答题

1. 试述汽车机械转向系统的工作过程。

2. 简述几种常见的转向器。

3. 现代汽车在转向操纵机构中增设了哪些装置？

项目八

汽车行驶系统

8.1 行驶系统概述

8.1.1 行驶系统的功用与分类

汽车行驶系统的主要作用是将整个汽车连接成一体，并支持全车质量，接收传动系统传来的转矩，并通过驱动车轮与路面的附着作用，产生路面对汽车的牵引力。传递并承受路面作用与车轮上的各种反力及形成的力矩，缓和不平路面对汽车造成的冲击并尽量减少车身振动。

汽车行驶系统根据结构的不同分为轮式、半履带式、全履带式、车轮－履带式行驶系统。

1. 轮式行驶系统

轮式行驶系统指汽车直接与路面接触的部分是车轮，如图 8－1 所示。

图 8－1　轮式行驶系统

2. 半履带式行驶系统

半履带式结构特点是前桥装有滑橇或车轮，用来实现转向，后桥装有履带，以减少对地面的单位压力，控制汽车下陷，同时履带上的履刺加强了附着力，提高了车辆的通过能力，如图 8－2 所示。

3. 全履带式行驶系统

汽车行驶系统中直接与路面接触的部分是履带的称为全履带式行驶系统，如图 8－3 所示。

图 8 -2　半履带式行驶系统

图 8 -3　全履带式行驶系统

4. 车轮 - 履带式行驶系统

汽车行驶系统中直接与路面接触的部分既有车轮又有履带的称为车轮 - 履带式汽车，如图 8 -4 所示。

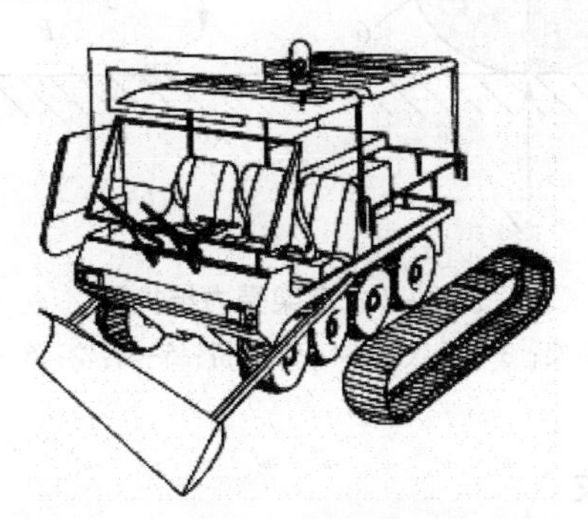

图 8 -4　车轮 - 履带式行驶系统

8.1.2　行驶系统的组成

现在汽车行驶系统上广泛使用的结构类型是轮式的，所以本章中介绍的行驶系统为轮式行驶系统。轮式行驶系统由车架、车桥、悬架和车轮组成，如图 8 -5 所示。车轮分别支承在各车桥（前桥、后桥）上，为了减少汽车在不平路面上行驶时受到的振动，车桥又通过弹性悬架与车身连接。

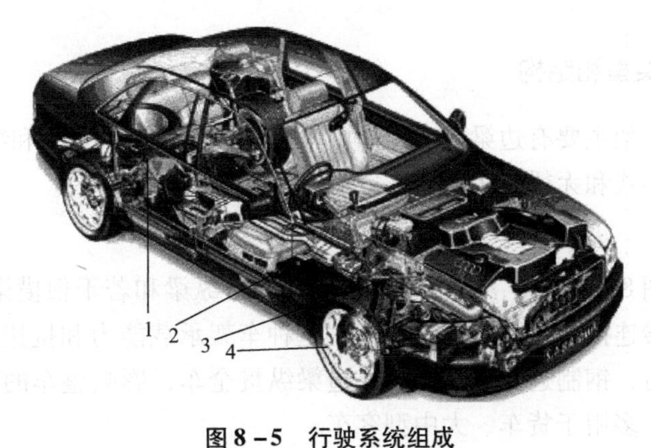

图 8 -5　行驶系统组成

1—车桥；2—车架；3—悬架；4—车轮

8.2 车架

车架俗称“大梁”，是汽车的装配基础，是连接在各车桥之间形似桥梁的一种结构，汽车上大部分的零部件和总成都安装在车架上。另外，车架不仅承受各零部件、总成的载荷，还要承受汽车行驶时来自路面各种负载载荷的作用，如汽车加速、制动时的纵向力，汽车转弯、侧坡行驶时的侧向力，不良路面传来的冲击等，其受力情况如图 8－6 所示。

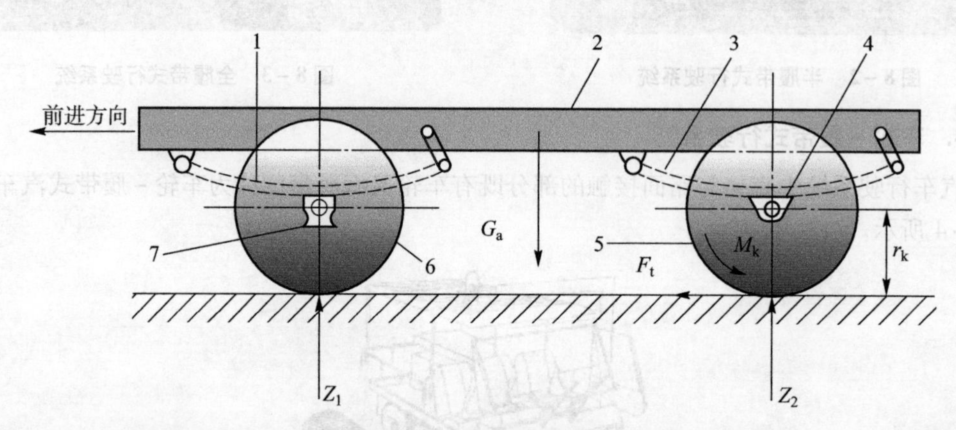

图 8－6 车架受力结构图

1—前悬架；2—车架；3—后悬架；4—驱动桥；5—后轮；6—前轮；7—从动桥

8.2.1 车架的功用与要求

车架的功用是支承车身，承受车内外各种汽车载荷，固定汽车大部分部件和总成。车架是整个车的装配基体，汽车的绝大多数部件和总成都通过车架来固定在其位置上，并使它们保持正确的相对位置。基于以上功用，车架设计时有如下几点要求：

（1）足够的强度、合适的刚度。

（2）结构简单、质量小。

（3）降低汽车的重心和获得较大的前轮转向角，以保证汽车行驶时的稳定性和转向灵活性。

8.2.2 车架的类型和结构

汽车上采用的车架主要有边梁式车架、中梁式车架、无梁式车架和综合式车架四种。目前汽车上多采用边梁式和无梁式车架。

1. 边梁式车架

边梁式车架如图 8－7 所示，它由两根位于两边的纵梁和若干根横梁组成，用铆接法或焊接法将纵梁与横梁连接成坚固的刚性构架。这种车架承载能力和抗扭刚度强，结构简单，工艺要求较低。同时，钢制边梁质量沉重，边梁纵贯全车，影响整车的布局和空间利用率，且使整车重心偏高。多用于货车、大中型客车。

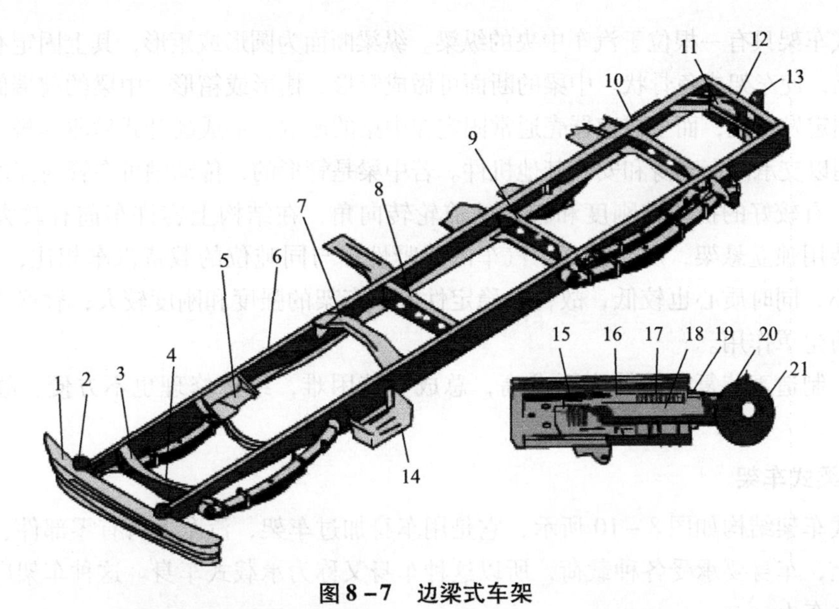

图 8 -7　边梁式车架

1—保险杠；2—挂钩；3—前横梁；4—发动机前悬置横梁；5—发动机后悬置右（左）支架和横梁；
6—纵梁；7—驾驶室后悬置横梁；8—第四横梁；9—后钢板弹簧前支架横梁；
10—后钢板弹簧后支架横梁；11—角横梁组件；12—后横梁；13—拖钩部件；
14—蓄电池托架；15—螺母；16—衬套；17—弹簧；18—衬套；
19—托钩；20—锁块；21—锁扣

纵梁的结构具有以下几个特点：

(1) 从宽度上看有前窄后宽、前宽后窄和前后等宽三种形式，前窄使前轮具有足够的偏转角度，提高了车辆的机动性能；后窄用于重型车辆，便于布置双轮。

(2) 从平面度上看有水平和弯曲两种形式，水平的纵梁便于零部件、总成的安装和布置；弯曲的纵梁可以降低车辆重心。

(3) 从断面形式上看有槽型、Z 型、工型和箱型几种。

X 型车架是边梁式车架的改进，对于短而宽的汽车车架，为了降低重心高度和提高车架的扭转刚度，通常制成前窄后宽而后部向上弯曲的车架结构，且两根横梁制成 X 型，这种车架称之为 X 型车架，一般用于轿车车架，如图 8 -8 所示。

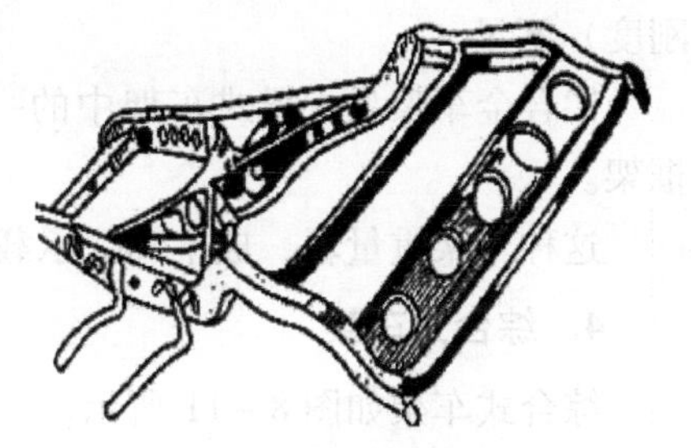

图 8 -8　X 型车架

2. 中梁式车架

中梁式车架又称为脊骨式车架，如图 8 -9 所示。

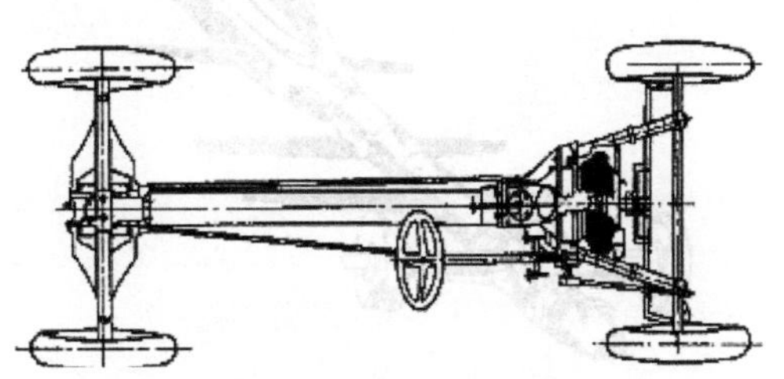

图 8 -9　中梁式车架

中梁式车架只有一根位于汽车中央的纵梁。纵梁断面为圆形或矩形，其上固定有横向的托架或连接梁，使车架成鱼骨状。中梁的断面可做成管形、槽形或箱形。中梁的前端做成伸出支架，用以固定发动机，而主减速器壳通常固定在中梁的尾端，形成断开式后驱动桥。中梁上的悬伸托架用以支承汽车车身和安装其他机件。若中梁是管形的，传动轴可在管内穿过。

优点：有较好的抗扭转刚度和较大的前轮转向角，在结构上容许车前有较大的跳动空间，便于装用独立悬架，从而提高了汽车的越野性；与同吨位的载货汽车相比，其车架轻，整车质量小，同时质心也较低，故行驶稳定性好；车架的强度和刚度较大；脊梁还能起封闭传动轴的防尘罩作用。

缺点：制造工艺复杂，精度要求高，总成安装困难，维护修理也不方便，故目前应用较少。

3. 无梁式车架

无梁式车架结构如图 8－10 所示，它是用车身加过车架，汽车上所有零部件、总成都安装在车身上，车身要承受各种载荷，所以这种车身又称为承载式车身。这种车架广泛应用于乘用车和客车上。

图 8－10　无梁式车架结构

无梁式车身的车架和车身合二为一，重量轻，可利用的空间大，重心低，操控反应好，而且传递的振动、噪声都较少。但是，它对设计和工艺的要求都很高，刚度（尤其是抗扭刚度）不足。

铝合金车架是无梁式车架中的一种，将铝合金条梁焊接、铆接或贴合在一起组成一个框架。

这种车架重量轻，成本高，承载能力比钢制小，用于少数跑车上。

4. 综合式车架

综合式车架如图 8－11 所示。

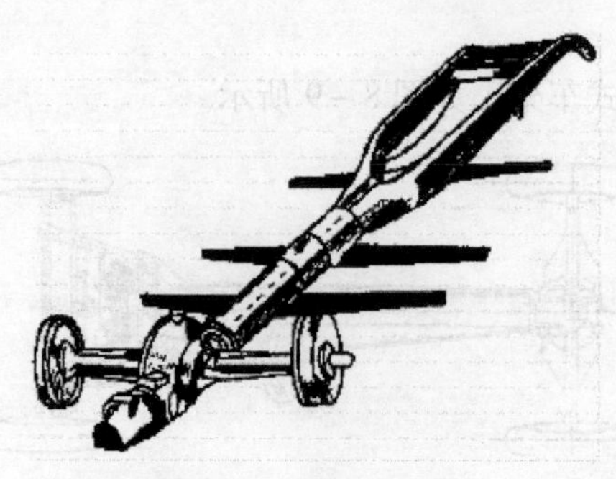

图 8－11　综合式车架

综合式车架是由边梁式和中梁式车架联合构成的。

车架的前段或后段是边梁式结构，用以安装发动机或后驱动桥。而车架的另一段是中梁式结构的支架，可以固定车身。传动轴从中梁的中间穿过，使之密封防尘。

8.3 车桥

8.3.1 车桥的功用和结构

汽车车桥（又称车轴）通过悬架与车架（或承载式车身）相连接，其两端安装车轮。车桥的作用是承受汽车的载荷，维持汽车在道路上的正常行驶。

根据悬架的结构型式，车桥可分为断开式和整体式两种，如图 8－12 所示。断开式车桥为活动关节式结构，它与独立悬架配合使用；整体式车桥的中部是刚性实心或空心梁，它多配用非独立悬架。

按车轮的不同运动方式，车桥又可分为转向桥、驱动桥、转向驱动桥和支承桥四种类型。其中，转向桥和支承桥均属于从动桥。一般汽车的前桥多为转向桥，而后桥或中、后两桥多为驱动桥；越野汽车或大部分轿车的前桥既是转向桥也是驱动桥，故称为转向驱动桥；有些单桥驱动的三轴汽车（6×2）的中桥（或后桥）是驱动桥，则后桥（或中桥）都是支承桥。

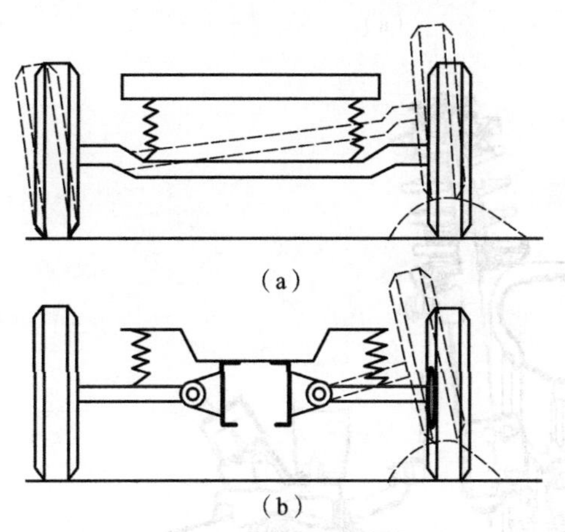

图 8－12　整体式和断开式车桥

（a）整体式车桥；（b）断开式车桥

8.3.2 转向桥

1. 转向桥的结构和组成

汽车中不仅用于承载，而且兼起转向作用的车桥称为转向桥。转向桥通常位于汽车前部，能使装在其两端的车轮偏转一定的角度，以实现汽车转向。同时还要承受汽车车架和车轮之间的作用力及其产生的弯矩和转矩。

整体式转向桥的车桥两端与转向节铰接，中部是刚性实心或空心梁，与非独立悬架配用，如图 8－13（a）所示。断开式转向桥的作用与整体式转向桥一样，所不同的是断开式转向桥与独立悬架匹配，为活动关节式结构，如图 8－13（b）所示。

各种车型的转向桥机构基本相同，主要由前轴、转向节和主销等组成。

如图 8－13（c）所示，前轴是转向桥的主体，它的断面一般是工字形，为提高抗扭强度，在接近两端各有一个加粗部分成拳形，其中有通孔，主销即插入此孔内，中部向下弯曲成凹形，其目的是使发动机位置得以降低，从而降低汽车质心，扩展驾驶员视野，减小传动轴与变速器输出轴之间的夹角。

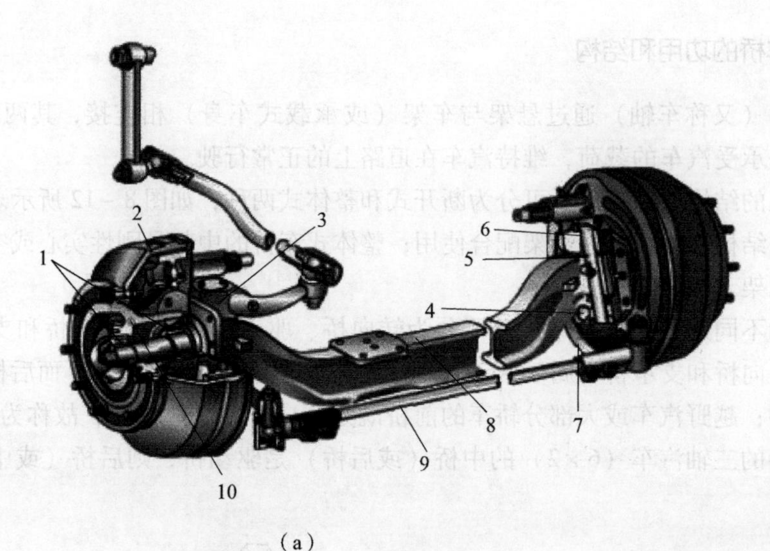

（a）

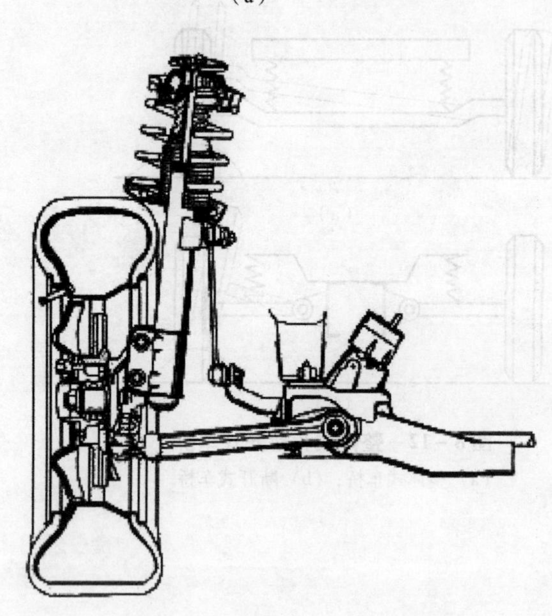

（b）

图 8－13　转向桥

（a）整体式转向桥；（b）断开式转向桥

1—轮毂轴承；2—制动鼓；3—转向节；4—止推轴承；5—主销；6—衬套；

7—梯形臂；8—前梁；9—转向横拉杆；10—轮毂

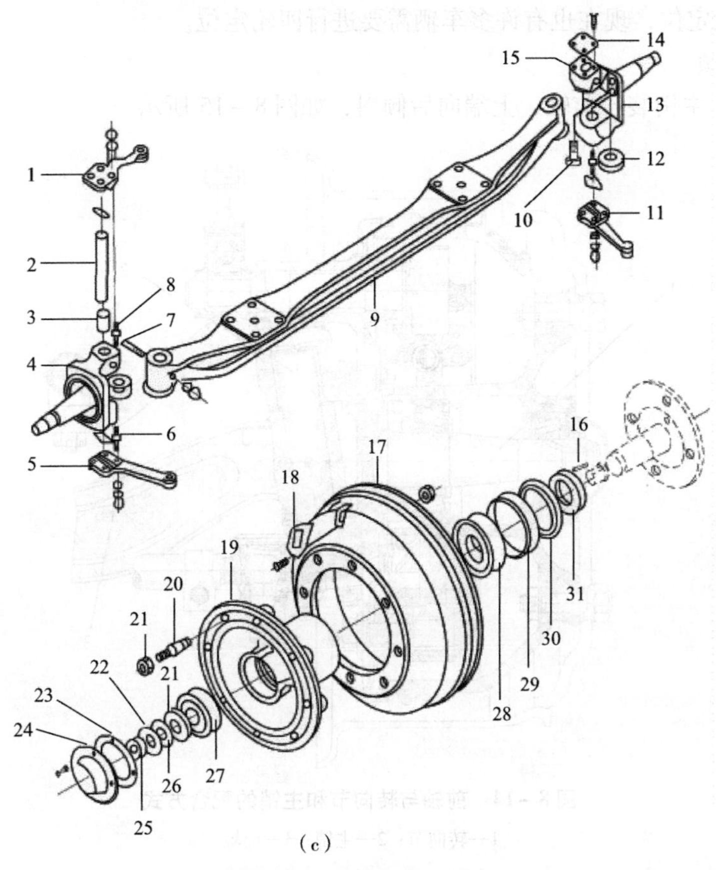

（c）

图 8－13 转向桥（续）

（c）整体式转向桥分解图

1—左转向节上臂；2—主销；3—衬套；4—左转向节；5—左转向节臂；6—双头螺栓；7—锁销；8—双头螺栓；9—前轴；10—限位螺栓；11—右转向节臂；12—止推轴承；13—右转向节；14—右转向节上盖；15—滑脂嘴；16—定位销；17—制动鼓；18—检查孔堵塞；19—前轮毂；20—螺栓；21—螺母；22—止动垫圈；23—衬垫；24—轮毂盖；25—锁紧螺母；26—垫圈；27—前轮毂外轴承；28—前轮毂内轴承；29—油封外圈；30—油封总成；31—油封内圈

转向节是车轮转向的铰链，它是一个叉形件。上下两叉有安装主销的两个同轴孔，转向节轴颈用来安装车轮。转向节上销孔的两耳通过主销与前轴两端的拳形部分相连，使前轮可绕主销偏转一定角度而使汽车转向。

主销的作用是铰接前轴及转向节，使转向节绕着主销摆动以实现车轮的转向。主销的中部切有凹槽，安装时用主销固定螺栓与它上面的凹槽配合，将主销固定在前轴的拳形孔中。主销与转向节上的销孔是动配合，以便实现转向。前轴与转向节和主销的配合方式如图 8－14 所示。轮毂通过两个圆锥滚子轴承支承在转向节外端的轴颈上。轴承的松紧度可用调整螺母（装于轴承外端）加以调整。

2. 转向轮定位

转向轮定位（前轮定位）指转向轮、转向节和前轴三者之间与车架必须保持一定的相对安装位置。使汽车转向轻便，行驶平稳，且使转向轮自动回正，减少机件磨损。

转向轮定位参数有：主销后倾、主销内倾、车轮外倾、前轮前束四个参数。通常车轮定位主要是指前轮定位，现在也有许多车辆需要进行四轮定位。

1）主销后倾

（1）定义：主销装于前轴，上端向后倾斜，如图 8-15 所示。

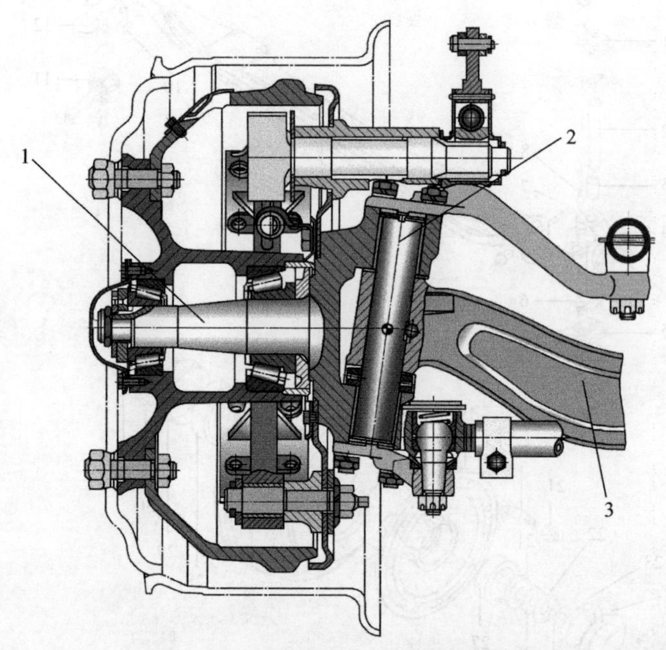

图 8-14　前轴与转向节和主销的配合方式

1—转向节；2—主销；3—前轴

（2）主销后倾的作用。在汽车纵向垂直平面内，主销轴线与垂线之间的夹角 γ 叫主销后倾角，如图 8-16 所示。

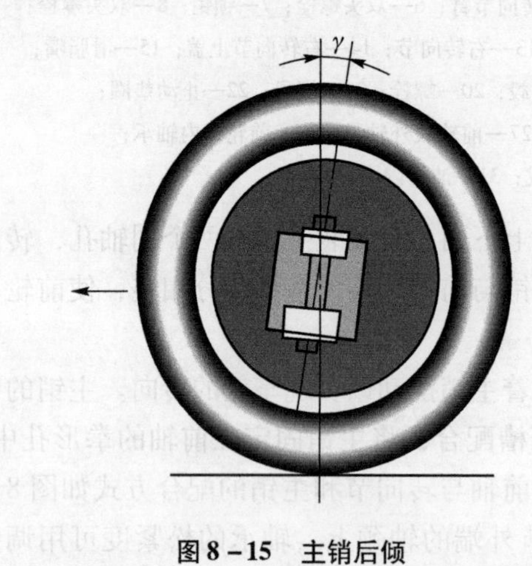

图 8-15　主销后倾

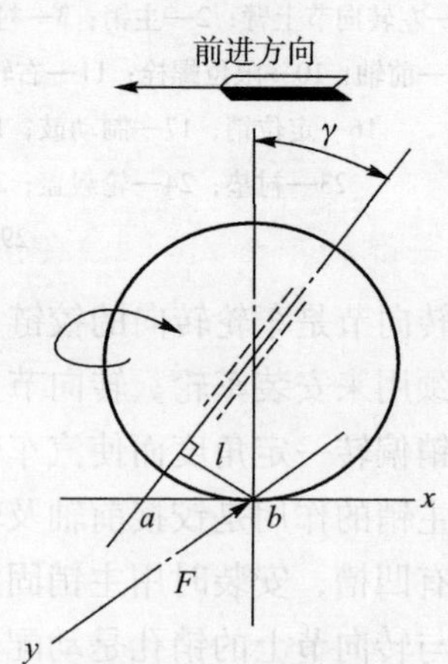

图 8-16　主销后倾角

主销后倾后，形成了绕主销的稳定力矩 $M=Fl$，其作用方向正好与车轮偏转方向相反，使车轮有恢复到原来中间位置的趋势。即使在汽车直线行驶偶尔遇到阻力使车轮偏转时，也有此种作用。由此可见，主销后倾的作用是保持汽车直线行驶的稳定性，并力图使转弯后的的车轮自动回正。

后倾角越大，车速越高，前轮的稳定性越强，但后倾角过大会造成转向盘沉重，一般采用 $\gamma<3°$。有些轿车和客车的轮胎气压较低，弹性较大，行驶时由于轮胎与地面的接触面中心向后移动，引起稳定力矩增加，故后倾角可以减小到接近于零，甚至为负值（即主销前倾）。

（3）主销后倾产生方法。前轴、钢板弹簧和车架三者装配在一起时，由于钢板前高后低，使前轴向后倾斜而形成。在钢板后部加装楔形垫片而形成后倾。

2）主销内倾

（1）定义：主销安装到前轴上后，其上端略向内倾斜，称为主销内倾。在汽车横向垂面内，主销轴线与垂线之间的夹角叫主销内倾角，如图 8－17 所示。

（2）主销内倾的作用。使车轮转向后能自动回正，且转向操纵轻便，一般内倾角 β 在 5°～8°，如图 8－18 所示。

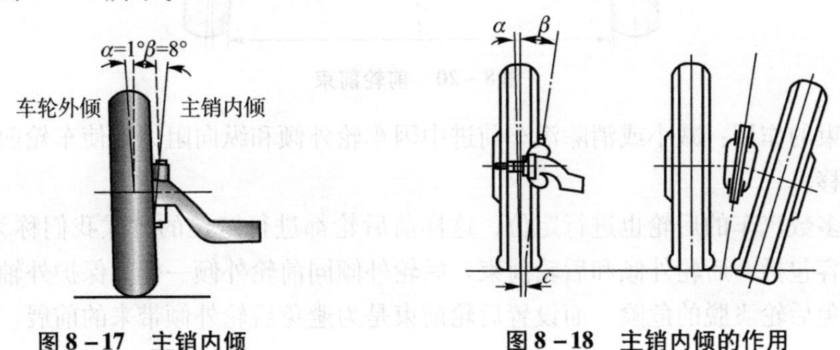

图 8－17　主销内倾　　　　图 8－18　主销内倾的作用

主销内倾角是制造前轴时使主销孔轴线的上端向内倾斜而获得的。在非独立悬架的转向桥上，主销内倾角是不能单独调整的。

（3）主销后倾和主销内倾的作用关系：

①主销后倾和内倾都有使汽车转向后自动回正、保持汽车直线行驶的作用。

②主销后倾的回正作用与车速有关，而主销内倾的回正作用与车速无关。

③高速时后倾的回正作用大，而低速时主要靠内倾的回正作用。

④直线行驶时车轮偶尔遇到冲击而偏转时，也主要是依靠主销内倾起回正作用。

3）车轮外倾

（1）定义：车轮旋转平面上方略向外倾斜，称为车轮外倾。车轮旋转平面与汽车纵向前垂面之间的夹角称为车轮外倾角 α，如图 8－19 所示。

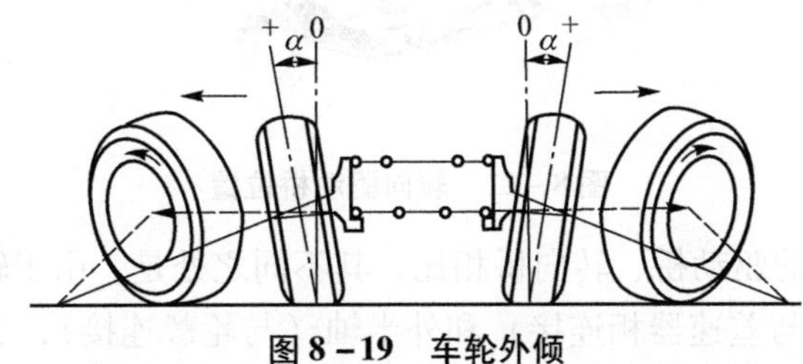

图 8－19　车轮外倾

（2）车轮外倾的作用。为了提高车轮行驶的安全性和转向操纵轻便性。非独立悬架车轮外倾角是由转向节的结构确定的。转向节安装到前轴后，其轴颈相对于水平面向下倾斜，从而使车轮安装后外倾，一般不能调整，但使用独立悬架的转向桥大多可以调整。车轮外倾角虽然对安全和操纵有利，但是过大的外倾角将使轮胎横向偏磨增加，油耗增多。一般车轮外倾角为1°左右。

4）前轮前束

汽车两个前轮的旋转平面不平行，前端略向内收，这种现象叫作前轮前束。两轮前端距离为 B，后端距离为 A，其差值即为前束值，如图 8 – 20 所示。

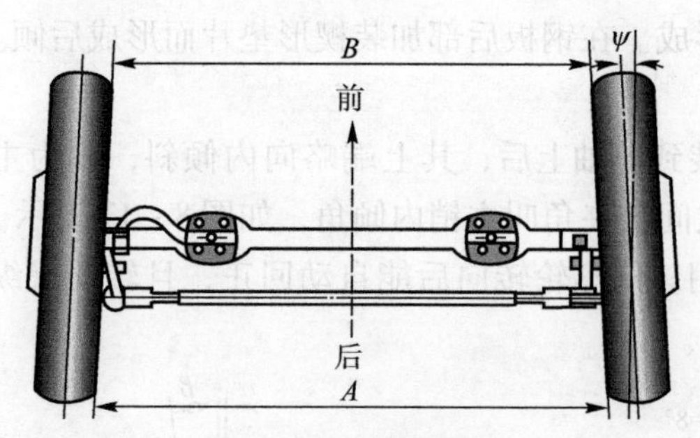

图 8 – 20　前轮前束

前轮前束的作用：减小或消除汽车前进中因车轮外倾和纵向阻力致使车轮前端向外滚开所造成的滑移。

现在大多数汽车的后轮也进行定位，这样前后轮都进行定位的方式我们称为四轮定位。后轮定位内容包括：后轮外倾和后轮前束。后轮外倾同前轮外倾一样，保护外轴承和外端锁紧螺母，避免后轮飞脱的危险。而设置后轮前束是为避免后轮外倾带来的前展。

8.3.3　转向驱动桥

1. 转向驱动桥的结构、组成

转向驱动桥具有转向和驱动两种功能。既具有一般驱动桥所具有的主减速器、差速器及半轴，也具有一般转向桥所具有的转向节壳体、主销和轮毂等，如图 8 – 21 和图 8 – 22 所示。

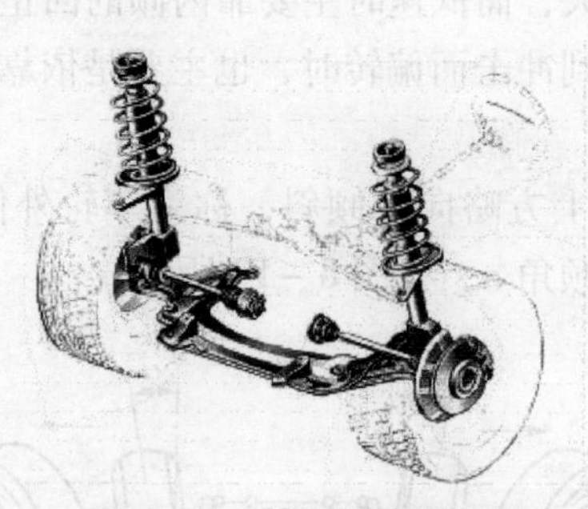

图 8 – 21　转向驱动桥位置

转向驱动桥与单独的驱动桥、转向桥相比，其不同之处是，由于转向所需要半轴被分为两段，分别叫内半轴（与差速器相连接）和外半轴（与轮毂连接），二者用等角速万向节连接起来。同时，主销也因此分成上下两段，分别固定在万向节的球形支座上。转向节轴颈做成空心，以便外半轴从中穿过。转向节的连接叉是球状转向节壳体，既满足了转向的需要，又适应了转向节的传力。转向驱动桥广泛应用在全轮驱动的越野汽车上。

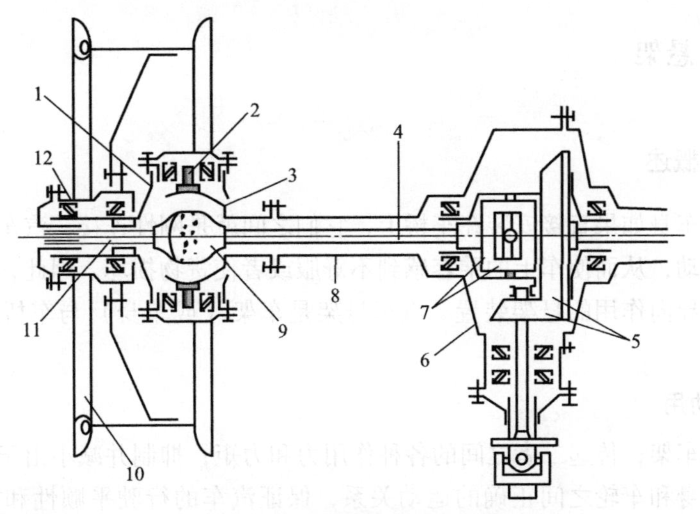

图 8－22　转向驱动桥示意图

1—转向节壳体；2—主销；3—球形支座；4—内半轴；5—主减速器；6—主减速器壳；
7—差速器；8—半轴套管；9—万向节；10—车轮；11—外半轴；12—轮毂

2. 转向驱动桥工作原理

驱动：桥的中部装有主减速器和差速器。内半轴和外半轴通过等角速万向节连接在一起，外半轴的端部制有花键，它和半轴凸缘相啮合。当前桥驱动时，转矩由主减速器、差速器传给内半轴、万向节、外半轴和半轴凸缘，最后传递到轮毂，驱使车轮旋转。

转向：转向节由转向节轴颈和转向节外壳用螺栓连接成整体。转向节轴颈上装有两个轮毂轴承，以支承轮毂；转向节轴颈内孔壁内压装有衬套，以支承外半轴。在转向节外壳的上下两端分别装有上下两段主销的加粗部分，并用止动销止动，在转向节外壳上端装有转向节臂，在转向节外壳下端装有下盖。润滑脂由上、下油嘴注入后，分别进入主销中心油道，再从两个侧孔出来进入主销与衬套之间，实现润滑。汽车转向时，转向直拉杆拉动转向节臂带动转向节绕主销摆动，这时转向轮即可随之偏转，从而实现汽车的转向。

8.3.4　支持桥

支持桥是既无转向功能又无驱动功能的车桥，支持桥属于从动桥；单桥驱动的三轴汽车，后桥设计成支持桥；挂车上的车桥也是支持桥；发动机前置前驱动轿车的后桥也属于支持桥，如图 8－23 所示。

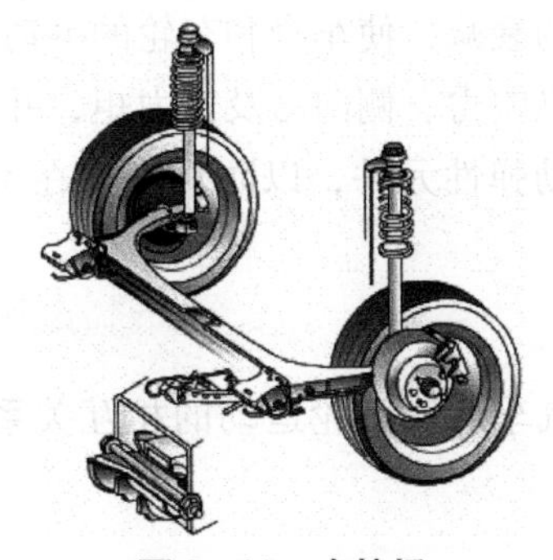

图 8－23　支持桥

8.4 悬架

8.4.1 悬架概述

汽车车架或车身如果直接安装在车桥上，它们之间就是刚性连接，汽车则会由于道路不平而上下颠簸振动，从而使车上的乘客感到不舒服或者使货物损坏。因此，车上必须安装具有缓冲、减振和导向作用的悬架装置。汽车悬架是车架（或车身）与车桥之间各种传力连接装置的总称。

1. 悬架的功用

连接车桥和车架；传递二者之间的各种作用力和力矩；抑制并减小由于路面不平而引起的振动，保持车身和车轮之间正确的运动关系，保证汽车的行驶平顺性和操纵稳定性（缓冲、减振、导向及稳定）。

2. 悬架的结构组成

悬架一般由弹性元件、导向装置和减震器等组成，如图 8－24 所示。

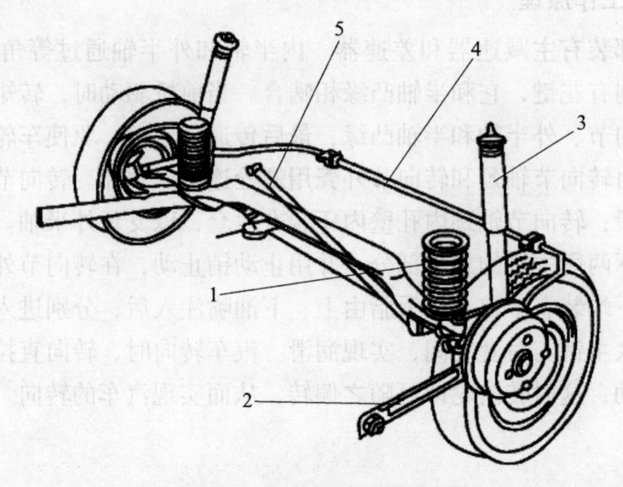

图 8－24 悬架的组成

1—弹性元件；2—纵向推力杆；3—减震器；4—横向稳定器；5—横向推力杆

（1）弹性元件的作用是承受和传递垂直载荷，缓冲并抑制不平路面所引起的冲击。

（2）减震器用以加快振动的衰减，使车身和车轮的振动得以控制。

（3）导向装置是用来传递纵向力、侧向力及其力矩，并保证车轮有正确的运动关系。

（4）横向稳定器是一种辅助弹性元件，以防止车身在不平路面上行驶或转向时发生过大的横向倾斜。

3. 悬架的类型

悬架按导向装置的型式（汽车两侧车轮运动的相互关系）可分为两大类：非独立悬架和独立悬架。

1）非独立悬架

非独立悬架是车轮安装在一根整体式车桥两端，车桥通过弹性元件与车架相连。当一侧车轮跳动时，要影响另一侧车轮，也叫相关悬架，如图 8-25 所示。

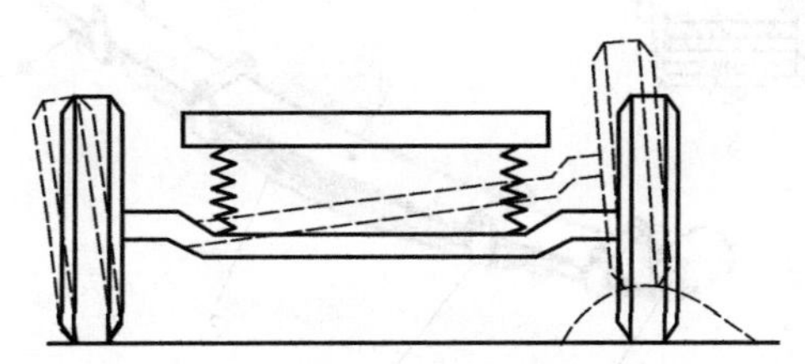

图 8-25 非独立悬架

非独立悬架的特点：结构简单，成本低，车轮上下跳动时定位参数变化小，在货车和一些大客车上普遍采用，部分轿车后悬架也有采用。

2）独立悬架

独立悬架是每一侧车轮单独通过悬架与车桥相连，每个车轮都能独立上下运动而无相互影响；车桥是断开式；独立悬架车轮接地性好，行驶平顺性和操纵稳定性都优于非独立悬架，前轮定位角可以调节，在轿车上得到广泛应用，如图 8-26 所示。

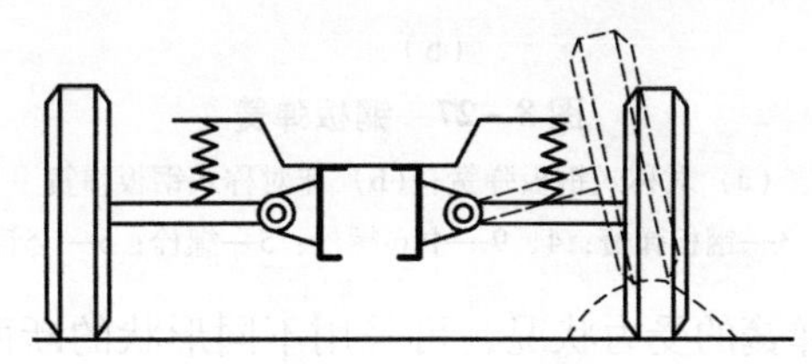

图 8-26 独立悬架

8.4.2 弹性元件

汽车悬架所用的弹性元件可分为钢板弹簧、螺旋弹簧、扭杆弹簧、气体弹簧和橡胶弹簧等；一般载货汽车的非独立悬架广泛采用钢板弹簧；大多数轿车的独立悬架应用螺旋弹簧和扭杆弹簧；而在重型载货汽车上气体弹簧得到了广泛的应用；橡胶弹簧多用在悬架的副簧和缓冲块中。

1. 钢板弹簧

钢板弹簧广泛应用于汽车的非独立悬架中，其构造如图 8-27 所示。钢板弹簧由若干片长度不等的合金弹簧片叠加而成，构成一根近似等强度的弹性梁。最长的一片称为主片，其两端卷成卷耳，内装衬套，以便用弹簧销与固定在车架上的支架或者吊耳作铰链连接。

中心螺栓用来连接各弹簧片，并保证各片转配时的相对位置。中心螺栓距两端卷耳中心的距离可以是相等的，称为对称式钢板弹簧，如图 8-27（a）所示；也可以是不等的，称为非对称式钢板弹簧，如图 8-27（b）所示。

为了增加主片卷耳的强度，常将第 2 片末端也卷成半卷耳，包在主片卷耳的外面，但留有较大的间隙，使得弹簧在变形时，各片间有相对滑动和伸缩的空间。

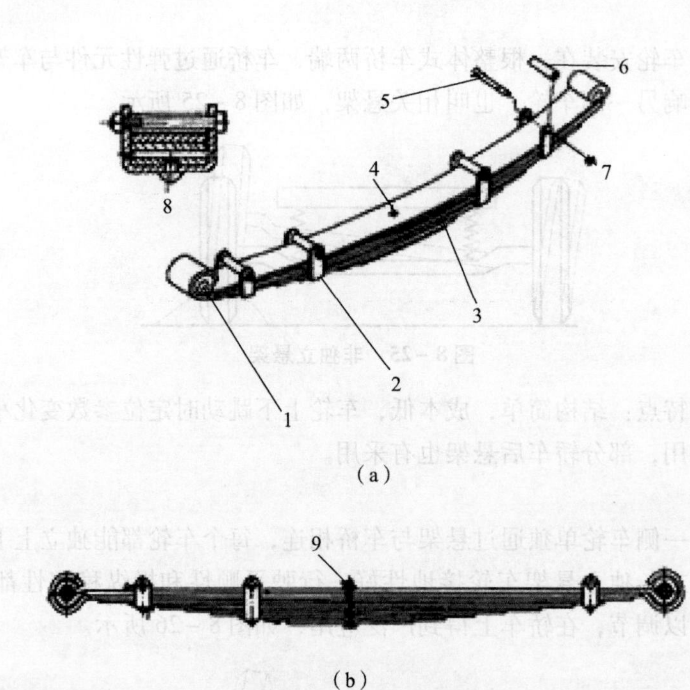

图 8－27　钢板弹簧

（a）对称式钢板弹簧；（b）非对称式钢板弹簧

1—卷耳；2—弹簧夹；3—钢板弹簧；4，9—中心螺栓；5—螺栓；6—套管；7—螺母；8—图钉

为了进一步改善钢板弹簧的受力状况，可采用不同形状的断面。钢板弹簧的断面型式，如图 8－28 所示。

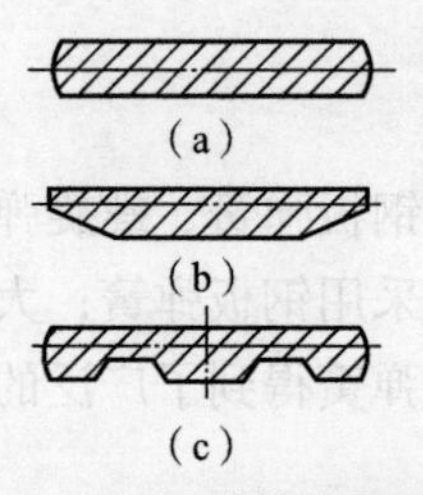

图 8－28　钢板弹簧的断面型式

（1）矩形断面钢板弹簧［图 8－28（a）］结构简单，但受拉应力一面的棱角处易产生疲劳裂纹。

（2）图 8－28（b）、（c）采用上下不对称的横断面，由于断面抗弯的中性轴线上移，不但可减小拉应力，而且节省了材料。

2. 螺旋弹簧

螺旋弹簧广泛地应用于前独立悬架，如图 8－29 所示。有些乘用车的后轮非独立悬架也采用螺旋弹簧作为弹性元件。螺旋弹簧与钢板弹簧相比，具有不忌泥污，所占纵向空间不大，弹簧质量小等优点；螺旋弹簧本身没有减振作用，因此在螺旋弹簧悬架中必须另装减震器；此外，螺旋弹簧只能承受垂直载荷，故必须装设导向机构以传递垂直力以外的各种力和力矩。螺旋弹簧常用弹簧钢棒料卷制而成，可做成等螺距或变螺距的，前者刚度不变，后者刚度是可变的。

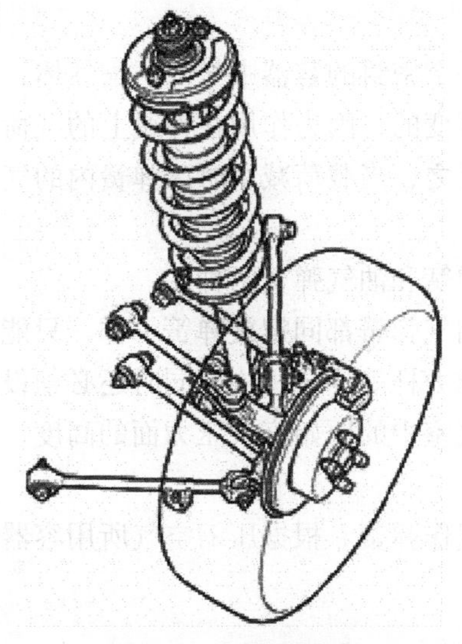

图 8-29　螺旋弹簧

3. 扭杆弹簧

扭杆弹簧是一根具有扭转弹性的直线金属杆件。其断面一般为圆形，少数为矩形或管形，如图 8-30 所示。

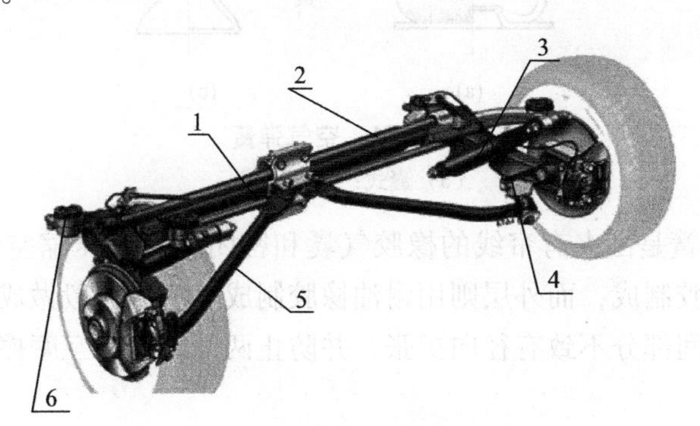

图 8-30　扭杆弹簧

1—不可扭转横梁；2—扭杆弹簧；3—减震器；4—纵向摆臂；
5—加强连杆（标致 206GTI 车型特有）；6—可变形的橡胶衬垫（后轮随动）

扭杆弹簧两端可以做成花键、方形、六角形或带平面的圆柱形等，以便将一端固定在车架上，另一端通过摆臂固定在车轮上。有的扭杆由一些矩形断面的薄扭片组合而成，更为柔软。

扭杆弹簧的特点有以下几个：

（1）扭杆是用铬钒合金弹簧钢制成的，表面通常涂以沥青和防锈油漆或者包裹一层玻璃纤维布，以防碰撞、刮伤和腐蚀。

（2）扭杆具有预扭应力，安装时左右扭杆预加扭转的方向都与扭杆安装在车上后承受工作载荷时扭转的方向相同，不能互换，为此，在左右扭杆上刻有不同标记。

（3）扭杆本身的扭转刚度虽然是常数，但采用扭杆的悬架刚度却是可变的。

（4）扭杆弹簧与钢板弹簧相比较，具有质量小，不需润滑的优点。

4. 气体弹簧

原理：气体弹簧是指在一个密封的容器中充入压缩气体，利用气体的可压缩性实现其弹簧作用。这种弹簧的刚度是可变的，因为作用在弹簧上的载荷增加时，容器内的定量气体气压升高，弹簧的刚度增大。反之，当载荷减小时，弹簧内的气压下降，刚度减小，故它具有较理想的弹性特性。

类型：气体弹簧有空气弹簧和油气弹簧两种。

结构特点：空气弹簧和油气弹簧都同螺旋弹簧一样，只能承受轴向载荷，因此气体弹簧悬架中必须设置纵向和横向推力杆等导向机构，同时还必须设有减震器。气体弹簧可以通过专门的高度控制阀自动调节气室中的原始充气压力面的高度。

1）空气弹簧

空气弹簧是利用压缩空气作弹簧。根据压缩空气所用容器的不同，又有囊式和膜式两种型式，如图 8－31 所示。

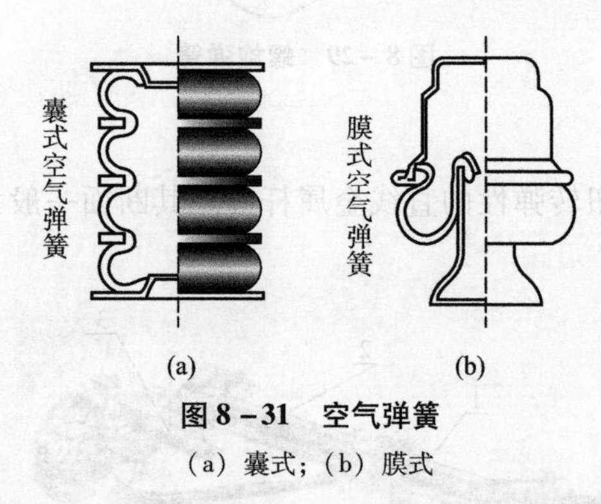

图 8－31　空气弹簧

（a）囊式；（b）膜式

（1）囊式空气弹簧是由夹有帘线的橡胶气囊和密闭在其中压缩空气所组成的。气囊内层用气密性良好的橡胶制成，而外层则用耐油橡胶制成。气囊一般做成两节，节与节之间围有钢质的腰环，使中间部分不致有径向扩张，并防止两节之间相互摩擦。气囊的上下盖板将气囊密封。

（2）膜式空气弹簧的密闭气囊由橡胶膜片和金属压制件组成。

2）油气弹簧

原理：油气弹簧是指在密闭的容器中充入压缩气体和油液，利用气体的可压缩性实现弹簧作用的装置。油气弹簧以惰性气体（氮气）作为弹性介质，用油液作为传力介质，一般是由气体弹簧和相当于液力减震器的液压缸所组成的，如图 8－32 所示。

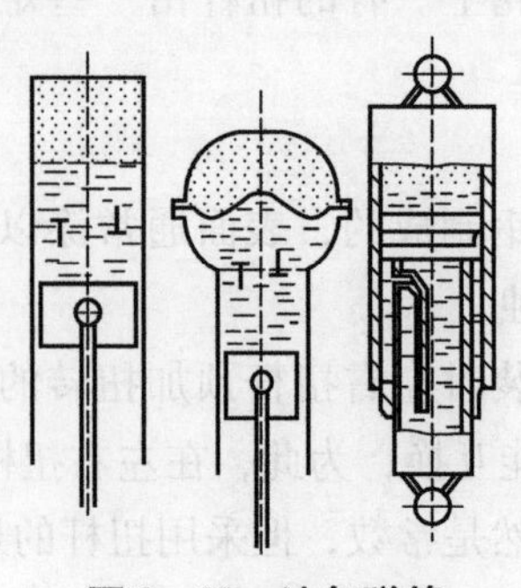

图 8－32　油气弹簧

特点：由于氮气储存在密闭的球形气室内，其压力随外载荷的大小而变化，故油气弹簧具有变刚度的特性，同时又起液力减震器的作用。

类型：根据结构的不同，油气弹簧分为单气室、双气室以及两级压力式。单气室油气弹簧又分为油气分隔式和油气不分隔式两种。

5. 橡胶弹簧

橡胶弹簧是利用橡胶本身的弹性来缓和冲击、减小振动的，它可以承受压缩载荷与扭转载荷，如图 8－33 和图 8－34 所示。

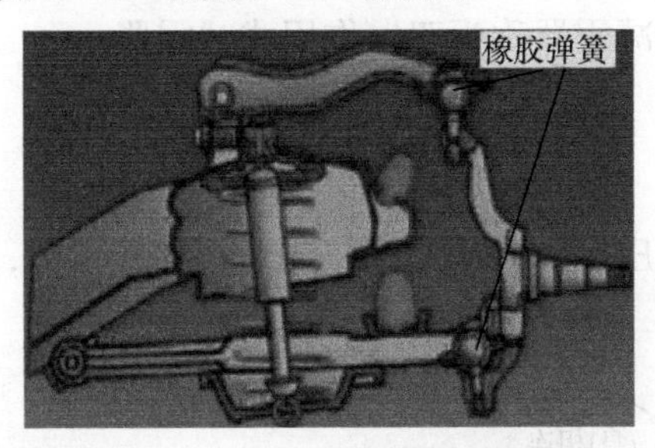

图 8－33 橡胶弹簧安装位置

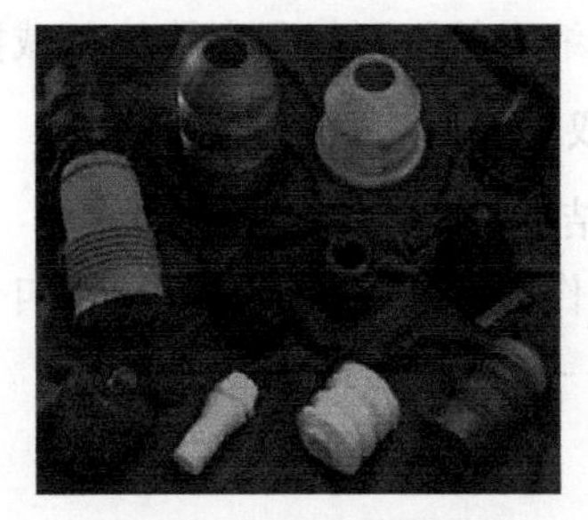

图 8－34 橡胶弹簧

橡胶弹簧的优点是：单位质量的储能量较金属弹簧多，隔音性能好，多用于悬架的副簧和缓冲块。

8.4.3 减震器

1. 减震器的功用

为加速车架与车身振动的衰减，以改善汽车的行驶平顺性，在大多数汽车的悬架系统内都装有减震器；减震器和弹性元件是并联安装的，如图 8－35 所示。

图 8－35 减震器

1—螺旋弹簧；2—车桥（与两轮直接连接）；3—驱动桥壳；4—桥管

2. 对减震器的要求

减震器的阻尼力越大，振动消除得越快，但使并联的弹性元件的作用不能充分发挥，同时，过大的阻尼力还可能导致减震器连接零件及车架损坏。为解决弹性元件与减震器之间的这一矛盾，对减震器提出如下几点要求：

(1) 在悬架压缩行程（车桥与车架相互移近的行程）内，减震器阻尼力应较小，以便充分利用弹性元件的弹性，以缓和冲击。

(2) 在悬架伸张行程（车桥与车架相对远离的行程）内，减震器的阻尼力应较大，以求迅速减振。

(3) 当车桥（或车轮）与车架的相对速度过大时，减震器应当能自动加大液流通道截面积，使阻尼力始终保持在一定限度之内，以避免承受过大的冲击载荷。

3. 减震器的类型

悬架广泛采用液力减震器，原理是利用液体流动的阻力来消耗振动的能量。

在压缩和伸张两行程内均能起减振作用的减震器称为双向作用式减震器。

4. 双向作用筒式减震器

1）结构

双向作用筒式减震器一般具有四个阀，即压缩阀、伸张阀、流通阀和补偿阀，如图 8－36 和图 8－37 所示。

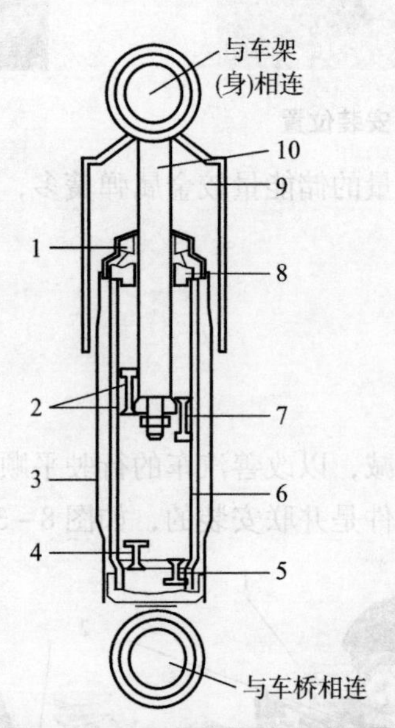

图 8－36　双向作用筒式减震器

1—油封；2—伸张阀活塞；3—储油缸；4—压缩阀；5—补偿阀；6—工作缸；
7—流通阀；8—导向座；9—防尘罩；10—活塞杆

(1) 流通阀和补偿阀是一般的单向阀，其弹簧很弱，当阀上的油压作用力与弹簧力同向时，阀处于关闭状态，完全不通液流；而当油压作用力与弹簧力反向时，只要有很小的油压，阀便能开启。

(2) 压缩阀和伸张阀是卸载阀，其弹簧较强，预紧力较大，只有当油压增高到一定程度时，阀才能开启；而当油压减低到一定程度时，阀即自行关闭。

2）工作原理

(1) 压缩行程。压缩行程示意如图 8－38 所示，表示减震器受力缩短的过程。活塞运动方向、油液流动方向如图所示。活塞向下运行，流通阀开启，油缸下部的油液受到压力通过流通阀向油缸上部流动。由于上腔被活塞杆占据一部分空间，故还有一部分油液推开压缩阀，流回储油腔。

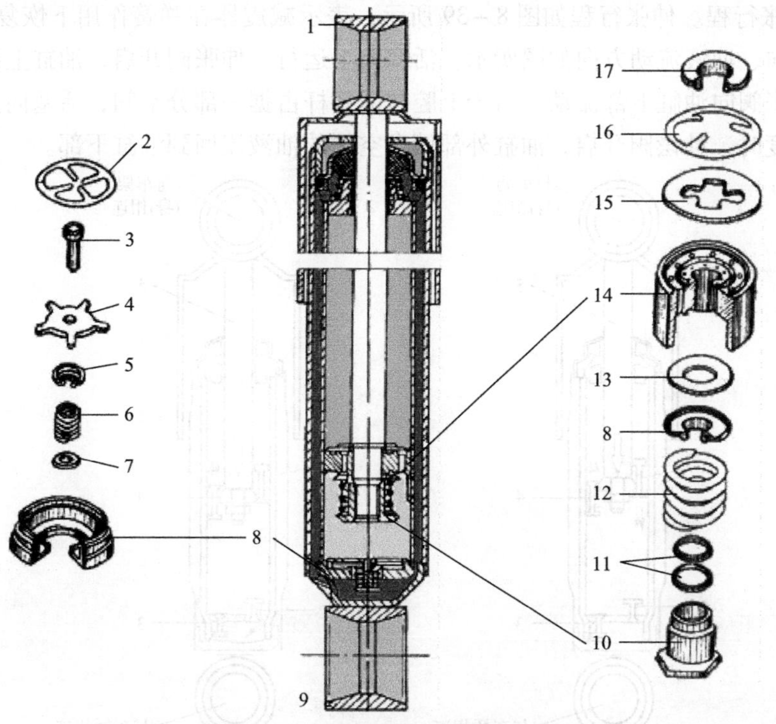

图 8-37 双向作用筒式减震器结构

1—上吊环；2—补偿阀弹簧片；3—压缩阀杆；4—补偿阀；5—压缩阀；6—压缩阀弹簧；7—压缩阀弹簧座；8—支承座圈；9—下吊环；10—压紧螺母；11—调整垫片；12—伸张阀弹簧；13—伸张阀；14—活塞；15—流通阀；16—流通阀弹簧片；17—流通阀限位座

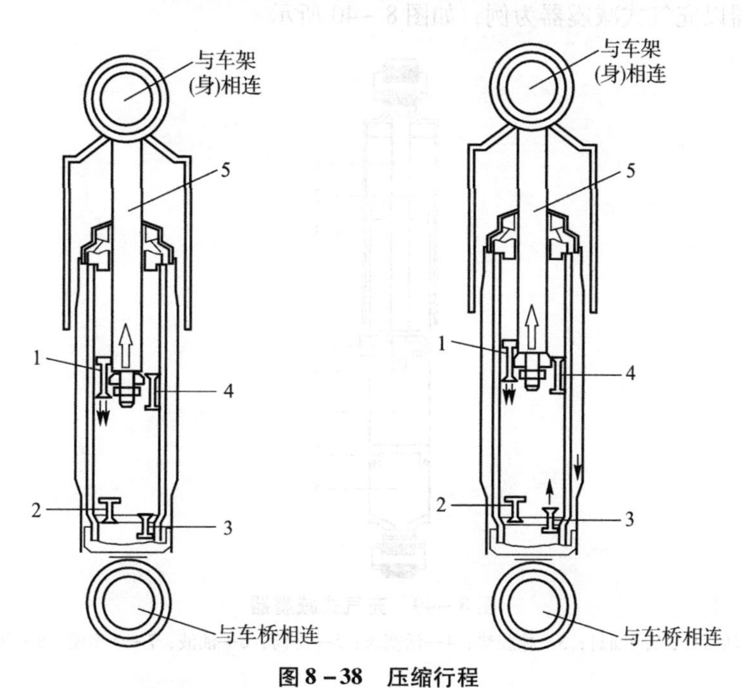

图 8-38 压缩行程

1—伸张阀；2—压缩阀；3—补偿阀；4—流通阀；5—活塞杆

（2）伸张行程。伸张行程如图 8－39 所示，表示减震器在弹簧作用下恢复原状的过程。活塞运动方向、油液流动方向如图所示。活塞向上运行，伸张阀开启，油缸上部的油液受到压力通过伸张阀向油缸下部流动。由于上腔被活塞杆占据一部分空间，活塞向上运行，压力达到一定程度时，补偿阀开启，油缸外部储存空间的油液流回到油缸下部。

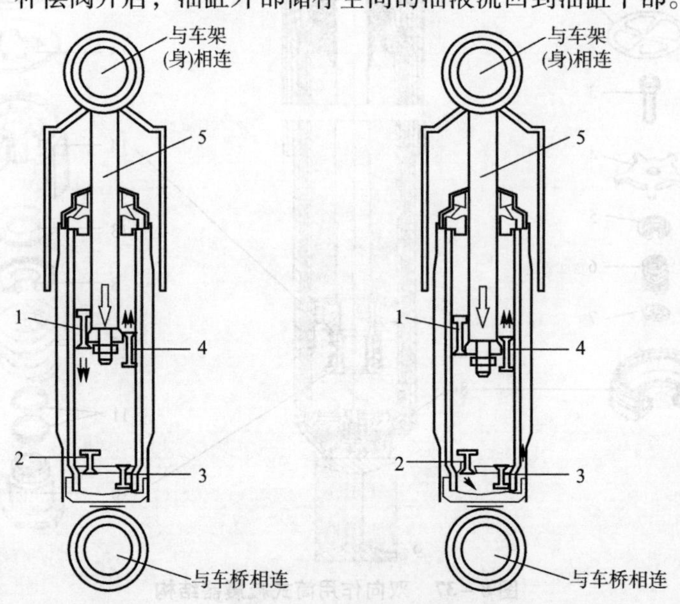

图 8－39 伸张行程

1—伸张阀；2—压缩阀；3—补偿阀；4—流通阀；5—活塞杆

5. 新型减震器

新型减震器以充气式减震器为例，如图 8－40 所示。

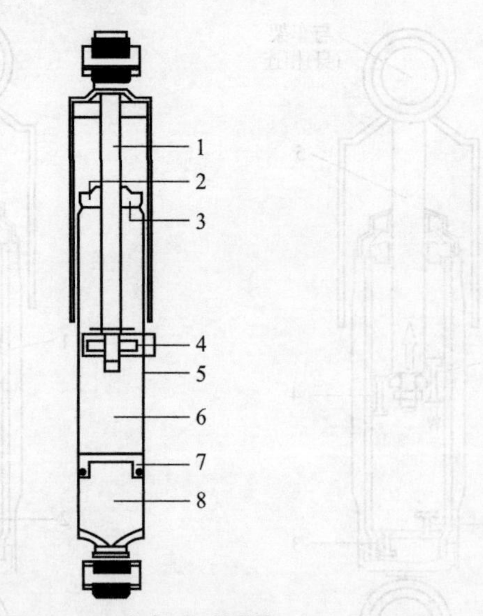

图 8－40 充气式减震器

1—活塞杆；2—油封；3—橡胶垫；4—活塞阀；5—外筒；6—油液；7—O 型圈；8—气体

1）结构

新型减震器的结构特点是在缸筒的下部装有一个浮动活塞，在浮动活塞与缸筒一端形成的密闭气室中，充有高压的氮气。在浮动活塞的上面是减震器油液。

工作活塞上装有随其运动速度大小而改变通道截面积的压缩阀和伸张阀。此二阀均由一组厚度相同、直径不等、由大到小排列的弹簧钢片组成。

2）工作原理

当车轮上下跳动时，减震器的工作活塞在油液中做往复运动。使工作活塞的上腔和下腔之间产生油压差，压力油便推开压缩阀或伸张阀而来回流动。由于阀对压力油产生较大的阻尼力，使振动衰减。

由于活塞杆的进出而引起的缸筒容积的变化，则由浮动活塞的上下运动来补偿。因此这种减震器不需储液缸筒，所以亦称单筒式减震器。而前述的双向作用筒式减震器又称双筒式减震器。

3）充气式减震器的特点

（1）由于采用浮动活塞而减少了一套阀门系统，使结构大为简化，零件数约减少15%。

（2）由于减震器内充有高压气体，能有效地减少车轮受到突然冲击时产生的高频振动，并有助于消除噪声。

（3）在防尘罩直径相同的情况下，充气式减震器的工作缸和活塞直径比双筒式减震器大，所以在每厘米行程中流经阀的流量较双筒式减震器大几倍，故在同样泄流的不利工作条件下，它比双筒式能更可靠地保证产生足够的阻尼力。

（4）充气式减震器由于内部具有高压气体和油气被浮动活塞隔开，消除了油的乳化现象。

（5）充气式减震器的缺点是对油封要求高；充气工艺复杂，不能修理；以及当缸筒受到外界物体的冲击而产生变形时，减震器就不能工作。

8.4.4 横向稳定杆

现在乘用车悬架很软，即固有频率很低。在汽车高速行驶转弯时，车身会产生较大的侧向倾斜和侧向角振动。为了提高悬架的侧倾角刚度，减小侧倾，常在悬架中加设横向稳定杆，如图8－41所示。

图8－41 横向稳定杆

由弹簧钢制成的横向稳定杆呈U形，安装在汽车紧靠悬架的前端或后端（有的乘用车前后都装有横向稳定杆）。稳定杆的中部自由支承在两个固定于车架上的橡胶套筒内，而套筒固定在车架上，稳定杆两侧纵向部分的末端通过支杆与悬架下摆臂上的弹簧支座相连。

当车身受到振动而两侧悬架变形相同时，横向稳定杆在套管内自由转动，此时横向稳定杆不起作用。当两侧悬架变形不等，车身相对路面发生倾斜时，弹性的稳定杆产生扭转内力距就阻碍了悬架弹簧的变形，从而减小了车身的侧倾和侧向角振动。即车架的一侧移近弹簧下支座，稳定杆的同侧末端就相对车架向上抬起；而另一测车架远离弹簧座，相应一侧横向稳定杆的末端应相对车架下移。同时，横向稳定杆中部对于车架没有相对运动，而稳定杆两边的纵向部分向不同方向偏移，于是稳定杆被扭转。具有弹性的稳定杆抵抗扭转的内力矩就阻碍了悬架弹簧的变形，因而减小了车身的横向倾斜和横向角振动。横向稳定杆还可以起到平衡两侧车轮载荷的作用。

8.4.5 非独立悬架

非独立悬架与整体式车桥配用。

一般载货汽车均采用钢板弹簧作为弹性元件的非独立悬架，因钢板弹簧既有缓冲、减振的功能，又起传力和导向的作用，所以使得悬架结构大为简化。

采用螺旋弹簧或气体弹簧则需要有较复杂的导向机构。

1. 纵置板簧式非独立悬架

1）结构分析

在板簧式非独立悬架中，钢板弹簧一般是纵向安置的，它与车桥的连接绝大多数是用两个 U 形螺栓，将钢板弹簧的中部刚性地固定在车桥上部。钢板弹簧两端通过钢板弹簧销与车架支座活动铰接，以起传力和导向作用，如图 8－42 所示。

图 8－42　纵置板簧

由于载货汽车后悬架载质量变化较大，为了保持悬架的频率不变或变化不大，广泛地在后悬架中采用后副钢板弹簧总成，如图 8－43 所示。

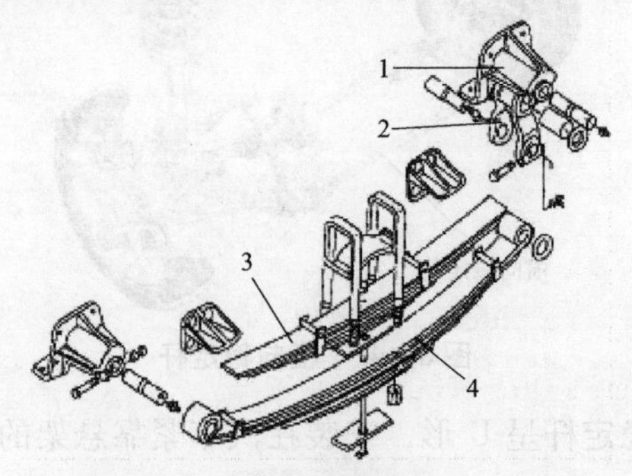

图 8－43　后副钢板弹簧总成结构图

1—车架支座；2—吊耳总成；3—后副钢板弹簧总成；4—后主钢板弹簧总成

副钢板弹簧总成一般装在主钢板弹簧总成上方，当后悬架负荷较小时，仅由主钢板弹簧起作用。在负荷增加到一定程度时，副钢板弹簧总成与车架上的支架接触，开始起作用。此时，主、副钢板弹簧一起工作，一起承受载荷而使悬架刚度增大，保证车身振动频率不致因载荷增加而变化过大。

2）钢板弹簧非独立悬架的结构特点

（1）钢板弹簧一般都安装在非独立悬架上，沿汽车纵向放置。

（2）钢板弹簧中部用U形螺栓通过上下盖板和下托板与车桥固定连接，前端卷耳用销子与支架相连。

（3）后端卷耳通过销子与车架上的摆动吊耳相连，形成活动铰链支点，保证弹簧变形时两端卷耳间的距离有改变的可能。

（4）有的钢板弹簧后端与车架之间采用滑板式连接，滑板式连接结构简单，拆装方便，不需润滑，广泛应用于货车。

（5）货车后悬架所受载荷因汽车装载量不同在很大范围内变化，要求悬架刚度可变，一般采用加副弹簧的方式。

2. 螺旋弹簧非独立悬架

螺旋弹簧本身没有减振作用，并且只能承受垂直载荷，所以螺旋弹簧悬架中必须另装减震器和导向机构，如图8－44所示。

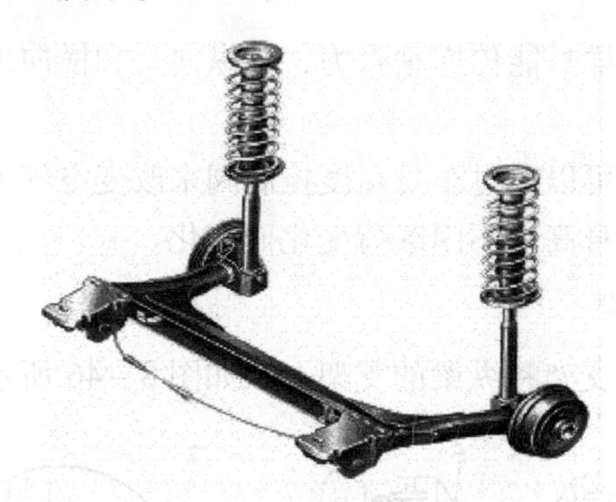

图8－44 螺旋弹簧非独立悬架

螺旋弹簧非独立悬架一般只用作轿车的后悬架。如图8－44所示为一汽奥迪100型汽车后悬架。

减震器下端是吊耳，与后桥相连。减震器的外面装有防尘罩，螺旋弹簧就固定在弹簧上、下座上。减震器的活塞杆由弹簧上座和弹簧上座橡胶支承中间的通孔穿出，活塞杆上部固定在弹簧上座上。弹簧上座法兰固定在和车身相连的连接件上。

后悬架中，导向元件的横向推力杆，下连后桥，上连车身，用来传通车桥和车身之间的横向作用力及其力矩。

加强杆也是下连车桥，上连车身，此杆的作用是加强横向推力杆的安装强度，并可减轻车重和使车身受力均匀。

3. 空气弹簧非独立悬架

空气弹簧非独立悬架可以满足调节车身高度的要求。空气弹簧只承受垂直载荷，纵向力和横向力由悬架中的纵向和横向的推力杆来传递。为了减振，还需要加设减震器，如图 8－45 所示。

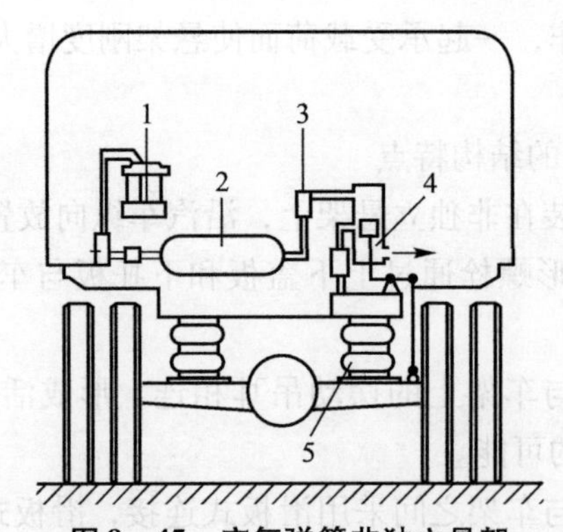

图 8－45　空气弹簧非独立悬架

1—压气机；2—储气筒；3—空气滤清器；4—车身高度控制阀；5—空气弹簧

1）结构

图 8－45 中囊式空气弹簧的上下端分别固定在车架和车桥上。从压气机产生的压缩空气进入储气筒。储气罐通过管路与两个空气弹簧相通。储气罐和空气弹簧中的空气压力由车身高度控制阀控制。

2）特点

空气弹簧和螺旋弹簧一样只能传递垂直力，其纵向力和横向力及其力矩也是由纵向推力杆和横向推力杆来传递的。

采用空气弹簧悬架时，可以通过车身高度控制阀来改变空气弹簧内的空气压力，从而自动调节车身高度，以保证车身高度不因载荷变化而变化。

4. 油气弹簧非独立悬架

油气弹簧固定在前桥的支架和纵梁的支架上，如图 8－46 所示。

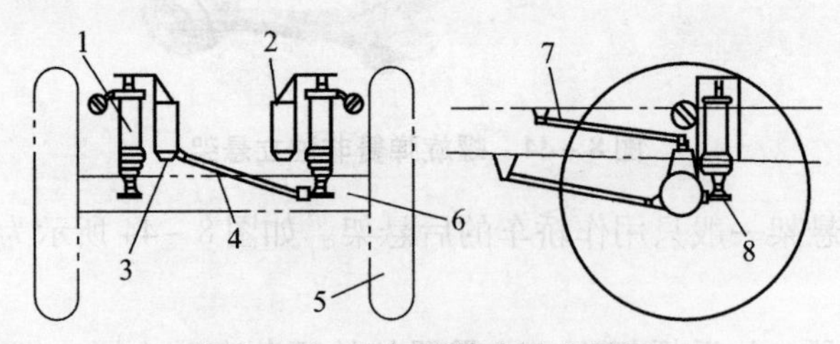

图 8－46　油气弹簧非独立悬架

1—油气弹簧；2—纵梁；3—缓存块；4—横向推力杆；
5—车轮；6—前桥；7—纵向推力杆；8—支架

上、下两纵向推力杆构成平行四边形，既可传递纵向力和力矩，又可保证车轮上下跳动时主销后倾角不变，有利于保持汽车操纵的稳定性。

横向推力杆装在左侧纵梁与前桥右侧的支架上传递侧向力。

在两纵梁下面装有缓冲块，以避免在很大的冲击载荷下前桥直接碰撞车架。

采用油气弹簧的非独立悬架具有变刚度特性，特别适用于大型自卸汽车。

8.4.6　独立悬架

独立悬架的结构特点是两侧的车轮各自独立地与车架或车身弹性连接。与非独立悬架相反，独立悬架很少用钢板弹簧作为弹性元件，而多采用螺旋弹簧和扭杆弹簧作为弹性元件，因而具有导向机构。

独立悬架的优点有以下几个：

（1）悬架弹性元件的变形在一定的范围内，两侧车轮可以单独运动而互不影响，这样可减少车架和车身在不平道路上行驶时的振动，而且有助于消除转向轮不断偏摆的现象。

（2）独立悬架减小了汽车上非簧载质量，从而减小了悬架所受到的冲击载荷，可以提高汽车的平均行驶速度。

（3）由于采用断开式车桥，发动机位置可降低和前移并使汽车重心下降，有利于提高汽车行驶的稳定性。同时能给予车轮较大的上下运动空间，悬架刚度可设计得较小，使车身振动频率降低，以改善行驶平顺性。

（4）可保证汽车在不平道路上行驶时，车轮与路面有良好的接触，增大驱动力。

（5）具有特殊要求的某些越野汽车采用独立悬架后，可增大汽车的离地间隙，提高汽车的通过性能。

独立悬架按车轮的运动形式不同，可分为以下类型：横臂式独立悬架、纵臂式独立悬架、烛式和麦弗逊式悬架。

1. 横臂式独立悬架

横臂式独立悬架是车轮在汽车横向平面内摆动的悬架，如图 8－47 所示。横臂式独立悬架分为单横臂式独立悬架和双横臂式独立悬架两种。

图 8－47　横臂式独立悬架

1）单横臂式独立悬架

单横臂式独立悬架，如图 8－48 和图 8－49 所示。

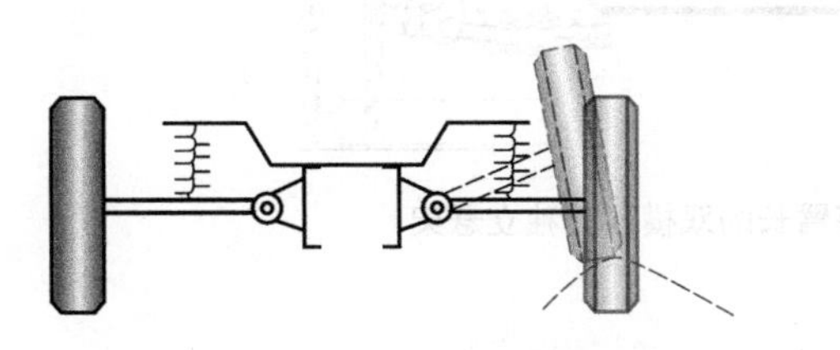

图 8－48　单横臂式独立悬架后视图

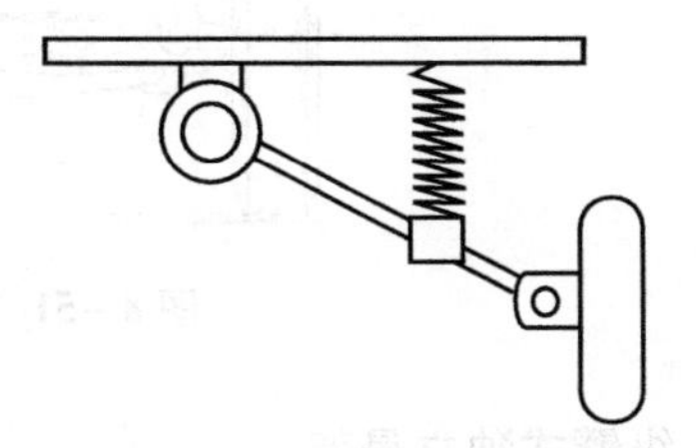

图 8－49　单横臂式独立悬架

项目八　汽车行驶系统

（1）结构。后桥半轴套管断开，主减速器的左侧有一个单铰链，半轴可绕其摆动。

在主减速器上面安装着可调节车身水平位置的油气弹性元件，它和螺旋弹簧一起承受并传递垂直力。

纵向推力杆主要承受车轮上的纵向力。

中间支承不仅可承受侧向力，而且还可以部分地承受纵向力。

当车轮上下跳动时，为避免干涉，其纵向推力杆的前端用球铰链与车身连接。

（2）单横臂式独立悬架的特点。采用单横臂式独立悬架的车轮上下运动时，车轮平面将产生倾斜而改变轮距的大小，并使主销内倾角及车轮外倾角均发生较大变化。

轮距变化使轮胎产生横向滑移，破坏轮胎与地面的附着，很少在转向轮中采用。

2）双横臂式独立悬架

图 8－50 所示为双横臂式独立悬架，悬架的两个横臂长度可以相等，也可以不等。双横臂的臂可以做成 V 形，如图 8－50（a）所示；也可以做成 A 形，如图 8－50（b）所示。

（1）等臂长的双横臂式独立悬架在车轮上下跳动时，虽然车轮平面不发生倾斜，却会使轮距发生较大的变化，这将使车轮产生横向滑移。

（2）不等臂长的双横臂式独立悬架若两臂长度选择合适，则可以使主销角度与轮距的变化均不过大；不等臂双横臂上臂比下臂短，当汽车车轮上下运动时，上臂比下臂运动弧度小。这将使轮胎上部轻微地向外移动，而底部影响很小。这种结构有利于减少轮胎磨损，提高汽车的平顺性和方向稳定性等，如图 8－51 所示。不等长的双横臂式独立悬架在轿车的前轮上应用较为广泛。

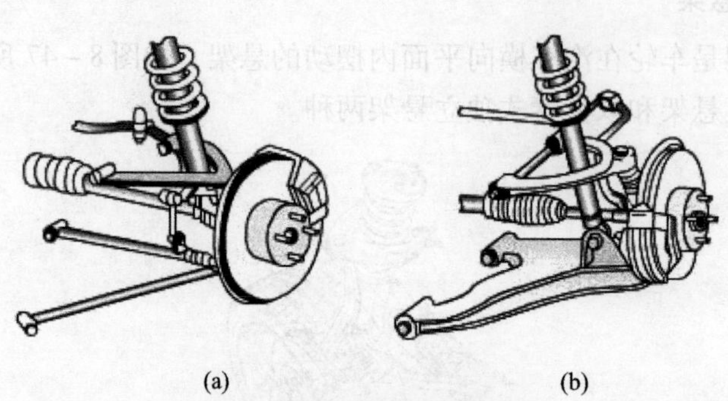

图 8－50　双横臂式独立悬架

（a）V 形；（b）A 形

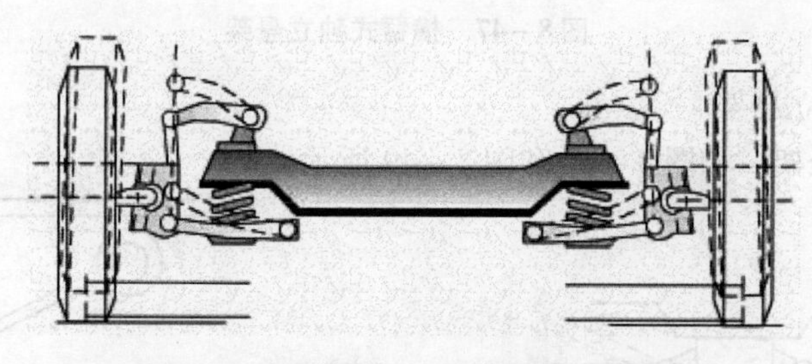

图 8－51　不等臂长的双横臂式独立悬架

2. 纵臂式独立悬架

纵臂式独立悬架是车轮在汽车纵向平面内摆动的悬架。纵臂式独立悬架分为单纵臂式和双纵臂式两种。

1）单纵臂式独立悬架，如图 8 －52 所示。单纵臂式独立悬架有斜置单纵臂独立悬架和单纵臂扭杆弹簧式悬架两种。

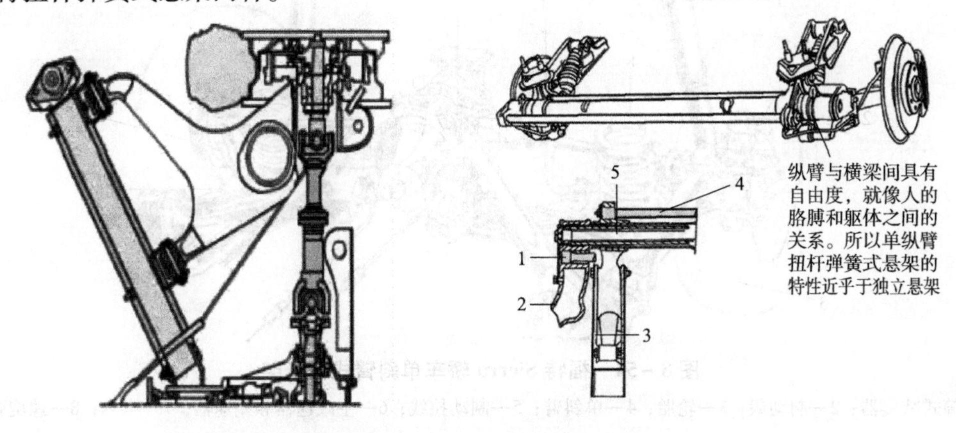

图 8 －52　单纵臂式独立悬架的两种形式

（a）斜置单纵臂独立悬架；（b）单纵臂扭杆弹簧式悬架

1—左扭杆弹簧；2—单纵臂；3—减震器；4—右扭杆弹簧；5—横向稳定杆

单纵臂式独立悬架在车轮上下运动时，主销后倾角会产生很大变化；一般不用在前悬架中。当车轮跳动时，纵臂以套管的轴线为中心摆动，使扭杆弹簧产生扭转变形，以缓和不平路面产生的冲击。

2）斜置单纵臂独立悬架（单斜臂式）

单斜臂式独立悬架如图 8 －53 和图 8 －54 所示。

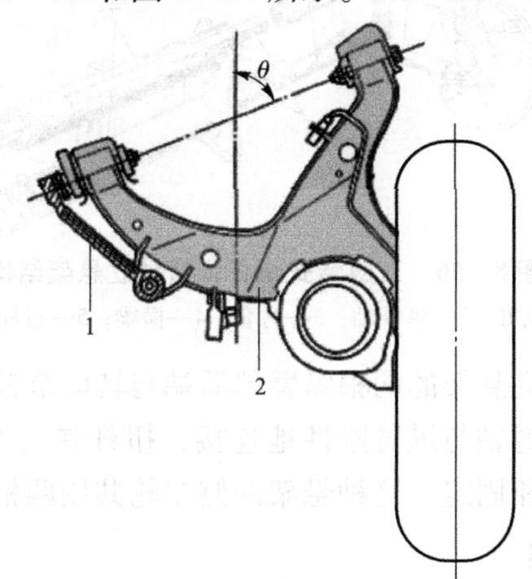

图 8 －53　单斜臂式独立悬架

1—控制前束杆；2—单斜臂

这种悬架是单横臂和单纵臂独立悬架的折中方案。其摆臂绕与汽车纵轴线具有一定交角的轴线摆动，选择合适的交角可以满足汽车操控稳定性要求。这种悬架适合作后悬架。

3）水平双纵臂独立悬架

悬架的两个纵臂长度一般做成相等，以形成平行四连杆机构。这样可使车轮上下运动

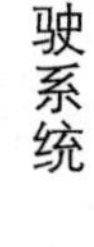

时，主销后倾角不变，因而这种型式的悬架适用于转向轮，如图 8－55 和图 8－56 所示。

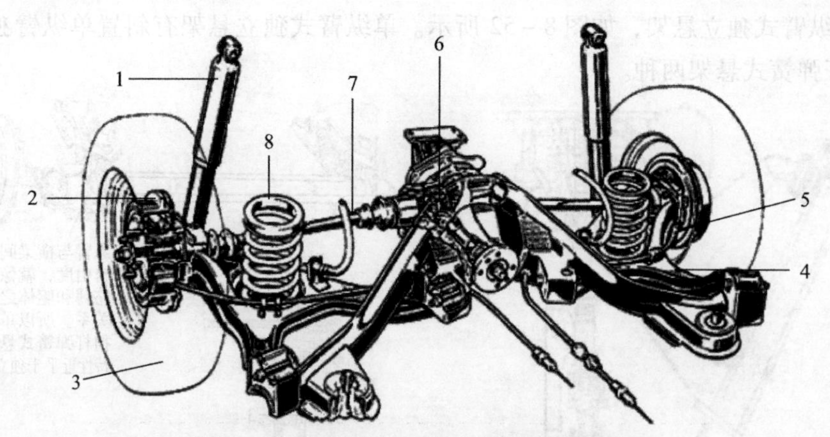

图 8－54　福特 Sierra 轿车单斜臂式后悬架

1—筒式减震器；2—制动毂；3—轮胎；4—单斜臂；5—制动拉线；6—主减速器和差速器；7—半轴；8—螺旋弹簧

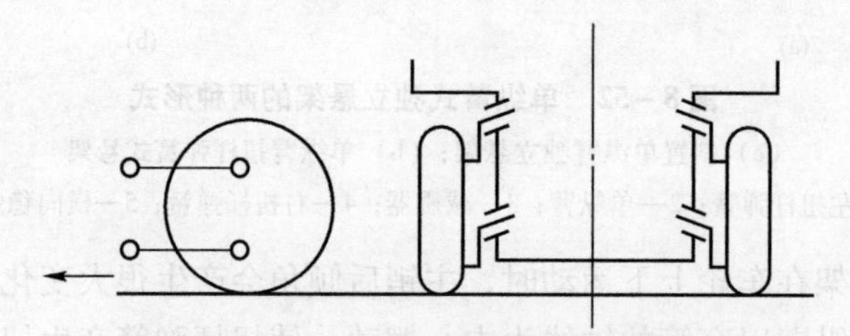

图 8－55　双纵臂式扭杆弹簧独立悬架示意

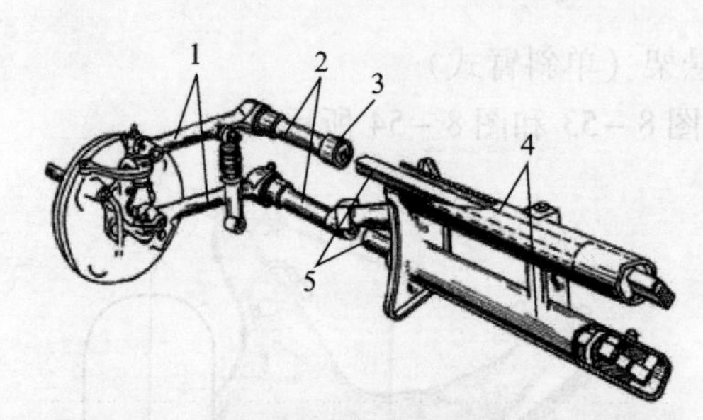

图 8－56　双纵臂式扭杆弹簧独立悬架结构

1—纵臂；2—纵臂轴；3—衬套；4—横梁；5—扭杆弹簧

双纵臂扭杆弹簧式前独立悬架的两根纵臂的后端与转向节铰接，前端则通过各自的摆臂轴支承在车架横梁内部。摆臂轴与纵臂刚性地连接，扭杆弹簧外端插入摆臂轴的矩形孔内，中部用螺钉使之与管形横梁相固定。这种悬架两侧车轮共用两根扭杆弹簧。

3. 烛式和麦弗逊式悬架

烛式和麦弗逊式悬架是车轮沿主销移动的悬架。

1）烛式独立悬架

烛式独立悬架是车轮沿固定不动的主销轴线移动，如图 8－57 所示。

烛式独立悬架的结构特点：烛式独立悬架主销刚性地固定在车架上，转向轮、转向节则装在套筒上；悬架的主销定位角不变化，使汽车转向操纵及行驶稳定性较好；侧向力全部由套在主销上的套筒和主销承受，套筒与主销之间的摩擦阻力大，磨损严重。

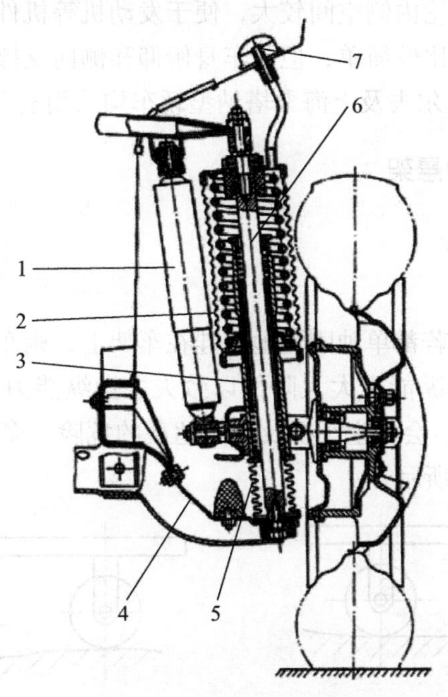

图 8-57　烛式独立悬架

1—减震器；2—防尘罩；3—套筒；4—车架；5—防尘罩；6—主销；7—通气管

2）麦弗逊式独立悬架

麦弗逊式独立悬架是车轮沿摆动的主销轴线移动的，如图 8-58 和图 8-59 所示。

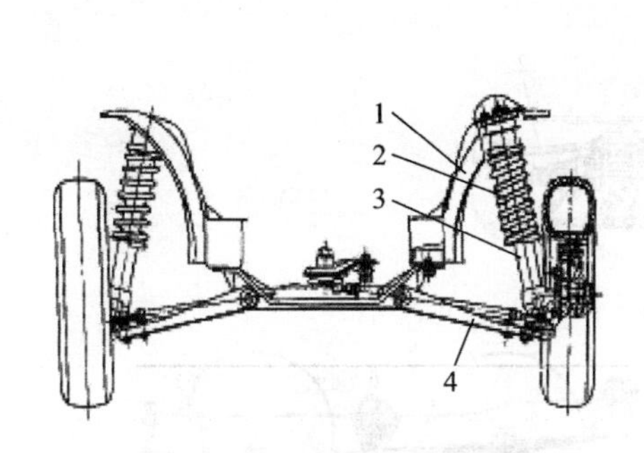

图 8-58　麦弗逊式独立悬架

1—车身；2—螺旋弹簧；3—减震器；4—横摆臂

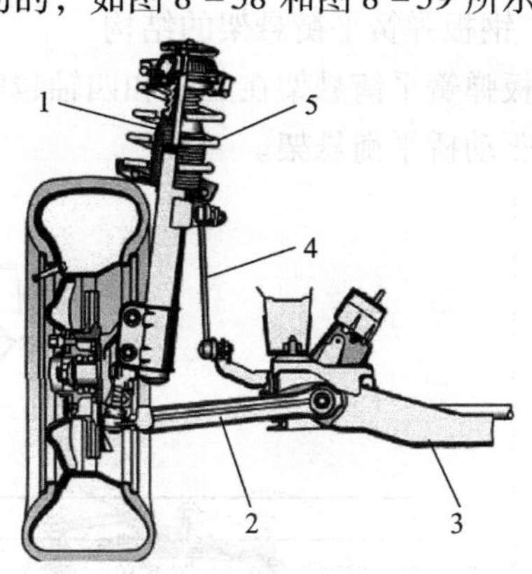

图 8-59　麦弗逊式独立悬架解剖图

1—减震器；2—下控制臂；3—副车架；4—防倾杆连接杆；5—螺旋弹簧

（1）麦弗逊式悬架的结构。悬架横摆臂以球铰链与转向节相连接，外面套有螺旋弹簧的减震器上端通过螺栓与橡胶垫圈与车身相连接，下端固定在转向节上。采用麦弗逊式独立悬架的车辆沿着摆动的主销轴线运动，转向拉杆和转向节相连，主销轴线为上下铰链中心的连线。

（2）麦弗逊式独立悬架的工作特点。当车轮上下跳动时，因减震器下支点随横摆臂摆动，故主销轴线的角度是变化的，显然车轮是沿着摆动的主销轴线运动。

悬架变形时，主销的定位角和轮距都有些变化。合理地调整杆系的布置，可使车轮的这些定位参数变化极小。

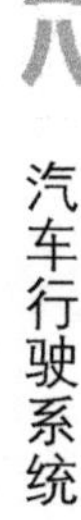

悬架的突出优点是两前轮内侧空间较大，便于发动机等机件的布置。

麦弗逊式独立悬架结构比较简单，但是车身俯仰和侧向支撑是它的弱项。

一汽奥迪100、捷达/高尔夫及上海桑塔纳型轿车均采用麦弗逊式独立悬架。

8.4.7 平衡悬架与主动悬架

1. 多轴汽车的平衡悬架

1）采用原因

多轴汽车的全部车轮如若都单独刚性地悬挂在车架上，则车轮对地面的附着力小甚至等于零；转向车轮将使汽车操纵能力大大降低以致失去操纵能力；驱动车轮不能产生足够的（甚至为零）驱动力；此外，会发生车桥及车轮超载的危险。多轴汽车的平衡悬架及其运动情况如图8－60和图8－61所示。

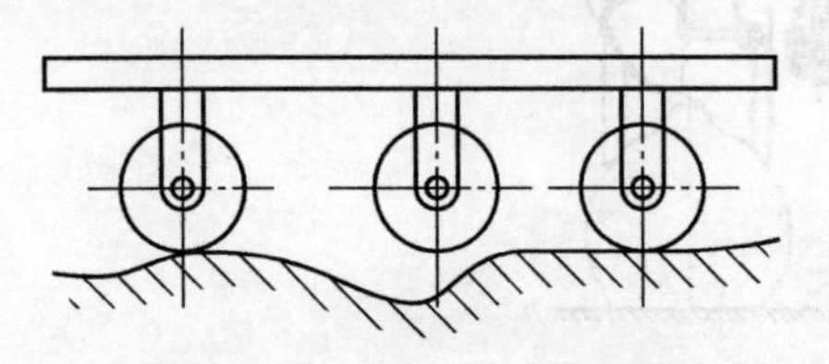

图8－60 多轴汽车的平衡悬架

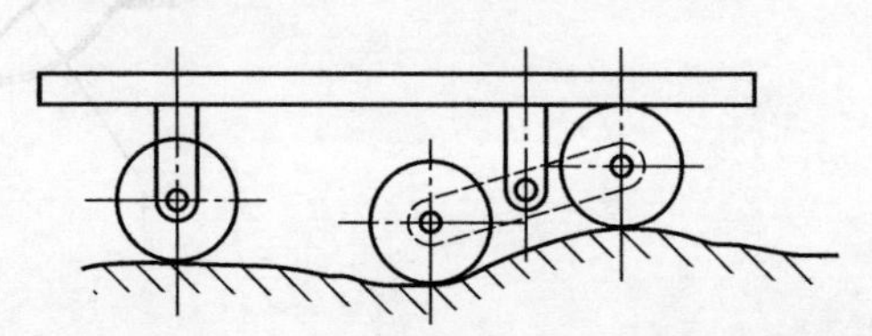

图8－61 多轴汽车平衡悬架运动情况

多轴汽车的平衡悬架：将两个车桥（如三轴汽车的中桥和后桥）装在两根平衡杆的两端，而将平衡杆中部与车架铰链。

2）钢板弹簧平衡悬架的结构

钢板弹簧平衡悬架在三轴和四轴越野汽车中获得了普遍的应用。图8－62所示为汽车的中、后驱动桥平衡悬架。

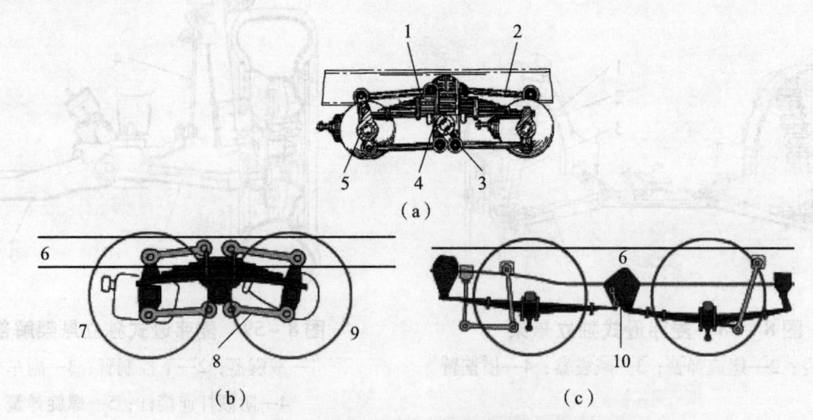

图8－62 汽车的中、后驱动桥平衡悬架

1—钢板弹簧；2—反作用杆；3—心轴；4—轴承；5—半袖套管座架；
6—车架；7—后前轴；8—谐振梁；9—后后轴；10—扭力杆

3）平衡悬架的特性

采用平衡悬架，可使中、后桥形成一个总支承机构，能连同钢板弹簧一起绕心轴转动。

在钢板弹簧变形时，中、后桥能各自单独移位，适应行驶在不平道路上的需要。

在中、后桥中载荷平均分配的条件，增强了汽车的行驶性能。

2. 主动悬架

从控制力的角度划分，悬架可分为被动悬架、半主动悬架和主动悬架。

目前，大多数汽车的悬架系统都装有弹簧和减震器，悬架系统内无能源供给装置，其弹性和阻尼不能随外部工况变化，因此称这种悬架是被动悬架。

主动悬架有作为直接力发生器的动作器，可以根据输入与输出进行最优的反馈控制，使悬架有最好的减振特性，以提高汽车的平顺性和操纵稳定性。它由弹性元件和一个力发生器组成。

半主动悬架可看作是由可变特性的弹簧和减震器组成的悬架系统，虽然它不能随外界的输入进行最优的控制和调节，但它可按存储在计算机的各种条件下最优弹簧和减震器的优化参数指令来调节弹簧的刚度和减震器的阻尼状态。它由弹性元件和一个阻尼系数能在较大范围内调节的阻尼器组成。

电子技术控制汽车悬架系统主要由（车高、转向角、加速度、路况预测）传感器、电子控制单元（ECU）、悬架控制的执行器等组成。系统的控制功能通常有以下三个：

（1）车高调整。当汽车在起伏不平的路面上行驶时，可以使车身抬高，以便于通过；在良好路面高速行驶时，可以降低车身，以减少空气助力，提高操纵稳定性。

（2）阻尼力控制。用来提高汽车的操纵稳定性，在急转弯、急加速和紧急制动情况下，可以抑制车身姿态的变化。

（3）弹簧刚度控制。改变弹簧刚度，使悬架满足运动或舒适的要求；采用主动式悬架后，汽车对侧倾、俯仰、横摆跳动和车身的控制都能更加迅速、精确，汽车高速行驶和转弯的稳定性提高，车身侧倾减少。制动时车身前俯小，启动和急加速可减少后仰。即使在坏路面，车身跳动也较少，轮胎对地面的附着力提高。

1）主动式液压悬架

电子控制的主动式液压悬架能根据悬架的质量和加速度等，利用液压部件主动地控制汽车的振动，如图 8－63 所示。

图 8－63 雪铁龙 C5 主动式液压悬架

主动式液压悬架在轿车上的布置如图 8－63 所示，在汽车重心附近安装有纵向、横向加速度传感器，用来采集车身振动、车轮跳动、车身高度和倾斜状态等信号，这些信号被输入到 ECU，ECU 根据输入信号和预先设定的程序发出控制指令，控制伺服电机并操纵前后四个执行油缸工作。

2）主动式空气悬架

在电子控制的主动式空气悬架系统中，微机根据传感器送来的信号和驾驶员给予的控制模式经过运算分析后向悬架发出指令，悬架可以根据微机给出的指令改变悬架刚度和阻尼系数，使车身在行驶过程中保持良好稳定性能，并且将车身的振动响应控制在允许的范围内，如图 8－64 所示。

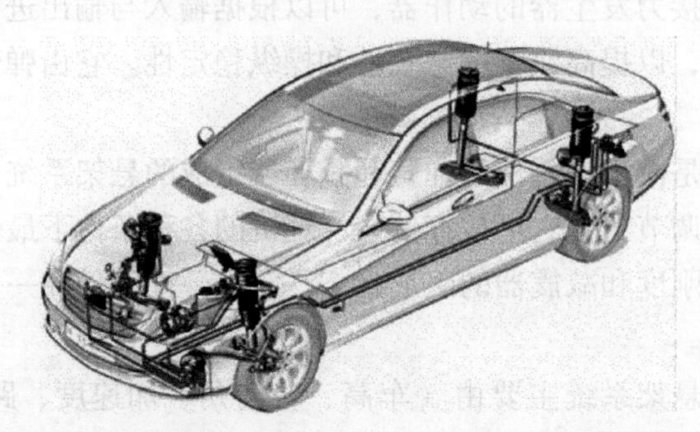

图 8－64　奔驰新 S 系 Airmatic 主动式空气悬架系统

一般说来，主动式空气悬架的控制内容包括车身高度、减震器衰减力、弹簧弹性系数三项。车高的控制：分标准、升高和只升高后轮三种工作状态；减震器的衰减力控制分低、中、高三挡；空气弹簧的弹性系数分软、硬两挡。

空气悬架电子控制系统的工作原理：用空气压缩机形成压缩空气，并将压缩空气送入弹簧和减震器的空气室中，以此来改变车辆的高度。在前轮和后轮的附近设有车高传感器，按车高传感器的输出信号，微机判断出车辆高度，再控制压缩机和排气阀，使弹簧压缩或伸长，从而控制车辆高度。

在减震器内设有电动机，电动机受微机的信号控制。利用电动机可以改变通气孔的大小，从而改变衰减力的大小。

具体说来，在汽车仪表板上有空气悬架系统的开关，利用开关可以形成 6 种不同的工作方式。

8.5　车轮和轮胎

8.5.1　车轮的功用与组成

车轮是介于轮胎和车桥之间承受负荷的旋转组件，其功用是安装轮胎，承受轮胎与车桥之间各种载荷的作用。车轮和轮胎又称为车轮总成。

车轮俗称钢圈，一般由轮毂、轮辋和轮辐组成，如图 8－65 所示。轮毂通过圆锥滚子轴承或者固定轴承的法兰装在车桥或转向节轴径上，用于连接车轮与车桥；轮辋用于安装和固定轮胎；轮辐用于将轮毂和轮辋连接起来，并通过螺栓与轮毂连接起来。

车轮按材质不同，一般分为钢车轮和合金车轮。合金车轮多以铝合金车轮为主，以铝为基本材料，适当加入猛、镁、铬、钛等金属元素。

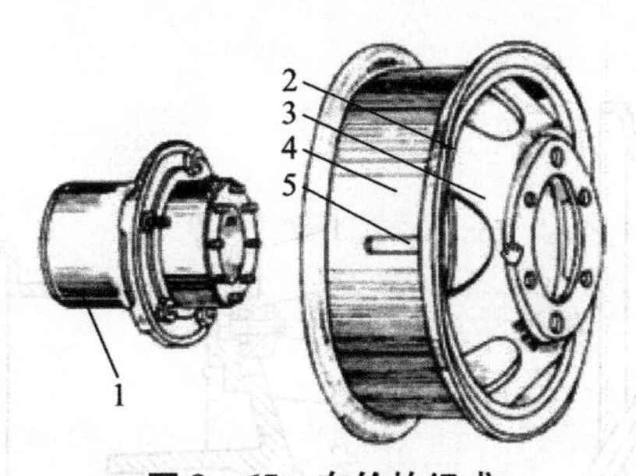

图 8-65　车轮的组成

1—轮毂；2—挡圈；3—轮辐（辐板式）；4—轮辋；5—气门嘴出口

8.5.2　轮辐

按轮辐结构的不同，车轮可以分为辐板式车轮和辐条式车轮两种。

1. 辐板式车轮

辐板式车轮的轮辋与轮辐可以用铆钉连接，也可以制成一体。轮辐的中心有一中心孔，用来将轮辐安装在轮毂上，螺栓内端呈锥形，与轮辐孔的锥面相适应，如图 8-66 所示。轮辐靠近中心孔部分略向外鼓起，使得轮辐有些弹性而有助于螺栓的紧固防松。

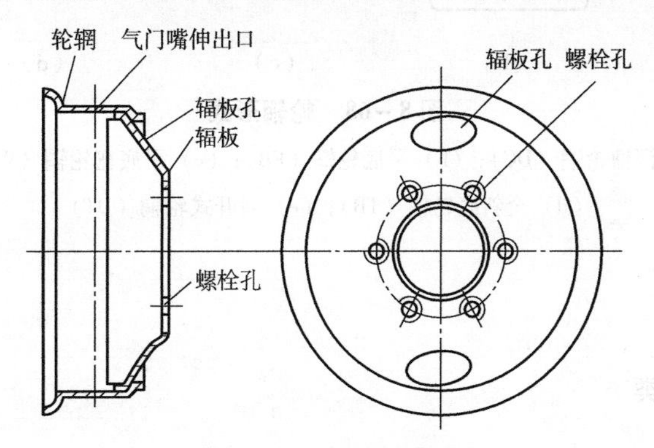

图 8-66　辐板式车轮

2. 辐条式车轮

辐条式车轮的轮辐是钢丝辐条或者是和轮毂铸造成一体的铸造辐条，如图 8-67 所示；钢丝辐条价格昂贵、维修安装不便，仅用于赛车和某些高级轿车上；铸造辐条式车轮主要应用于重型汽车上；轮辋是用螺栓和特殊的衬块固定在辐条上，有配合锥面。

轮辋按照结构特点的不同，可分为深槽轮辋、平底轮辋、平底宽轮辋、全斜底轮辋和对开式轮辋（可拆式）等，如图 8-68 所示。

1. 深槽轮辋

深槽轮辋因中部有一条便于拆装轮胎的环形深凹槽而得名，代号为 DC，凹槽两侧与轮胎配合的台肩称为轮胎座角。特点：结构简单，刚度大，质量较小，适用于轻型车。

2. 平式轮辋

平式轮辋底面呈平环状，一侧有凸缘，另一侧为可拆装挡圈，货车轮胎尺寸较大，胎圈较硬，一般采用此种轮辋，便于轮胎的拆卸，有些轮辋做成可拆开的两个部分。

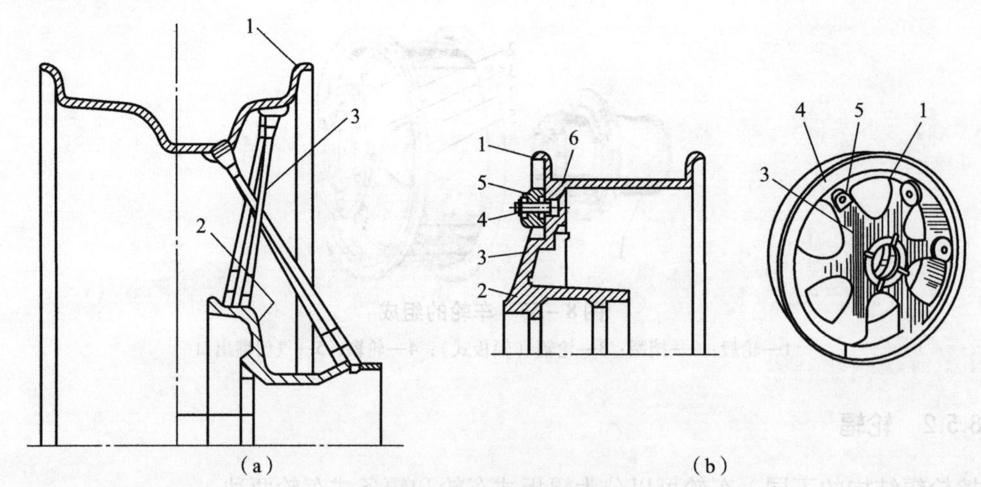

图 8-67　辐条式车轮

1—轮辋；2—轮毂；3—辐条；1—轮辋；2—轮毂；3—辐条；4—螺栓；5—衬块；6—配合镀面；
1—轮辋；3—辐条；4—螺栓；5—衬块

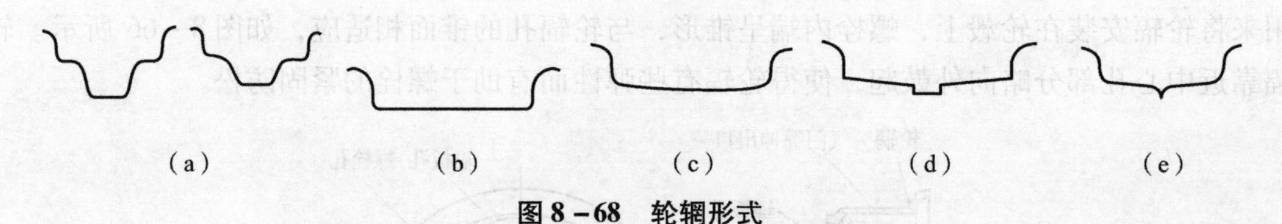

图 8-68　轮辋形式

(a) 深槽轮辋 (DC)；(b) 平底轮辋 (FB)；(c) 平底宽轮辋 (WFB)；
(d) 全斜底轮辋 (TB)；(e) 对开式轮辋 (DT)

8.5.3　轮胎

1. 轮胎作用、分类

1）轮胎的作用

轮胎安装在轮辋上，直接与路面接触，其作用是：支承汽车的总质量；与汽车悬架共同吸收和缓和汽车行驶时所受到的冲击和振动，以保证汽车具有良好乘坐舒适性和行驶平顺性；保证车轮与路面的良好附着而不致打滑，使汽车行驶平稳，起越障，提高通过性的作用。

2）轮胎的分类

汽车轮胎按其用途可不同，可分为轿车轮胎和载货汽车轮胎两种。轿车轮胎主要用于轿车的充气轮胎；载货汽车轮胎主要用于载货汽车、客车及挂车上的充气轮胎。

汽车轮胎按胎体结构不同，可分为充气轮胎和实心轮胎。现代汽车绝大多数采用充气轮胎；而实心轮胎目前仅应用在沥青混凝土路面的干线道路上行驶的低速汽车或重型挂车上。

就充气轮胎而言，按组成结构不同，可分为有内胎轮胎和无内胎轮胎两种；按胎内的工作压力大小，可分为高压胎、低压胎和超低压胎三种；按胎体中帘线排列方向不同，又可以分为普通斜交胎、带束斜交胎和子午线胎；按胎面花纹不同，还可分为普通花纹胎、混合花纹胎和越野花纹胎。

2. 有内胎轮胎

有内胎轮胎由外胎、内胎和垫带等组成；垫带是一个环形橡胶带，安装在内胎与轮辋之间，防止内胎被轮辋及外胎的胎圈擦伤，如图8－69所示；外胎是保护内胎不受外来损害的强度高而且有一定弹性的外壳外胎，可根据胎体内帘线排列方向的不同，分为普通斜线胎和子午线胎；内胎是一个环形橡胶管，上面装有气门嘴以便充入和排出空气。为使内胎在充气状态下不产生皱褶，其尺寸应小于外胎内壁尺寸。

图8－69 有内胎轮胎

1—外胎；2—内胎；3—垫带

1）普通斜线胎

（1）由胎圈、缓冲层、胎面和帘布层等组成。

（2）帘布层是外胎的骨架，也称胎体，作用是承受载荷，保持外胎的形状和尺寸。

（3）缓冲层位于胎面和帘布层之间，作用是加强胎面和帘布层的结合，防止紧急制动时胎面从帘布层上脱离，缓和汽车行驶时路面对轮胎的冲击和振动。

（4）胎面是外胎的表面，包括：胎冠、胎肩和胎侧，胎冠与路面接触，直接承受冲击和磨损，保护帘布层和内胎免受机械损伤。

（5）为使轮胎与路面之间有良好的附着性能，胎面上制有各种凸凹花纹。

（6）花纹分普通花纹、混合花纹和越野花纹。

（7）胎圈的作用是使外胎牢固地装在车辋上。

2）子午线轮胎

（1）子午线轮胎帘布层的帘线排列方向与轮胎的子午断面一致，各层的帘线不相交，这种方式可使帘线的强度被充分利用，故它的帘布层数比普通轮胎可减少一半。

（2）子午线轮胎切向变形小，但胎侧较软，易变形。

（3）子午线轮胎的优点：耐磨性好，使用寿命长，比普通轮胎长30%～50%；滚动阻力小，节约燃料；附着性好，承载能力大，缓冲能力强，不易被刺穿，并且质量较小；子午线轮胎与普通轮胎使用相同的轮辋，但不能同车混装。

3. 无内胎轮胎

（1）无内胎轮胎在构造外观上与有内胎轮胎近似，不同的是没有内胎及垫带，空气直接充入外胎内，由轮胎和车辋保证密封轮胎内壁上有一层硫化橡胶密封层，2～3 mm在正对胎面的内壁上，还黏附一层由未硫化橡胶的特殊混合物制成的自黏层，在胎圈外侧还有一层橡胶密封层，以增加胎圈和轮辋的气密性，轮辋底部倾斜且漆层均匀。

（2）气门嘴直接固定在轮辋上。

（3）优点：只有爆破时才失效，穿孔漏气缓慢，仍可行驶，没有内胎，摩擦生热少，散热快，工作温度低，使用寿命长，适于高速行驶，结构简单，质量小，维修方便。

4. 轮胎的规格

（1）目前大多数国家包括我国在内，轮胎规格均采用英制表示，如图 8－70 所示。

（2）充气轮胎的尺寸标注如图 8－70（a）所示，高压胎用 $D \times B$ 表示，高压胎在汽车上应用较少。

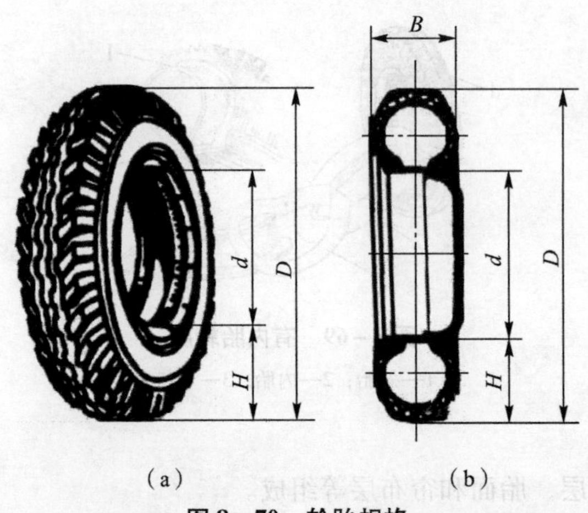

图 8－70　轮胎规格

（3）低压胎用 $B-d$ 表示。

（4）最新轮胎尺寸系列就是以高宽比（H/B）作为轮胎分类基础的，称为“扁平率”。

（5）子午线轮胎规格的表示方法是把标志子午胎字样的“R”置于断面宽与轮辋直径之间。

（6）一汽捷达王轿车装用的子午线扁平轮胎的型号为 185/60R14，如图 8－71 所示。其含义自左至右，第一个数字 185 表示轮胎宽度 185 mm，符号“/”后面的数字 60，表示 $H/B \times 100 = 60$，即扁平率为 60%，字母“R”表示该轮胎为子午线轮胎，最后一个数字表示轮辋的直径为 14 in（356 mm）。

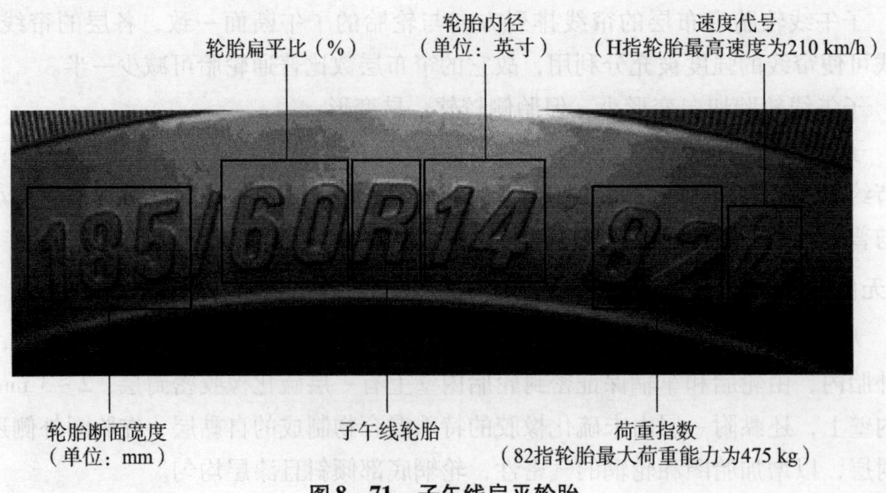

图 8－71　子午线扁平轮胎

实训任务：车轮换位与轮胎动平衡

一、教学目的

（1）能够正确进行车轮和轮胎的拆卸。

（2）掌握车轮动平衡试验方法。

（3）掌握车轮和轮胎的安装方法。

二、教学准备

（1）设备及工具：起重机、轮胎动平衡机、四轮定位仪、轮胎拆装机、轮胎垫木、深度尺、轮胎气压表。

（2）材料：轿车、车轮、肥皂水。

三、操作步骤

1. 轮胎的检修

轮胎的检修包括以下几点：

1）升起汽车

将起重器放到起升点。升起轮胎，使轮胎离地 5～6 cm，并用垫木塞住车轮，如图 8－72 所示。

图 8－72　升起汽车

1—起重器；2—垫木

2）检查不正常磨损

检查轮胎的整个表面，看是否有如图 8－73 所示的不正常磨损。

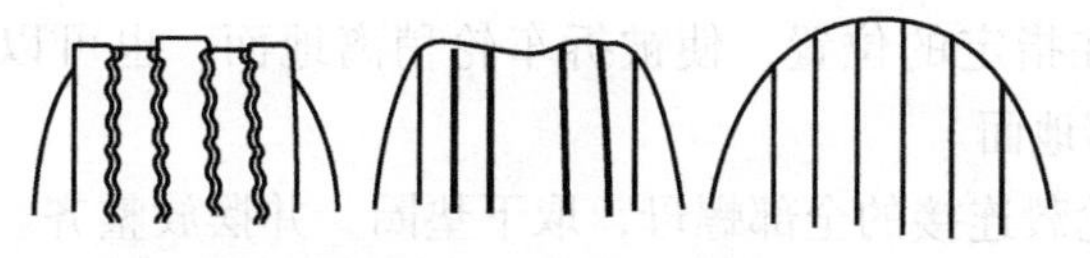

图 8－73　不正常磨损

3）检查裂纹或损坏

检查轮胎的整个表面，外胎内壁应光滑，不得有沙子，外胎嵌入石子应将其清除掉。如因气压不足而损坏或有较大破洞（其穿洞长度不超过 30 mm 且数量不超过 3 个，两洞距离不小于 50 mm）应进行轮胎修补。

4）检查胎面花纹深度

测量花纹胎面磨损最严重部分的深度，如图 8－74 所示。轮胎花纹及胎面局部损伤洞口超过规定标准应报废，胎内有局部帘线层跳线辗线，损坏层数不超过 3 层（10 层级），长度不超过圆周长的 1/4，或胎圈帘线有轻微松散，可以送厂翻修。

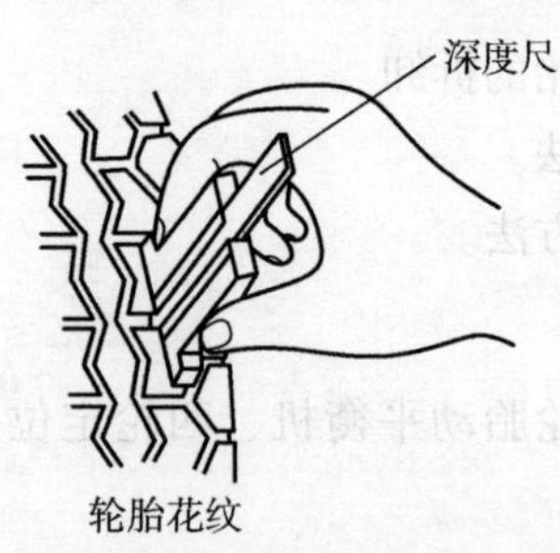

图 8－74　检查胎面花纹深度

5）检查充气压力

落下汽车，测量气压力，轮胎气压应保证在该车型规定的标准值，过高或过低都需要进行充放气调整。同时还应检查气门嘴和气压表之间不能漏气。检测方法如图 8－75 所示。

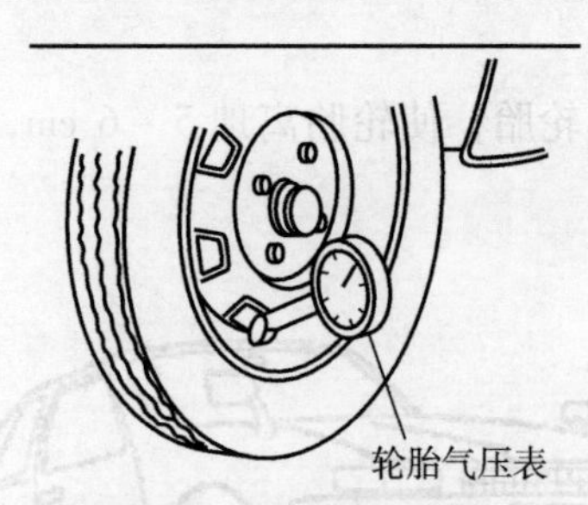

图 8－75　检查轮胎充气压力

6）气门嘴漏气检查

拆下气门嘴帽并将肥皂水加在气门嘴端，观察是否有气泡冒出，有气泡冒出则漏气，反之不漏气。检查完毕后拧紧气门嘴帽。

2. 车轮总成的拆装

1）车轮总成的拆卸

（1）稳定车辆。拉起驻车制动，用三角木掩住各车轮。

（2）取下车轮上的装饰罩，弄清汽车左右侧车轮与轮毂连接螺栓的螺旋方向，使用车轮螺母拆装机或者用套筒扳手初步拧松各连接螺母，注意交叉 2～3 次完成。

（3）用千斤顶顶在指定的位置，使被拆车轮稍离地面。也可以将车辆停在举升机上，举起车辆，使车轮稍离地面。

（4）拧下车轮与轮毂连接的全部螺母，取下垫圈，并摆放整齐。

（5）边向外拉边左右晃动车轮，从车轴上取下车轮。

2）车轮总成的安装

（1）顶起车桥，套上清洁好的车轮，将螺母初步拧在螺柱上。

（2）放下车轮并在车轮前后用三角木掩住，用扭力扳手或车轮螺母拆装机，按对角线顺序分 2～3 次拧紧车轮螺母，最后一次要按规定力矩拧紧。

3. 轮胎的拆装与调整

1）有内胎轮胎的拆卸与装配

（1）轮胎的拆卸。

①使用专用工具（锤子、撬棒、拆胎机）进行拆卸，不得使用大锤重击或尖锐工具撬动。

②拆卸前，应清洁泥垢。先用气压表测量轮胎气压是否正常，轮胎是否良好。

③放出胎内空气，将撬棒端插入锁圈缺口，轻轻敲击锁圈对面，撬出锁圈，推入气阀，取下挡圈与轮盘。

④检查轮胎各件是否完好及是否符合规定的技术要求。

（2）轮胎的装配。

①装合内、外胎时，应擦净并涂撒滑石粉。外轮胎侧的“△”“□”“○”“×”“↑”标记表示轮胎较轻部位，气阀应装于该处。

②胎侧标有旋转方向的，应按规定方向装用。气阀位置应与制动间隙检查孔错开，以免相互干扰。

③双胎并装时，气阀应互成180°，以利于平衡。内侧轮胎的气阀应与外侧轮胎轮辋孔对正，以便检查气压与充气。

④装配完毕，充气至规定气压后，应检查有无漏气现象。

（3）轮胎的换位。

一般每行驶1万km左右进行轮胎换位。其换位方式如图8－76所示。

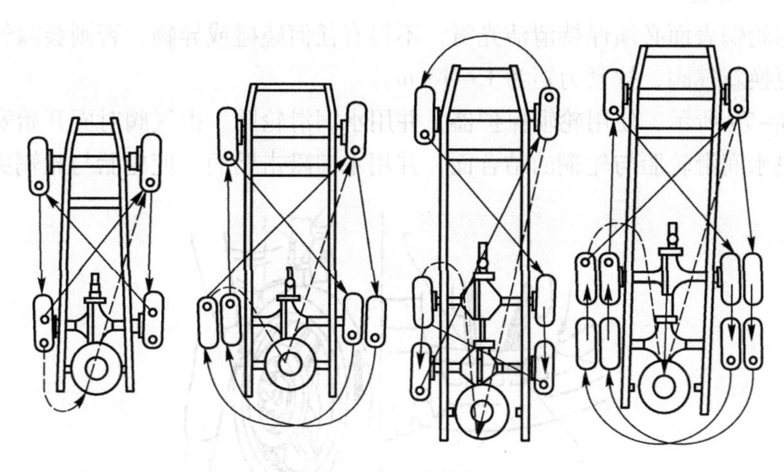

图8－76　轮胎的换位方式

2）无内胎轮胎的拆卸与装配

（1）轮胎的拆卸。

①如图8－77所示，用轮边撑开器撑开轮胎卷边。

②如图8－78所示，用轮辋保护器保护轮辋，用撬棒撬下轮胎。应由气阀对面逐点撬开，用肥皂水润滑轮胎，防止损伤漏气，尤其是轮辋空气密封表面和轮胎内层更需加倍注意。

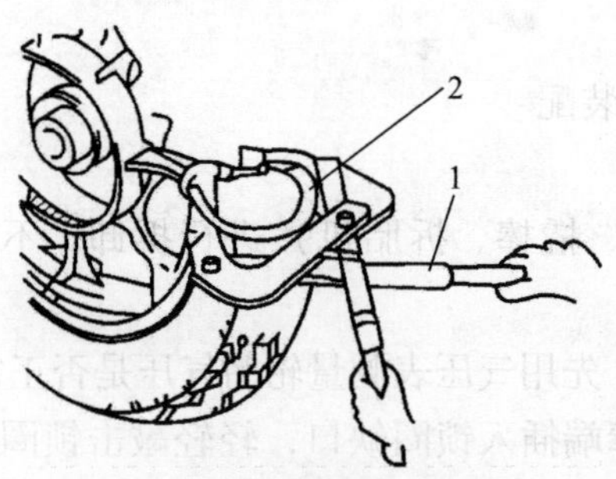

图 8－77　无内胎轮胎的拆卸（一）

1—轮边撑开器；2—轮胎

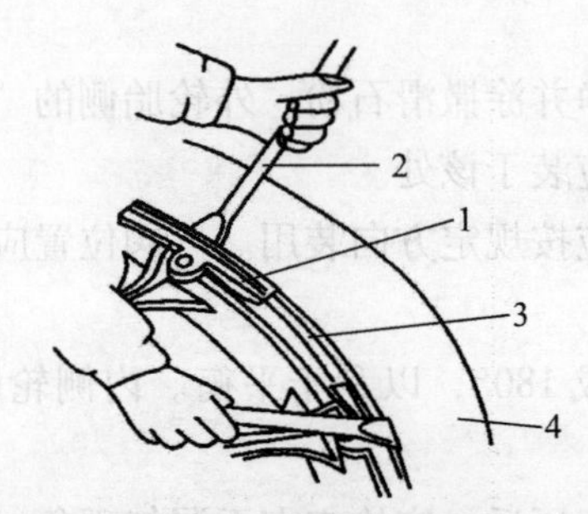

图 8－78　无内胎轮胎的拆卸（二）

1—轮辋保护器；2—撬棍；3—轮辋；4—轮胎

（2）轮胎的安装。

①轮胎与轮辋表面必须保持清洁光滑，不得有任何磕碰或异物，否则会漏气。

②必须更换新气阀，拧紧力矩为 15 N · m。

③如图 8－79 所示，使用轮辋保护器，并用水润滑轮胎。由气阀对面开始安装，装好后应再次用肥皂水润滑轮胎与轮辋的结合面，并用木槌敲击胎面，使轮胎与轮辋更加贴附。

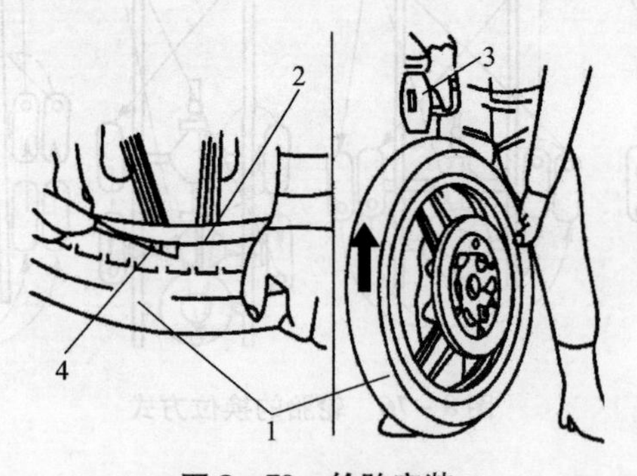

图 8－79　轮胎安装

1—轮胎轮辋保护器；2—轮辋；3—木槌；4—撬棍

4. 车轮平衡的检测

1）车轮动不平衡的检测

汽车车轮是高速旋转元件，若质心与旋转中心不重合，则会产生静不平衡。静不平衡时平衡质量会在车轮旋转时产生离心力，离心力大小与不平衡质量、不平衡点与车轮旋转中间的距离和车轮转速有关。

由于车轮具有一定的宽度，因此当车轮质量分布相对于车轮纵向中心面不对称时，会使车轮动不平衡。车轮动不平衡时，虽然不平衡质量产生的离心力可以互相抵消，但力矩不为零。

（1）车轮动不平衡的危害。车轮动不平衡时，会造成车轮的跳动和偏摆，使汽车的有关零件受到损坏，缩短汽车的寿命，对于高速行驶的汽车来说，还容易造成行驶不安全。

（2）车轮动不平衡的原因。

车轮动不平衡的原因有以下几点：

①质量分布不均匀，如轮胎产品质量欠佳，翻新胎、补胎胎面磨损不均匀等。

②轮辋、制动鼓变形。

③轮毂与轮辋加工质量不佳，如中心不准、轮胎螺栓孔分布不均、螺栓质量不佳等。

④安装位置不正确，如内胎充气嘴位置不符合安装要求。

2）车轮动平衡的检验

由于车轮动不平衡对汽车危害很大，因此，必须对车轮的动不平衡进行检测，并进行平衡检测工作。由于动平衡的车轮一定处于静平衡状态，因此，只要检测了动平衡，就没有必要检测静平衡。

对车轮进行动平衡检测时，分成离车式检测与就车式检测两种方法。按平衡机转轴的形式，分成软式平衡机和硬式平衡机两种；按测量装置，车轮动平衡机分成机械式和电测式两种。

机械式车轮动平衡机是靠平衡锤的相位与倾斜角来测出不平衡器质量和相位的。电测式车轮动平衡机则把车轮不平衡产生的振动变成电信号而显示出来。目前，电测式车轮动平衡机应用比较广泛。

（1）离车式车轮动平衡机及使用方法。利用离车式车轮动平衡机对车轮进行动平衡检测时，需将车轮从车上拆下。图 8－80 所示为一台离车式车轮动平衡仪。

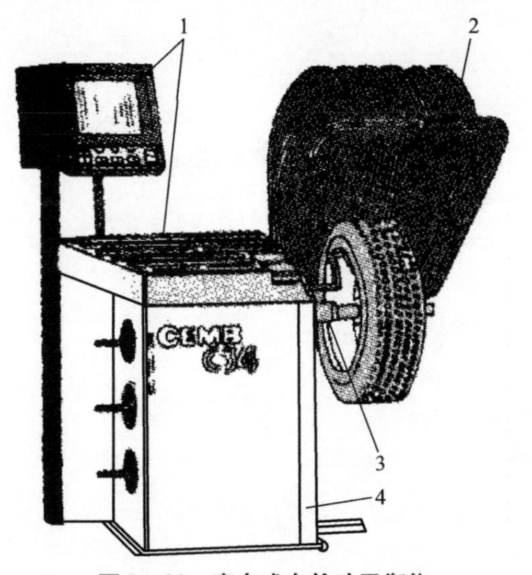

图 8－80　离车式车轮动平衡仪

1—显示与控制装置；2—车轮防护罩；3—转轴；4—机箱

该动平衡仪主要由驱动装置、转轴与支撑装置、显示与控制装置、制动装置及防护罩组成。

检测时，输入轮辋直径、轮辋宽度和轮辋边缘到平衡仪机箱之间的距离，显示装置即可显示出应该加于轮辋边缘的不平衡量和相位。

(2) 车轮动平衡的检查方法如下：

①对被测车轮进行清洗，去掉泥土、砂石，拆掉旧平衡块。

②将轮胎充气至规定气压值。

③将车轮安装于平衡机上。

④打开电源开关，检查指示装置是否指示正确。

⑤键入轮辋直径、宽度，测出轮辋边缘到机箱之间的距离并键入。

⑥放下防护罩，按下“启动”键，开始测量。

⑦当车轮自动停转后，从指示装置读出车轮内、外动不平衡量和位置。

思考与练习

1. 行驶系统由哪些部分组成？各个部分的作用是什么？

2. 车桥的类型有哪些？不同类型适用于什么车型？

3. 什么是独立悬架和非独立悬架？其主要应用车型和技术特点是什么？

4. 请阐述液力减震器的原理。

5. 子午线轮胎规格的表示方法是什么？

项目九

汽车制动系统

 **9.1 概述**

当汽车行驶在宽阔平坦、车流和人流又较少的路况下，可以通过高速行驶来提高运输生产效率。但汽车行驶过程中也会遇到复杂多变的路面状况，如进入弯道、遇到不平的道路、两车交会、突遇障碍物等，为了保证行驶安全，就要求汽车在尽可能短的距离内将车速降低，甚至停车。为了提高汽车安全行驶的性能，汽车设置了制动系统。

9.1.1 制动系统功用

汽车制动系统的功用是根据需要，使汽车减速或在最短的距离内停车，以保证行车的安全。

9.1.2 制动系统分类

汽车制动系统分类有以下两种：

1）制动系统按功能不同分类

（1）驻车制动装置。驻车制动装置主要用于停车后防止车辆滑溜。

（2）行车制动装置。行车制动装置使行驶中的汽车按照驾驶员的要求进行适时减速、停车。

（3）应急制动装置。应急制动装置主要用独立的管路控制车轮制动器作为备用系统。

2）制动传动机构按制动力源分类

（1）人力式制动传动机构。人力式制动传动机构是单靠驾驶员施加于制动踏板或手柄上的力作为制动力源的传动机构。其中又分为液压式和机械式两种，机械式仅用于驻车制动。

（2）伺服制动传动机构。伺服制动传动机构是利用发动机的动力作为制动力源，并由驾驶员通过踏板或手柄加以控制的传动机构。其中又分为气压式、真空液压式、空气液压式。

9.1.3 制动系统组成

任何汽车制动系统都具有以下四个基本组成部分：

1．供能装置

供能装置包括供给、调节制动所需能量以及改善传能介质状态的各种部件，如图 9－1 所示。

2．控制装置

控制装置包括产生制动动作和控制制动效能的各种部件，如制动踏板。

3．传动装置

传动装置包括将制动能量传输到制动器的各个部件，如制动主缸和制动轮缸。

4．制动器

制动器是产生阻碍车辆的运动或运动趋势的力（制动力）的部件，其中也包括辅助制动系统中的缓速装置。

较为完善的制动系统还有制动力调节装置，如用来调节前后车轮制动力的分配元件、防抱死制动系统（ABS）、电子制动力分配（EBD）系统、电子稳定系统（ESP）和驱动防滑（ASR）系统，或称牵引力控制（TRC）系统。

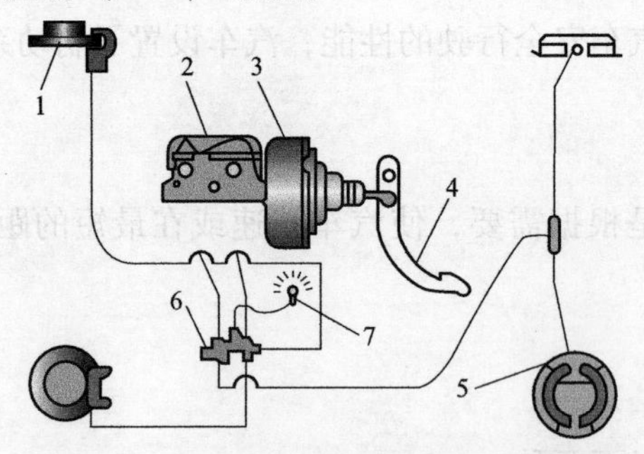

图 9－1　轿车典型制动系统组成示意图

1—前轮盘式制动器；2—制动主缸；3—真空助力器；4—制动踏板机构；
5—后轮鼓式制动器；6—制动组合阀；7—制动警示灯

此外，许多汽车还装有第二制动装置，其作用是一旦行车制动装置失效，保证汽车仍能实现减速或停车。经常在山区行驶的汽车，若单靠行车制动装置来限制下长坡的汽车车速，则可能导致制动器过热而降低制动效能，甚至完全失效，故还应增装辅助制动装置。另外，较完善的制动系统还具有报警装置、压力保护装置等附加装置。

9.1.4　制动系统的工作原理

制动系统的工作原理是：利用与车身或车架相连的非旋转元件和与车轮或传动轴相连的旋转元件之间的相互摩擦，来阻止车轮的转动或转动的趋势，并将运动着的汽车的动能转化为摩擦副的热能散发到大气中。

图 9－2 所示为一种简单的液压制动系统工作原理示意图。以内圆面为工作表面的金属制动鼓 8 固定在车轮轮毂上，随车轮一同旋转。在固定不动的制动底板 11 上，有两个支承销 12，支承着两个弧形制动蹄 10 的下端，制动蹄的外圆面上装有摩擦片 9。制动底板上还装有液压制动轮缸 6，用油管 5 与装在车架上的液压制动主缸 4 相连通。驾驶员踩踏制动踏板 1，经过推杆 2 来操纵主缸活塞 3。

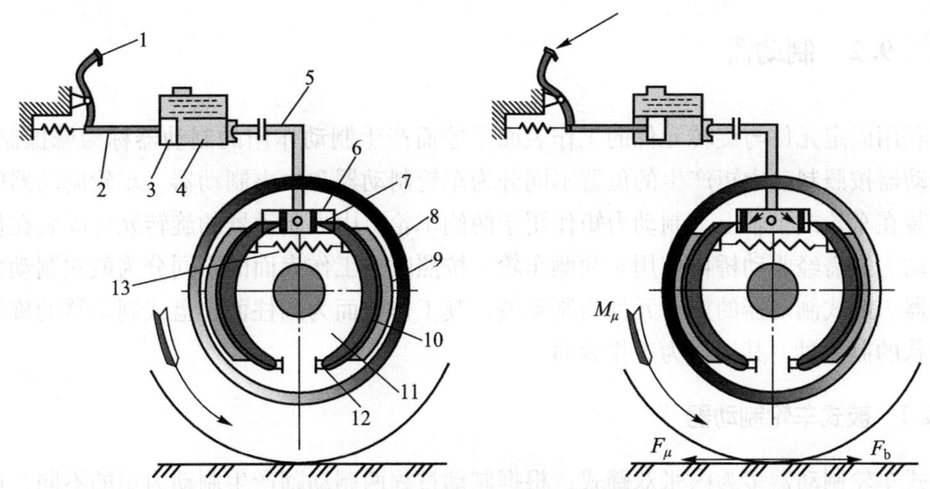

图 9-2　制动系统工作原理示意图

1—制动踏板；2—推杆；3—主缸活塞；4—制动主缸；5—油管；6—制动轮缸；7—轮缸活塞；8—制动鼓；9—摩擦片；10—制动蹄；11—制动底板；12—支承销；13—制动蹄复位弹簧

制动系统不工作时，制动鼓的内圆面与制动蹄摩擦片的外圆面之间保持一定的间隙，简称制动间隙，它使车轮和制动鼓可以自由旋转。若使行驶中的汽车减速或停车，驾驶员应踩下制动踏板 1，通过推杆 2 推动主缸活塞 3，使主缸内的油液在一定压力下流入轮缸，并通过两个轮缸活塞 7 推动两制动蹄绕支承销旋转，上端向两边分开而以其摩擦片压紧在制动鼓的内端面上。这样，不旋转的制动蹄就对旋转着的制动鼓作用一个摩擦力矩 M_μ，其方向与车轮旋转方向相反。制动鼓将该力矩 M_μ 传到车轮后，由于车轮与路面间有附着作用，车轮对路面还作用一个向前的周缘力 F_μ，同时路面也对车轮作用着一个向后的反作用力，即制动力 F_b。制动力 F_b 由车轮经车桥和悬架传给车架及车身，迫使整个汽车产生一定的减速度。制动力越大，则汽车减速度越大。当放开制动踏板时，制动蹄复位弹簧 13 即将制动蹄拉回原位，摩擦力矩 M_μ 和制动力 F_b 消失，制动作用即终止。

当然，阻碍汽车运动的制动力 F_b 不仅取决于摩擦力矩 M_μ，还取决于轮胎与路面间的附着条件。在讨论制动系统的结构问题时，一般假定路面都具备良好的附着条件。

9.1.5　对制动系统的要求

为了保证汽车能在安全条件下发挥出高速行驶的能力，制动系统必须满足下列要求：

(1) 具有良好的制动性能，其评价指标有：制动距离、制动减速度、制动力和制动时间。

(2) 操纵轻便，即操纵制动系统所需的力不应过大。

(3) 制动稳定性好，即制动时，前后车轮制动力分配合理。

(4) 制动平顺性好，即制动力矩能迅速而平稳地增加，亦能迅速而彻底地解除。

(5) 散热性好，即摩擦片的散热能力要高，水湿后恢复能力快。

(6) 对挂车的制动系统，还要求挂车的制动作用应略早于主车；挂车自行脱挂时能自动进行应急制动。

9.2 制动器

凡利用固定元件与旋转元件的工作表面摩擦而产生制动作用的制动器称为摩擦制动器。摩擦制动器按照制动力矩产生的位置不同分为车轮制动器和中央制动器。车轮制动器的旋转元件固装在车轮或半轴上，制动力矩作用于两侧车轮；中央制动器的旋转元件固装在传动轴上，制动力矩需经驱动桥再作用于两侧车轮。按照摩擦工作表面的不同分为鼓式制动器和盘式制动器。鼓式制动器的旋转元件为制动鼓，其工作表面为圆柱面；盘式制动器的旋转元件为圆盘状的制动盘，其端面为工作表面。

9.2.1 鼓式车轮制动器

鼓式车轮制动器多为内张双蹄式，根据制动过程两制动蹄产生制动力矩的不同，可分为领从蹄式制动器、单向双领蹄式制动器、双向双领蹄式制动器、双从蹄式制动器、单向自增力式制动器和双向自增力式制动器。

1. 领从蹄式制动器

1）增势和减势作用

领从蹄式制动器示意图如图 9－3 所示。图中箭头所示为汽车前进时制动鼓的旋转方向，即制动鼓的正向旋转方向。制动轮缸 6 所施加给领蹄 1 的促动力 F_s 使得该制动蹄绕支承点 2 张开时的旋转方向与制动鼓的旋转方向相同。具有这种属性的制动蹄称为领蹄。与此相反，制动轮缸 6 所施加给从蹄 4 的促动力 F_s 使得该制动蹄绕支承点 3 张开时的旋转方向与制动鼓的旋转方向相反，具有这种属性的制动蹄称为从蹄。当汽车倒驶，即制动鼓反向旋转时，领蹄 1 变成从蹄，而从蹄 4 则变成领蹄。这种在制动鼓正向旋转和反向旋转时，都有一个领蹄和一个从蹄的制动器称为领从蹄式制动器。

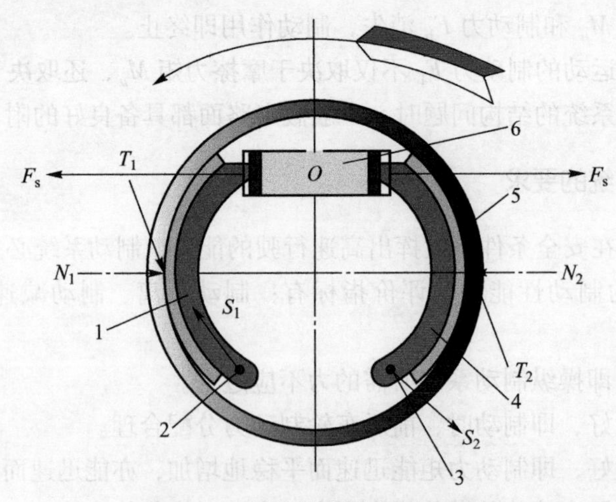

图 9－3 领从蹄式制动器示意图

1—领蹄；2，3—支承点；4—从蹄；5—制动鼓；6—制动轮缸

在图 9－3 所示领从蹄式制动器的结构中，轮缸中的两活塞直径相同，且都可在轮缸内轴向上移动，因此，制动时两活塞对两个制动蹄所施加的促动力永远是相等的。凡两蹄所受

促动力相等的领从蹄式制动器均称为等促动力制动器。制动时，在相等的促动力 F_s 的作用下，领蹄 1 和从蹄 4 分别绕各自的支承点 2 和 3 旋转到紧压在制动鼓 5 上。旋转着的制动鼓即对两制动蹄分别作用着法向反力 N_1 和 N_2，以及相应的切向反力 T_1 和 T_2，这里法向反力 N 和切向反力 T 均为分布力的合力。两蹄受到的这些力分别被各自的支承点 2 和 3 的支承反力 S_1 和 S_2 所平衡。由图可见，领蹄上的切向力 T_1 所造成的绕支承点 2 的力矩与促动力 F_s 所造成的绕同一支点的力矩是同向的。所以力 T_1 的作用结果是使领蹄 1 在制动鼓上压得更紧，即力 N_1 变得更大，从而力 T_1 也更大。这表明领蹄具有“增势”作用。与此相反，切向力 T_2 则使从蹄 4 有放松制动鼓的趋势，即有使 N_2 和 T_2 本身减小的趋势，故从蹄具有“减势”作用。

由上述可见，虽然领蹄和从蹄所受促动力相等，但所受制动鼓法向反力 N_1 和 N_2 却不相等，且 $N_1 > N_2$，相应地，$T_1 > T_2$，故两制动鼓所施加的制动力矩不相等。一般说来，领蹄产生的制动力矩为从蹄制动力矩的 2 ~ 2.5 倍。倒车制动时，虽然从蹄 4 变成领蹄，领蹄 1 变成从蹄，但整个制动器的制动效能还是同前进制动时一样。显然，由于领蹄与从蹄所受法向反力不等，在两蹄摩擦片工作面积相等的情况下，领蹄摩擦片上的单位压力较大，因而磨损较严重。为了使领蹄和从蹄的摩擦片寿命相近，有些领从蹄式制动器，其领蹄摩擦片的周向尺寸设计得较大。但这样将使两蹄的摩擦片不能互换，从而增加了零件品种数和制造成本。

此外，领从蹄式制动器的制动鼓所受到的来自两蹄的法向力 N_1 和 N_2 不相平衡，则两蹄法向力之和只能由车轮轮毂轴承的反力来平衡，这就对轮毂轴承造成了附加径向载荷，使其寿命缩短。凡制动鼓所受来自两蹄的法向力不能互相平衡的制动器称为非平衡式制动器。

2）制动蹄的支承方式

制动蹄的支承方式可分为固定式和浮动式两种。固定式支承如图 9－4（a）所示。浮动式支承蹄的支承端呈弧形，支靠在制动底板上的支承块 2 上，需用两个回位弹簧来拉紧定位。它可使整个制动蹄向鼓的方向张开，又可沿支承块的支承平面［图 9－4（b）中垂直方向］移动。

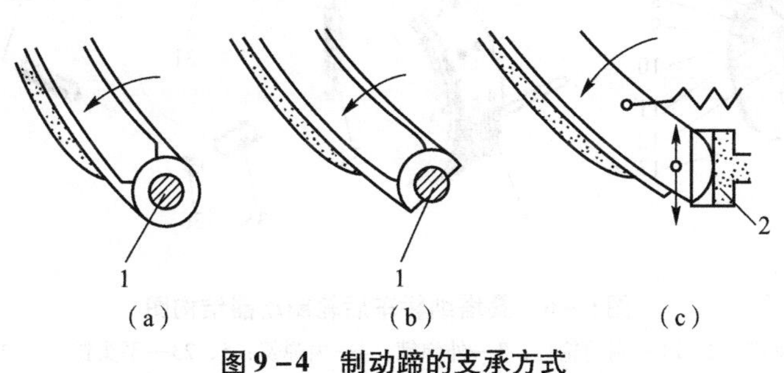

图 9－4　制动蹄的支承方式

1—支承销；2—支承块

3）领从蹄式制动器的结构及工作原理

桑塔纳轿车的后轮制动器为领从蹄式制动器，如图 9－5 所示。作为旋转元件的制动鼓 8 固定在车轮轮毂上。作为固定零件装配基体的制动底板 5 用螺栓与后轮轴 1 上的凸缘相连接。

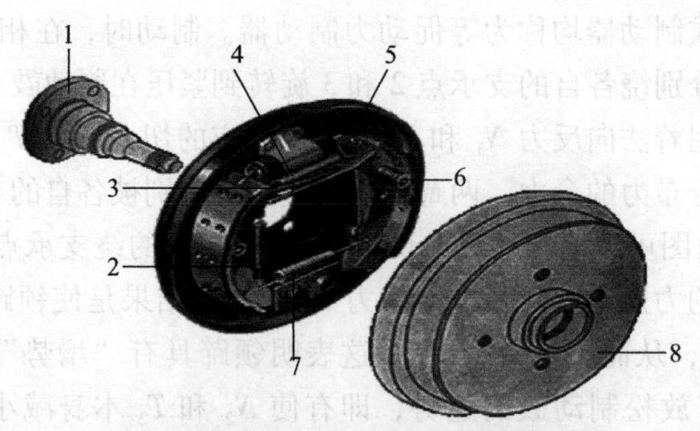

图 9－5　桑塔纳轿车后轮制动器示意图

1—后轮轴；2—制动间隙调节弹簧；3—驻车制动推杆弹簧；4—上回位弹簧；5—制动底板；6—限位杆；7—下回位弹簧；8—制动鼓

图 9－6 所示为桑塔纳轿车后轮制动器结构图，制动蹄采用了浮式支承，制动蹄的上、下支承面均加工成弧面，下端支靠在固定于制动底板上的支承板 14 上。轮缸活塞通过两端支承块对制动蹄的上端施促动力。此种支承结构可使整个制动蹄沿支承平面有一定的浮动量，其优点是制动蹄可以自动定心，保证有可能与制动鼓全面接触。

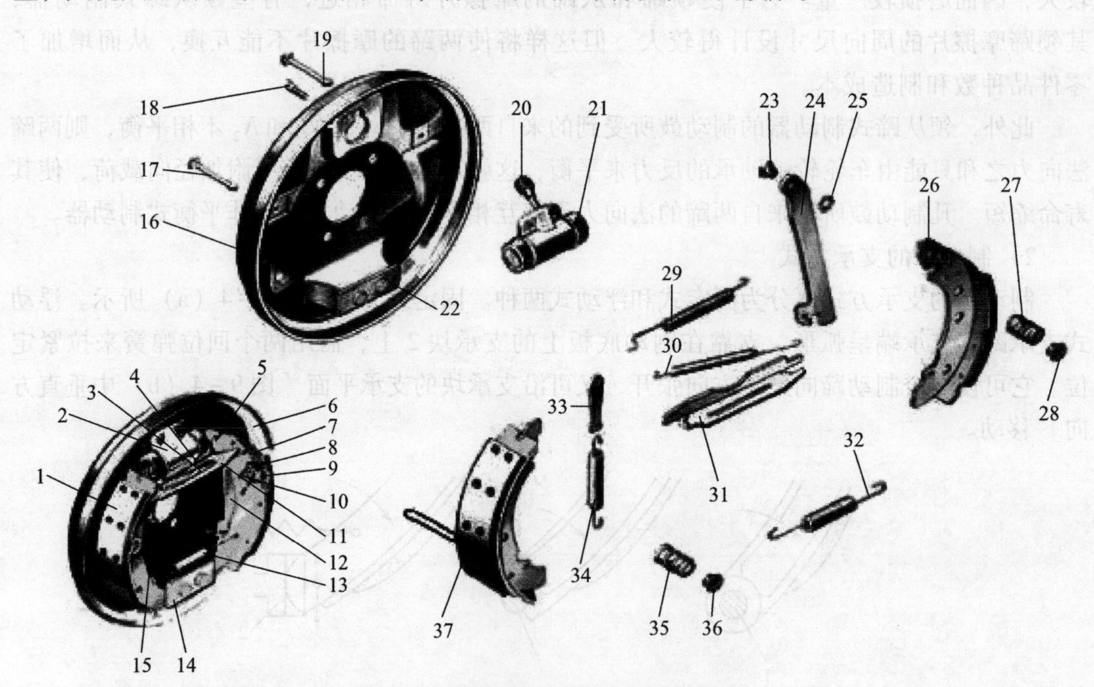

图 9－6　桑塔纳轿车后轮制动器结构图

1，37—前制动蹄；2，21—制动轮缸；3—外弹簧；4—内弹簧；5，23—平头销；6，16—制动底板；7—密封堵塞；8—铆钉；9—制动蹄腹板；10—调节齿板；11，31—驻车制动推杆；12，24—驻车制动杠杆；13，32—回位弹簧；14，22—支承板；15—拉力弹簧；17，19—稳定销；18—内六角螺钉；20—排气螺钉及防尘帽；25—弹性垫片；26—后制动蹄；27，35—稳定弹簧；28，36—稳定弹簧座；29—内弹簧；30—外弹簧；33—楔形调节块；34—楔形调节块拉力弹簧

该行车制动器可兼充驻车制动器，因此在制动器中还装设了驻车制动机械促动装置。驻车制动杠杆 12 上端用平头销 5 与后制动蹄 26 连接，其上部卡入驻车制动推杆 11 右端的切槽中，作为中间支点，下端与拉绳连接。前、后制动蹄的腹板卡在驻车制动推杆 11 两端的

切槽中。推杆外弹簧30左端钩在驻车制动推杆11的左弯舌上，而右端钩在后制动蹄26的腹板上，推杆内弹簧29的左端钩在前制动蹄1的腹板上，而右端则钩在驻车制动推杆11的右弯舌上。

进行驻车制动时，须将驾驶室中的手动驻车制动操纵杆拉到制动位置，经一系列杠杆和拉绳传动，将驻车制动杠杆12的下端向前拉，使之绕上端支点（平头销5）转动。驻车制动杠杆12在转动过程中，其中间支点推动驻车制动推杆11左移，将前制动蹄1推向制动鼓，直到前制动蹄压靠到制动鼓上之后，驻车制动推杆11停止运动，则驻车制动杠杆12的中间支点成为其继续转动的新支点。于是驻车制动杠杆12的上端右移，使后制动蹄26压靠到制动鼓上，施以驻车制动。

解除制动时，应将驻车制动操纵杆推回到不制动位置，驻车制动杠杆12在复位弹簧作用下复位，同时制动蹄回位弹簧32将两蹄拉拢。推杆内、外弹簧29和30除可将两蹄拉回到原始位置之外，还用以防止制动推杆在不工作时窜动，碰撞制动蹄而发生噪声。同时，这种以车轮制动器为驻车制动的系统也可用于应急制动。

2. 单向双领蹄式制动器

在制动鼓正向旋转时，两蹄均为领蹄的制动器称为单向双领蹄式制动器，如图9－7所示。单向双领蹄式制动器与领从蹄式制动器在结构上主要有两点不相同，一是单向双领蹄式制动器的两制动蹄各有一个单活塞轮缸，而领从蹄式制动器的两蹄共用一个活塞式轮缸；二是单向双领蹄式制动器的两套制动蹄、制动轮缸、支承销在制动底板上的布置是中心对称的，而领从蹄式制动器中的制动蹄、制动轮缸、支承销在制动底板上是轴对称布置的。

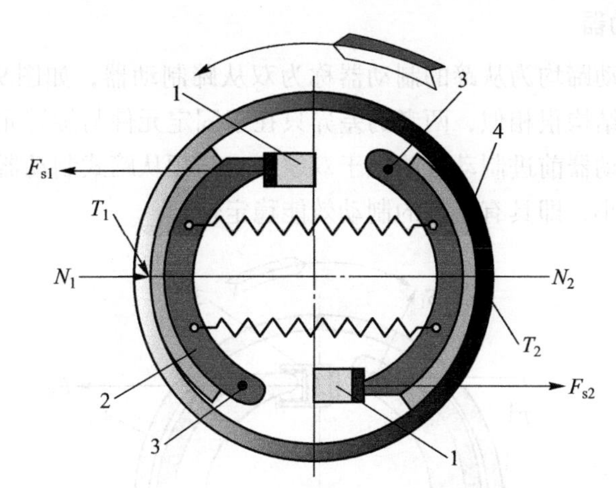

图9－7　单向双领蹄式制动器示意图

1—制动轮缸；2—制动蹄；3—支承销；4—制动鼓

单向双领蹄式制动器的两个轮缸可借助连接油管连通，使其中油压相等，这样，在前进制动时，两蹄都是领蹄，制动效能得到提高。但在倒车制动时，两蹄将都变成从蹄。

3. 双向双领蹄式制动器

无论是前进制动还是倒车制动，两制动蹄都是领蹄的制动器称为双向双领蹄式制动器，图9－8所示为其结构示意图。与领从蹄式制动器相比，双向双领蹄式制动器在结构上有三个特点：一是采用两个双活塞式制动轮缸；二是两制动蹄的两端采用浮式支承，且支点的周向位置也是浮动的；三是制动底板上的所有固定元件，如制动蹄、制动轮缸、回位弹簧等都是成对的，而且既按轴对称，又按中心对称布置。

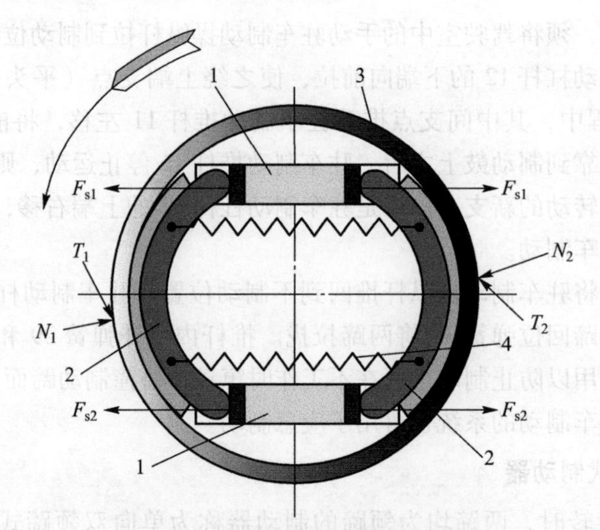

图 9－8　双向双领蹄式制动器示意图

1—制动轮缸；2—制动蹄；3—制动鼓；4—回位弹簧

制动器工作时，摩擦所产生的热绝大部分传给了制动鼓，使其温度升高。制动鼓升温后将膨胀而使制动器间隙增大。为了减少升温，应当使制动鼓有较大的热容量，因此制动鼓都应具有足够大的质量。

4．双从蹄式制动器

前进制动时两制动蹄均为从蹄的制动器称为双从蹄制动器，如图 9－9 所示。这种制动器与双领蹄式制动器结构很相似，两者的差异只在于固定元件与旋转元件的相对运动方向不同。虽然双从蹄式制动器前进制动效能低于双领蹄式和领从蹄式制动器，但其效能对摩擦系数变化的敏感程度较小，即具有良好的制动效能稳定性。

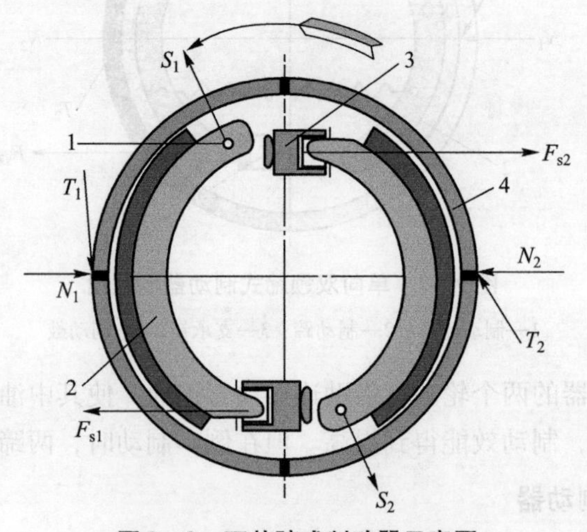

图 9－9　双从蹄式制动器示意图

1—支承销；2—制动蹄；3—制动轮缸；4—制动鼓

双领蹄、双向双领蹄、双从蹄式制动器的固定元件布置都是中心对称的。如果间隙调整正确，则其制动鼓所受两蹄施加的两个法向合力能互相平衡，不会对轮毂轴承造成附加径向载荷。因此，这三种制动器都属于平衡式制动器。

5. 单向自增力式制动器

图 9-10 所示为单向自增力式制动器示意图。第一制动蹄 6 和第二制动蹄 2 的下端分别支在浮动的顶杆 1 的两端。制动器只在上方有一个支承销 4。不制动时，两蹄上端借各自的回位弹簧拉靠在支承销上。

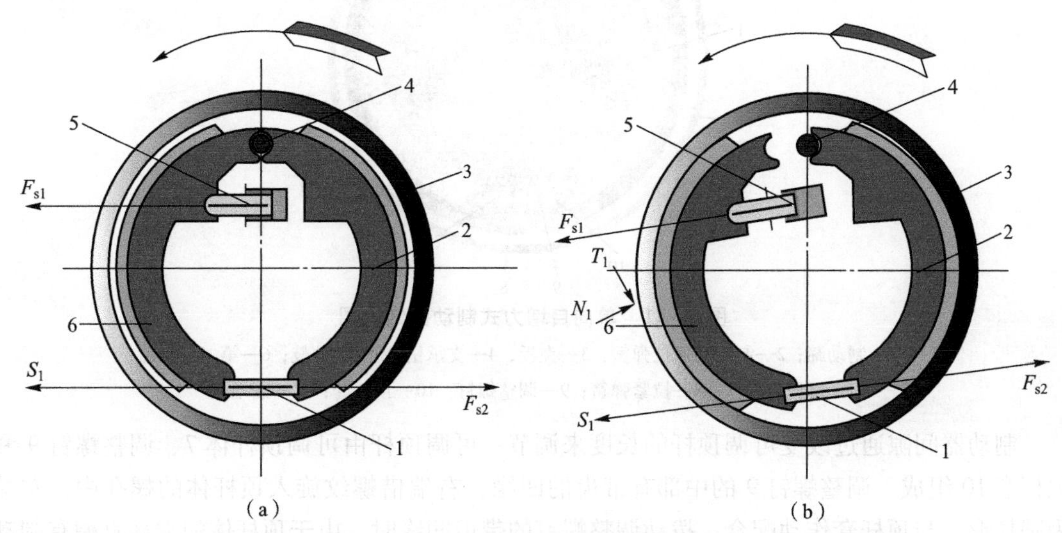

图 9-10　单向自增力式制动器示意图

1—顶杆；2—第二制动蹄；3—制动鼓；4—支承销；5—制动轮缸；6—第一制动蹄

汽车前进制动时，单活塞式制动轮缸 5 只将促动力 F_{s1} 加于第一蹄上，使其上端离开支承销，整个制动蹄绕顶杆左端支承点旋转，并压靠到制动鼓 3 上。第一蹄是领蹄，并且在促动力 F_{s1}、法向合力 N_1、切向（摩擦）合力 T_1 和沿顶杆轴线方向的支承反力 S_1 的作用下处于平衡状态。由于顶杆 1 是浮动的，自然成为第二蹄的促动装置，而将与力 S_1 大小相等、方向相反的促动力 F_{s2} 施加在第二蹄的下端，故第二蹄也是领蹄。正因为顶杆是完全浮动的，不受制动底板约束，所以作用在第一蹄上的促动力和摩擦力的作用没有如一般领蹄那样完全被制动鼓的法向反力和固定于制动底板上的支承件反力的作用所抵消，而是通过顶杆传到第二蹄上，形成第二蹄促动力 F_{s2}。对第一制动蹄 6 进行受力分析可知，$F_{s2} > F_{s1}$。此外，F_{s2} 对第一蹄支承点的力臂也大于 F_{s1} 对第一蹄支承点的力臂。因此，第二蹄的制动力矩必然大于第一蹄的制动力矩。由此可见，在制动鼓尺寸和摩擦系数相同的条件下，这种制动器的前进制动效能不仅高于领从蹄式制动器，而且高于双领蹄式制动器。

倒车制动时，第一蹄上端压靠支承销不动。此时第一蹄虽然仍是领蹄，且促动力 F_{s1} 仍可能与前进制动时的相等，但其力臂却大为减小，因而第一蹄此时的制动效能比一般领蹄的制动效能低很多。第二蹄则因未受促动力而不起制动作用。故此时整个制动器的制动效能甚至比双从蹄式制动器的效能还低。

图 9-11 所示为单向自增力式制动器结构图。第一制动蹄 1 和第二制动蹄 6 的上端被各自的回位弹簧拉拢，并各自以铆于腹板上端的夹板 3 的内凹弧面支靠着支承销 4。两蹄的下

端分别浮支在可调顶杆（由可调顶杆体7、调整螺钉9和顶杆套10组成）两端的直槽底面上，并用拉紧弹簧8拉紧。受法向力较大的第二制动蹄摩擦片的面积做得比第一制动蹄的大，使两蹄单位面积的压力相近。

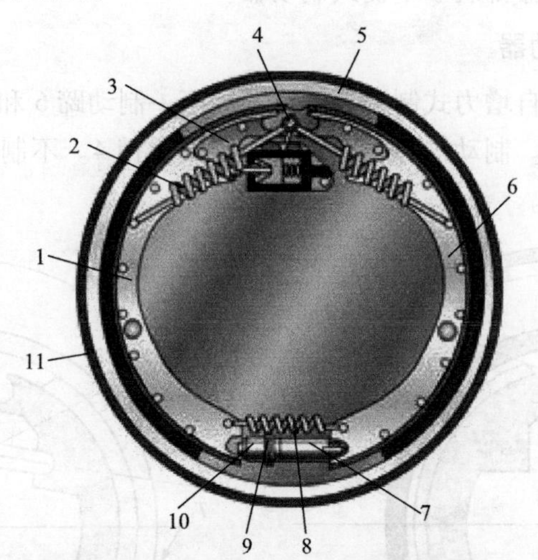

图9－11　单向自增力式制动器结构图

1—第一制动蹄；2—制动蹄回位弹簧；3—夹板；4—支承销；5—制动鼓；6—第二制动蹄；
7—可调顶杆体；8—拉紧弹簧；9—调整螺钉；10—顶杆套；11—制动鼓

制动器间隙通过改变可调顶杆的长度来调节。可调顶杆由可调顶杆体7、调整螺钉9和顶杆套10组成。调整螺钉9的中部有带齿的凹缘，右端借螺纹旋入顶杆体的螺孔中，左端为圆柱形，与顶杆套作动配合。拨动调整螺钉的带齿凹缘时，由于顶杆体的端部直槽有制动蹄嵌入，顶杆体不能转动，因此改变了可调顶杆的总长度。调整螺钉带齿凸缘被拉紧弹簧8的横向弹力压住，不致自行松动。

6. 双向自增力式制动器

图9－12所示为双向自增力式制动器结构示意图。其特点是制动鼓正向和反向旋转时均能借蹄鼓间的摩擦起自增力作用。它的结构不同于单向自增力式之处主要是采用双活塞式制动轮缸4，可向两蹄同时施加相等的促动力F_s。制动鼓正向（如箭头所示）旋转时，前制动蹄为第一蹄，后制动蹄为第二蹄，制动鼓反向旋转时则情况相反。由图可见，在制动时，第一蹄只受一个促动力F_s，而第二蹄则有两个促动力F_s和S，且$S>F_s$。考虑到汽车前进制动的机会远多于倒车制动，且前进制动时制动器工作负荷也远大于倒车制动，故后制动蹄的摩擦片面积做得较大。

图9－13所示的制动器即属于双向自增力式制动器。不制动时，领蹄3和从蹄10的上端在领蹄回位弹簧5和从蹄回位弹簧8的作用下浮支在支承销7上，两制动蹄的下端在拉簧1的作用下浮支在浮动的可调顶杆体11两端的凹槽中。汽车前进制动时，制动轮缸的两活塞向两端顶出，使前后制动蹄离开支承销并压紧到制动鼓上，于是旋转着的制动鼓与两制动蹄之间产生摩擦作用。由于顶杆是浮动的，前后制动蹄及顶杆沿制动鼓的旋转方向转过一个角度，直到从蹄10的上端再次压到支承销7上。此时制动轮缸促动力进一步增大。由于从蹄10受顶杆的促动力大于轮缸的促动力，从蹄上端不会离开支承销。汽车倒车制动时，制动器的工作情况与上述相反。

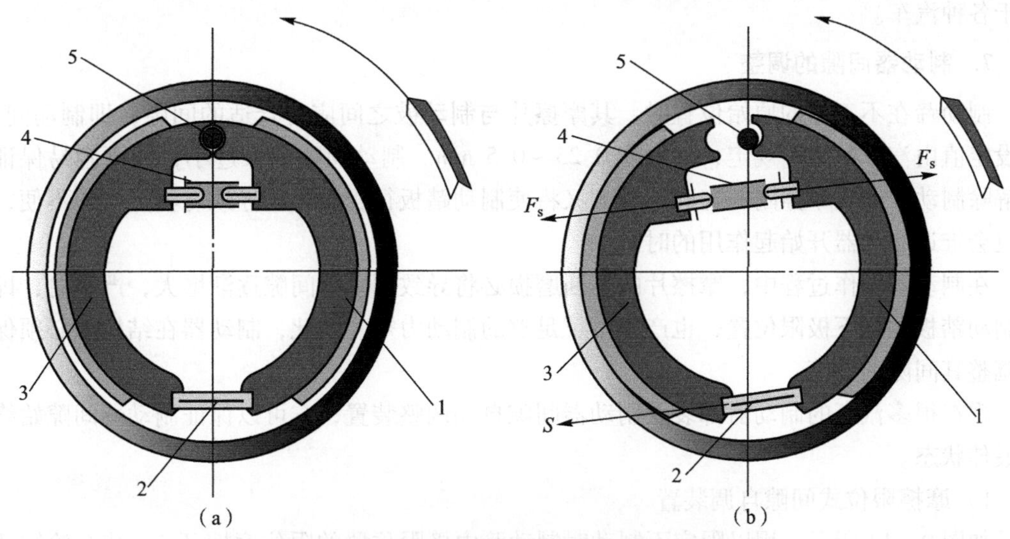

图 9－12　双向自增力式制动器结构示意图

1—后制动蹄；2—顶杆；3—前制动蹄；4—制动轮缸；5—支承销

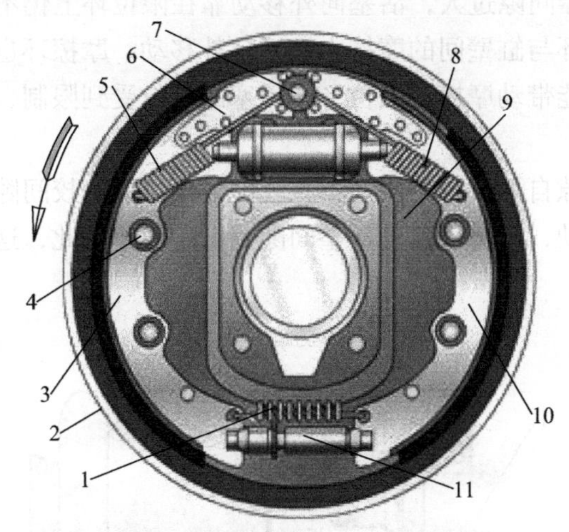

图 9－13　双向自增力式制动器

1—拉簧；2—制动鼓；3—领蹄；4—定位销钉；5—领蹄回位弹簧；6—夹板；
7—支承销；8—从蹄回位弹簧；9—制动底板；10—从蹄；11—可调顶杆体

以上介绍的各种鼓式制动器各有利弊。就制动效能而言，在基本结构参数和轮缸工作压力相同的条件下，自增力式制动器由于对摩擦助势作用利用得最为充分而居首位（然后依次为双领蹄式、领从蹄式、双从蹄式）。但蹄鼓之间的摩擦系数很不稳定，根据摩擦片的材料、温度和表面状况（如是否沾水、沾油，是否有烧结现象等）的不同可在很大范围内变化。自增力式制动器的效能对摩擦系数的依赖性最大，因而其效能的热稳定性最差。此外，在制动过程中，自增力式制动器制动力矩的增长在某些情况下显得过于急速。双向自增力式制动器多用于轿车后轮，原因之一是便于兼充驻车制动器。单向自增力式制动器只用于中轻型汽车的前轮，因倒车制动时对前轮制动器效能的要求不高。双从蹄式制动器的制动效能虽然最低，但具有良好的稳定性，因而还是有少数豪华轿车为保证制动可靠性而采用。领从式制动器发展较早，其效能及效能稳定性均居于中游，且有结构简单等优点，故目前仍广泛应用于各种汽车。

7. 制动器间隙的调整

制动蹄在不工作的原始位置时，其摩擦片与制动鼓之间应有合适的间隙，即制动间隙。其设定值由汽车制造厂规定，一般在0.25～0.5 mm。制动间隙如果过小，就不容易保证彻底解除制动，造成摩擦副的拖磨；过大又将使制动踏板行程太长，导致驾驶员操作不便，同时也会推迟制动器开始起作用的时刻。

在制动器工作过程中，摩擦片的不断磨损必将导致制动器间隙逐渐增大，严重时，即使将制动踏板踩到下极限位置，也产生不了足够的制动力矩。因此，制动器在结构上必须保证有调整其间隙的功能。

现在很多汽车的制动器都装有制动器间隙自动调整装置，它可以保证制动器间隙始终处于最佳状态。

1）摩擦限位式间隙自调装置

如图9－14所示，用以限定不制动时制动蹄内极限位置的限位摩擦环2，装在轮缸活塞3内端，限位摩擦环是一个有切口的弹性金属环，压装入轮缸后与缸壁之间的摩擦力可达400～550 N。如果制动器间隙过大，活塞向外移动靠在限位环上仍不能正常制动，活塞将在油压作用下，克服制动环与缸壁间的摩擦力继续向外移动，摩擦环也被带动外移，解除制动时，制动器复位弹簧不能带动摩擦环回位，即活塞的回位受到限制，制动器间隙减小，实现了制动间隙的自动调整。

具有摩擦限位式间隙自调装置的制动器在装配时不需要调校间隙，只要在安装到汽车上以后，经过一次完全制动，即可以自动调整间隙到设定值。因此，这种自调装置属于一次调准式。

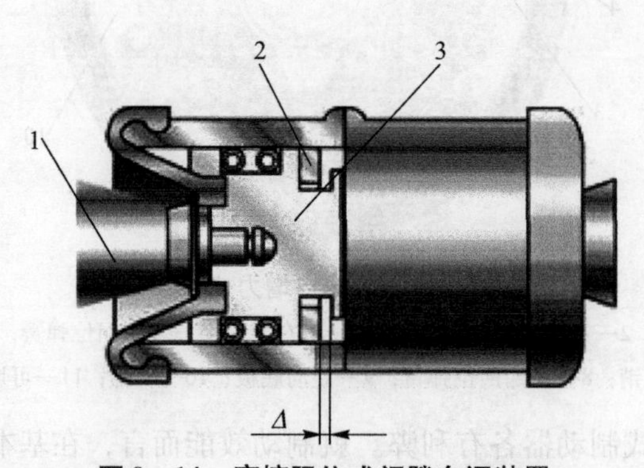

图9－14　摩擦限位式间隙自调装置

1—制动蹄；2—限位摩擦环；3—活塞；Δ—制动间隙

2）楔块式间隙自调装置

某些轿车后轮制动器间隙采用楔块式间隙自调整装置，如图9－15所示。间隙自调装置的楔形调节块4夹在与前制动蹄3固定在一起的斜支承和驻车制动推杆7之间形成的切槽中。制动推杆两端有缺口，其右端缺口的端面压在楔形调节块4的齿形面上，楔形调节块的另一侧齿形面压在斜支承上。在驻车制动推杆内弹簧5的作用下，制动推杆紧紧压住楔形调节块和斜支承。制动推杆左端的头部有一凸耳，它与驻车制动杠杆9的外侧面之间有一设定间隙Δ（0.2～0.3 mm）。驻车制动推杆外弹簧12使驻车制动杠杆9与制动推杆左端缺口的端面紧紧贴在一起。

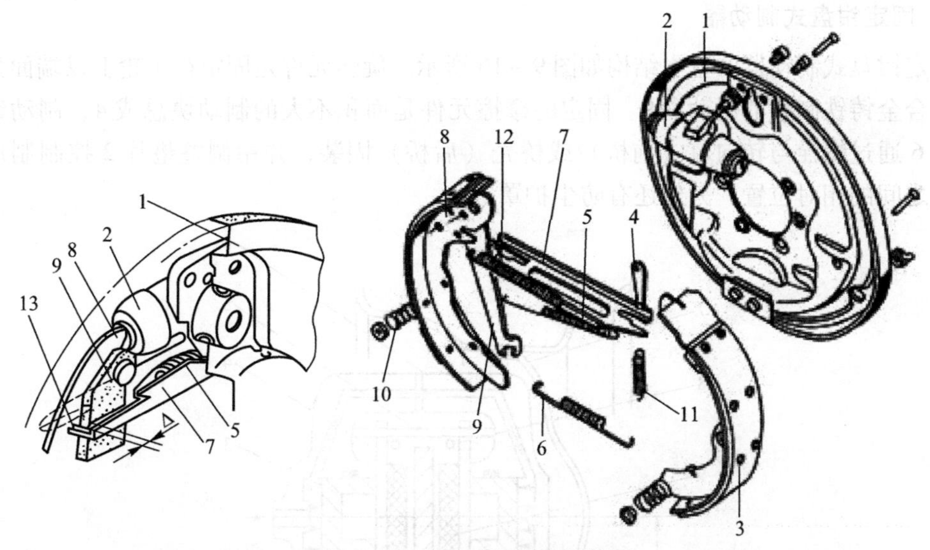

图 9－15　楔块式间隙自调装置

1—制动底板；2—制动轮缸；3—前制动蹄；4—楔形调节块；5—驻车制动推杆内弹簧；
6—制动蹄复位弹簧；7—驻车制动推杆；8—后制动蹄；9—驻车制动杠杆；10—限位弹簧；
11—制动间隙调节弹簧；12—驻车制动推杆外弹簧；13—推杆凸耳

当制动蹄未磨损，在正常的制动间隙（设定间隙Δ）内进行行车制动时，两制动蹄在轮缸活塞的推力作用下将驻车制动推杆外弹簧 12 拉伸，使两蹄压靠到制动鼓上，施以制动。由于驻车制动推杆内弹簧 5 的刚度大于外弹簧，故不被拉伸。它同驻车制动推杆 7 始终压住楔形调节块 4，并与前制动蹄一起左移压靠到制动鼓上。此时驻车制动杠杆 9 与制动推杆凸耳不会接触（因未超出设定间隙Δ值）。当制动蹄磨损，制动间隙超过设定值Δ，施以制动时，两蹄在轮缸活塞推力的作用下，外弹簧首先被拉伸到一定程度后，内弹簧也被拉伸，使制动杠杆与制动推杆凸耳不仅接触，并且外移。此时，驻车制动推杆与前制动蹄斜支承间形成的切槽与楔形调节块间便产生了间隙，于是楔形调节块被制动间隙调节弹簧 11 往下拉，直到调节块与切槽两侧重新接触为止，从而补偿了制动器的过量间隙。解除制动时，两制动蹄在复位弹簧的作用下复位，但不可能恢复到制动前的位置。因此借以补偿过量制动间隙的楔形调节块与切槽的相对位移是不可逆转的。这意味着制动杠杆外侧面与制动推杆头部凸耳之间的间隙，恢复到设定值Δ。这种制动器间隙自调装置也属于一次调整式。

3）阶跃式间隙自调装置

制动器中的过量间隙并不完全是磨损所致，还有一部分是由于制动鼓的热膨胀和制动蹄的弹性变形而使直径增大所致。若一次调整式自调装置将不加区别地一律随时加以补偿，就会容易造成“调整过头”，从而发生“拖磨”甚至“抱死”。为了避免“调整过头”，许多制动器都采用了阶跃式间隙自调装置。这样的制动器在装车后要进行多次（可能达20 次以上）制动动作才能消除所积累的过量间隙。如日本丰田轿车双向自增力式制动器就具有阶跃式间隙调整装置，它只在若干次倒车制动后才起调节作用。

9.2.2　盘式制动器

现代汽车上使用的盘式制动器有两种：一种是固定钳盘式制动器，另一种是浮动钳盘式制动器。

1. 固定钳盘式制动器

固定钳盘式制动器的基本结构如图 9－16 所示。旋转元件是固定在车轮上以端面为工作面，用合金铸铁制成的制动盘 9。固定的摩擦元件是面积不大的制动块总成 4，制动钳的钳形支架 6 通过螺栓与转向节（前桥）或桥壳（后桥）固装，并用调整垫片 2 控制制动钳与制动盘之间的相对位置。另外还有防尘护罩等。

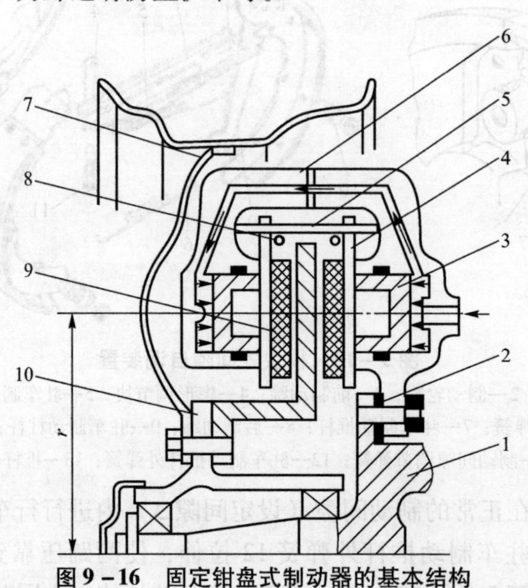

图 9－16 固定钳盘式制动器的基本结构

1—转向节或桥壳；2—调整垫片；3—活塞；4—制动块总成；5—导向支承销；6—钳形支架；7—轮盘；8—消音回位弹簧；9—制动盘；10—轮毂；r—制动盘摩擦半径

制动时，制动油液被压入内、外两油缸中，在液压作用下两活塞 3 带动两侧制动块总成 4 做相向移动压紧制动盘 9，产生摩擦力矩。在活塞移动过程中，矩形橡胶密封圈的刃边在活塞摩擦力的作用下随活塞移动而产生微量的弹性变形。相当于极限摩擦力的密封圈极限变形量 Δ，应等于制动器间隙为设定值时的完全制动所需活塞行程，如图 9－17（a）所示。解除制动时，活塞和制动块依靠密封圈的弹力和消音回位弹簧 8 的弹力回位，如图 9－17（b）所示。由于矩形密封圈的刃边变形量很小，在不制动时，制动块摩擦片与制动盘之间的间隙每边都只有 0.1 mm 左右，以保证解除制动。制动盘受热膨胀时，厚度方面只有微小的变化，故不会发生“拖滞”现象。但盘式制动器不能使用受热易膨胀的醇类制动油液，要求使用特制的合成型制动液。

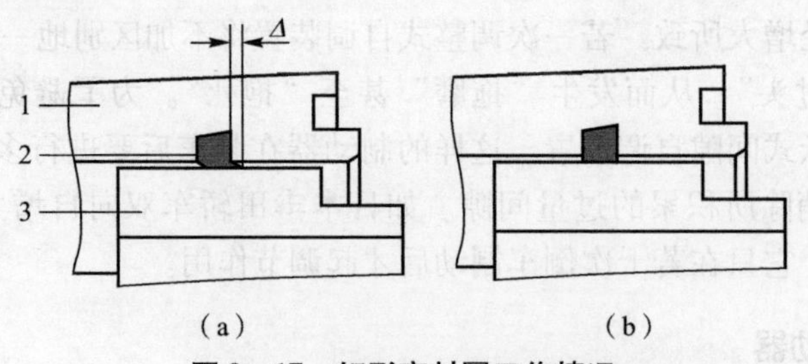

图 9－17 矩形密封圈工作情况

1—活塞；2—矩形密封橡胶圈；3—油缸

若制动块摩擦片与制动盘的间隙因磨损加大，制动时活塞密封圈变形达到极限值Δ以后，活塞仍可在液压作用下，克服密封圈的摩擦力，继续移动，直到摩擦片压紧制动盘为止。但解除制动时，矩形密封圈能将活塞推回的距离与摩擦片磨损之前是相同的，即摩擦片与制动盘间隙仍等于Δ。由此可知，矩形密封圈能兼起活塞回位弹簧和自动调整制动器间隙的作用。

2. 浮动钳盘式制动器

浮动钳盘式制动器结构简单紧凑，且便于安装，因此被广泛应用在轿车和轻型汽车上。图9-18所示为桑塔纳轿车的前轮浮动钳盘式制动器零件分解图。旋转元件是制动盘1，它和车轮轮毂装在一起，并和车轮一起转动。制动盘两个制动表面之间沿径向铸有36条筋，形成36条通风道，以便散热。固定元件是制动钳体，装在制动钳支架11上，制动钳支架11固定在前桥转向节上。内部单装一个活塞8的制动钳，可以通过固定在制动钳壳体6上并插入制动钳支架11孔中的导向销做轴向移动。制动钳上制动块所用的摩擦片与背板采用黏接法相连，工艺性好，并能提高摩擦片的使用寿命。

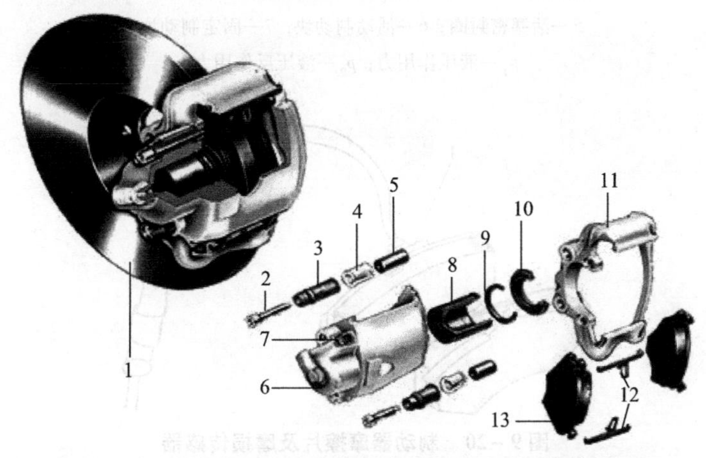

图9-18　桑塔纳轿车的前轮浮动钳盘式制动器零件分解图

1—制动盘；2—螺栓；3—橡胶衬套；4—导向钢管；5—塑料套；6—制动钳壳体；7—放气塞；8—活塞；9—油封；10—活塞防尘罩；11—制动钳支架；12—保持弹簧；13—制动块

浮动钳盘式制动器的工作原理示意图，如图9-19所示。制动时，活动制动块6在液压作用力p_1作用下，由活塞密封圈5推靠在制动盘4上，同时制动钳上的液压反作用力p_2推动制动钳沿定位导向销2移动，使外侧的固定制动块7也压靠在制动盘4上，产生制动力，于是制动盘两边都被紧紧抱住，使其停止转动。制动盘又和车轮轮毂装在一起，所以车轮也停止了转动。橡胶套不仅能稍微变形，以便消除制动器的间隙，而且可使导向销免受泥污。

解除制动时，橡胶衬套所释放出来的弹性能有助于外侧制动块离开制动盘。活塞密封圈5在制动时变形，解除制动时就恢复原状，使活塞回位。若制动盘和制动块间产生了过量间隙，则活塞将相对于密封圈滑移，借此实现间隙的自动调整。

此外制动器摩擦片上装有磨损传感器，如图9-20所示。如果摩擦片磨损到最小厚度少于2 mm时，则制动警告灯亮，这时需要更换摩擦片，至少也应检查摩擦片的厚度。

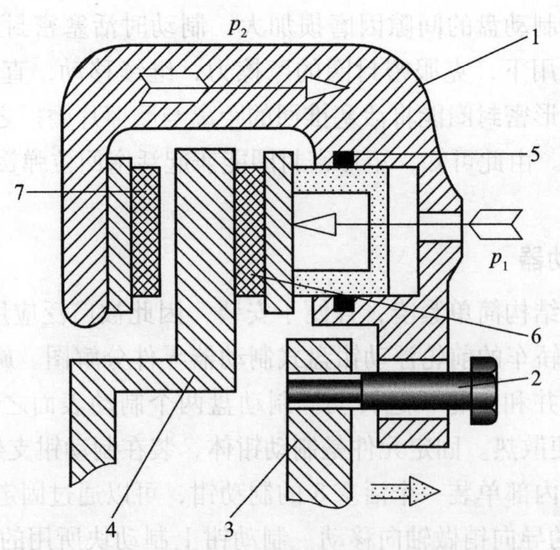

图9-19　浮动钳盘式制动器的工作原理示意图

1—制动钳台；2—定位导向销；3—制动钳安装架；4—制动盘；

5—活塞密封圈；6—活动制动块；7—固定制动块；

p_1—液压作用力；p_2—液压反作用力

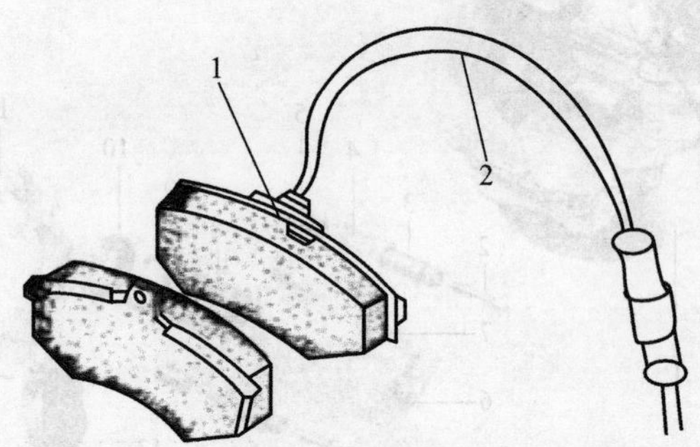

图9-20　制动器摩擦片及磨损传感器

1—传感器；2—警告灯导线

与固定钳盘式制动器相比较，浮动钳盘式制动器的单侧轮缸结构不需要设置跨越制动盘的油道，故不仅轴向和径向尺寸较小，有可能布置得更接近车轮轮毂，而且制动液受热汽化的机会较少，浮动钳盘式制动器现已基本取代了固定钳盘式制动器。

3. 盘式制动器的特点

1）盘式制动器的优点

（1）制动盘暴露在空气中，散热能力强。特别是采用通风式制动盘，空气可以流经内部，加强散热。

（2）浸水后制动效能降低较少，而且只需经一两次制动即可恢复正常。

（3）制动时的平顺性好。由于无摩擦助势作用，产生的制动力矩仅与油缸液压成正比，制动过程中制动力矩增长比鼓式缓和。同时，制动器效能受摩擦系数的影响较小，即效能较稳定。

（4）制动盘沿厚度方向的膨胀量极小，不会像制动鼓的热膨胀那样使制动器间隙明显增加而导致制动踏板行程过大。此外，也便于装设间隙自调装置。

(5) 结构简单，摩擦片拆装更换容易，因而维修方便。

2) 盘式制动器的缺点

(1) 因制动时无助势作用，故要求管路液压比鼓式制动器高，一般需在液压传动装置中加装制动加力装置和采用较大缸径的油缸。

(2) 由于盘式制动器活塞的回位能力差，且轮缸活塞的断面积大，制动器间隙较小，故在液压系统中不能留有残余压力。

(3) 防污性能差，制动块摩擦面积小，磨损较快。

9.2.3 驻车制动器

1. 功用

停驶后防止溜滑；坡道起步；行车制动失效后临时使用或配合行车制动器进行紧急制动。

2. 类型

按在汽车上安装位置的不同，驻车制动装置分中央驻车制动装置和车轮驻车制动装置两类。前者的制动器安装在传动轴上，称为中央制动器。后者和行车制动装置共用一套制动器，结构简单紧凑，已在轿车上得到普遍应用。

当车辆后轮采用鼓式制动器时，驻车制动系统采用机械式，其结构布置如图 9-21 所示。施行驻车制动时，驾驶员将驻车制动操纵杆向上扳起，便通过调整拉杆、平衡杠杆将驻车制动操纵拉绳拉紧，从而促动两后轮制动器实行驻车制动。此时，由于棘爪的单向作用，操纵杆不能反转，故整个驻车机械制动杆系统能可靠地被锁定在制动位置上。欲解除制动，须先将操纵杆扳起少许，再压下操纵杆端头的压杆按钮，通过棘爪杆使棘爪离开棘爪齿板，然后将操纵杆向下推到解除制动位置。此刻拉绳放松，驻车制动解除，随后应立即放松操纵杆端按钮，使棘爪得以将整个驻车机械制动杆系统锁止在解除制动位置上。

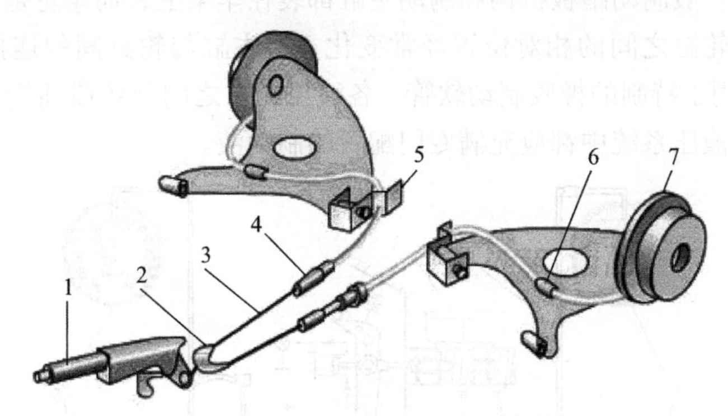

图 9-21 驻车制动器结构布置

1—操纵杆；2—平衡杠杆；3—拉绳；4—拉绳调整接头；5—拉绳支架；6—拉绳固定夹；7—制动器

当车辆后轮采用盘式制动时，驻车制动系统往往采用盘鼓一体式和电动机械式。奥迪轿车驻车制动系统采用电动机械式，如图 9-22 所示。当驾驶员按下驻车制动开关时，控制单元给直流电动机通电，电动机转动的圈数可以控制活塞的移动行程。电动机通过齿形皮带和减速器齿轮驱动螺杆，螺杆转动时带动螺杆上的压紧螺母向前移动。移动的螺母带动活塞将摩擦片压到制动盘上，产生驻车制动效果。当驾驶员松开驻车制动开关时，制动活塞因密封环恢复原状而移回。

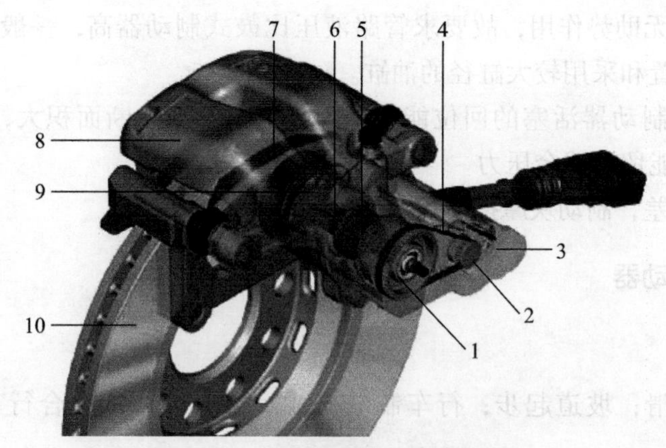

图 9－22　电动机械式驻车制动器

1—减速器齿轮；2—带轮；3—电动机；4—齿形皮带；5—螺杆；6—螺母；7—制动块；8—制动钳；9—制动活塞；10—制动盘

 9.3　液压式制动传动装置

9.3.1　组成及工作原理

1. 组成

液压式制动传动装置在目前的轿车、轻型货车的行车制动系统上都得到了广泛的应用。液压式制动传动装置组成示意图如图 9－23 所示，主要由制动主缸、液压管路、制动器中的制动轮缸等组成。一般制动踏板机构和制动主缸都装在车架上，而车轮是通过弹性悬架与车架联系的，主缸与轮缸之间的相对位置经常变化，故主缸与轮缸间的连接油管除用金属管（铜管）外，还采用了特制的橡胶制动软管。各液压元件之间及各段油管之间还有各种管接头。制动前，整个液压系统中都应充满专门配置的制动液。

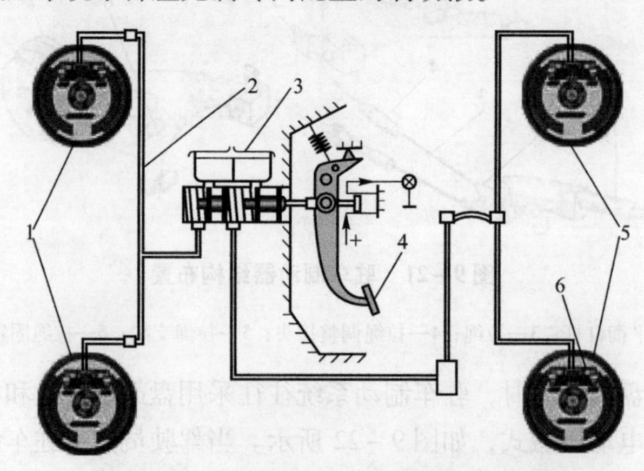

图 9－23　液压式制动传动装置组成示意图

1—前轮制动器；2—制动管路；3—制动主缸；4—制动踏板；5—后轮制动器；6—制动轮缸

2. 工作原理

当制动踏板机构4被踩下时，制动液由制动主缸3中的活塞推动，经油管压入制动轮缸6和制动钳中，将制动蹄或制动块推向制动鼓或制动盘。在消除制动器间隙的过程中，管路油压不是很高，仅足以平衡制动蹄回位弹簧的张力以及油液在管路中的流动阻力。在制动间隙消失并开始产生制动力矩时，液压与踏板力方能继续增长，直到完全制动。从开始制动到完全制动的过程中，由于在液压作用下，油管（主要是橡胶软管）的弹性膨胀变形和摩擦元件的弹性压缩变形，制动蹄和轮缸活塞都可以继续移动一段距离。放开制动踏板，制动蹄和轮缸活塞将在回位弹簧的作用下回位，将制动液压回主缸。

制动管路中的油压和制动器产生的制动力矩是与踏板力呈线性关系的。假设附着力足够，则汽车所受到的制动力也与踏板力呈线性关系。制动系统的这项性能称为制动踏板感（或称路感），驾驶员可因此而直接感觉到汽车制动的强度，以便及时加以必要的控制和调节。

从制动踏板到轮缸活塞的制动系统的传动比等于踏板机构杠杆比乘以轮缸与主缸的面积之比。传动比越大，则为获得同样大的制动力矩所需的踏板力越小，但踏板行程却因此而越大，使得制动操作不便。故要求液压制动系统的传动比要合适，以保证制动踏板力较小，同时踏板行程又不太大。对于人力液压传动制动系统，在制动器允许摩擦量的范围内，踏板全行程不应超过150 mm（轿车）或180 mm（货车）。制动器间隙调整正常时，从踩下踏板到完全制动的踏板工作行程不应超过全行程的50%～60%，最大踏板力一般不应超过350 N（轿车）或550 N（货车）。

9.3.2 制动主缸

主缸的作用是将踏板力转变成液压力。有的主缸与储油室铸成一体，也有二者分制而合装在一起或用油管连接的。现代汽车的行车制动系统都必须采用双回路制动系统，因此液压制动系统都采用串列双腔式制动主缸。目前，国内轿车及大多数国外轿车都采用等径制动主缸，即制动主缸两腔的缸径相同，而某些国外轿车上安装了异径制动主缸，即制动主缸两腔的缸径不相等。

图9－24所示为串列双腔等径制动主缸。制动主缸壳体1呈筒形，内有两个活塞6和10。第二活塞10位于制动主缸壳体1的中间位置，将主缸分成左右两个工作腔。每个工作腔内产生的液压经各自的管路分别传到前、后轮制动器。每个工作腔分别通过补偿孔和回油孔与储油室相通。第二活塞两端都承受弹簧力，当主缸不工作时，第二活塞处在正确的中间位置，使各缸的补偿孔和回油孔都与缸内相通。第一活塞在弹簧的作用下压靠在限位环上，使其处于右腔的补偿孔和回油孔之间。每个活塞上都有轴向小孔，皮碗的端部通过垫片压在小孔的一侧，以便两腔建立油压并保持密封。

当踩下制动踏板时，真空助力器推动第一活塞左移，直到皮碗盖住补偿孔后，右工作腔中的液压升高，油液一方面通过腔内出油口进入右前和左后制动管路，另一方面又推动第二活塞左移。在右腔液压和弹簧的作用下，第二活塞向左移动，左腔压力也随之提高，油液通过腔内出油口进入右后和左前制动管路。当继续踩下制动踏板时，左、右腔的液压继续提高，使前、后制动器制动。

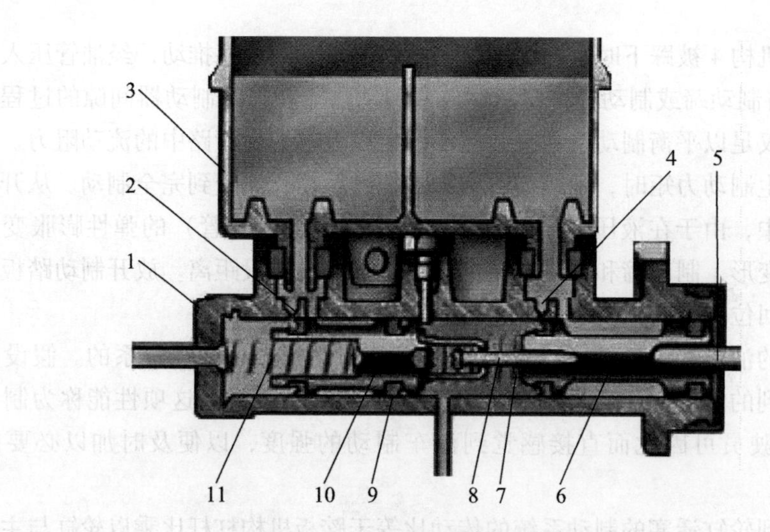

图9－24 串列双腔等径制动主缸

1—制动主缸壳体；2—补偿孔；3—储液缸；4—回油孔；5—推杆；
6—第一活塞；7—第一活塞回位弹簧；8—挺杆；9—皮碗；
10—第二活塞；11—第二活塞主、副回位弹簧

解除制动时，活塞在弹簧作用下回位，高压油液自制动管路流回制动主缸。如活塞回位过快，工作腔容积迅速增大，油压迅速降低，制动管路中的油液由于管路阻力的影响，来不及充分流回工作腔，使工作腔中形成一定的真空度，于是储液室中的油液便经过进油口和活塞上的轴向小孔推开垫片及皮碗进入工作腔（某些车型中，油液通过皮碗的唇边进入工作腔）。当活塞完全回位时，补偿孔开放，制动管路中流回工作腔的多余油液经过补偿孔流回储液室。

若与左腔连接的制动油管损坏漏油，则在踩下制动踏板时只有右腔中能建立液压，左腔中无压力。此时在压差作用下，第二活塞迅速移到其前端，顶到主缸缸体上。此后，右工作腔中液压方能升高到制动所需的值。

若与右腔连接的制动油管损坏漏油，则在踩下制动踏板时，起先只是第一活塞前移，而不能推动第二活塞，因右工作腔不能建立液压。但在第一活塞顶触及第二活塞时，第二活塞便前移，使左工作腔建立必要的液压而制动。

由上述可见，双回路液压制动系统中任意回路失效时，主缸仍能工作，只是所需踏板行程加大，将导致汽车的制动距离增长，制动效能降低。

9.3.3 制动轮缸

制动轮缸有双活塞式和单活塞式两类，图9－25所示为双活塞式。缸体用螺栓固定在制动底板上，缸内有两个活塞7，二者之间的内腔由两个皮碗6密封。制动时，制动液自油管接头和进油孔进入，活塞7在液压作用下外移，通过顶块推动制动蹄。弹簧保证皮碗、活塞、制动蹄的紧密接触，并保持两活塞之间的进油间隙。防护罩10除防尘外，还可防止水分进入，以免活塞和轮缸生锈而卡住。

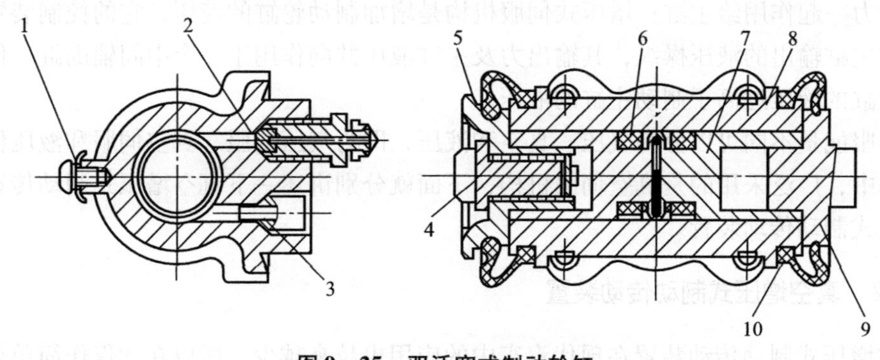

图 9－25　双活塞式制动轮缸

1—调整轮锁片；2—放气螺钉；3—进油孔；4—调整螺钉；5—调整轮；
6—皮碗；7—活塞；8—缸体；9—支承盖；10—防护罩

图 9－26 所示为单活塞式制动轮缸。为缩小轴向尺寸，液压腔密封件不用抵靠活塞端面的皮碗，而采用装在活塞导向面上切槽内的皮圈 4。进油间隙靠活塞端面的凸台保持。放气阀 1 的中部有螺纹，尾部有密封锥面，平时旋紧压靠在阀座上。与密封锥面相连的圆柱面两侧有径向孔，与阀中心的轴向孔相通。需要放气时，先取下橡胶护罩 2，再连踩几下制动踏板，对缸内空气加压，然后踩住踏板不放，将放气阀旋出少许，空气即行排出。空气排尽后再将放气阀旋紧。

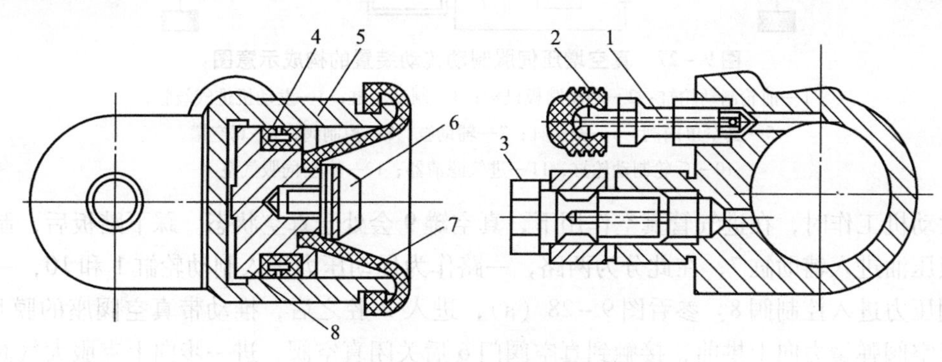

图 9－26　单活塞式制动轮缸

1—放气阀；2—橡胶护罩；3—进油管接头；4—皮圈；5—缸体；6—顶块；7—防护套；8—活塞

9.4　真空液压式制动传动装置

在单纯的人力液压制动系统的基础上加上一套动力辅助制动机构，即兼有人力及发动机制动的制动系统，称为伺服制动系统。正常情况下，主要由伺服动力机构提供制动的能量，这就使得驾驶员很省力，而一旦伺服动力机构失效，驾驶员依然可以通过较大的力完成制动。

9.4.1　伺服制动系统的类型

按照伺服制动机构输出力作用部位和对其控制装置的操纵方式的不同可以分为助力式及增压式两种。助力式伺服系统即帮助增加踏板力，它的控制装置由踏板机构直接操纵，输出力与踏板力一起作用给主缸；增压式伺服机构是增加制动轮缸的液压，它的控制装置由踏板机构通过主缸输出的液压操纵，其输出力及主缸液压共同作用于一个中间辅助缸，使辅助缸输出到轮缸的液压远高于制动主缸的液压。

按伺服能量不同可以分为气压、真空和液压，即为气压伺服、真空伺服和液压伺服。在现代汽车中，广泛采用的是真空伺服机构，下面就分别讲述一下真空增压式制动传动装置和真空助力式制动传动装置。

9.4.2 真空增压式制动传动装置

真空增压式制动传动装置在现代汽车中的应用也越来越少，所以在此仅作简单介绍。图9－27所示为真空增压伺服制动传动装置的构成示意图。其中辅助缸、真空伺服气室和控制阀组装在一起，称为真空增压器。

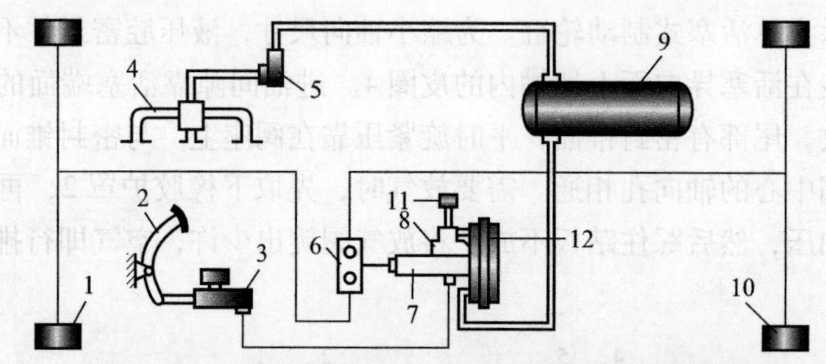

图9－27 真空增压伺服制动传动装置的构成示意图

1—前轮制动轮缸；2—制动踏板机构；3—制动主缸；4—发动机进气歧管；5—真空单向阀；6—安全缸；7—辅助缸；8—控制阀；9—真空罐；10—后轮制动轮缸；11—进气滤清器；12—真空伺服气室

发动机工作时，在进气管真空作用下，真空罐9会处于真空状态。踩下踏板后，制动主缸的液压油进入辅助缸7，在此分为两路，一路作为促动压力进入制动轮缸1和10，一路作为控制压力进入控制阀8。参看图9－28（a），进入B腔之后，推动带真空阀座的膜片座4克服真空阀弹簧力向上拱曲，接触到真空阀门6后关闭真空阀，进一步向上克服大气阀弹簧力推开大气阀门7，滤清后的大气进入A腔和伺服气室的D腔，C腔连通的是真空罐，于是在伺服气室膜片9的左右D、C两腔中产生压差，该压差克服伺服气室膜片回位弹簧10的弹力，推动伺服气室膜片9及伺服气室推杆11。伺服气室推杆11再推动辅助缸活塞2，辅助缸活塞2此时作用着两个力：主缸液压作用力和伺服气室输出的推杆力。因此，辅助缸左腔和各轮缸的压力高于主缸压力，即完成了所谓的增压。

放松踏板后的解除制动过程可参看图9－28（b）分析，在此不再赘述。

9.4.3 真空助力式制动传动装置

图9－29所示为轿车真空助力式伺服制动系统示意图，该系统采用对角线双回路制动系统。串列双腔制动主缸4的前腔通往左前轮制动轮缸10，并经感载比例阀9通往右后轮制动轮缸13。串列双腔制动主缸4的后腔通往右前轮制动轮缸12，并经感载比例阀9通往左后轮制动轮缸11。真空伺服气室3和控制阀2组合成一个部件，称为真空助力器。

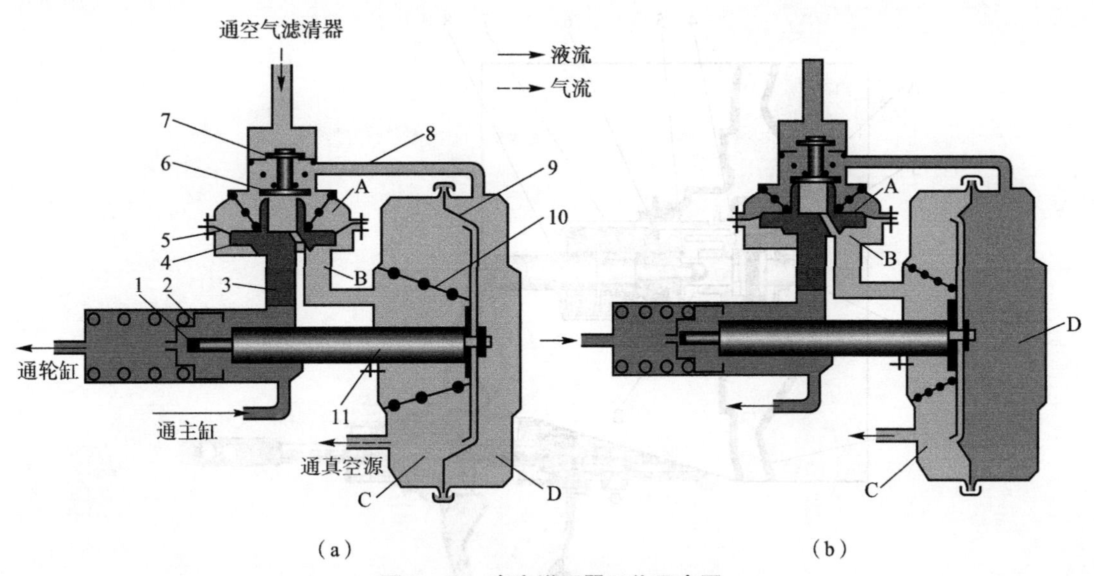

图 9-28 真空增压器工作示意图

1—球阀门；2—辅助缸活塞；3—控制阀柱塞；4—膜片座；5—控制阀膜片；
6—真空阀门；7—大气阀门；8—气管；9—伺服气室膜片；
10—伺服气室膜片回位弹簧；11—伺服气室推杆

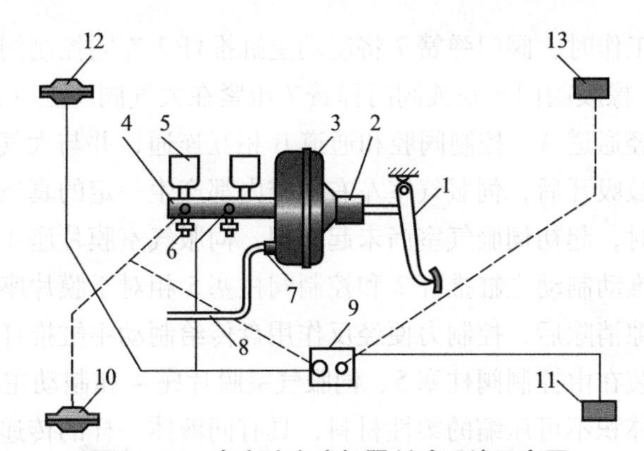

图 9-29 真空助力式伺服制动系统示意图

1—制动踏板机构；2—控制阀；3—真空伺服气室；4—串列双腔制动主缸；5—储液罐；
6—制动信号灯液压开关；7—真空单向阀；8—真空供能管路；9—感载比例阀；
10—左前轮制动轮缸；11—左后轮制动轮缸；
12—右前轮制动轮缸；13—右后轮制动轮缸

制动时，驾驶员踩下制动踏板机构 1，踏板力经真空助力器放大后，作用于制动主缸的活塞上，使活塞移动，将制动液加压后，分别输送给两个制动回路，进入各制动轮缸后，推动轮缸活塞移动，迫使制动副产生摩擦制动。

此时，伺服气室膜片的塑料座内有用以连通伺服气室前腔和控制阀的通道 A，以及用以连通伺服气室后腔和控制阀的通道 B，如图 9-30 所示。带有密封套的橡胶阀门与膜片座上加工出来的阀座组成真空阀，又与控制阀柱塞的大气阀座组成大气阀。控制阀柱塞同控制阀推杆借后者的球头铰接。

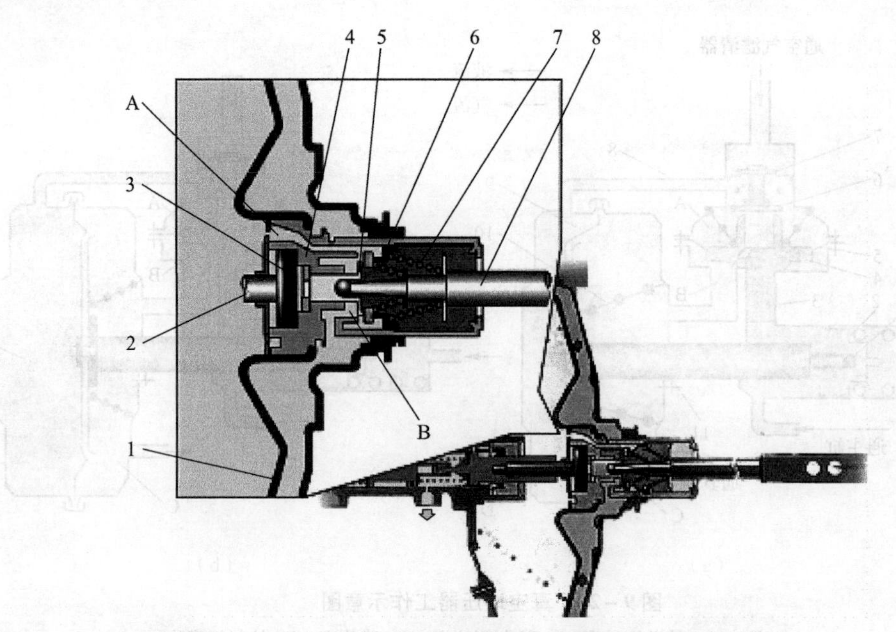

图 9－30　真空助力器示意图

1—膜片；2—制动主缸推杆；3—橡胶反作用盘；4—伺服气室膜片座；5—控制阀柱塞；6—橡胶阀门；7—阀门弹簧；8—控制阀推杆；A，B—通道

当真空助力器不工作时，阀门弹簧 7 将制动主缸推杆 2 连同控制阀柱塞 5 推到后极限位置（即真空阀开启），橡胶阀门 6 则被阀门弹簧 7 压紧在大气阀座上（即大气阀关闭位置）。伺服气室前、后两腔经通道 A、控制阀腔和通道 B 相互连通，并与大气隔绝。在发动机开始工作，且真空单向阀被吸开后，伺服气室左右两腔内都产生一定的真空度。

将制动踏板踩下时，起初伺服气室尚未起作用，伺服气室膜片座 4 固定不动，故来自踏板机构的控制力可以推动制动主缸推杆 2 和控制阀柱塞 5 相对于膜片座前移，当柱塞与橡胶反作用盘 3 之间的间隙消除后，控制力便经反作用盘传给制动主缸推杆 2。

橡胶反作用盘 3 装在由控制阀柱塞 5、伺服气室膜片座 4 和制动主缸推杆 2 形成的密封空间内。因为橡胶是体积不可压缩的柔性材料，具有同液体一样的传递压力的性质，故经橡胶反作用盘的传动后，制动主缸推杆 2 从反作用盘得到的力大于控制阀柱塞 5 加于反作用盘的力，但制动主缸推杆 2 的位移则小于柱塞的位移。此时，主缸内的制动液以一定压力流入制动轮缸。与此同时，橡胶阀门 6 也在阀门弹簧 7 作用下随同控制阀柱塞前移，直到与伺服气室膜片座 4 上的真空阀座接触，从而使伺服气室后腔同前腔，也就是同真空源隔绝为止。然后，控制阀推杆 8 继续推动控制阀柱塞 5 前移到其后端的大气阀座离开橡胶阀门 6 一定距离。于是外界空气即经过滤环控制阀腔和通道 B 充入伺服气室后腔，使其真空度降低。在此过程中，膜片与阀座也不断前移，直到阀门重新与大气阀座接触而达到平衡状态为止。因此，在任何一个平衡状态下，伺服气室后腔中的稳定真空度均与踏板行程成递增函数关系，这就体现了控制阀的随动作用。

伺服气室两腔真空度差值造成的作用力，除一部分来平衡复位弹簧的力以外，其余部分都作用在反作用盘上。因此制动主缸推杆所受到的力为膜片座和柱塞二者所施作用力之和。这意味着驾驶员所施加的踏板力不仅要足以促动控制阀，并使制动主缸产生一定液压，而且还要足以平衡与伺服气室作用力成正比的、经反作用盘反馈过来的力。这样，驾驶员便可以通过所加踏板力的大小来感知伺服气室的作用力大小，即驾驶员有一定的踏板感。

9.5 防抱死制动系统

防抱死制动系统（anti-lock braking system，ABS），通过安装在车轮上的传感器发出车轮将被抱死的信号，控制器指令调节器降低该车轮制动缸的油压，减小制动力矩，经一定时间后，再恢复原有的油压，不断地这样循环（每秒可达 5~10 次），始终使车轮处于转动状态而又有最大的制动力矩。没有安装 ABS 的汽车，在行驶中如果用力踩下制动踏板，车轮转速会急速降低，当制动力超过车轮与地面的摩擦力时，车轮就会被抱死，完全抱死的车轮会使轮胎与地面的摩擦力下降，如果前轮被抱死，驾驶员就无法控制车辆的行驶方向，如果后轮被抱死，就极容易出现侧滑现象。

ABS 是在普通制动系统的基础上加装车轮速度传感器、ABS 电控单元、ABS 液压单元、ABS 泵电机、ABS 电子警告灯、制动压力调节装置及制动控制电路等组成，如图 9－31 所示。

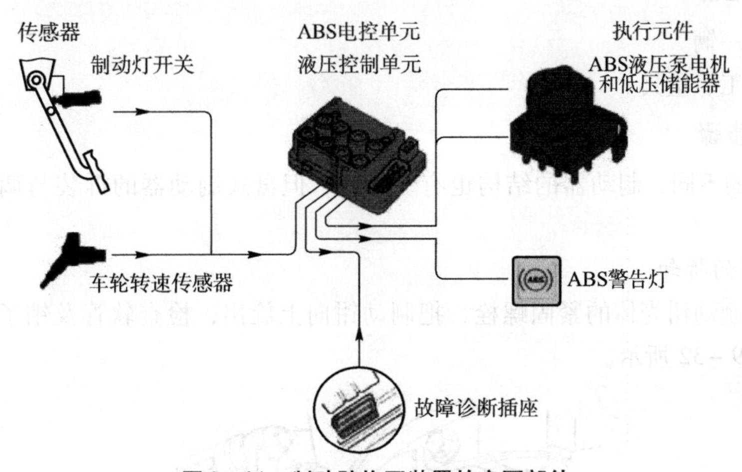

图 9－31 制动防抱死装置的主要部件

制动时，ABS 电控单元（ECU）从轮速传感器上获取车轮的转速信息，经分析处理后判断是否有车轮处于即将抱死拖滑状态。如果车轮未处于上述状态，制动压力调节器不工作，制动系统按照普通制动过程工作，制动轮缸的压力继续增大，此即 ABS 的增压过程。如果电控单元判断出某一车轮即将抱死拖滑，即刻向制动压力调节器发出命令，关闭制动主缸及相关轮缸的通道，使得该轮缸的压力不再增加，此即 ABS 的保压状态。若电控单元判断出该车轮仍将要处于抱死拖滑状态，它将向制动压力调节器发出命令，打开该轮缸与储液室或储能器的通道，使得该轮缸的油压降低，此即 ABS 的减压状态。装配 ABS 的制动系统的制动过程，就是在不停地进行增压、保压和减压的往复过程中完成的。

ABS 特点有如下几个：

（1）增加汽车制动时的稳定性。ABS 可以防止车轮制动时被完全抱死，可以使因车轮侧滑引起的事故比例下降。

（2）缩短制动距离。这是因为在同样紧急制动的情况下，ABS 可以将滑移率控制在

20%左右，从而可获得最大的纵向制动力。

（3）改善轮胎的磨损状况。事实上，车轮抱死会加剧轮胎磨损，而且轮胎胎面磨损不均匀，使轮胎磨损消耗费用增加。

（4）使用方便，工作可靠。ABS的使用与普通制动系统的使用几乎没有区别，制动时只要把脚踏在制动踏板上，ABS就会根据情况自动进入工作状态，如遇雨雪路滑，驾驶员也没有必要用一连串的点刹车方式进行制动，ABS会自动使制动状态保持在最佳点。

实训任务一：盘式制动器的拆装

一、教学目的

（1）了解汽车常规制动系统的基本组成和工作原理。

（2）正确、熟练地对盘式制动器进行拆装、检修和调整。

（3）掌握盘式制动器的自调原理。

（4）掌握制动片的更换方法。

二、教学准备

（1）轿车一辆。

（2）常用工、量具。

三、操作步骤

由于车型的不同，制动器的结构也有所不同，但盘式制动器的拆装与调整的方法基本相同。

1. 制动片的拆卸

（1）松开制动钳壳体的紧固螺栓，把制动钳向上旋出，检查软管及销子护套是否破损或老化，如图9－32所示。

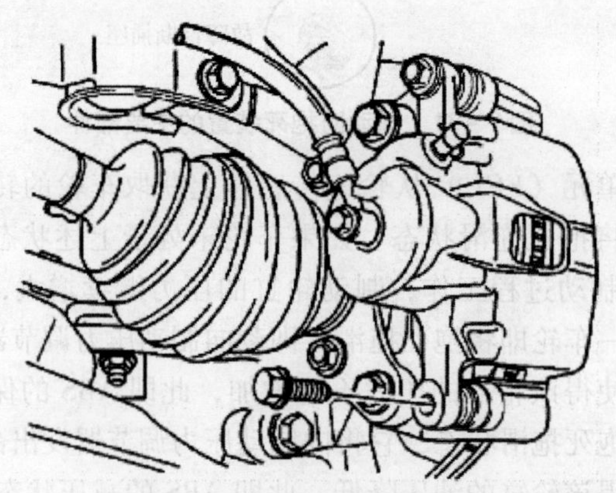

图9－32　盘式制动器总成

（2）松开制动软管接头，把制动钳活塞压回制动钳壳体内，排出适量制动液，使活塞回位，取下制动片，如图9－33所示。

注意：推回活塞时会引起制动液外溢，制动液有毒，排放制动液时只能使用专用容器存放。

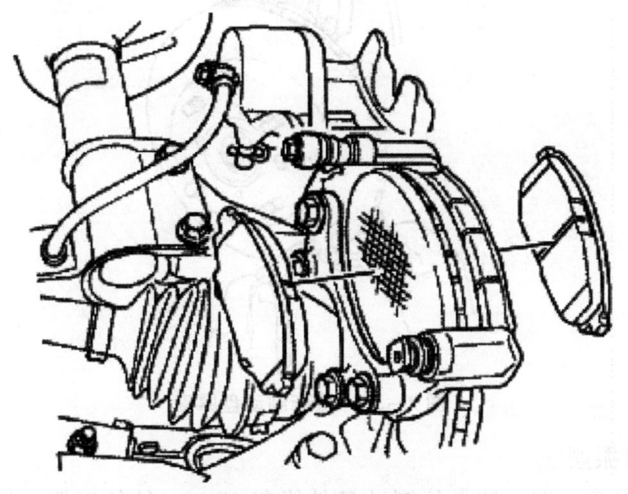

图 9－33　拆卸制动片

2．制动器的检查

1）检查制动片

盘式制动器的制动片正常的使用寿命为 3 万～5 万 km，摩擦材料厚度应大于 2 mm，更换制动片时，应左右轮同时更换。有的制动片上带有磨耗记号，在检查中可从制动钳的检视孔进行观察。如果从检视孔里发现制动片的厚度小于规定值时，应同时更换两侧车轮的制动片。检查内侧制动片和外侧制动片的厚度，如图 9－34 所示。制动片标准厚度为 9 mm，维修极限约为 2 mm（各车型稍有不同）。如果制动片厚度小于维修极限，则应更换整套制动片。

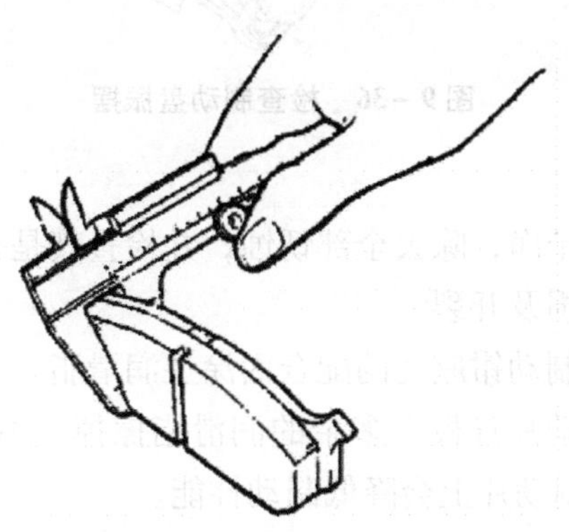

图 9－34　检查制动片厚度

2）检查制动盘

检查制动盘工作面的磨损情况：正常磨损时工作面上的细小纹理像唱片纹理一样均匀。用外径千分尺检查制动盘厚度，如图 9－35 所示，在距制动盘外缘 10 mm 间隔处，大约每间隔 45°共取 8 个点，测量制动盘的厚度，如果最小值小于最大修正极限，则应该更换制动盘。一般制动盘磨损到极限厚度（捷达轿车为 11 mm、富康轿车为 8 mm）或磨损的沟槽深度达到 0.5 mm 时，应更换制动盘。更换制动盘时应同时更换两侧的制动盘。

图 9－35　检查制动盘厚度

3）检查制动盘振摆

将百分表靠制动盘放置，测量从制动盘外缘起 10 mm 处的振摆，如图 9－36 所示，如果制动盘振摆超出维修极限，应对制动盘进行修整。

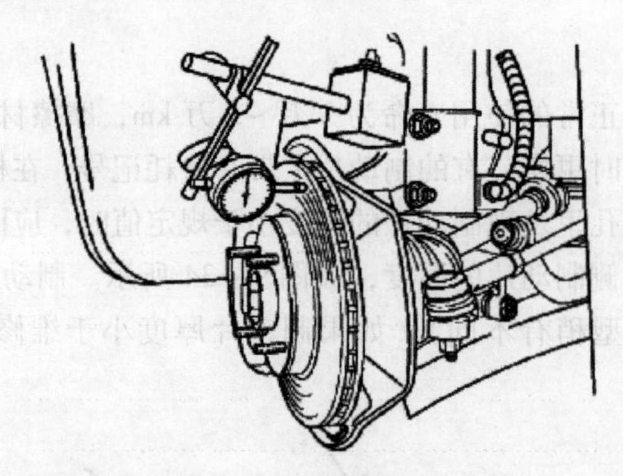

图 9－36　检查制动盘振摆

3. 制动盘的安装

（1）将制动钳彻底清理干净，除去全部锈蚀，并检查其是否出现沟槽及裂纹。

（2）检查制动盘是否破损及开裂。

（3）给制动钳支承销和制动钳座孔的配合面涂上润滑脂。

（4）安装制动片。将制动片背板上多余的润滑脂擦掉，不要让制动盘和制动片沾上润滑脂，润滑脂沾到制动盘和制动片上会降低制动性能。

（5）正确安装制动片，带有磨损指示器的制动衬片要安装在内侧。如果不更换制动片，务必将原制动衬片装复至原先位置，以防瞬时失效。

（6）将活塞推入液压缸，使制动钳卡在制动片上。确认活塞护套就位，以防向下转动制动钳时损坏活塞。

（7）向下转动制动钳使其到位。小心不要损坏销子护套。装上螺栓，将其锁紧。

（8）组装完毕后，用力向下踩压制动踏板数次，确认制动器工作正常，然后试车。刚刚换上整套制动片，进行制动时可能需较大的踏板行程。踩压几次制动踏板恢复正常的踏板行程。

(9) 安装结束后，检查软管及管路接口或连接机构是否有泄漏，必要时可重新紧固。

实训任务二：制动液的检查和更换

一、教学目的

(1) 了解制动液及其检查方法。

(2) 掌握制动油路的布置和组成。

(3) 掌握制动液的检查方法。

(4) 掌握制动液更换方法。

二、教学准备

(1) 轿车一辆，举升机。

(2) 制动液，常用工、量具。

三、操作步骤及工作要点

1. 制动液液位检查

制动液是汽车制动传递力的媒体，其数量和质量直接关系着制动性能的好坏和行车安全，制动液的检查与更换作业是汽车养护的重要工作。做好制动液的检查与更换对行车安全有着重要的意义。

检查制动总泵储液罐中的液位是否在最高线（MAX）和最低线（MIN）之间。当发现制动液量显著减少时，检查制动片是否过度磨损。查找渗漏部位，发现后必须及时修复，避免制动失效。具体检查步骤如下：

(1) 将汽车放在平路上，打开发动机盖。

(2) 检查储液罐中的液位是否在最高线（MAX）和最低线（MIN）之间，如图 9 - 37 所示。

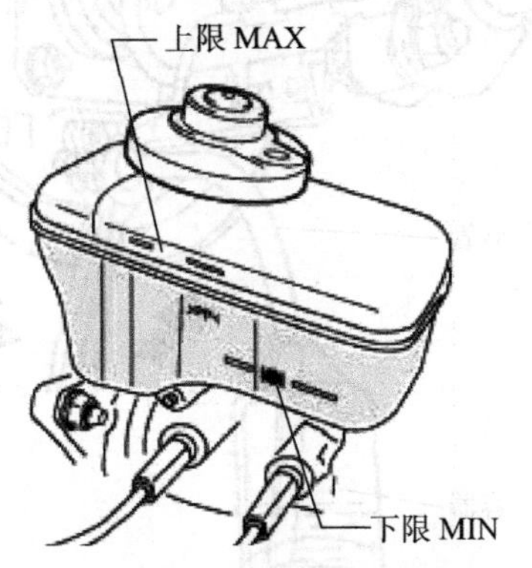

图 9 - 37　检查储液罐的液位

(3) 如果制动液液位明显偏低，则需要检查制动系统是否有渗漏。

2. 制动液渗漏检查

(1) 检查制动总泵是否有渗漏。

(2) 检查发动机室的制动管路是否有渗漏。

（3）检查制动各分管路是否有制动液渗漏。

（4）检查制动软管和管道是否有裂纹和老化。

（5）检查各制动分泵是否有渗漏。

3. 制动液的更换

通常，制动液的更换和排空是同时进行的，需要甲、乙两人配合进行。具体操作步骤如下：

（1）根据车型选择合适类型的制动液。打开发动机盖，松开制动液加注口盖。

（2）甲升起汽车（以方便往储液罐加油高度为适），并拆下4个车轮。

（3）乙启动发动机并保持其怠速运转（非真空助力式的制动系统，无须启动发动机）。

（4）拧下制动液储液罐的加油口盖，如图9－38所示。踩下制动踏板，制动液会从拧松的放气螺钉处排出，如图9－39所示。排放旧制动液，添加新的合适的制动液。

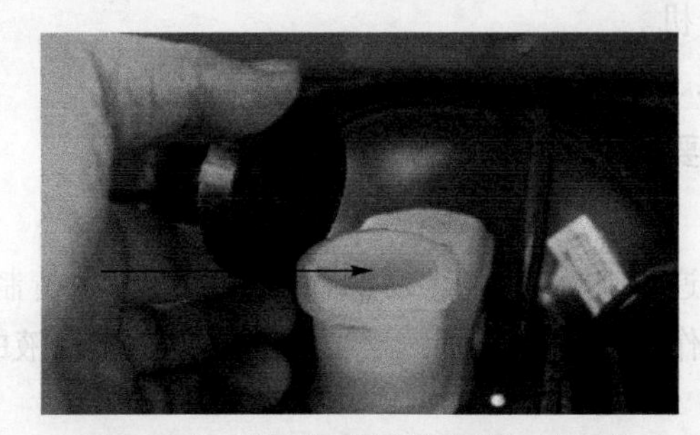

图9－38　拧下制动液储液罐加油口盖

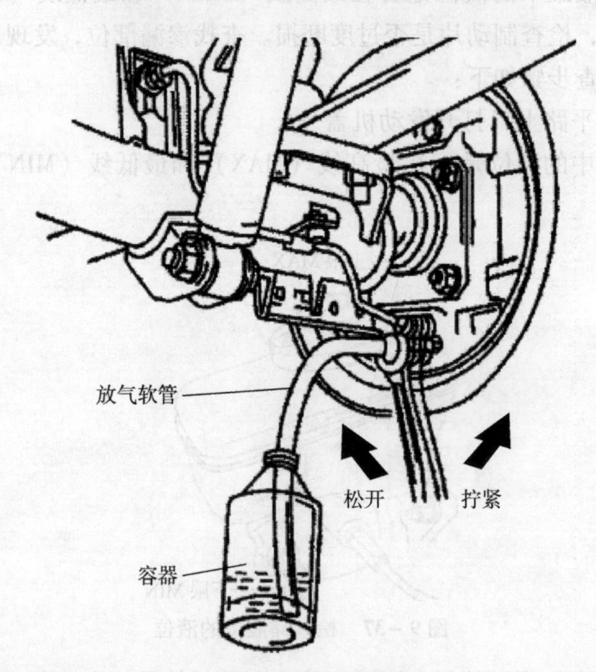

图9－39　排出制动液

4. 制动系统放气

（1）在右后车轮制动器分泵放气螺钉外端套上一根透明塑料管，将管的另一端放入回收制动液的容器内。

（2）启动发动机并保持其怠速运转。

（3）快速连续踩下制动踏板数次（每次踩到底且放到最高位置）后，让甲拧松制动分泵上的放油螺塞，待油出来后迅速拧紧放气螺钉。如此来回几次，直到透明管内无气泡为止（注意储液罐里的油一定要保持在最低刻度以上）。

（4）按由远到近的原则依次对其他分泵进行放气。在排气时应注意一边排除空气，一边检查和补充制动液，直到空气完全排放干净为止，再将储液罐的制动液补充到规定位置。

（5）排空完毕后清干净油迹，试车正常后检查有无渗漏及制动液的高度。

5. 检查制动性能

启动发动机，连续踩下制动踏板3～5次，检查制动踏板的高度及制动油壶的油液高度。若制动踏板太低，检查是否排空不好或者是否有泄漏的地方；若制动液不足，继续从制动液加注口处添加，确保液位处于规定的范围内。

6. 操作记录

根据操作过程填写表9－1。

表9－1　操作记录

序　　号	项　　目	操作结果
1	制动液型号	
2	制动液渗漏部位	
3	更换制动液数量	
4	制动液排放螺钉的规定力矩	

思考与练习

1. 汽车制动系统的功用是什么？它由哪些主要部分组成？汽车制动系统应满足哪些基本要求？

2. 制动器有哪些类型？

3. 画出领从蹄式、单向双领蹄式、双向双领蹄式、双从蹄式、单向自增力式、双向自增力式轮缸制动器的工作示意图并进行运动分析。

4. 何谓制动间隙？常用的制动间隙调整方法有哪些？

5. 简述盘式制动器的工作原理及活塞密封圈的作用。

6. 驻车制动系统的作用是什么？常见类型有哪些？

7. 画出液压式制动传动装置组成的示意图，并简述其工作原理。

参考文献

[1] 鲁民巧. 汽车构造与拆装［M］. 北京：高等教育出版社，2014.
[2] 陈家瑞. 汽车构造［M］. 北京：人民交通出版社，2002.
[3] 张朝山. 汽车底盘拆装与调整［M］. 北京：北京大学出版社，2012.
[4] 一汽大众汽车有限公司. 中国轿车丛书　捷达［M］. 北京：北京理工大学出版社，1998.
[5] 李春明. 汽车构造［M］. 北京：北京理工大学出版社，2005.
[6] 霍志毅. 汽车概论［M］. 北京：中国铁道出版社，2012.
[7] 李文涛. 汽车构造［M］. 上海：上海交通大学出版社，2016.
[8] 曾鑫，熊力. 汽车行驶、转向、制动系统检修［M］. 北京：人民邮电出版社，2016.
[9] 孔令来. 汽车底盘构造与检修［M］. 北京：机械工业出版社，2007.
[10] 刘艳莉. 汽车构造与使用［M］. 北京：人民邮电出版社，2009.
[11] 沈锦. 汽车底盘构造与检修［M］. 北京：机械工业出版社，2007.
[12] 郭新华. 汽车构造［M］. 北京：高等教育出版社，2005.
[13] 鲁植雄. 汽车 ABS. ASR 和 ESP 维修图解［M］. 北京：电子工业出版社，2005.
[14] 李东江. 上海别克轿车维修手册［M］. 北京：北京理工大学出版社，2002.
[15] 赵志勇. 汽车防抱死刹车系统（ABS）原理、结构、检修［M］. 福州：福建科技出版社，2000.
[16]［美］切尔顿汽车图书出版公司. 克莱斯勒轿车维修手册［M］. 周志立，徐鸣，等，译. 北京：机械工业出版社，2000.
[17] 简晓春. 现在汽车技术及应用［M］. 北京：人民交通出版社，2004.
[18] 刘希恭. 凌志 LS400 轿车维修手册［M］. 沈阳：辽宁科技出版社，2000.
[19] 何凤. 新款广州雅阁轿车维修手册［M］. 北京：人民交通出版社，2004.

工作页

离合器从动盘的更换工作页

<table>
<tr><td colspan="2" rowspan="2">任务名称：离合器从动盘的更换</td><td>班 级</td><td></td><td>任务成绩</td></tr>
<tr><td>姓名</td><td></td><td></td></tr>
<tr><td>教学资源</td><td>学习手册，多媒体教学设备，拆装专用工具，教学用车，离合器总成若干</td><td>教学场地</td><td colspan="2">汽车构造与拆装理实一体教室</td></tr>
<tr><td>任务描述</td><td colspan="4">客户反应一辆行驶里程为 100 000 km 的轿车出现了如下问题：离合器抖动，经检查需要更换离合器从动盘</td></tr>
</table>

一、资讯

课前预习：

1. 离合器的功用有哪些？

2. 对离合器有哪些要求？

3. 离合器有哪些类型？

课堂学习：

1. 根据下图解释离合器的工作原理。

2. 什么是离合器自由行程？

3. 分析膜片弹簧离合器的特点。

4. 下面是离合器的解剖图，将各组件名称和功能填入下表。

序号	名称	功能
1		
2		
3		
4		
5		
6		
7		
8		
9		
10		
11		
12		
13		
14		
15		
16		
17		

5. 离合器的操纵机构有哪几种？各有何优缺点？

二、决策与计划

根据任务要求，确定所需要的设备、工具，并对小组成员进行合理分工，制订详细的工作计划。

1. 讨论确定离合器片更换所需要的设备、工具。

2. 小组成员分工：

3. 制订离合器片更换的操作步骤。

三、实施

1. 你实践所用车辆传动系统的类型，有何特点？

2. 总结更换离合器片时，应该注意的问题。

3. 测量离合器踏板的自由行程。

四、检查与评估

1. 检查离合器的安装是否正确。
2. 检查离合器踏板的自由行程。
3. 请根据自己任务完成的情况，对自己的工作进行自我评估，并提出改进意见。
4. 教师对小组工作情况进行评估，并进行点评。
5. 学生本次任务成绩：________________。

教师签字：

课后思考：

1. 传动系统中如果没有离合器，汽车运行时将会出现哪些问题？
2. 为什么离合器从动部分的转动惯量要尽可能小？
3. 试述离合器从动盘扭转减震器的作用。

手动变速器的拆装工作页

<table>
<tr><td rowspan="2">任务名称</td><td rowspan="2">手动变速器的拆装</td><td>班 级</td><td></td><td>任务成绩</td></tr>
<tr><td>姓名</td><td></td><td></td></tr>
<tr><td>教学资源</td><td>专用工、量具，教学用车，解剖汽车</td><td>教学场地</td><td colspan="2">拆装实训室</td></tr>
<tr><td>任务描述</td><td colspan="4">客户反应一辆行驶里程为150 000 km的轿车出现了如下问题：变速器出现异响，要求检查。请你分析汽车变速器的功能、结构、挡位传动路线，拆装变速器，并更换同步器</td></tr>
</table>

一、资讯

1. 根据下图解释齿轮传动的原理。

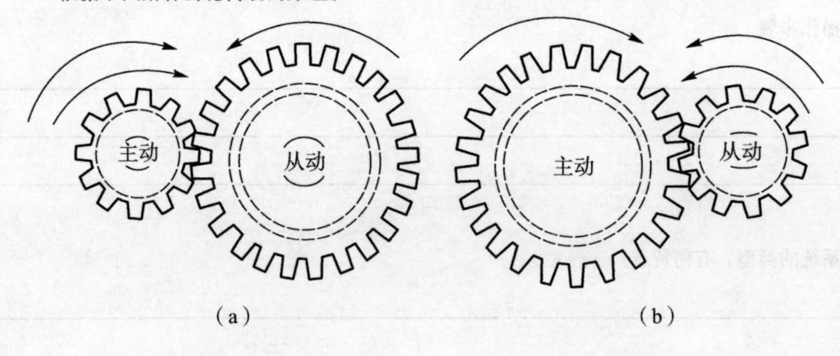

2. 请简述同步器的作用。

3. 变速器的定位锁止机构有哪些？各有何作用？

4. 下面是同步器的结构图，将各组件名称和功能填入下表。

（a）

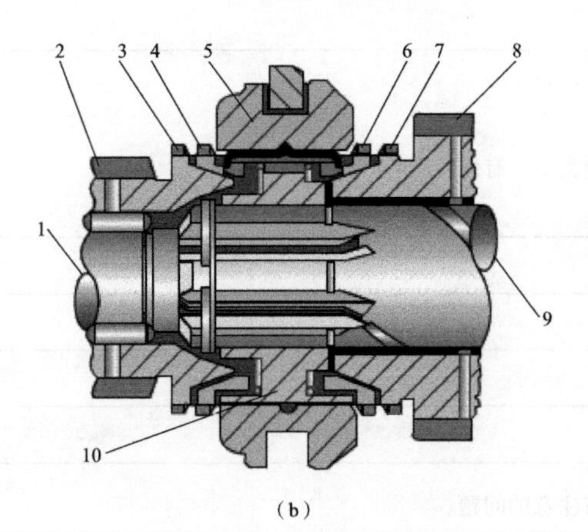

（b）

序号	名称	功能
1		
2		
3		
4		
5		
6		
7		
8		
9		
10		
11		

二、决策与计划

根据任务要求，确定所需要的设备、工具，并对小组成员进行合理分工，制订详细的工作计划。

1. 讨论确定变速器拆装及同步器更换所需要的设备、工具。

2. 小组成员分工。

3. 制订同步器锁环更换的操作步骤。

（1）____________________

（2）____________________

（3）____________________

（4）____________________

三、实施

1. 你实践所用车辆变速器是哪种类型？有何特点？

____

____

____

____

____

2. 总结更换变速器锁环时，应该注意的问题。

____

____

____

____

____

3. 画出你操作用变速器的传动简图，并分析倒挡的传动情况。

____

____

____

____

____

四、检查与评估

1. 检查同步器的安装是否正确。
2. 检查变速器的挡位是否正常。
3. 请根据自己任务完成的情况，对自己的工作进行自我评估，并提出改进意见。
4. 教师对小组工作情况进行评估，并进行点评。
5. 学生本次任务成绩：____________________。

教师签字：

万向传动装置的拆装工作页

<table>
<tr><td colspan="2" rowspan="2">任务名称：万向传动装置的拆装</td><td>班 级</td><td></td><td>任务成绩</td></tr>
<tr><td>姓名</td><td></td><td></td></tr>
<tr><td>教学资源</td><td>维修手册，教学用车，万向传动装置实物组件，拆装专用工具，清洗剂，擦拭用棉布，润滑脂</td><td>教学场地</td><td colspan="2">汽车构造与拆装理实一体教室</td></tr>
<tr><td>任务描述</td><td colspan="4">一辆桑塔纳轿车，2006 年款，转向时发出咔嗒声，车主将车立马开到你所在的 4S 店进行检修，现店里将该任务交给你来负责，经检查发现左侧万向节磨损严重，请你对该万向节进行检测和更换</td></tr>
</table>

一、资讯

课前预习：

1. 汽车底盘由哪几部分组成？

2. 请写出传动系统的组成及动力传递路线。

课堂学习：

1. 试述万向传动装置的组成和功用。

2. 万向节分类有哪些？

3. 将下图各组件的名称和功能填入表格。

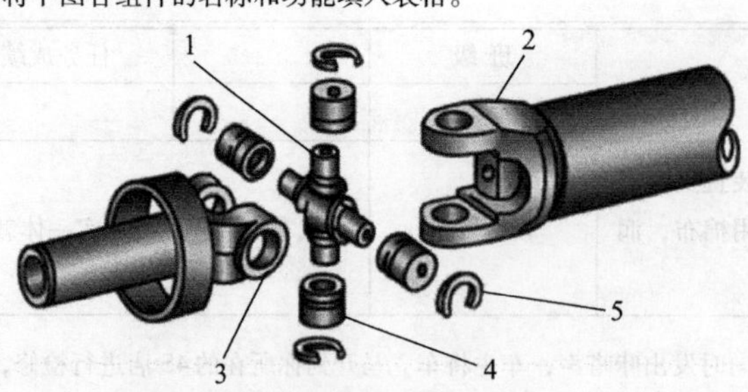

序号	名称	功　能
1		
2		
3		
4		
5		

4. 将下图各组件的名称和功能填入表格。

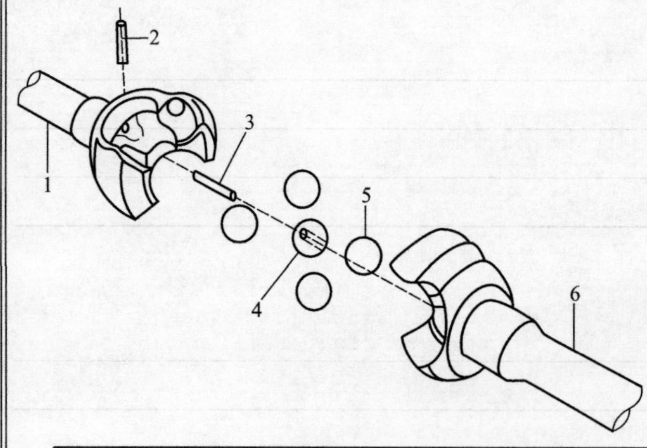

序号	名称	功　能
1		
2		
3		
4		
5		
6		

5. 将下图各组件的名称和功能填入表格。

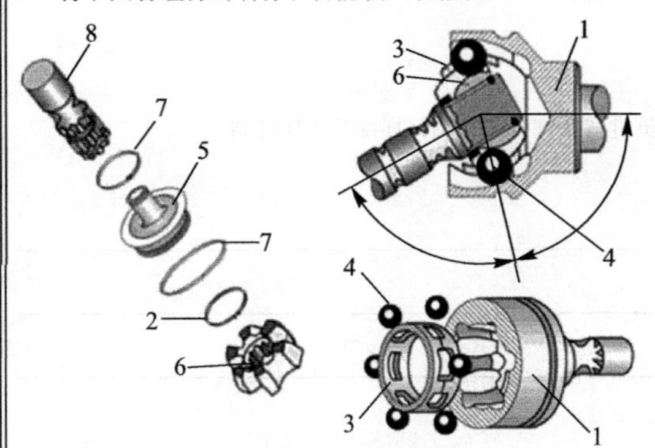

序号	名称	功能
1		
2		
3		
4		
5		
6		
7		
8		

6. 什么是“传动的不等速性”？

7. 如何解决“传动的不等速性”？

二、决策与计划

根据任务要求，确定所需要的设备、工具，并对小组成员进行合理分工，制订详细的工作计划。

1. 讨论确定拆装所需要的设备、工具。

2. 小组成员分工：

3. 制订万向传动装置拆装的工作计划：

序号	工作步骤	使用工具

三、实施

1. 简述万向传动装置拆装注意事项。

2. 写出万向传动装置的结构组成：

3. 本次所拆装的万向传动装置中的万向节属于哪种类型？

____

____

____

四、检查与评估

1. 检查万向传动装置安装情况。
2. 检查装配标记是否符合要求。
3. 请根据自己任务完成的情况，对自己的工作进行自我评估，并提出改进意见。
4. 教师对小组工作情况进行评估，并进行点评。
5. 学生本次任务成绩：________________________。

教师签字：

课后思考：

1. 汽车传动系中为什么要设万向传动装置？该装置由哪几部分组成？
2. 万向节可分为哪几种类型？
3. 试述十字轴式万向节传动的不等速性，如何实现等速传递？
4. 简述依维柯汽车传动轴的构造，装配时有哪些要求？为什么？
5. 为什么要设中间支承？它有哪几种类型？

驱动桥主传动盖的更换工作页

<table>
<tr><td colspan="2" rowspan="2">任务名称：驱动桥主传动盖的更换</td><td>班 级</td><td></td><td>任务成绩</td></tr>
<tr><td>姓名</td><td></td><td></td></tr>
<tr><td>教学资源</td><td>教学用轿车，拆装专用工具，量具及吊装设备，齿轮油，桑塔纳前驱动桥实物组件</td><td>教学场地</td><td colspan="2">实训车间</td></tr>
<tr><td>任务描述</td><td colspan="4">一辆行驶 15 万 km 的桑塔纳轿车发生碰撞事故，导致驱动桥漏油。经检查，发现驱动桥主传动盖损坏。现请你更换驱动桥的主传动盖，检查并调整轴承预紧度，调整主减速器主、从动齿轮啮合间隙，更换驱动桥的齿轮油</td></tr>
</table>

一、资讯

1. 驱动桥的功用是什么？

____

____

2. 看图标识出下列数字所对应的驱动桥各零件及总成。

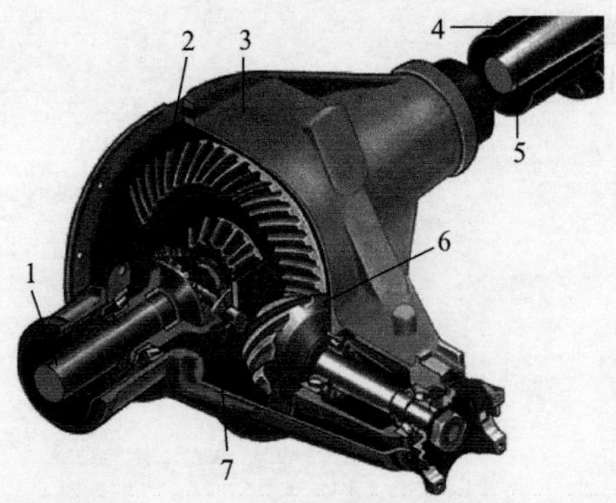

序号	名称	作　用
1		
2		
3		
4		
5		
6		
7		

4. 简述驱动桥的结构类型及特点。

____

____

____

5. 叙述前驱和后驱单级主减速器的结构及动力传递路线。哪些车型上采用？

6．差速器的功用：

7．差速器的类型有哪些？

8．将下图普通齿轮式差速器的组件名称按序号填入下表。

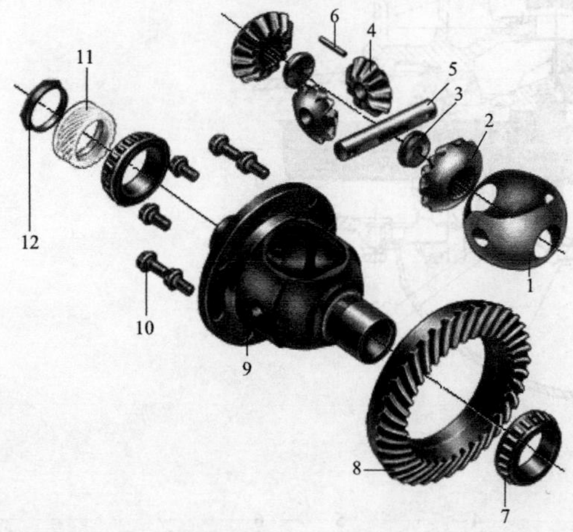

序号	名称	作　用
1		
2		
3		
4		
5		
6		
7		
8		
9		
10		
11		
12		

9．根据差速器的运动特性及扭矩特性，填写下表。

车辆行驶状态	直线行驶	转弯	单边车轮打滑	双边车轮打滑
行星齿轮工作状态				
半轴齿轮工作状态				

二、决策与计划

根据任务要求，确定所需要的设备、工具，并对小组成员进行合理分工，制订详细的工作计划。

1. 讨论确定拆装所需要的设备、工具。

2. 小组成员分工：

3. 制订驱动桥主传动盖更换工作计划。

序号	工作步骤	使用工具

三、实施

1. 简述驱动桥主传动盖更换的注意事项。

2. 写出你所更换的驱动桥的结构组成。

3. 如何对差速器轴承预紧度进行调整？

四、检查与评估

1. 检查驱动桥的拆装情况是否正确。
2. 检查主减速器主、从动齿轮啮合间隙的调整是否到位。
3. 检查密封胶及齿轮油。
4. 请根据自己任务完成的情况，对自己的工作进行自我评估，并提出改进意见。
5. 教师对小组工作情况进行评估，并进行点评。
6. 学生本次任务成绩：________________。

教师签字：

课后思考：

1. 驱动桥的功用是什么？它由哪几部分组成？其动力是如何传递的？
2. 驱动桥有哪些类型？各自特点是什么？
3. 桑塔纳轿车单级主减速器的构造是怎样的？有哪些调整项目？
4. 何谓双曲面齿轮传动主减速器？有何特点？
5. 汽车双级主减速器有何特点？
6. 驱动桥中为什么要设差速器？
7. 画图并叙述行星锥齿轮差速器的工作原理。
8. 防滑差速器有哪些类型？
9. 试述强制锁止差速器的工作原理。
10. 常用的半轴支承型式有哪些？分析其受力情况。

车身、车架与车桥的认识工作页

<table>
<tr><td colspan="2" rowspan="2">任务名称：车身、车架与车桥的认识</td><td>班级</td><td></td><td>任务成绩</td></tr>
<tr><td>姓名</td><td></td><td></td></tr>
<tr><td>教学资源</td><td>维修手册，教学用车，拆装专用工具，四轮定位仪，举升机，多媒体教学设备，介绍车架与车桥的相关视频及课件，车架和车轮相关实物组件</td><td>教学场地</td><td colspan="2">实训车间</td></tr>
<tr><td>任务描述</td><td colspan="4">上海通用凯越轿车，2006 年款，经过一次大事故修理后，车主抱怨汽车在正常行驶过程中有点向右跑偏，然后轮胎磨损还很严重。现请你看看该车属于哪一种车架，哪种类型的车身结构，同时分析跑偏和轮胎磨损可能的原因，并进行四轮定位参数检测</td></tr>
</table>

一、资讯

1. 车架的功用：

____

____

2. 车架需要满足哪些要求？

____

____

3. 车架的分类：

____

____

4. 请说出副车架的功用。

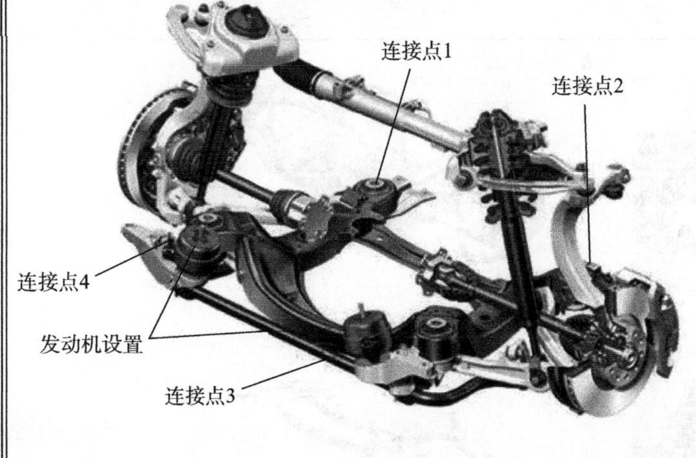

____

____

____

5. 请指出下面各种车架属于哪种类型。

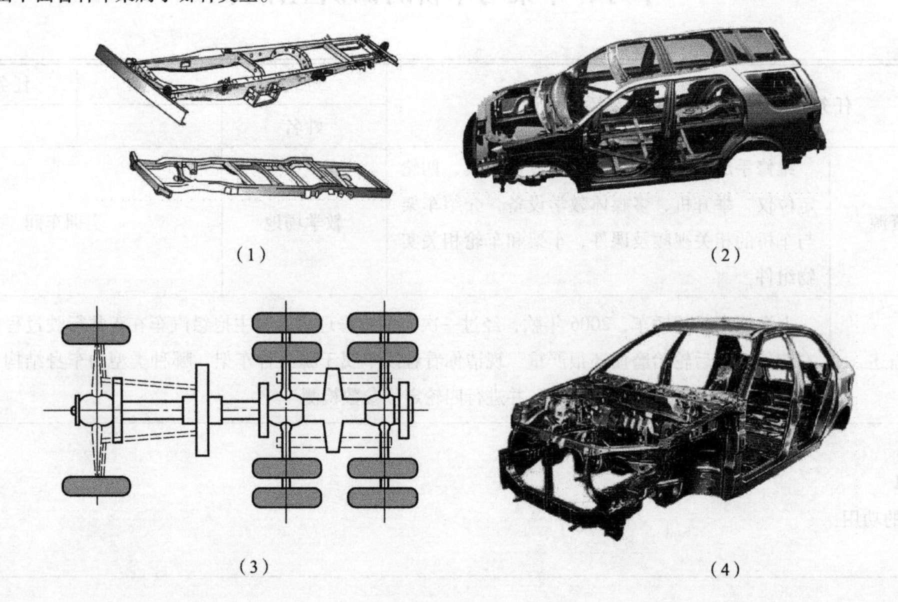

序号	名称	结构特点
（1）		
（2）		
（3）		
（4）		

6. 下列小轿车和越野车分别采用的是哪种车身？有什么区别？

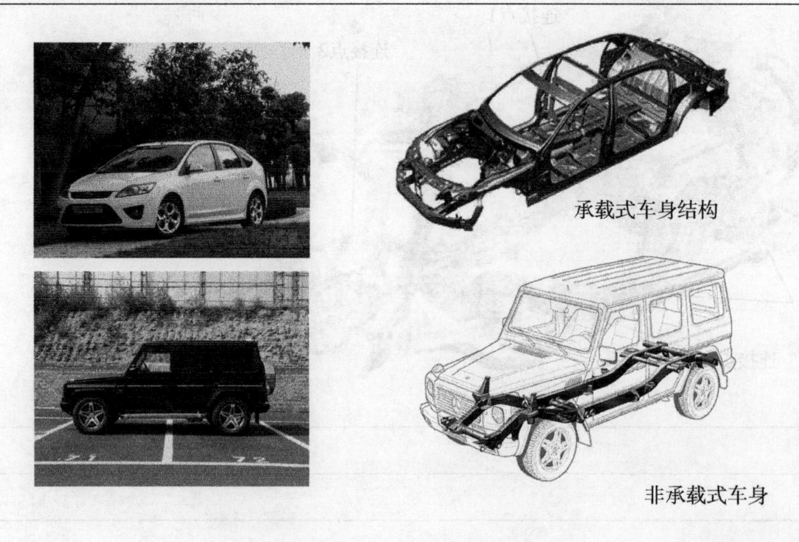

7. 车桥的分类：

8. 车桥的功用：

9. 下面各自属于哪种类型的车桥？

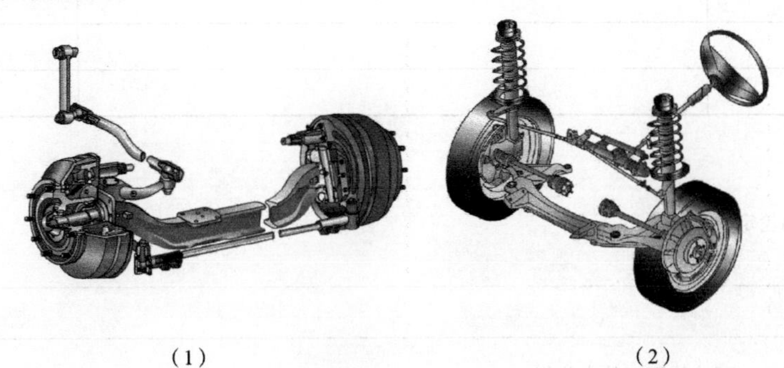

（1）　　　　　　　　　　　　（2）

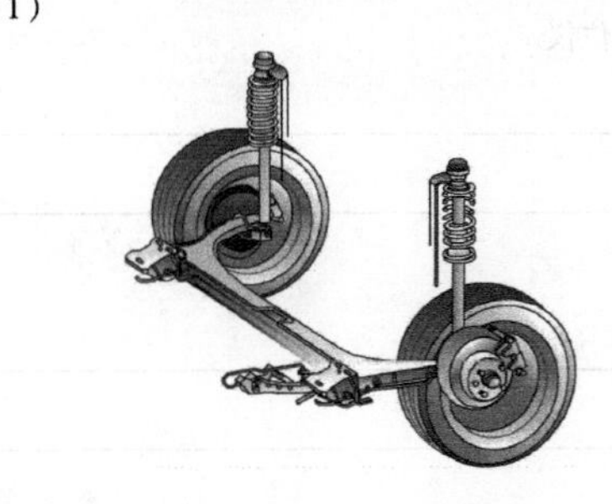

（3）

序号	名称	结 构 特 点
（1）		
（2）		
（3）		

二、决策与计划

根据任务要求，确定所需要的设备、工具，并对小组成员进行合理分工，制订详细的工作计划。

1. 讨论确定四轮定位参数的检测所需要的设备、工具。

2. 小组成员分工：

3．制订四轮定位参数的检测工作计划。

序号	工作步骤	使用工具

三、实施

1．根据车型确定四轮定位参数。

____

____

2．根据相关技术规定，正确使用四轮定位仪。

____

____

3．分析操作过程中的注意事项。

____

____

五、检查与评估

1．检查四轮定位参数是否选择正确。

2．检查四轮定位仪操作是否正确。

3．检查测量值是否在正常范围。

4．请根据自己任务完成的情况，对自己的工作进行自我评估，并提出改进意见。

5．教师对小组工作情况进行评估，并进行点评。

6．学生本次任务成绩：____________________。

教师签字：

课后思考：

1．汽车车桥包括哪几种？各有何作用？

2．汽车转向桥主要由哪几部分组成？

3．什么叫车轮定位？它包括哪几个定位角？它们有何作用？

4．理解承载式车身和非承载式车身的区别。

5．理解四轮定位参数的定义及其对车辆操纵稳定性的影响。

6．如何检测四轮定位参数？

轮胎拆装与换位工作页

<table>
<tr><td colspan="2" rowspan="2">任务名称：轮胎拆装与换位</td><td>班级</td><td></td><td>任务成绩</td></tr>
<tr><td>姓名</td><td></td><td></td></tr>
<tr><td>教学资源</td><td>维修手册，教学用车，拆装专用工具两套，轮胎气压表，举升机，多媒体教学设备，车轮与轮胎的相关视频</td><td>教学场地</td><td colspan="2">汽车构造与拆装理实一体教室</td></tr>
<tr><td>任务描述</td><td colspan="4">现有一辆2010款世嘉三厢1.6L轿车，该车左后轮胎胎侧被马路牙子划破，你所在的4S店将该任务交给你来负责，请你说说该轮胎的规格代号，该轮胎属于哪一款品牌，需要补胎还是需要更换？如需更换，怎么更换？</td></tr>
</table>

一、资讯

1．认识世界十大著名轮胎品牌。

世界著名轮胎品牌		
品牌	品牌名称	所属国
Continental		
IRELLI		
DUNLOP		
BRIDGESTONE		
GOODYEAR		
YOKOHAMA TIRES		
Hankook		
KUMHO TIRES		
MAXXIS		

工作页

2. 轮胎类型：

3. 轮胎结构：

序号	名称	功　能
1		
2		
3		
4		
5		
6		
7		
8		

4. 子午线轮胎型号规格（以上海桑塔纳2000Gsi轿车的轮胎规格为例进行说明）

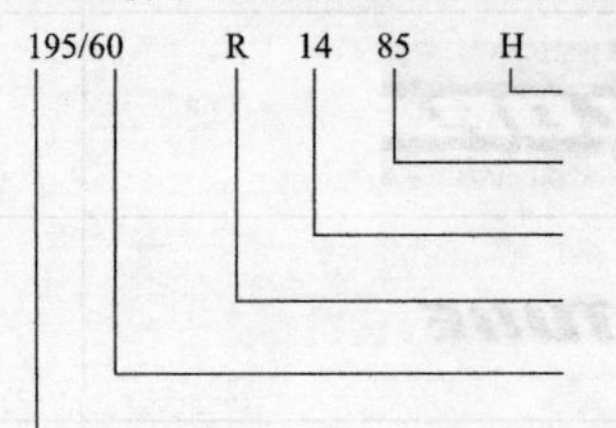

5. 车轮功用及组成：

6. 看图说明轮辋断面型式及各自的结构特点。

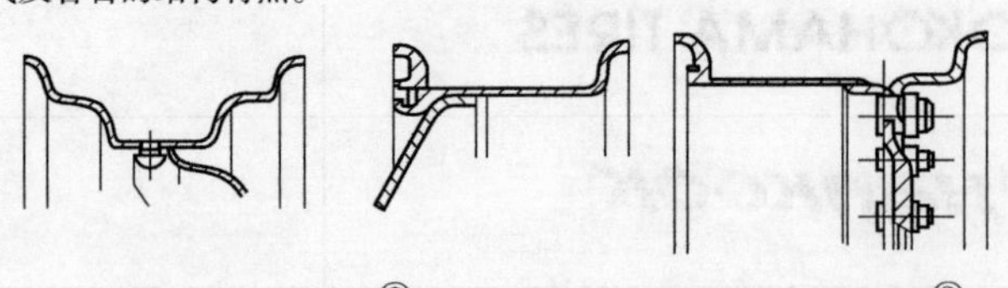

序号	轮辋断面型式	结 构 特 点
①		
②		
③		

二、决策与计划

根据任务要求，确定所需要的设备、工具，并对小组成员进行合理分工，制订详细的工作计划。

1. 讨论确定拆装所需要的设备、工具。

2. 小组成员分工：

3. 制订轮胎更换工作计划。

序号	工 作 步 骤	使用工具

三、实施

1. 简述车轮从哪些方面进行检查。

2. 写出轮胎换位的操作步骤及注意事项。

3. 简述更换车轮的操作步骤。

四、检查与评估

1. 检查轮胎安装情况。
2. 安装好后，检查轮胎紧固螺栓拆装是否正确。
3. 检查轮胎胎压情况。
4. 请根据自己任务完成的情况，对自己的工作进行自我评估，并提出改进意见。
5. 教师对小组工作情况进行评估，并进行点评。
6. 学生本次任务成绩：______________________。

教师签字：

课后思考：

1. 夏季用胎和雪地胎有什么区别？
2. 轮胎如何换位？
3. 轮胎胎面磨损情况如何检查？
4. 轮胎胎压提示从车子的哪些地方可以找到？
5. 宽胎与扁胎对车子的油耗、舒适性方面有哪些影响？

更换转向助力液的更换工作页

<table>
<tr><td rowspan="2">任务名称</td><td rowspan="2">转向助力液的更换</td><td>班级</td><td></td><td>任务成绩</td></tr>
<tr><td>姓名</td><td></td><td></td></tr>
<tr><td>教学资源</td><td>学习手册，多媒体教学设备，专用工具，教学用车，各种类型的转向器</td><td>实训场地</td><td colspan="2">拆装实训室</td></tr>
<tr><td>任务描述</td><td colspan="4">一辆伊兰特轿车，出现转向沉重的现象，经检查后发现转向助力油污染，需要对转向助力油进行更换</td></tr>
</table>

一、资讯

课前预习：

1．转向系统的作用是什么？

____

____

2．转向系统有哪些类型？

____

____

3．说明动力转向系统的组成。

____

____

课堂学习：

1．什么是转向中心与转弯半径？

____

____

2．为什么要将转向机构设计成梯形？

____

____

3．根据下图说明齿轮齿条式转向器的组成，并分析其工作原理。

6　1　5　2　4

3

____

____

____

4．请分析循环球式转向器的工作过程和安装要求。

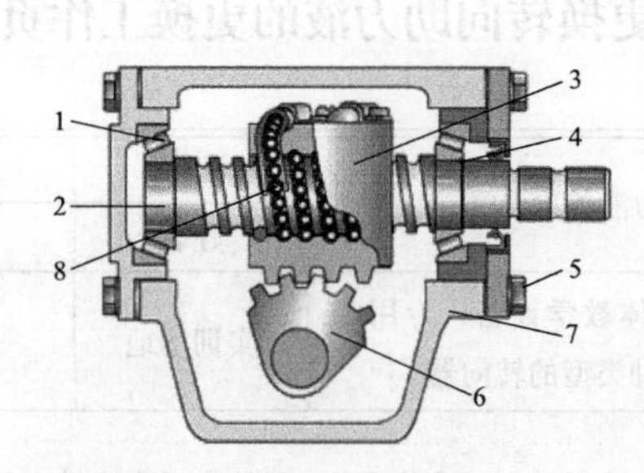

5．下面是转向系统的示意图，将各组件名称和功能填入下表。

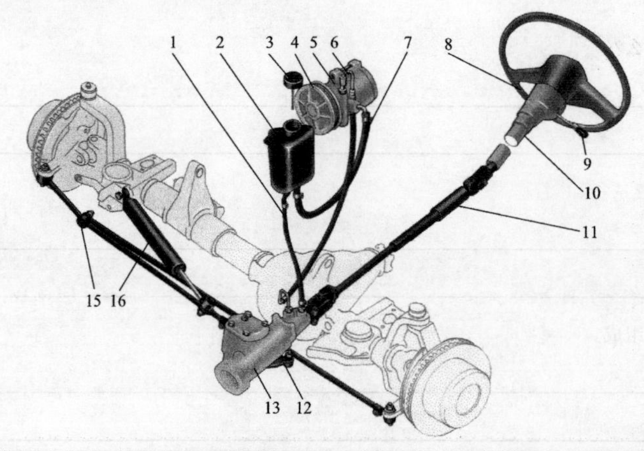

序号	名称	功　　能
1		
2		
3		
4		
5		
6		
7		
8		
9		
10		
11		
12		
13		
14		
15		

二、决策与计划

根据任务要求，确定所需要的设备、工具，并对小组成员进行合理分工，制订详细的工作计划。

1. 讨论确定更换转向器所需要的设备、工具。

____

____

2. 小组成员分工：

____

____

3. 制订更换转向助力油的操作步骤。

（1）____

（2）____

（3）____

（4）____

三、实施

1. 你实践所用车辆转向系统是哪种类型？有何特点？

____

____

____

2. 总结更换转向助力油时，应该注意的问题。

____

____

____

3. 记录你操作使用车辆转向盘的自由行程的数值。

____

____

____

四、检查与评估

1. 检查转向助力油回油管的安装是否正确。
2. 检查转向盘的灵活性是否正常。
3. 请根据自己任务完成的情况，进行自我评估，并提出改进意见。
4. 教师对小组工作情况进行评估并点评。
5. 学生本次任务成绩：______________。

教师签字：

课后思考：

1. 为什么轿车上广泛采用齿轮齿条式转向器？
2. 转向减震器的作用是什么？
3. 为什么要使车辆具有不足转向特性？

制动液的更换工作页

<table>
<tr><td rowspan="2">任务名称</td><td rowspan="2">制动液的更换</td><td>班级</td><td></td><td>任务成绩</td></tr>
<tr><td>姓名</td><td></td><td></td></tr>
<tr><td>教学资源</td><td>学习手册，多媒体教学设备，专用工具，上海通用雪弗兰轿车</td><td>实训场地</td><td colspan="2">工业中心</td></tr>
<tr><td>任务描述</td><td colspan="4">上海通用雪弗兰轿车行驶105 000 km后出现制动无力的现象，经过检查后发现制动液不足，需要检查和更换制动液</td></tr>
</table>

一、资讯

课前预习：

1. 制动系统的作用有哪些？

____

____

2. 说明制动系统的分类。

____

____

____

3. 说明制动系统的基本组成。

____

____

____

____

____

课堂学习：

1. 根据右图分析制动力是如何产生的。

____

____

____

____

____

____

____

____

____

M_{μ} F_{μ} F_b

工作页

2. 制动力的大小取决于哪些因素？

3. 为保证制动性能，制动系统要满足哪些要求？

4. 下面是制动系统的示意图，将各组件名称和功能填入下表。

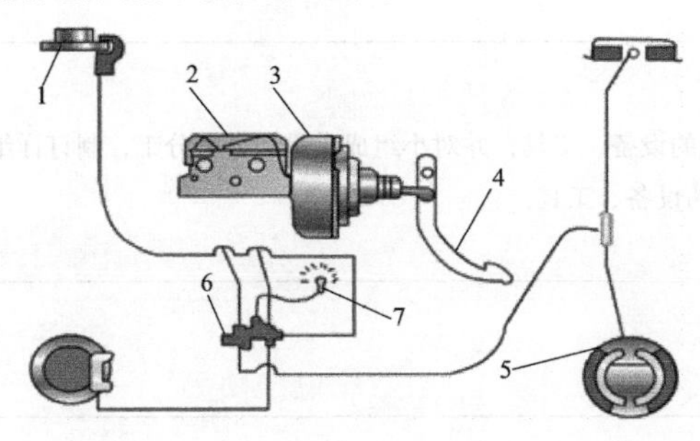

序号	名称	功能
1		
2		
3		
4		
5		
6		
7		

5. 说明制动主缸的工作原理。

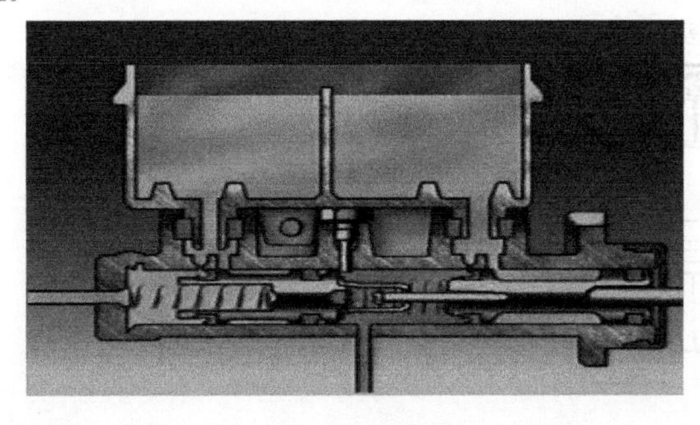

6. 车辆制动液有哪些特点？

7. 简述车辆防抱死制动系统的组成和工作原理。

二、决策与计划

根据任务要求，确定所需要的设备、工具，并对小组成员进行合理分工，制订详细的工作计划。

1. 讨论确定更换制动液所需要的设备、工具。

2. 小组成员分工。

3. 制订更换制动液的操作步骤。

(1)

(2)

(3)

(4)

三、实施

1. 你实践所用车辆制动系统是哪种类型？有何特点？

2. 根据下图说明如何检查制动液液位。

3. 总结更换制动液时，应该注意的问题。

4. 如何对制动系统进行排气操作

四、检查与评估

1. 检查制动液的加注量是否正确。
2. 检查制动系统的制动情况是否正常。
3. 请根据自己任务完成的情况，对自己的工作进行自我评估，并提出改进意见。
4. 教师对小组工作情况进行评估，并进行点评。
5. 学生本次任务成绩：________________。

教师签字：

课后思考：

1. 为什么要定期更换制动液？
2. 更换制动液后为什么要进行排气？
3. 怎样评定汽车制动性能的好坏？
4. 防抱死制动系统的作用是什么？

制动块的更换工作页

<table>
<tr><td rowspan="2">任务名称</td><td rowspan="2">制动块的更换</td><td>班级</td><td></td><td rowspan="2">任务成绩</td></tr>
<tr><td>姓名</td><td></td></tr>
<tr><td>教学资源</td><td>学习手册，多媒体教学设备，专用工具，上海通用雪弗兰轿车，各种类型的制动器总成</td><td>教学场地</td><td colspan="2">汽车构造与拆装理实一体教室</td></tr>
<tr><td>任务描述</td><td colspan="4">车辆点火后，制动系统警告灯亮起，检查更换制动块后故障消除</td></tr>
</table>

一、资讯

课前预习：

1. 制动器的作用是什么？

2. 制动器有哪些类型？

课堂学习：

1. 根据下图说明盘式制动器的工作原理。

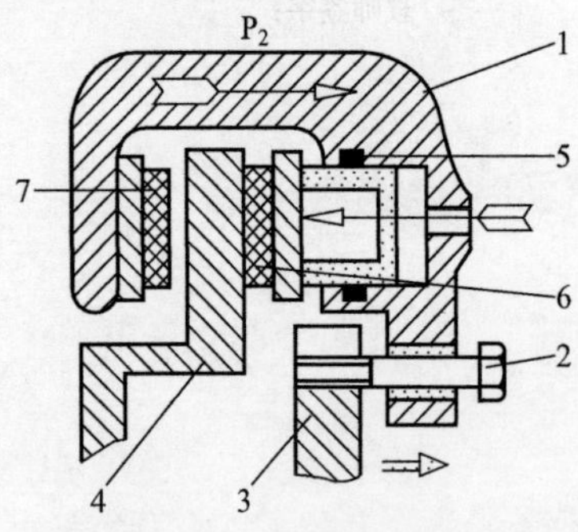

2. 下面是桑塔纳轿车的前车轮制动器密封圈的工作情况，分析间隙自调的原理，请说明车轮制动器的装配要点。

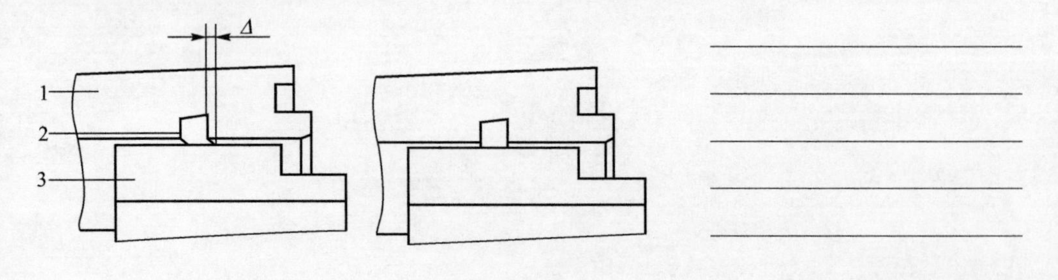

3．下面是桑塔纳轿车的前车轮制动器，将各组件名称和功能填入下表。

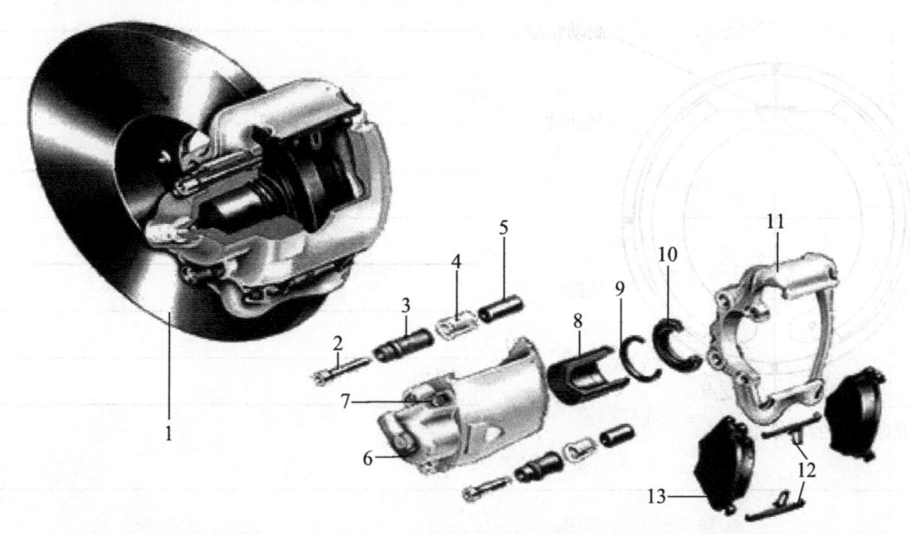

序号	名称	功能
1		
2		
3		
4		
5		
6		
7		
8		
9		
10		
11		
12		
13		

4．鼓式制动器有哪些类型？各有什么特点？

5. 依据下图说明领从蹄式制动器的工作原理。

6. 什么是制动蹄的增势作用?

7. 依据下图说明单向自增力式制动器的增力作用是如何产生的。

二、决策与计划

根据任务要求，确定所需要的设备、工具，并对小组成员进行合理分工，制订详细的工作计划。

1．讨论确定更换制动器片所需要的设备、工具。

____

____

2．小组成员分工：

____

____

3．制订更换制动器片的操作步骤。

（1）______________________________

（2）______________________________

（3）______________________________

（4）______________________________

三、实施

1．你实践所用车辆制动器是哪种类型？

____

____

2．总结更换制动器片时，应该注意哪些问题。

____

____

3．记录你操作使用车辆制动器的间隙调整特点。

____

____

四、检查与评估

1．检查制动器的安装是否正确。

2．检查制动器的间隙是否正确。

3．请根据自己任务完成的情况，对自己的工作进行自我评估，并提出改进意见。

4．教师对小组工作情况进行评估，并进行点评。

5．学生本次任务成绩：______________________________。

教师签字：

课后思考：

1．哪种制动器制动效能最好？

2．制动块磨损过度会对制动性能产生哪些影响？

3．为什么在更换制动块后要进行活塞回位？